Algorithmen und Datenstrukturen im VLSI-Design

T0255598

Springer
Berlin
Heidelberg
New York
Barcelona
Budapest
Hongkong
London
Mailand
Paris
Santa Clara
Singapur
Tokio

Christoph Meinel
Thorsten Theobald

Algorithmen und Datenstrukturen im VLSI-Design

OBDD – Grundlagen und Anwendungen

Mit 116 Abbildungen

Springer

Prof. Dr. Christoph Meinel

FB IV – Informatik
Universität Trier
D-54286 Trier

Dr. Thorsten Theobald

Zentrum Mathematik
Technische Universität München
D-80290 München

Die Deutsche Bibliothek - CIP-Einheitsaufnahme

Meinel, Christoph:
Algorithmen und Datenstrukturen im VLSI-Design: OBDD –
Grundlagen und Anwendungen/Christoph Meinel; Thorsten
Theobald. - Berlin; Heidelberg; New York; Barcelona; Budapest;
Hongkong; London; Mailand; Paris; Santa Clara; Singapur;
Tokio: Springer, 1998
  ISBN 3-540-63869-5

ISBN 3-540-63869-5 Springer-Verlag Berlin Heidelberg New York

Umschlaggestaltung: Künkel + Lopka Werbeagentur, Heidelberg
Satz: Reproduktionsfertige Vorlagen der Autoren
SPIN 10660925   33/3142 – 5 4 3 2 1 0 – Gedruckt auf säurefreiem Papier

Für Ivanka und Sylvia

Vorwort

In den letzten Jahren kam es zu einer spannenden Interaktion zwischen aktuellen Forschungen in Mathematik und theoretischer Informatik sowie ganz praktischen Anwendungen auf dem Gebiet des Entwurfs hochintegrierter VLSI-Schaltkreise. Ausgangspunkt hierfür waren zwei Tatsachen: Zum einen ist der Chipentwurf ohne Rechnerunterstützung nicht mehr denkbar, zum anderen führt die technologisch mögliche Konstruktion immer leistungsfähigerer Computerchips an die absoluten Grenzen heutiger Möglichkeiten und Fähigkeiten bei dieser rechnerbasierten Designunterstützung. Der Entwurfsfehler im Intel Pentium-Chip aus dem Jahr 1994 hat mit seinen verheerenden wirtschaftlichen Folgen diese Problematik sehr nachdrücklich ins Bewußtsein gerückt.

Eines der Hauptprobleme besteht darin, daß die Anzahl der zu bewältigenden Kombinationen der einzelnen Chipbausteine explodiert (die sogenannte *kombinatorische Explosion*). Schon das Problem, die auf dem Chip zu berechnenden Funktionen computerintern kompakt darzustellen und zu manipulieren, ist kaum noch lösbar. Tatsächlich hat sich hier eine sehr fruchtbare Verbindung zu einem Kerngebiet der Informatik, dem Gebiet des *Entwurfs von Datenstrukturen und effizienten Algorithmen*, aufgetan. Diese Verbindung besteht im Konzept der *geordneten binären Entscheidungsgraphen* (engl. OBDDs – ordered binary decision diagrams), das in zahlreichen US-amerikanischen, japanischen und europäischen CAD-Projekten zu einer beträchtlichen, kaum für möglich gehaltenen Leistungssteigerung geführt hat.

Das vorliegende Buch gibt eine umfassende Einführung in die Grundlagen dieses interdisziplinären Forschungsgebiets und diskutiert wichtige Anwendungen aus dem rechnergestützten Schaltkreisentwurf. Es ist aus Vorlesungen für Studenten mittlerer Fachsemester an der Universität Trier sowie einschlägigen Forschungsprojekten hervorgegangen.

Auf der einen Seite richtet sich das Buch an Studenten, Wissenschaftler und Dozenten, die auf den Gebieten Algorithmen, Datenstrukturen oder VLSI-Design arbeiten und lehren, einen Zugang zum Forschungsgebiet der OBDDs suchen oder an paradigmatischen Verbindungen zwischen Theorie und Praxis interessiert sind. Auf der anderen Seite soll das Buch eine Quelle bieten für alle interessierten Praktiker und Benutzer von CAD-Werkzeugen, die eine geschlossene Darstellung der OBDD-Technologie kennenlernen wollen oder an Fragen der Modellierung und Methodik in CAD-Projekten Interesse haben.

Die Vorkenntnisse zur Lektüre des Buches bestehen lediglich aus Grundlagenwissen der Informatik sowie Freude an cleveren und ausgefeilten Ideen, die die CAD-Werkzeuge effizient arbeiten lassen.

An dieser Stelle sei allen gedankt, die direkt oder indirekt an der Entstehung dieses Buches beteiligt waren. Insbesondere möchten wir uns bei der Deutschen Forschungsgemeinschaft (DFG) bedanken, die unsere Forschungsaktivitäten im Rahmen des Schwerpunktprogramms „Effiziente Algorithmen für diskrete Probleme" sowie im Rahmen des Graduiertenkollegs „Mathematische Optimierung" gefördert hat.

Unsere Mitarbeiter und Kollegen Jochen Bern, Jordan Gergov, Dr. Stefan Krischer, Harald Sack, Klaus Schwettmann, Dr. Anna Slobodová und Christian Stangier haben die Arbeit natürlich maßgeblich beeinflußt. Weiterer Dank gilt Prof. Wolfram Büttner und seiner Arbeitsgruppe bei Siemens für die Einbeziehung in dort laufende OBDD-basierte Entwicklungsprojekte. Von unseren ausländischen Kollegen sei Prof. Fabio Somenzi besonders herausgehoben, der im Laufe seines mehrwöchigen Forschungsaufenthaltes an der Universität Trier ein sehr wertvoller Gesprächspartner war. Schließlich bedanken wir uns bei Prof. Peter Gritzmann, dessen Entgegenkommen uns die Fertigstellung dieses Buchprojekts ermöglicht hat.

Trier – München   *Christoph Meinel*
Januar 1998   *Thorsten Theobald*

Inhaltsverzeichnis

1. Einleitung

Viele Probleme in der diskreten Mathematik, der Informatik und dem rechnergestützten Entwurf hochintegrierter Schaltkreise lassen sich auf die Aufgabe zurückführen, Objekte über endlichen Grundmengen zu manipulieren. Die Abhängigkeiten und Beziehungen zwischen den Objekten werden mittels diskreter Funktionen beschrieben. Nach einer binären Codierung der Elemente der Grundmenge kann jedes endliche Problem dann vollständig mit Hilfe von *Schaltfunktionen* formuliert werden, also von Funktionen, die Bitvektoren auf einzelne Bits abbilden. Im Ergebnis kann die Manipulation über endlichen Bereichen auf die ausschließliche Bearbeitung von Schaltfunktionen zurückgeführt werden.

Die beschriebene Vorgehensweise ist vor allem für den *rechnergestützten Entwurf digitaler Systeme* von großer Bedeutung. In diesem Gebiet hat der Einzug der *VLSI (Very Large Scale Integration)* Technologien die Anforderungen an den Entwurf solcher Systeme weit über das menschenmögliche hinaus gesteigert. Ohne den Einsatz von *CAD (Computer-Aided Design)* Entwurfssystemen ist ein VLSI-Design nicht mehr möglich. CAD-Systeme sind deshalb nicht nur ein nützliches Hilfsmittel, sondern unverzichtbarer Bestandteil jedes Chipentwurfsprozesses.

Die tatsächliche Leistungsfähigkeit und Mächtigkeit solcher CAD-Systeme hängt jedoch stark von folgenden zwei Faktoren ab:

1. *Kompaktheit* der *Datenstrukturen*, die zur computerinternen Darstellung der relevanten Daten und Schaltfunktionen eingesetzt werden.
2. *Effizienz* der *Algorithmen*, die auf den Datenstrukturen operieren.

Seit einiger Zeit haben *binäre Entscheidungsgraphen* in diesem Zusammenhang viel Aufmerksamkeit erregt. In den Knoten dieser Graphen sind binäre Entscheidungen zu treffen, die gemäß den im Graphen gegebenen Verknüpfungen schließlich in einer Gesamtentscheidung TRUE oder FALSE resultieren. Binäre Entscheidungsgraphen, kurz *BDDs* (binary decision diagrams) genannt, wurden bereits von Lee im Jahr 1959 und später von Akers als Datenstruktur für Schaltfunktionen vorgeschlagen. Mittlerweile sind viele Varianten dieses Grundmodells untersucht worden. Im ursprünglichen Modell von Akers besteht jede Entscheidung aus der Auswertung einer Eingabevariablen. Spätere Ansätze betrachteten höher strukturierte BDDs oder auch

BDDs, deren Entscheidungen in der Auswertung bestimmter Funktionen bestehen. Auch vom komplexitätstheoretischen Standpunkt aus sind BDDs als Berechnungsmodell für Untersuchungen des Speicherplatzbedarfs bereits ausgiebig untersucht worden.

Im Jahr 1986 hat Bryant gezeigt, daß die typischen Aufgaben für die Bearbeitung von Schaltfunktionen in Akers Modell sehr effizient ausgeführt werden können, wenn einige zusätzliche Ordnungsrestriktionen hinsichtlich der Struktur des BDDs erfüllt sind. Aus diesem Grund schlug Bryant den Gebrauch sogenannter *geordneter binärer Entscheidungsgraphen* (*Ordered Binary Decision Diagrams, OBDDs*) vor, bei denen jede Variable auf jedem Pfad höchstens einmal ausgewertet wird (*Read-once-Eigenschaft*), und bei denen die Reihenfolge, in der die Variablen ausgewertet werden, nicht von der Eingabe abhängt.

Hauptsächlich aus zwei Gründen haben OBDDs mehr praktische Anwendungen gefunden als andere Repräsentationen für Schaltfunktionen. Zum einen können OBDDs vermöge von Reduktionsalgorithmen in eine *kanonische Form* überführt werden, jede Schaltfunktion hat also eine eindeutig bestimmte Darstellung. Zum anderen können Boolesche Operationen auf der OBDD-Repräsentation von Schaltfunktionen in bezug auf die Darstellungsgröße der OBDDs effizient ausgeführt werden. Beispielsweise wächst der Zeitbedarf zur Berechnung einer Konjunktion nur linear im Produkt der beiden OBDD-Größen.

Genau wie *alle* anderen möglichen Repräsentationen für Schaltfunktionen besitzen auch OBDDs die folgende fatale Eigenschaft: *Fast alle* Schaltfunktionen erfordern eine exponentielle Darstellungsgröße. Diese Eigenschaft ist eine Konsequenz aus einem elementaren Abzählargument, das erstmals von Shannon angewendet wurde. Eine weitere Schwierigkeit bei der Darstellung von Funktionen durch OBDDs ist die Abhängigkeit der Größe des darstellenden OBDDs von der gewählten *Ordnung* auf den Eingabevariablen. Beispielsweise reagieren OBDDs für Addierfunktionen sehr sensibel auf die Wahl der Ordnung: Im günstigsten Fall ist ihre Größe linear in der Anzahl der Eingabebits, im ungünstigsten jedoch exponentiell. Andere Funktionen wie die Multiplikation haben exponentiell große OBDDs bezüglich jeder Ordnung. Glücklicherweise kann für die meisten in der Praxis wichtigen Funktionen eine Ordnung gefunden werden, für die die Größe der OBDDs handhabbar bleibt. Aus diesem Grund bieten OBDDs in den meisten Anwendungen ein effizientes Werkzeug zur Bearbeitung von Schaltfunktionen.

Inzwischen gibt es viele Verbesserungen und Erweiterungen für das Grundmodell der OBDDs. Vorrangig ist hier die geschickte Nutzung *dynamischer Datenstrukturen* in den Implementationen zu nennen. Tatsächlich ermöglicht der Einsatz dieser dynamischen Datenstrukturen sowie die Anwendung ausgefeilter *Hashtechniken* eine effiziente Realisierung der OBDD-Technologie in Gestalt sogenannter *OBDD-Pakete*, die für den großen Erfolg in den vielfältigen praktischen Anwendungen verantwortlich sind. Über die Nutzung der genannten Implementationsideen hinaus wurden auch strukturelle Erweiterungen des OBDD-Modells vorgeschlagen, um die praktische Arbeit so effizient wie möglich zu gestalten. Als Beispiel sollen hier lediglich *komplementierte Kanten* genannt werden, die es erlauben, das Komplement einer Funktion fast ohne zusätzliche Kosten zu speichern.

Mittlerweile sind viele Softwareapplikationen für ein breites Spektrum von Anwendungen im Einsatz, die intern OBDD-Pakete zur Manipulation der relevanten Schaltfunktionen verwenden. Das erste universell einsetzbare OBDD-Paket wurde von Brace, Rudell und Bryant geschaffen. In diesem Paket, das auch die Grundlage vieler neuerer OBDD-Pakete bildet, werden die oben genannten Ideen in geschickter Weise umgesetzt. Hervorzuheben ist der Einsatz sogenannter *Computed-Tabellen* zur Wiederverwendung von Ergebnissen früherer Berechnungen und eine ausgeklügelte Speicherverwaltung.

Eine wichtige Anwendung von OBDDs liegt im Bereich der *formalen Verifikation* von Schaltkreisen. Hierbei gilt es zu prüfen, ob zwei vorgegebene Schaltkreise das gleiche funktionale Verhalten aufweisen. Im Falle kombinatorischer Schaltkreise kann diese Aufgabe mit Hilfe von OBDDs wie folgt ausgeführt werden: Zunächst wird eine geeignete Variablenordnung bestimmt und dann die für diese Ordnung eindeutig bestimmte OBDD-Darstellung jedes Schaltkreises berechnet. Da logische Operationen auf den OBDDs schnell ausgeführt werden können, kann diese Berechnung einfach auf folgende Weise erfolgen: Zunächst werden die trivialen OBDD-Darstellungen der Eingabevariablen konstruiert. Dann wird der Schaltkreis in topologischer Reihenfolge durchlaufen, wobei in jedem Gatter die entsprechende logische Operation auf den OBDD-Darstellungen der Vorgängergatter ausgeführt wird. Wegen der Kanonizität der reduzierten OBDDs sind die Schaltkreise schließlich genau dann funktional äquivalent, wenn ihre so berechneten OBDD-Darstellungen gleich sind.

Andere Anwendungen von OBDDs basieren auf dem Umstand, daß Schaltfunktionen dazu genutzt werden können, Mengen von Bitvektoren darzustellen. Als Beispiel betrachten wir eine ausgezeichnete Teilmenge von Bitvektoren innerhalb der Menge aller n-stelligen Bitvektoren. Die charakteristische Funktion dieser ausgezeichneten Teilmenge ist eine Schaltfunktion und kann deshalb mit Hilfe von OBDD-Techniken bearbeitet werden. Über diese Verbindung können Probleme im Bereich der *sequentiellen Analyse und Verifikation* gelöst werden, in denen die kompakte Repräsentation von Zustandsmengen eine entscheidende Rolle spielt.

Die Praktikabilität von OBDDs steht und fällt mit geeigneten Algorithmen und Werkzeugen zur Minimierung der in den einzelnen Anwendungen auftretenden Graphen. In den letzten Jahren wurden hier insbesondere zwei Techniken untersucht, die beide auf der *Optimierung der Variablenordnung* beruhen: zum einen heuristische Verfahren, die aus der Anwendung Informationen über eine gute Ordnung ableiten, und zum anderen Algorithmen zum *dynamischen Umordnen*. Beide Techniken führen in vielen Fällen zur drastischen Reduktion der auftretenden OBDD-Größen und steigern damit die Performance des CAD-Systems erheblich.

Obwohl OBDDs heutzutage eine effiziente Datenstruktur für Schaltfunktionen bieten, die in vielen CAD-Projekten zu einer beträchtlichen, früher kaum für möglich gehaltenen Leistungssteigerung geführt hat, rücken neue Herausforderungen ins Blickfeld. Einer der kritischen Punkte beim Einsatz von OBDDs ist ihr großer Speicherbedarf im Falle einiger komplexer Funktionen. Es stellt sich die Frage, ob es noch ausgefeiltere BDD-basierte Darstellungen gibt, die zum einen zu kompakteren Darstellungen führen und zum anderen ähnlich schöne algorithmische Eigenschaften besitzen wie die OBDDs. Gegenwärtig ist deshalb die Verbesserung von BDD-Modellen ein aktives Forschungsgebiet. Es wurden bereits eine Reihe verwandter Datenstrukturen mit sehr bemerkenswerten Eigenschaften entwickelt. Unter diesen sind die sogenannten *Free BDDs*, *Ordered Functional Decision Diagrams*, *Zerosuppressed BDDs*, *multiterminale BDDs*, *kantenbewerteten BDDs*, und die *binären Momentengraphen*.

Da die praktische Anwendbarkeit all dieser Darstellungen noch nicht endgültig beurteilt werden kann, bleibt die Untersuchung und Entwicklung neuer Optimierungstechniken für OBDDs ein sehr lohnendes Forschungsprojekt. Ein recht aussichtsreicher neuer Ansatz transformiert die Schaltfunktionen vor der eigentlichen Bearbeitung in geeigneter Weise. Hierdurch wird es möglich, auch Funktionen mit inhärent großen OBDD-Darstellungen zu manipulieren, solange zumindest eine transformierte Version eine handhabbare OBDD-Darstellung besitzt.

Soviel als Vorgeschmack auf einige der im folgenden ausführlich behandelten Themen. Wir möchten nun eine Übersicht über den Aufbau des Buches geben.

In Kap. 2 stellen wir zunächst die benötigten Grundlagen aus Informatik und diskreter Mathematik zusammen, insbesondere aus den Bereichen Graphentheorie, Algorithmen, Datenstrukturen und Automatentheorie. Die eigentliche Darstellung des Stoffes gliedert sich in 3 Teile.

Teil I: Datenstrukturen für Schaltfunktionen

Dieser Teil behandelt die grundlegenden Konzepte zur Darstellung und Manipulation von Schaltfunktionen. In Kap. 3 beginnen wir bei den Wurzeln der Booleschen Algebra und der Booleschen Funktionen. Die zweite Hälfte des Kapitels ist dann dem Spezialfall der Schaltalgebra und den Schaltfunktionen gewidmet.

Kapitel 4 kann als Darstellung der Welt des VLSI-Designs vor dem Zeitalter der OBDDs betrachtet werden. Wir diskutieren klassische Datenstrukturen für Schaltfunktionen wie etwa disjunktive Normalformen, Boolesche Formeln oder Branching-Programme. Bewußt gehen wir hierbei auch auf die Nachteile der einzelnen Datenstrukturen ein, die sich vor allem in den Schwierigkeiten bei der algorithmischen Handhabbarkeit manifestieren.

Zum Abschluß des ersten Teiles des Buches werden in Kap. 5 wichtige paradigmatische Anwendungen im VLSI-Design herauskristallisiert, so daß die grundlegenden Anforderungen an die im VLSI-Design verwendbaren Datenstrukturen abgeleitet werden können.

Teil II: OBDDs: Eine effiziente Datenstruktur

Im Mittelpunkt des zweiten Teiles stehen geordnete binäre Entscheidungsgraphen; kurz OBDDs genannt. Nach der Diskussion einiger einführender Beispiele werden in Kap. 6 zunächst die Reduktionsregeln erläutert. Mit diesem Hilfsmittel werden anschließend die beiden fundamentalen Eigenschaften von OBDDs herausgearbeitet, nämlich die Kanonizität in der Darstellung und die effiziente Ausführbarkeit binärer Operationen.

Kapitel 7 ist den Implementationstechniken gewidmet, die das grundlegende Konzept der OBDDs zu einer dem Praxiseinsatz gewachsenen effizienten Datenstruktur werden lassen. Die erste Hälfte des Kapitels dient der Vorstellung der wichtigsten Implementierungsideen, wie etwa Eindeutigkeitstabellen, Computed-Tabellen und komplementierten Kanten. Danach beschreiben wir einige bekannte OBDD-Softwarepakete, in denen diese Ideen verwirklicht wurden.

Im Mittelpunkt von Kap. 8 steht der der Einfluß der Variablenordnung auf die Komplexität von OBDDs. Mit Hilfe von Werkzeugen aus der theoretischen Informatik werden wichtige komplexitätstheoretische Eigenschaften nachgewiesen. Insbesondere werden Funktionen konstruiert, die nachweislich keine guten OBDDs besitzen, Komplexitätsprobleme bei der Arbeit mit OBDDs unterschiedlicher Ordnungen erörtert, und es wird gezeigt, daß die Bestimmung einer optimalen Variablenordnung ein **NP**-hartes Problem ist.

Im darauf folgenden Kap. 9 gehen wir auf praktische Aspekte des Ordnungsproblems ein. Wir diskutieren nützliche Heuristiken, um gute Ordnungen zu konstruieren, sowie die mächtige Technik des dynamischen Umordnens. Zum Abschluß des Kapitels demonstrieren wir anhand einiger Benchmark-Schaltkreise, wie sich die beschriebenen Verfahren im praktischen Einsatz bewähren.

Teil III: Anwendungen und Erweiterungen

Der dritte Teil des Buches ist verschiedenen Anwendungen sowie Erweiterungen der OBDD-Datenstruktur gewidmet.

Die erste ausführlich besprochene Anwendung sind Verifikationsprobleme für sequentielle Systeme wie etwa das Äquivalenzproblem. Mit Hilfe von Algorithmen zur Lösung dieses Problems läßt sich formal nachweisen, daß ein vorgegebener sequentieller Schaltkreis mit einem Referenzschaltkreis übereinstimmt. Der in Kap. 10 vorgestellte OBDD-basierte Ansatz beruht auf einer Erreichbarkeitanalyse. Um diese effizient realisieren zu können, führen wir zunächst einige komplexere Operatoren auf OBDDs ein und zeigen dann, wie der Grundschritt der sequentiellen Analyse, die Bildberechnung, effizient ausgeführt werden kann.

Einer Vertiefung dieser Anwendung im Gebiet des Model Checking ist Kap. 11 gewidmet. Hier soll geprüft werden, ob ein Schaltkreis einer durch logische Formeln gegebenen Spezifikation entspricht. Zunächst geben wir eine Einführung in die temporale Logik CTL und benutzen diese Logik anschließend zur Lösung des Verifikationsproblems. Auch dieses Kapitel wird mit der Beschreibung einiger realer Systeme beendet, in denen die behandelten Ideen implementiert sind.

Kapitel 12 geht auf verschiedene Varianten und Erweiterungen des OBDD-Modells ein. Wir zeigen, welche Vorteile diese Varianten bieten und für welche speziellen Anwendungen sie besonders geeignet sind. Das Kapitel beginnt mit der Beschreibung der Free BDDs, die durch Abschwächung der Ordnungsrestriktionen aus OBDDs hervorgehen. Danach behandeln wir Functional Decision Diagrams, die auf alternativen Dekompositionstypen beruhen. Die ebenfalls untersuchten Zero-suppressed BDDs sind besonders für die Bearbeitung kombinatorischer Probleme geeignet. Wir beenden das Kapitel mit der Diskussion einiger Varianten zur Darstellung mehrwertiger Funktionen.

In Kap. 13 diskutieren wir einen sehr allgemeinen Ansatz, Entscheidungsgraphen zu optimieren, der auf der Anwendung geeigneter Transformationen der darzustellenden Funktionen beruht. Wir gehen dabei näher auf zwei Klassen solcher Transformationen ein, nämlich auf typbasierte und lineare Transformationen. In Zusammenhang mit der Analyse von Finite-State-Maschinen lassen sich darüber hinaus Codierungstransformationen zur OBDD-Optimierung einsetzen. Einige Aspekte dieses Ansatzes werden zum Abschluß des Kapitels vorgestellt.

2. Grundlagen

2.1 Aussagen und Prädikate

Aussagenlogik. Gegenstand der **Aussagenlogik** ist die Untersuchung einfacher logischer Verknüpfungen zwischen elementaren Aussagen. Solche elementaren Aussagen sind beispielsweise:

- „Paris ist die Hauptstadt von Frankreich.“
- „6 ist eine Primzahl.“

Eine elementare Aussage ist entweder wahr oder falsch, aber nicht beides. Die erste Aussage unseres Beispiels hat den **Wahrheitswert** TRUE (WAHR), während der Wahrheitswert der zweiten Aussage FALSE (FALSCH) ist. Das Ziel der Aussagenlogik ist eine Charakterisierung, die angibt, in welcher Weise sich die Wahrheitswerte elementarer Aussagen auf kompliziertere Aussagen übertragen lassen, z.B. auf „Paris ist die Hauptstadt von Frankreich, und 6 ist eine Primzahl“. Für zwei Aussagen A und B sind die **Konjunktion** $A \wedge B$, die **Disjunktion** $A \vee B$ und das **Komplement** $\overline{A}$ wie folgt definiert:

$$A \wedge B \text{ ist WAHR} \iff A \text{ ist WAHR und } B \text{ ist WAHR,} \tag{2.1}$$

$$A \vee B \text{ ist WAHR} \iff A \text{ ist WAHR oder } B \text{ ist WAHR,} \tag{2.2}$$

$$\overline{A} \text{ ist WAHR} \iff A \text{ ist FALSCH.} \tag{2.3}$$

Prädikatenlogik. Die **Prädikatenlogik** ist eine Erweiterung der Aussagenlogik. Die zusätzlichen Bestandteile sind *Prädikate* und *Quantoren*. Diese Konzepte erlauben es, Umstände zu beschreiben, die nicht durch die Aussagenlogik ausgedrückt werden können. Wir betrachten als Beispiel die Eigenschaft, daß zwei reelle Zahlen die Ungleichung

$$x \cdot y \leq 5$$

erfüllen. Diese Ungleichung ist *keine* Aussage, da ihr Wahrheitswert von den gewählten Werten für x und y abhängt. Wird hingegen ein spezielles Zahlenpaar für x und y eingesetzt, dann entsteht eine Aussage.

Prädikate. Seien $x_1, \ldots, x_n$ Variable mit Werten in den Bereichen S_1, $\ldots, S_n$. Ein Ausdruck $P(x_1, \ldots, x_n)$ in den Variablen $x_1, \ldots, x_n$ ist ein **Prädikat**, wenn jede Ersetzung der Variablen $x_1, \ldots, x_n$ durch Werte in $S_1, \ldots, S_n$ eine Aussage erzeugt. Eine Aussage kann übrigens als ein Prädikat in null Variablen interpretiert werden.

Quantoren. In der Prädikatenlogik kann ausgedrückt werden, daß eine Eigenschaft *für alle* Objekte gilt oder daß mindestens ein Objekt mit einer bestimmten Eigenschaft *existiert*. Zu diesem Zweck stehen zwei Quantoren zur Verfügung, der **universelle Quantor** $\forall$ und der **existentielle Quantor** $\exists$. Für ein Prädikat $P(x_1, \ldots, x_n)$ bezeichnet der Ausdruck

$$\forall x_i \quad P(x_1, \ldots, x_n)$$

ein neues Prädikat P' in den Variablen $x_1, \ldots, x_{i-1}, x_{i+1}, \ldots, x_n$. Das Prädikat P' ist genau dann für eine gegebene Belegung seiner $n-1$ Variablen wahr, wenn diese Belegung das Prädikat P für alle möglichen Substitutionen von x_i durch Werte in S_i wahr macht. Analog bezeichnet der Ausdruck

$$\exists x_i \quad P(x_1, \ldots, x_n)$$

ein Prädikat P' in den Variablen $x_1, \ldots, x_{i-1}, x_{i+1}, \ldots, x_n$. Dieses Prädikat ist genau dann für eine spezielle Belegung seiner $n-1$ Variablen wahr, wenn das Prädikat P bei diesen Belegungen für mindestens eine mögliche Substitution von x_i durch einen Wert in S_i wahr ist.

Beispiel 2.1. Seien $x_1, \ldots, x_n$ reellwertige Variable. Wir betrachten die Prädikate $P(x_1, x_2, x_3)$

$$x_2 \geq 1 \ \land \ x_1 + x_2 - x_3 \geq 5, \tag{2.4}$$

und $P_1(x_1, x_3)$

$$P_1(x_1, x_3) = \forall x_2 \ P(x_1, x_2, x_3).$$

Offenbar kann P_1 vereinfacht werden zu

$$x_1 - x_3 \geq 4.$$

Das Prädikat

$$P_2(x_1, x_3) = \exists x_2 \ P_1(x_1, x_2, x_3)$$

ist TRUE für alle Substitutionen von x_1, x_3, da man immer ein geeignetes x_2 finden kann, das die Bedingung (2.4) erfüllt.   ◇

2.2 Mengen, Relationen und Funktionen

Mengen. Eine **Menge** ist eine Sammlung von Objekten. Die Objekte der Menge heißen **Elemente**. Eine endliche Menge kann durch explizite Angabe ihrer Elemente beschrieben werden, z.B.

$$\{a, b, c\}.$$

Die Reihenfolge, in der die Elemente aufgezählt werden, hat keine Bedeutung. Eine andere Möglichkeit, Mengen zu charakterisieren, besteht in der Angabe einer Zugehörigkeitseigenschaft. Um eine Menge S auf diesem Wege zu charakterisieren, schreibt man

$$S = \{x : P(x)\},$$

wobei das Prädikat $P(x)$ genau dann wahr ist, wenn das Element x zu S gehört. Diese Methode läßt sich auch im Fall unendlicher Mengen anwenden, z.B.

$$S = \{x : x \text{ ist eine durch 3 teilbare natürliche Zahl}\}.$$

Die Zugehörigkeit eines Elementes x zu S wird durch $x \in S$ bezeichnet. Die folgenden Mengen sind von besonderer Bedeutung und werden daher durch spezielle Symbole abgekürzt.

$\mathbb{R}$: die Menge der reellen Zahlen,

$\mathbb{R}_0^+$: die Menge der nichtnegativen reellen Zahlen,

$\mathbb{Z}$: die Menge der ganzen Zahlen,

$\mathbb{N}$: die Menge der natürlichen Zahlen.

Gehört jedes Element einer Menge S auch zu einer Menge T, dann wird S eine **Teilmenge** von T genannt und kurz $S \subset T$ geschrieben. Zwei Mengen S und T sind genau dann gleich, wenn $S \subset T$ und $T \subset S$. Die **Kardinalität** einer Menge S ist die Anzahl ihrer Elemente und wird durch $|S|$ oder $\#S$ bezeichnet. Die leere Menge, welche aus keinem Element besteht, wird durch das Symbol $\emptyset$ repräsentiert. Eine Zerlegung einer Menge S in nichtleere, disjunkte Teilmengen bezeichnet man als **Partition** von S.

Operationen auf Mengen. Das **kartesische Produkt** $S \times T$ zweier Mengen S, T ist definiert durch

$$S \times T = \{(x, y) : x \in S \text{ und } y \in T\}.$$

Es gilt beispielsweise

$$\{1, 3\} \times \{2, 4, 6\} = \{(1, 2), (1, 4), (1, 6), (3, 2), (3, 4), (3, 6)\}.$$

Hierbei sind die Paare (x, y) **geordnete Paare**, d.h., die Reihenfolge der Elemente x, y innerhalb eines Paares (x, y) liegt anders als bei Mengen fest. Die **Vereinigung** $\cup$, der **Schnitt** $\cap$ und die **Differenz** $\setminus$ von Mengen sind definiert durch

$$S \cup T = \{x : x \in S \text{ oder } x \in T\},$$
$$S \cap T = \{x : x \in S \text{ und } x \in T\},$$
$$S \setminus T = \{x : x \in S \text{ und } x \notin T\}.$$

Potenzmenge. Die **Potenzmenge** einer Menge S ist die Menge aller Teilmengen von S und wird durch 2^S bezeichnet:

$$2^S = \{R : R \subset S\}.$$

Für $S = \{1, 2\}$ gilt beispielsweise

$$2^S = \{\emptyset, \{1\}, \{2\}, \{1, 2\}\}.$$

Die Notation 2^S entspringt der Tatsache, daß die Kardinalität der Potenzmenge von S genau $2^{|S|}$ beträgt.

Relationen. Eine **(binäre) Relation** R zwischen zwei Mengen S und T ist eine Teilmenge von $S \times T$. Mit dieser Teilmenge R ist das folgende Prädikat $x\,R\,y$ assoziiert:

$$x\,R\,y \iff (x, y) \in R.$$

Ist das Prädikat für zwei vorgegebene Elemente x und y wahr, dann sagt man: x steht in Relation R zu y. Es geschieht häufig, daß die beiden beteiligten Mengen identisch sind. In diesem Fall spricht man von einer **Relation auf** S.

Äquivalenzrelation. Eine Relation R auf einer Menge S heißt **Äquivalenzrelation**, falls für alle $x, y, z \in S$ gilt:

- $x\,R\,x$ (**Reflexivität**),
- $x\,R\,y \implies y\,R\,x$ (**Symmetrie**),
- $x\,R\,y \,\wedge\, y\,R\,z \implies x\,R\,z$ (**Transitivität**).

Eine Relation R auf einer Menge S heißt **partielle Ordnung (Poset)**, wenn sie reflexiv, transitiv und **antisymmetrisch** ist. Dabei bedeutet antisymmetrisch:

$$x\,R\,y \,\wedge\, y\,R\,x \implies x = y.$$

Eine **(lineare) Ordnung** ist eine partielle Ordnung, in der für jedes Paar $x \neq y$ entweder $x\,R\,y$ oder $y\,R\,x$ gilt.

Beispiel 2.2. 1. Für jede Menge S wird durch die Teilmengenrelation $\subset$ eine partielle Ordnung auf der Potenzmenge 2^S definiert.

2. Die Relation $\leq$ auf der Menge der reellen Zahlen ist eine lineare Ordnung.

$\diamond$

Funktionen. Eine **Funktion** f von einer Menge S auf eine Menge T, kurz geschrieben als

$$f : S \to T,$$

weist jedem Element $x \in S$ ein Element $f(x) \in T$ zu. $f(x)$ heißt das **Bild von** x unter f. Eine Funktion kann als Relation zwischen zwei Mengen aufgefaßt werden, bei der jedes Element von S genau einmal erstes Element in einem Paar der Relation ist. Die beiden Mengen S und T heißen **Definitions-** und **Wertebereich** von f. Die Menge $f(S) = \{f(x) : x \in S\}$ wird **Bild von** f genannt.

Eine Funktion $f : S \to T$ heißt

- **surjektiv**, wenn das Bild von f mit dem Wertebereich übereinstimmt, d.h., wenn $f(S) = T$ gilt,
- **injektiv**, wenn keine zwei Elemente von S das gleiche Bild unter f haben, wenn also $f(x_1) = f(x_2)$ die Gleichheit $x_1 = x_2$ impliziert,
- **bijektiv**, wenn f sowohl surjektiv als auch injektiv ist.

Für eine gegebene Funktion $f : S \to T$ und eine Teilmenge $A \subset S$ ist das **Bild** von A unter f durch $f(A) = \{f(x) : x \in A\}$ definiert. Umgekehrt ist für eine Teilmenge $B \subset T$ das **Urbild** von B unter f durch $f^{-1}(B) = \{x \in S : f(x) \in B\}$ bestimmt.

2.3 Graphen

Gerichteter Graph. Ein (**gerichteter**) **Graph** besteht aus einer endlichen **Knotenmenge** V und einer Menge E von **Kanten** zwischen den Knoten. Die Menge E ist eine Teilmenge von $V \times V$. Die Namen *Knoten* und *Kanten* rühren von der graphischen Darstellung her, die mit dem Begriff des Graphen verbunden ist. Sei beispielsweise $V = \{1, 2, 3, 4, 5\}$ und $E = \{(1, 2), (1, 3), (2, 3), (2, 4), (5, 2), (5, 3)\}$. Dann kann G durch das Diagramm in Abb. 2.1 (a) dargestellt werden.

Hierbei verläuft genau dann eine Kante vom Knoten u zum Knoten v, wenn $(u, v) \in E$. Die Kantenmenge E definiert eine Relation auf der Menge der Knoten. Umgekehrt kann jede binäre Relation R auf einer Menge S als Graph mit Knotenmenge S und Kantenmenge R interpretiert werden.

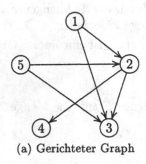
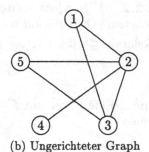

(a) Gerichteter Graph   (b) Ungerichteter Graph

Abb. 2.1. Graphen

Ungerichteter Graph. Im Fall eines **ungerichteten Graphen** werden die Kanten als ungeordnete Paare interpretiert und haben daher keine ausgezeichnete Richtung. Abbildung 2.1 (b) zeigt den ungerichteten Graphen, der mit dem gerichteten Graphen aus Abb. 2.1 assoziiert ist. Die Kantenmenge des ungerichteten Graphen lautet $E = \{\{1,2\}, \{1,3\}, \{2,3\}, \{2,4\}, \{2,5\}, \{3,5\}\}$. Jede Kante wird hier in der Mengenform $\{u,v\}$ geschrieben, um die Gleichgültigkeit in der Reihenfolge von u und v deutlich zu machen.

Der **Eingangsgrad (indegree)** eines Knotens v ist die Zahl der Kanten, die zu v führen, d.h.

$$indegree(v) = \#\{(u,v) \in E : u \in V\}.$$

Analog ist der **Ausgangsgrad (outdegree)** eines Knotens v die Zahl der Kanten, die in v beginnen,

$$outdegree(v) = \#\{(v,u) \in E : u \in V\}.$$

Im Falle ungerichteter Graphen stimmen für jeden Knoten der Eingangs- und der Ausgangsgrad überein. Man spricht deshalb kurz vom **Grad**. Ein Knoten v heißt **Senke**, wenn er Ausgangsgrad 0 hat. Ist der Ausgangsgrad von v größer als 0, wird v **innerer Knoten** genannt. Analog wird ein Knoten **Wurzel** genannt, wenn er Eingangsgrad 0 hat.

Ist (u,v) eine Kante, dann wird u **Vorgänger** von v und v **Nachfolger** von u genannt. Ein **Pfad** der Länge $k-1$ ist eine Folge $v_1, \ldots, v_k$ von k Knoten, wobei für alle $1 \leq i \leq k-1$ der Knoten v_{i+1} Nachfolger des Knotens v_i ist. Gilt $v_1 = v_k$, dann heißt der Pfad **zyklisch**. Ein Graph ist **azyklisch**, wenn es keinen zyklischen Pfad gibt. Ein gerichteter Graph G heißt **zusammenhängend**, wenn für jedes Paar $(u,v) \in V$ Knoten $u = v_0, v_1, v_2, \ldots, v_k = v$ existieren, so daß (v_i, v_{i+1}) oder (v_{i+1}, v_i) eine Kante ist.

Baum. Ein Graph heißt **gewurzelt**, wenn es genau einen Knoten, die sogenannte *Wurzel*, mit Eingangsgrad 0 gibt. Ein **Baum** ist ein gewurzelter, azyklischer Graph, in dem jeder Knoten außer der Wurzel den Eingangsgrad 1 hat. Man überlegt sich leicht, daß es für jeden Knoten v eines Baumes einen eindeutigen Pfad von der Wurzel zu v gibt. Die Länge dieses Pfades wird **Tiefe** von v genannt. Abbildung 2.2 zeigt einen Baum mit den Werten für die Tiefe der Knoten. Im Baum heißt ein Nachfolger w eines Knotens v **Sohn** von v. v selbst ist der **Vater** von w.

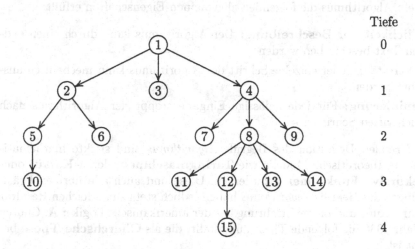

Abb. 2.2. Ein Baum mit Angabe der Tiefe der Knoten

2.4 Algorithmen und Datenstrukturen

Die halbe Miete ist es zu wissen, welches Problem gelöst werden soll. In der Ausgangsform sind die wenigsten Probleme einfach und präzise beschrieben. Tatsächlich hat sogar das Wort „Problem" in unterschiedlichen Zusammenhängen verschiedene Bedeutungen. In unserem Fall gehen Probleme in der Regel aus Fragen mit mehreren Parametern hervor, deren Werte noch unbestimmt sind. Ein Problem wird dadurch definiert, daß die Werte der Parameter sowie Bedingungen an zulässige Lösungen festgelegt werden.

Problem. Ein **Entscheidungsproblem** ist ein Problem, das nur zwei mögliche Lösungen hat: **Ja** oder **Nein**. Ein Entscheidungsproblem ist z.B. die folgende Aufgabe: Entscheide, ob ein vorgegebener Graph einen zyklischen Pfad enthält. Ein **Optimierungsproblem** erfordert das Auffinden einer *optimalen* Lösung aus einer (möglicherweise großen) Menge zulässiger Lösungen. Hierbei wird die Güte einer Lösung über den Wert einer Kostenfunktion gemessen. Da es manchmal schwierig ist, eine optimale Lösung zu finden, ist man oft auch an approximativen Lösungen interessiert, also an zulässigen Lösungen, deren Güte nahe an diejenige einer optimalen Lösung heranreicht.

Algorithmus. Ein **Algorithmus** ist eine Beschreibung einer mechanischen Methode zur Lösung eines gegebenen Problems. Eine solche Beschreibung kann in verschiedenen Formen vorliegen. Man denke etwa an eine Folge von Instruktionen oder an ein Computerprogramm. Grundsätzlich wird erwartet, daß ein Algorithmus die folgenden allgemeinen Eigenschaften erfüllt:

Endlichkeit der Beschreibung: Der Algorithmus kann durch einen endlichen Text beschrieben werden.

Effektivität: Jeder einzelne Schritt des Algorithmus kann mechanisch ausgeführt werden.

Terminierung: Für jede zulässige Eingabe stoppt der Algorithmus nach endlich vielen Schritten.

Zur formalen Definition des Begriffs *Algorithmus* sind strikte mathematische und theoretische Modelle wie **Turingmaschinen**, der λ-**Kalkül** oder μ-**rekursive Funktionen** erforderlich. Diese und auch alle übrigen Präzisierungen des Begriffs *Algorithmus* haben jedoch stets zum gleichen Resultat geführt. Aufgrund dieser Erfahrung hat der amerikanische Logiker A. Church im Jahr 1936 die folgende These aufgestellt, die als **Churchsche These** bekannt ist:

„Jede im intuitiven Sinne berechenbare Funktion ist Turing-berechenbar."

Anschaulich besagt die These, daß man zu jedem in irgendeiner Form aufgeschriebenen algorithmischen Verfahren eine Turingmaschine konstruieren kann, die die gleiche Funktion berechnet.

Beispiel 2.3. Als Beispiel für einen Algorithmus und die von uns benutzte Algorithmennotation behandeln wir die **Tiefensuche (Depth First Search)** in einem gerichteten Graphen $G = (V, E)$: Ausgehend von einem Startknoten v_0 werden in systematischer Weise alle Knoten v besucht, für die ein Pfad von v_0 zu v existiert. Die Reihenfolge, in der die Knoten traversiert werden, ist bei der Tiefensuche wie folgt festgelegt: Unmittelbar nach dem Besuchen eines Knotens v werden zunächst (rekursiv) die Söhne von v besucht. Um zu gewährleisten, daß jeder vom Startknoten aus erreichbare Knoten v nur genau einmal besucht wird, wird nach der Bearbeitung von v die Markierung $mark[v]$ auf 1 gesetzt. Ein Pseudocode für die Tiefensuche ist in Abb. 2.3 dargestellt. $\diamond$

Datenstrukturen. Inwieweit Algorithmen effizient ausgeführt werden können, hängt sehr stark von der Organisation der zu verarbeitenden Daten ab. Ein **Datentyp** einer Variablen ist eine Menge von Werten, die die Variable

```
DFS_start(G = (V, E), v₀) {
/* Eingabe: Graph G = (V, E), Startknoten v₀ */
/* Ausgabe: Ausgabe der von v₀ erreichbaren Knoten gemäß einer Tiefensuche */
    Für alle Knoten v ∈ V {
        mark[v] = 0;
    }
    DFS(G, v₀);
}

DFS(G = (V, E), v) {
    Ausgabe: „Knoten v";
    mark[v] = 1;
    Für alle Nachfolgeknoten u von v {
        If (mark[u] = 0) {
            DFS(G, u);
        }
    }
}
```

Abb. 2.3. Tiefensuche in einem gerichten Graphen

annehmen kann. Beispielsweise enthält eine Variable vom Typ *Integer* (ganze Zahl) einen Wert aus der Menge $\mathbb{Z}$. Ein **abstrakter Datentyp** ist ein mathematisches Modell, in dem die darzustellenden Objekte und die auszuführenden Basisoperationen als Einheit betrachtet werden. Um einen Datentyp zu repräsentieren, werden **Datenstrukturen** verwendet, welche sich aus einer Verknüpfung von Variablen unterschiedlicher Typen zusammensetzen.

Die Qualität einer Datenstruktur wird unter dem Gesichtspunkt bewertet, inwiefern sie eine optimale Umsetzung eines abstrakten Datentyps bietet. Insbesondere wird erwartet, daß eine gute Datenstruktur zur speichereffizienten Darstellung der Objekte führt und effiziente Algorithmen für die Lösung der relevanten Grundoperationen möglich macht. Datenstrukturen gehören zu den zentralen Untersuchungsobjekten der Informatik. In diesem Buch werden wir sehen, daß selbst kleine Modifikationen in komplexen Datenstrukturen deren algorithmische Eigenschaften vollkommen verändern können.

2.5 Komplexität von Algorithmen

Algorithmen werden in der Regel danach beurteilt, wieviel Rechenzeit und wieviel Speicherplatz sie benötigen. In der Komplexitätstheorie wird dieser Ressourcenbedarf in Abhängigkeit von der Eingabegröße gemessen. Auf diese Weise können verschiedene Algorithmen für das gleiche Problem miteinander verglichen werden.

Komplexität. Die **Zeitkomplexität** $t_A(n)$ eines Algorithmus A bezeichnet die maximale Zahl von Schritten, die A zur Lösung einer Instanz des Problems der Größe n benötigt. Analog beschreibt die **Platzkomplexität** $s_A(n)$ die maximale Anzahl an Speicherzellen, die zur Lösung einer Probleminstanz der Größe n benötigt werden.

Asymptotische Komplexitätsanalyse. Sehr oft ist es unmöglich, die genaue Komplexität eines Algorithmus A zu bestimmen. Man ist jedoch zumindestens daran interessiert, das Wachstum der Funktionen $t_A(n)$ und $s_A(n)$ zu charakterisieren. Gute Abschätzungen für dieses Wachstum dienen als Maßstab zur Bewertung der Güte eines Algorithmus. Bei der Beschreibung des Wachstums ist es beispielsweise nützlich, konstante Faktoren zu vernachlässigen. Das Vorgehen wird dadurch gerechtfertigt, daß diese Faktoren sehr stark von den technischen Einzelheiten der Implementierung dieser Algorithmen wie z.B. der gewählten Programmiersprache abhängen. In der Analyse sollte der Einfluß derartiger technischer Details nicht den Blick für die wesentlichen Ressourcenkomplexitäten verstellen. Darüber hinaus erscheint es ebenso sinnvoll, nicht nur konstante Faktoren zu vernachlässigen, sondern sich bei der Komplexitätsanalyse allein auf die dominanten Terme der auftretenden Komplexitätsfunktionen zu beschränken. Man spricht hierbei von der **asymptotischen Analyse,** einer in der Informatik weitverbreiteten Analysetechnik. Tatsächlich wären ohne diese Technik viele der grundlegenden Einsichten der Informatik nicht gewonnen worden.

Zur asymptotischen Charakterisierung der oberen Schranke einer Komplexitätsfunktion $f : \mathbb{N} \to \mathbb{R}_0^+$ benutzt man die Bezeichnung

$$f(n) = \mathcal{O}(g(n)),$$

falls zwei Konstanten $c, n_0 \in \mathbb{N}$ existieren, so daß für alle $n \geq n_0$

$$f(n) \leq c \cdot g(n).$$

Tatsächlich vernachlässigt diese Notation neben konstanten Faktoren auch Terme, die für das Wachstum der untersuchten Funktion zweitrangig sind. Man sagt „f ist höchstens von der Ordnung g".

Beispiel 2.4. $f(n) = \mathcal{O}(1)$ bedeutet $f(n) \leq c$ für eine Konstante c. $f(n) = n^{\mathcal{O}(1)}$ drückt aus, daß f durch ein Polynom in n beschränkt ist. $\Diamond$

Ist man an unteren Schranken für eine Komplexitätsfunktion $f(n)$ interessiert, dann wird die folgende Bezeichnung verwendet. Wir sagen

$$f(n) = \Omega(g(n)),$$

gelesen „f ist mindestens von der Ordnung g", falls zwei Konstanten $c, n_0 \in \mathbb{N}$ existieren, so daß für alle $n \geq n_0$

$$f(n) \geq c \cdot g(n).$$

Wir schreiben

$$f(n) = \Theta(g(n)),$$

falls $f(n) = \mathcal{O}(g(n))$ und $g(n) = \mathcal{O}(f(n))$, d.h., falls die Ordnungen des Wachstums von f und g gleich sind.

In vielen praktischen Anwendungen sind nur die Algorithmen praktikabel, deren Laufzeit von oben durch ein Polynom beschränkt ist. Eine der wichtigsten, vielleicht *die* wichtigste Aufgabenstellung der theoretischen Informatik, beschäftigt sich damit, für welche Probleme solche Algorithmen existieren. Im folgenden konzentrieren wir unsere Ausführungen auf Entscheidungsprobleme.

Die Komplexitätsklasse P. Die Klasse **P** (Polynomialzeit) bezeichnet die Menge aller Entscheidungsprobleme, für deren Lösung ein Polynomialzeit-Algorithmus existiert. Offensichtlich ist die Platzkomplexität eines Polynomialzeit-Algorithmus ebenfalls polynomial beschränkt.

Die Komplexitätsklasse NP. Die nachfolgend formal definierte Klasse **NP** (nichtdeterministisch Polynomialzeit) beschreibt Probleme, die zumindest nichtdeterministisch effizient gelöst werden können. Im Gegensatz zum deterministischen Fall, bei dem es in einer Situation genau eine Handlungsmöglichkeit gibt, wird bei nichtdeterministischen Betrachtungen eine Vielzahl möglicher Aktivitäten zugelassen.

Betrachtet man beispielsweise die Suche nach einem Beweis für einen mathematischen Satz, dann gibt es im Falle einer falschen Behauptung überhaupt keinen Beweis. Ist die Behauptung jedoch wahr, dann lassen sich im allgemeinen verschiedene Beweise führen. Wichtig für den Nachweis der Richtigkeit des Satzes ist lediglich, daß *wenigstens ein* Beweis angegebenen werden kann. Natürlich kann das Finden eines Beweises beliebig schwierig sein. Wird jedoch ein Beweis vorgelegt, dann ist es im allgemeinen nicht mehr schwer, ihn nachzuvollziehen und die Behauptung zu akzeptieren. In der Komplexitätstheorie werden solche Beweise auch als **Zeuge** oder **Zertifikat** bezeichnet.

Definition 2.5. *Ein Entscheidungsproblem A liegt in* **NP**, *falls ein Polynom p und ein polynomialer Algorithmus A existieren, der für jede Eingabe x und jedes mögliche Zertifikat y der Länge höchstens $p(|x|)$ einen Wert $t(x,y)$ berechnet, so daß gilt:*

1. *Lautet die Antwort zur Eingabe x „Nein", dann gilt $t(x,y) = 0$ für alle möglichen Zertifikate.*

2. *Lautet die Antwort zur Eingabe x „Ja", dann gilt $t(x,y) = 1$ für wenigstens ein Zertifikat.*

„**P** $\overset{?}{=}$ **NP**". Offensichtlich ist die Klasse **P** in der Klasse **NP** enthalten. Das wichtigste offene Problem der modernen Komplexitätstheorie ist die Frage

$$\text{„}\mathbf{P} \overset{?}{=} \mathbf{NP}\text{".}$$

Die Bedeutung dieser Fragestellung erklärt sich daraus, daß es viele für die Praxis wichtige Aufgabenstellungen gibt, für die keine polynomialen Algorithmen bekannt sind, aber für die die Mitgliedschaft zur Klasse **NP** nachgewiesen werden kann. Ohne eine Klärung der Frage „**P** $\overset{?}{=}$ **NP**" ist es nicht möglich zu entscheiden, ob es sich bei diesen Aufgabenstellungen um Probleme handelt, die überhaupt nicht in Polynomialzeit lösbar sind, oder ob bisher nur noch keine solchen Algorithmen gefunden werden konnten.

Fast alle Experten auf dem Gebiet der Komplexitätstheorie vermuten, daß die Klassen **P** und **NP** verschieden sind. Gestützt wird diese Vermutung durch eine Reihe von Ergebnissen bei der Untersuchung der nachfolgend definierten Konzepte der *Polynomialzeit-Reduktion* und der **NP**-*vollständigen Probleme*. **NP**-vollständige Probleme verkörpern die „schwersten" Probleme in der Klasse **NP**. Es gilt: Falls irgendein **NP**-vollständiges Problem in Polynomialzeit gelöst werden kann, so ist das für alle anderen Probleme in **NP** auch möglich, und es gilt **P** = **NP**.

Definition 2.6. *Seien* $\mathcal{A}$ *und* $\mathcal{B}$ *zwei Probleme.* $\mathcal{A}$ *heißt* **Polynomialzeit-reduzierbar** *auf* $\mathcal{B}$, *wenn unter der Annahme, daß beliebige Instanzen von* $\mathcal{B}$ *in konstanter Zeit gelöst werden können, ein Polynomialzeit-Algorithmus für* $\mathcal{A}$ *existiert. Wir schreiben* $\mathcal{A} \leq_P \mathcal{B}$.

Man beobachtet nun leicht:

Lemma 2.7. *Aus* $\mathcal{A} \leq_P \mathcal{B}$ *und* $\mathcal{B} \in \mathbf{P}$ *folgt* $\mathcal{A} \in \mathbf{P}$.   □

Definition 2.8. *1. Ein Problem* $\mathcal{A}$ *heißt* **NP-hart**, *wenn für alle* $\mathcal{B} \in \mathbf{NP}$ *gilt:* $\mathcal{B} \leq_P \mathcal{A}$.

2. Ein Problem $\mathcal{A}$ *heißt* **NP-vollständig**, *wenn* $\mathcal{A}$ *sowohl* **NP**-*hart ist als auch* $\mathcal{A} \in \mathbf{NP}$ *gilt.*

Satz 2.9. *Sei* $\mathcal{A}$ *ein* **NP**-*vollständiges Problem. Dann gilt:*

1. Falls $\mathcal{A} \in \mathbf{P}$, *dann ist* **P** = **NP**.

2. Falls $\mathcal{A} \notin \mathbf{P}$, *dann gilt für alle* **NP**-*vollständigen Probleme* $\mathcal{B}$, *daß* $\mathcal{B} \notin \mathbf{P}$.

Beweis. Sei $\mathcal{A} \in \mathbf{P}$, und sei $\mathcal{B}$ ein beliebiges Problem aus **NP**. Da $\mathcal{A}$ insbesondere **NP**-hart ist, gilt $\mathcal{B} \leq_P \mathcal{A}$. Mit Lemma 2.7 folgt $\mathcal{B} \in \mathbf{P}$. Da $\mathcal{B}$ beliebig aus **NP** gewählt war, folgt **P** = **NP**.

Sei nun $\mathcal{A} \notin \mathbf{P}$, und sei $\mathcal{B}$ ein **NP**-vollständiges Problem mit $\mathcal{B} \in \mathbf{P}$. Nach der ersten Aussage des Satzes folgt **P** = **NP** und damit $\mathcal{A} \in \mathbf{P}$ im Widerspruch zur Voraussetzung.   □

Beispiel 2.10. (1) Ein Mann hat sein ganzes Geld in 50 Goldklumpen investiert. Das Gewicht des i-ten Klumpens beträgt g_i Gramm. Der Einfachheit halber nehmen wir an, daß $g_1, g_2, \ldots, g_{50}$ natürliche Zahlen sind. Als der Mann stirbt, enthält sein Testament die folgende Bedingung: Wenn sein Reichtum in zwei Anteile gleichen Gewichts aufgeteilt werden kann, dann erbt jede seiner beiden Töchter einen dieser Anteile. Wenn hingegen keine solche Aufteilung möglich ist, dann soll sein ganzes Gold der Kirche gewidmet werden.

Die allgemeine Frage lautet daher: Ist es möglich, eine Menge von n natürlichen Zahlen $\{g_1, \ldots, g_n\}$ in zwei Teilmengen aufzuteilen, so daß die Summe der Zahlen in den beiden Teilmengen gleich ist. Das Problem heißt **PARTITION** und ist NP-vollständig. Die naheliegende Probiermethode ist nur für kleine n praktikabel, da sie im ungünstigsten Fall den Test von 2^n Möglichkeiten erfordert. Wenn uns jedoch jemand eine Lösung vorgibt, dann kann diese Lösung sehr schnell überprüft werden.

(2) Das folgende Problem heißt **HAMILTONKREIS** und ist ebenfalls NP-vollständig. Gegeben sei ein ungerichteter Graph mit n Knoten. Existiert ein zyklischer Pfad der Länge n durch den Graphen, der jeden Knoten des Graphen genau einmal besucht ?   ◇

Definition 2.11. *Das* **komplementäre** *Problem $\overline{A}$ eines Entscheidungsproblems A geht dadurch aus A hervor, daß alle Antworten negiert werden.*

Ein Entscheidungsproblem A heißt **co-NP-vollständig,** *wenn das komplementäre Problem $\overline{A}$ NP-vollständig ist.*

Beispiel 2.12. Das folgende Problem ist **co-NP**-vollständig:

Eingabe: Ein ungerichteter Graph mit n Knoten.

Ausgabe: „Ja", wenn es *keinen* zyklischen Pfad der Länge n gibt, auf dem jeder Knoten des Graphen genau einmal besucht wird. „Nein" im anderen Fall.   ◇

2.6 Hashverfahren

Hashing. Unter dem Begriff **Hashverfahren** oder **Hashing** versteht man Datenspeicherungs- und Suchverfahren, bei denen die Adressen von Datensätzen aus den zugehörigen Schlüsseln berechnet werden können. Formal ist dazu eine Hashfunktion

$$h : X \to A$$

definiert, die die Menge der Schlüssel X in eine Menge von Adressen A abbildet. Ein Datensatz mit dem Schlüssel $x \in X$ wird dann unter der Adresse $h(x)$

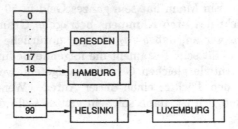

Abb. 2.4. Hashtabelle mit Kollisionslisten

abgelegt. Jede spätere Suchanfrage nach diesem Datensatz besteht einfach in der Berechnung des Hashwertes $h(x)$ und der Suche unter dieser Adresse.

Beim Entwurf von Hashverfahren sind zwei wichtige Aspekte zu beachten:

Kollisionen: Es muß festgelegt werden, wie der Fall zweier Schlüssel x und y mit $x \neq y$ und identischem Hash-Funktionswert $h(x) = h(y)$ zu handhaben ist.

Wahl der Hashfunktion: Die Hashfunktion h sollte einfach zu berechnen sein und die Menge der Schlüssel X möglichst gleichmäßig und zufällig auf die Menge der Adressen A abbilden (um die Zahl der Kollisionen gering zu halten).

Kollisionsliste. Eine einfache Möglichkeit, Kollisionen zu behandeln, besteht darin, Datenobjekte mit gleichem Hash-Funktionswert in einer linearen Liste, der sogenannten **Kollisionsliste**, zu verketten. Die Suche nach einem Datensatz mit Schlüssel x erfolgt dann durch die Berechnung von $h(x)$ mit anschließender sequentieller Suche nach x in der zu $h(x)$ gehörenden Kollisionsliste.

Beispiel 2.13. Sei X die Menge aller Zeichenketten und $A = \{0, \ldots, 99\}$. Für eine Zeichenkette $x = x_1 \ldots x_k$ sei der zugehörige Hash-Funktionswert durch

$$h(x) = h(x_1 \ldots x_k) = \sum_{i=1}^{k} \mathrm{asc}(x_i) \pmod{100}$$

definiert, wobei $\mathrm{asc}(x_i)$ den ASCII-Wert des Symbols x_i bezeichne (z.B. $\mathrm{asc}('A') = 65, \ldots, \mathrm{asc}('Z') = 90$).

Dann gilt $h(\text{HELSINKI}) = 72+69+76+83+73+78+75+73 \pmod{100} = 99$, $h(\text{DRESDEN}) = 17$, $h(\text{LUXEMBURG}) = 99$, $h(\text{HAMBURG}) = 18$. Die resultierende Hashtabelle bei Verwendung von Kollisionslisten ist in Abb. 2.4 dargestellt. ◇

2.7 Endliche Automaten und Finite-State-Maschinen

Endliche Automaten. Endliche Automaten stellen ein mathematisches Modell zur Beschreibung von Berechnungsprozessen zur Verfügung, die mit einem konstant beschränkten Speicherbedarf auskommen. Endliche Automaten bestehen aus einer endlichen Menge von (Gedächtnis-)Zuständen und einer Beschreibung der Zustandsübergänge. Die Zustandsübergänge selbst hängen vom momentanen Zustand und der aktuellen Eingabe ab.

Zustandsübergang. Als einfaches Beispiel betrachten wir einen Zähler mit Ausgangszustand q_0. Der Zähler durchläuft bei der Eingabe 1 zunächst periodisch die Zustände q_0, q_1, q_2, q_3. Ist die Eingabe 0, dann geht der Zähler sofort zum Ausgangszustand q_0 zurück. Das Verhalten des Automaten kann durch eine **Übergangstabelle** oder ein **Übergangsdiagramm** präzise beschrieben werden, siehe Abb. 2.5. Ein Übergangsdiagramm ist ein Graph, dessen Knoten mit den Namen der Zustände beschriftet sind und dessen Kanten die Zustandsübergänge charakterisieren. Als Beschriftung einer Kante dient die Eingabe, die den Übergang auslöst.

Zustand	Eingabe	Nachfolge-zustand
q_0	0	q_0
q_0	1	q_1
q_1	0	q_0
q_1	1	q_2
q_2	0	q_0
q_2	1	q_3
q_3	0	q_0
q_3	1	q_0

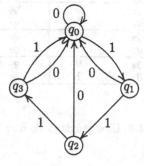

Abb. 2.5. Übergangstabelle und Übergangsdiagramm eines endlichen Automaten

Formal wird ein endlicher Automat durch die folgenden Komponenten definiert:

- die **Zustandsmenge** Q,
- das **Eingabealphabet** I,
- die **Übergangsfunktion** $\delta : Q \times I \to Q$
- und den **Startzustand** q_0.

Abhängig vom Kontext wird eventuell eine Teilmenge der Zustände als Menge von Endzuständen ausgezeichnet.

Finite-State-Maschine. Ein **sequentielles System** oder eine **Finite-State-Maschine** ist ein endlicher Automat mit einem spezifizierten Ausgabeverhalten. Jeder Zustandsübergang der Finite-State-Maschine ist mit einem Ausgabesymbol assoziiert: Immer dann, wenn ein Übergang stattfindet, wird das assoziierte Symbol an ein Ausgabemedium geschickt. In Abb. 2.6 ist eine Finite-State-Maschine dargestellt, die, als endlicher Automat betrachtet, das gleiche interne Verhalten aufweist wie der Zähler aus Abb. 2.5. Das Ausgabeverhalten besteht in der Ausgabe einer 1, wenn das System in den Zustand q_0 wechselt. Für alle anderen Übergänge wird 0 ausgegeben.

Formal ist eine Finite-State-Maschine ein endlicher Automat, der um die beiden folgenden Komponenten erweitert ist:

- das Ausgabealphabet O und
- die Ausgabefunktion $\lambda : Q \times I \to O$.

Zustand	Eingabe	Nachfolge- zustand	Ausgabe
q_0	0	q_0	1
q_0	1	q_1	0
q_1	0	q_0	1
q_1	1	q_2	0
q_2	0	q_0	1
q_2	1	q_3	0
q_3	0	q_0	1
q_3	1	q_0	1

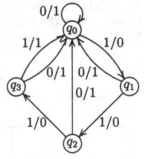

Abb. 2.6. Übergangstabelle und Übergangsdiagramm einer Finite-State-Maschine

2.8 Referenzen

Die in diesem Kapitel behandelten Themen gehören sämtlich zu den Grundlagen der Informatik und der diskreten Mathematik. Nachfolgend soll deshalb nur eine kleine Auswahl von relevanten Lehrbüchern und Gesamtdarstellungen gegeben werden: Ausführliche Informationen zu den Gebieten der diskreten Mathematik können in [Aig94] gefunden werden. Der Entwurf von Algorithmen und Datenstrukturen wird in [Mei91] und [OW96] behandelt. Einführungen in die **NP**-Vollständigkeitstheorie finden sich in den Büchern [Sch97, Weg93]. Das Kompendium [GJ78] enthält zudem eine komplexitätstheoretische Klassifikation vieler Probleme, vor allem in bezug auf die **NP**-Vollständigkeit.

Ein Standardwerk zum Thema endlicher Automaten ist [HU90]. Schließlich behandelt das Buch [HS96] in schöner Weise algorithmische Aspekte und die Bedeutung von Finite-State-Maschinen im VLSI-Design.

Teil I

Datenstrukturen für Schaltfunktionen

3. Boolesche Funktionen

Computer und andere digitale Systeme sind aus elektrischen **Schaltkreisen** aufgebaut. Diese erzeugen beim Anlegen bestimmter Spannungen an den Eingabepins bestimmte Signale an den Ausgabepins. Das vereinfachende Modell zur Beschreibung des Zusammenhangs zwischen Eingabe- und Ausgabespannungen geht nur von zwei wohlunterschiedenen Spannungswerten aus: Es fließt Strom, symbolisiert durch den Wert 1, oder es fließt kein Strom, symbolisiert durch 0. Natürlich wird es in aller Regel bei der technischen Realisierung Abweichungen von diesen Nominalwerten geben. Solange diese Abweichungen jedoch bestimmte Grenzwerte nicht überschreiten, beeinflussen sie die grundsätzliche Arbeitsweise des Schaltkreises nicht. Die Aussage, daß ein Signal zweiwertig oder **binär** ist, besagt also in Wirklichkeit lediglich, daß der Wert dieses Signals in einem von zwei sich nicht-überlappenden Bereichen liegt.

VLSI-Schaltkreise bestehen aus einer sehr komplexen Kombination einer eng begrenzten Anzahl von Grundelementen, den sogenannten **Gattern**, welche einfache logische Operationen ausführen. Diese Operationen hängen nicht vom *exakten* physikalischen Wert des Eingabesignals ab, sondern nur von dem entsprechenden Bereich, zu dem dieses Signal gehört. Zur Modellierung der binären Signale werden binäre Variable, also Variable mit Werten in dem Bereich $\{0,1\}$, verwendet. Beschreiben also die binären Variablen $x_1, \ldots, x_n$ die Eingabesignale eines Schaltkreises, dann können die resultierenden Signale y, die an den Gattern auftreten und durch die Werte der Eingabevariablen eindeutig bestimmt sind, durch sogenannte *Schaltfunktionen* $y = f(x_1, \ldots, x_n)$ beschrieben werden. Offensichtlich sind solche Schaltfunktionen über der Menge der Bitvektoren $\{0,1\}^n$ definiert. Im Jahr 1936 wurde dieser „Calculus of Switching Circuits" von C. E. Shannon entwickelt. Shannon zeigte, wie die grundlegenden Regeln klassischer Logik und elementarer Mengentheorie, die im Jahr 1854 von G. Boole in den „Laws of Thought" formuliert wurden, auch bei der Analyse und Beschreibung von Schaltkreisen angewendet werden können.

Ziel des ersten Abschnitts dieses Kapitels ist es, die grundlegenden Definitionen und Eigenschaften der Booleschen Algebra und der Booleschen Funktionen zusammenzustellen. Im zweiten Abschnitt des Kapitels betrachten wir den Spezialfall der Schaltfunktionen. Zunächst erscheinen Schaltfunktionen, welche Tupel von Variablen auf nur zwei mögliche Werte abbilden, sehr einfach. Die fast unbeschränkte Möglichkeit, solche Funktionen in mehreren Phasen moderner Entwurfssysteme zu kombinieren, gibt der Booleschen Analyse jedoch ihre eigene typische Komplexität in Theorie und Praxis.

3.1 Boolesche Algebra

Definition 3.1. *Eine Menge A mit zwei verschiedenen, ausgezeichneten Elementen 0 und 1, über der zwei binäre Operationen $+$, $\cdot$ und eine unäre Operation $^-$ definiert sind, heißt* **Boolesche Algebra** *$(A; +, \cdot, ^-, 0, 1)$, falls für alle $a, b, c \in A$ die folgenden Rechenregeln gelten:*

Kommutativität:

$$a + b = b + a \quad und \quad a \cdot b = b \cdot a,$$

Distributivität:

$$a \cdot (b + c) = (a \cdot b) + (a \cdot c) \quad und \quad a + (b \cdot c) = (a + b) \cdot (a + c),$$

Identität:

$$a + 0 = a \quad und \quad a \cdot 1 = a,$$

Komplementierung:

$$a + \bar{a} = 1 \quad und \quad a \cdot \bar{a} = 0.$$

A wird **Trägermenge** *genannt. Die ausgezeichneten Elemente 0 und 1 heißen* **Nullelement** *und* **Einselement**.

Im folgenden behandeln wir ausschließlich **endliche** Boolesche Algebren, d.h. Algebren mit endlicher Trägermenge. Der üblichen Klammerkonvention folgend bindet $^-$ stärker als $\cdot$ und $\cdot$ stärker als $+$. Wie in der Arithmetik üblich, wird $\cdot$ oft einfach weggelassen, anstelle von $a \cdot b$ also einfach ab geschrieben.

Beispiel 3.2. (1) Bezeichnet 2^S die Potenzmenge einer Menge S und $\overline{A}$ für jede Menge $A \subset S$ die Menge $S \setminus A$, dann ist

$$(2^S; \cup, \cap, {}^-, \emptyset, S)$$

eine Boolesche Algebra, die sogenannte **Mengenalgebra** von S.

(2) Für eine natürliche Zahl $n > 1$ sei T_n die Menge der Teiler von n. Dann bildet

$$(T_n; \mathrm{kgV}(\cdot, \cdot), \mathrm{ggT}(\cdot, \cdot), (\cdot)^{-1}, 1, n)$$

eine Boolesche Algebra, wobei $\mathrm{kgV}(\cdot, \cdot)$ und $\mathrm{ggT}(\cdot, \cdot)$ das kleinste gemeinsame Vielfache bzw. den größten gemeinsamen Teiler bezeichnen und $(\cdot)^{-1}$ den reziproken Wert im Sinne von $(x)^{-1} = n/x$.

(3) Sei $\mathcal{B} = (\mathcal{A}; +, \cdot, {}^-, 0, 1)$ eine Boolesche Algebra. Die Menge $F_n(\mathcal{A})$ aller Funktionen von $\mathcal{A}^n$ nach $\mathcal{A}$ bildet eine Boolesche Algebra $\mathcal{F}(\mathcal{A}) = (F_n(\mathcal{A}); +, \cdot, {}^-, \underline{0}, \underline{1})$ bezüglich der folgenden Operationen und Elemente:

$$
\begin{aligned}
f + g &: \mathcal{A}^n \longrightarrow \mathcal{A} & a = (a_1, \dots, a_n) &\mapsto f(a) + g(a) \\
f \cdot g &: \mathcal{A}^n \longrightarrow \mathcal{A} & a = (a_1, \dots, a_n) &\mapsto f(a) \cdot g(a) \\
\overline{f} &: \mathcal{A}^n \longrightarrow \mathcal{A} & a = (a_1, \dots, a_n) &\mapsto \overline{f(a)} \\
\underline{0} &: \mathcal{A}^n \longrightarrow \mathcal{A} & (a_1, \dots, a_n) &\mapsto 0 \\
\underline{1} &: \mathcal{A}^n \longrightarrow \mathcal{A} & (a_1, \dots, a_n) &\mapsto 1
\end{aligned}
$$

$\Diamond$

Bei der Untersuchung Boolescher Algebren stellt man fest, daß Identitäten und Eigenschaften in Paaren auftreten. Das sogenannte *Dualitätsprinzip* besagt, daß für jede gültige Gleichung in der Booleschen Algebra auch die duale Gleichung gültig ist.

Definition 3.3. *Sei G eine Gleichung über einer Booleschen Algebra $\mathcal{B} = (\mathcal{A}; +, \cdot, {}^-, 0, 1)$. Die Gleichung G', die aus G durch systematische Vertauschung der beiden Operationen $+$ und $\cdot$ sowie der beiden ausgezeichneten Elemente 0 und 1 entsteht, heißt die zu G* **duale Gleichung**.

Beispielsweise ist die duale Gleichung des Axioms $a + 0 = a$ die Gleichung $a \cdot 1 = a$.

Satz 3.4. (Dualitätsprinzip)
Sei G' die zu G gehörige duale Gleichung. Ist G in der Theorie der Booleschen Algebren eine wahre Aussage, dann gilt das auch für G'.

Beweis. Betrachtet man die einer Booleschen Algebra zugrunde liegenden Axiome, dann stellt man sofort fest, daß die Menge der zu den Axiomen dualen Gleichungen mit der Menge der Axiome übereinstimmt.

Folglich ist die duale Aussage einer aus den Axiomen einer Booleschen Algebra ableitbaren Gleichung ebenfalls aus diesen Axiomen ableitbar: Man verwendet lediglich in jedem Ableitungsschritt das Duale des begründenden Axioms.   □

Unter bewußter Ausnutzung des Dualitätsprinzips werden die Aussagen über Boolesche Algebren stets paarweise formuliert, sind aber jeweils nur in einer der beiden Fassungen zu beweisen.

Satz 3.5. (Rechenregeln)
Für beliebige Elemente $a, b, c \in \mathcal{A}$ einer Booleschen Algebra $(\mathcal{A}; +, \cdot, ^-, 0, 1)$ gelten die in Abb. 3.1 zusammengestellten Rechenregeln.

Idempotenz:

$$a + a = a \quad \text{und} \quad a \cdot a = a,$$

Eigenschaften von 1 und 0:

$$a + 1 = 1 \quad \text{und} \quad a \cdot 0 = 0,$$

Absorption:

$$a + (a \cdot b) = a \quad \text{und} \quad a \cdot (a + b) = a,$$

Assoziativgesetze:

$$a + (b + c) = (a + b) + c \quad \text{und} \quad a \cdot (b \cdot c) = (a \cdot b) \cdot c,$$

DeMorgan-Regeln:

$$\overline{a + b} = \overline{a} \cdot \overline{b} \quad \text{und} \quad \overline{a \cdot b} = \overline{a} + \overline{b},$$

Involution:

$$\overline{\overline{a}} = a.$$

Abb. 3.1. Rechenregeln für Boolesche Algebren

Beweis. Idempotenz:

$$
\begin{aligned}
a &= a + 0 & \text{(Identität)} \\
&= a + (a \cdot \overline{a}) & \text{(Komplementierung)} \\
&= (a + a) \cdot (a + \overline{a}) & \text{(Distributivität)} \\
&= (a + a) \cdot 1 & \text{(Komplementierung)} \\
&= a + a & \text{(Identität)}
\end{aligned}
$$

Besondere Eigenschaft der 1:

$$
\begin{aligned}
a + 1 &= (a+1) \cdot 1 && \text{(Identität)} \\
&= (a+1) \cdot (a + \overline{a}) && \text{(Komplementierung)} \\
&= a + (1 \cdot \overline{a}) && \text{(Distributivität)} \\
&= a + \overline{a} && \text{(Kommutativität, Identität)} \\
&= 1
\end{aligned}
$$

Absorption:

$$
\begin{aligned}
a + (a \cdot b) &= (a \cdot 1) + (a \cdot b) && \text{(Identität)} \\
&= a \cdot (1 + b) && \text{(Distributivität)} \\
&= a \cdot 1 && \text{(Kommutativität, Eigenschaft der 1)} \\
&= a && \text{(Identität)}
\end{aligned}
$$

Assoziativität:

Bezeichne $s_l = a + (b + c)$ die linke Seite und $s_r = (a + b) + c$ die rechte Seite der zu beweisenden Gleichung. Wir zeigen zunächst, daß $a \cdot s_l = a \cdot s_r$ gilt:

$$
\begin{aligned}
a \cdot s_l &= a \cdot (a + (b + c)) \\
&= (a \cdot a) + (a \cdot (b + c)) && \text{(Distributivität)} \\
&= a + (a \cdot (b + c)) && \text{(Idempotenz)} \\
&= a && \text{(Absorption)}
\end{aligned}
$$

Analog gilt $a \cdot s_r = a$ und damit $a \cdot s_l = a \cdot s_r$. Wir weisen nun $\overline{a} \cdot s_l = \overline{a} \cdot s_r$ nach.

$$
\begin{aligned}
\overline{a} \cdot s_l &= \overline{a} \cdot (a + (b + c)) \\
&= (\overline{a} \cdot a) + (\overline{a} \cdot (b + c)) && \text{(Distributivität)} \\
&= 0 + (\overline{a} \cdot (b + c)) && \text{(Komplementierung)} \\
&= \overline{a} \cdot (b + c) && \text{(Kommutativität, Identität)}
\end{aligned}
$$

Analog erhält man $\overline{a} \cdot s_r = \overline{a} \cdot (b + c)$ und damit $\overline{a} \cdot s_l = \overline{a} \cdot s_r$.

Insgesamt erhalten wir:

$$
\begin{aligned}
s_l &= s_l \cdot 1 && \text{(Identität)} \\
&= s_l \cdot (a + \overline{a}) && \text{(Komplementierung)} \\
&= (s_l \cdot a) + (s_l \cdot \overline{a}) && \text{(Distributivität)} \\
&= (s_r \cdot a) + (s_r \cdot \overline{a}) && \text{(Kommutativität, } a \cdot s_l = a \cdot s_r) \\
&= s_r \cdot (a + \overline{a}) && \text{(Distributivität)} \\
&= s_r \cdot 1 && \text{(Komplementierung)} \\
&= s_r && \text{(Identität)}
\end{aligned}
$$

DeMorgan-Regeln:

Zunächst zeigen wir, daß das Komplement $\overline{a}$ eines Elementes bereits eindeutig durch die Erfüllung der beiden Komplementierungsaxiome definiert ist. Wir nehmen hierzu an, daß zwei Elemente b und c die Komplementierungsaxiome bzgl. a erfüllen:

$$a + b = 1, \quad a \cdot b = 0, \quad a + c = 1, \quad a \cdot c = 0.$$

Es folgt

$$b = b \cdot (a + c) + a \cdot c = b \cdot a + b \cdot c + a \cdot c$$
$$= b \cdot a + (b + a) \cdot c = 0 + 1 \cdot c = c.$$

Nun zeigen wir, daß $a+b$ und $\bar{a} \cdot \bar{b}$ die zwei Komplementierungsaxiome erfüllen:

$$(a + b) + (\bar{a} \cdot \bar{b}) = ((a + b) + \bar{a}) \cdot ((a + b) + \bar{b}) = ((a + \bar{a}) + b) \cdot (a + (b + \bar{b}))$$
$$= (1 + b) \cdot (a + 1) = 1 \cdot 1 = 1.$$
$$(a + b) \cdot (\bar{a} \cdot \bar{b}) = a \cdot \bar{a} \cdot \bar{b} + b \cdot \bar{a} \cdot \bar{b} = 0 + 0 = 0.$$

Involution: Wegen

$$\bar{a} + a = a + \bar{a} = 1,$$
$$\bar{a} \cdot a = a \cdot \bar{a} = 0$$

folgt wie beim Beweis der DeMorgan-Regeln, daß a das Komplement von $\bar{a}$ ist, also $\bar{\bar{a}} = a$. $\qquad\square$

Der letzte Satz dieses Abschnitts, den wir ohne Beweis angeben, besagt, daß zu jeder endlichen Booleschen Algebra eine Mengenalgebra mit gleicher Struktur existiert.

Definition 3.6. *Zwei Boolesche Algebren* $\mathcal{B} = (\mathcal{A}; +, \cdot, ^-, 0, 1)$ *und* $\mathcal{B}' = (\mathcal{A}'; +', \cdot', ^{-\prime}, 0', 1')$ *heißen* **isomorph**, *wenn es eine bijektive Abbildung* $\phi : \mathcal{A} \to \mathcal{A}'$ *gibt, so daß für alle* $a, b \in \mathcal{A}$ *gilt:*

$$\phi(a + b) = \phi(a) +' \phi(b),$$
$$\phi(a \cdot b) = \phi(a) \cdot' \phi(b),$$
$$\phi(\bar{a}) = \overline{\phi(a)}',$$
$$\phi(0) = 0',$$
$$\phi(1) = 1'.$$

Satz 3.7. (Repräsentationssatz von Stone)
Jede endliche Boolesche Algebra ist isomorph zur Mengenalgebra einer endlichen Menge. $\qquad\square$

3.2 Boolesche Formeln und Funktionen

Boolesche Funktionen sind spezielle Funktionen, die mit Ausdrücken über der Booleschen Algebra, sogenannten *Booleschen Formeln*, beschrieben werden können.

Definition 3.8. *Sei $\mathcal{B} = (\mathcal{A}; +, \cdot, ^-, 0, 1)$ eine Boolesche Algebra. Ein Ausdruck bestehend aus n Variablensymbolen $x_1, \ldots, x_n$, den Symbolen $+, \cdot, ^-$ und den Elementen von $\mathcal{A}$ heißt n-stellige* **Boolesche Formel,** *falls er den folgenden rekursiven Regeln genügt:*

1. *Die Elemente von $\mathcal{A}$ sind Boolesche Formeln.*

2. *Die Variablensymbole $x_1, \ldots, x_n$ sind Boolesche Formeln.*

3. *Sind F und G zwei Boolesche Formeln, dann gilt das auch für die folgenden Ausdrücke*

   a) *$(F) + (G)$,*

   b) *$(F) \cdot (G)$ und*

   c) *$\overline{(F)}$.*

4. *Ein Ausdruck ist genau dann eine Boolesche Formel, wenn er durch endlich viele Anwendungen der Regeln 1, 2 und 3 erzeugt werden kann.*

Für die weitere Arbeit lockern wir diese Definition etwas: Wir nennen einen Ausdruck auch dann noch eine Boolesche Formel, wenn er aus einer Booleschen Formel durch Entfernen eines Klammerpaares hervorgeht und durch die üblichen Klammerkonventionen die ursprüngliche Bedeutung noch eindeutig erkennbar ist. Die Ausdrücke $(x_1) + (a)$ und $x_1 + a$ sind in diesem Sinne also gleichwertig.

In der obigen Definition werden Boolesche Formeln lediglich als formale Zeichenketten aufgefaßt. Um diese Formeln in Funktionen umzuwandeln, werden die Symbole $+, \cdot, ^-$ als Boolesche Operationen interpretiert und die Variablensymbole x_i als Eingabevariablen betrachtet, die durch Elemente der Booleschen Algebra ersetzt werden können. Zur Präzisierung dieses Sachverhalts betrachten wir die Boolesche Algebra $\mathcal{B} = (\mathcal{A}; +, \cdot, ^-, 0, 1)$ und eine Formel F über dieser Algebra. F **induziert** die Funktion f_F

$$f_F : \mathcal{A}^n \longrightarrow \mathcal{A}, \quad a = (a_1, \ldots, a_n) \mapsto f_F(a_1, \ldots, a_n).$$

$f_F(a_1, \ldots, a_n)$ bezeichnet dabei das Element von $\mathcal{A}$, das durch Ersetzen der Variablensymbole x_i von F durch die Elemente $a_i \in \mathcal{A}$ und die anschließende Ausführung der Booleschen Operationen auf diesen Elementen gemäß der in F beschriebenen Abfolge hervorgeht.

Definition 3.9. *Sei $\mathcal{B} = (\mathcal{A}; +, \cdot, ^-, 0, 1)$ eine Boolesche Algebra. Eine n-stellige Funktion $f : \mathcal{A}^n \to \mathcal{A}$ wird* **Boolesche Funktion** *genannt, wenn sie* *von einer Booleschen Formel F induziert wird. Wir sagen, daß die Formel F die Funktion f repräsentiert. Die Menge aller Booleschen Funktionen über $\mathcal{B}$ wird mit $P_n(\mathcal{B})$ bezeichnet.*

Beispiel 3.10. Gegeben sei die Mengenalgebra $\mathcal{B} = \{\{1,2\}, \cup, \cap, ^-, \emptyset, \{1,2\})$ der Menge $\{1,2\}$ und die Formel

$$F = x_1 + \overline{x_1} \cdot x_2.$$

Die tabellarische Darstellung der induzierten Booleschen Funktion f_F ist in Abb. 3.2 zu sehen.   ◇

x_1	x_2	f_F	x_1	x_2	f_F
$\emptyset$	$\emptyset$	$\emptyset$	$\{2\}$	$\emptyset$	$\{2\}$
$\emptyset$	$\{1\}$	$\{1\}$	$\{2\}$	$\{1\}$	$\{1,2\}$
$\emptyset$	$\{2\}$	$\{2\}$	$\{2\}$	$\{2\}$	$\{2\}$
$\emptyset$	$\{1,2\}$	$\{1,2\}$	$\{2\}$	$\{1,2\}$	$\{1,2\}$
$\{1\}$	$\emptyset$	$\{1\}$	$\{1,2\}$	$\emptyset$	$\{1,2\}$
$\{1\}$	$\{1\}$	$\{1\}$	$\{1,2\}$	$\{1\}$	$\{1,2\}$
$\{1\}$	$\{2\}$	$\{1,2\}$	$\{1,2\}$	$\{2\}$	$\{1,2\}$
$\{1\}$	$\{1,2\}$	$\{1,2\}$	$\{1,2\}$	$\{1,2\}$	$\{1,2\}$

Abb. 3.2. Tabellendarstellung einer Booleschen Funktion

Sei $\mathcal{B} = (\mathcal{A}; +, \cdot, ^-, 0, 1)$ eine Boolesche Algebra. Die Menge $P_n(\mathcal{B})$ aller n-stelligen Booleschen Funktionen über der Algebra $\mathcal{B}$ ist eine Teilmenge der Menge $F_n(\mathcal{A})$ aller Funktionen von $\mathcal{A}$ nach $\mathcal{A}$. Von der Menge $F_n(\mathcal{A})$ wurde bereits in Beispiel 3.2 nachgewiesen, daß sie bezüglich der kanonisch auf Funktionen erweiterten Operationen $+, \cdot, ^-$ ebenfalls eine Boolesche Algebra bildet. Die Operationen $+, \cdot, ^-$ von $\mathcal{B}$ induzieren natürlich in gleicher Weise Operationen auf $P_n(\mathcal{B})$. Im folgenden wird die wichtige Eigenschaft festgehalten, daß die Teilmenge $P_n(\mathcal{B})$ abgeschlossen unter diesen Operationen ist und daß sie ebenfalls ein Boolesche Algebra bildet, die eine Unteralgebra der Booleschen Algebra aller n-stelligen Funktionen ist.

Definition 3.11. *Seien $\mathcal{B} = (\mathcal{A}; +, \cdot, ^-, 0, 1)$ und $\mathcal{B}' = (\mathcal{A}'; +, \cdot, ^-, 0, 1)$ Boolesche Algebren mit den gleichen Operationen und gleichen Null- und Einselementen. $\mathcal{B}$ heißt **Unteralgebra** von $\mathcal{B}'$, wenn die Trägermenge $\mathcal{A}$ von $\mathcal{B}$ eine Teilmenge der Trägermenge $\mathcal{A}'$ von $\mathcal{B}'$ ist.*

Satz 3.12. *Sei $\mathcal{B} = (\mathcal{A}; +, \cdot, ^-, 0, 1)$ eine Boolesche Algebra. Die Menge $P_n(\mathcal{B})$ aller n-stelligen Booleschen Funktionen über $\mathcal{B}$ bildet bezüglich folgender Operationen und Konstanten*

+ : *Addition von Funktionen*
* : *Multiplikation von Funktionen*
⁻ : *Komplementoperation auf Funktionen*
0 : *Nullfunktion*
1 : *Einsfunktion*

eine Boolesche Algebra, welche eine Unteralgebra der Booleschen Algebra $(F_n(\mathcal{A}); +, \cdot, ^-, \underline{0}, \underline{1})$ *aller n-stelligen Funktionen ist.*   □

Interessanterweise ist die Beziehung zwischen Booleschen Formeln und Booleschen Funktionen nicht injektiv: Es gibt viele verschiedene Formeln, die die gleiche Boolesche Funktion repräsentieren. Eine wichtige und zentrale Aufgabe in vielen Anwendungen Boolescher Algebra ist es, zur Repräsentation konkreter Boolescher Funktionen „gute" Formeln – gemäß probleminhärenter Gütekriterien – zu finden.

Beispiel 3.13. Die Booleschen Formeln $(x_1 + x_2) \cdot (x_3 + x_2 \cdot \overline{x_4} + \overline{x_1} \cdot x_2)$ und $x_3 \cdot (x_1 + x_2) + x_2 \cdot (\overline{x_1} + \overline{x_4})$ repräsentieren über jeder Booleschen Algebra die gleiche Boolesche Funktion, da

$$
\begin{aligned}
(x_1 + x_2) &\cdot (x_3 + x_2 \cdot \overline{x_4} + \overline{x_1} \cdot x_2) \\
&= x_1 \cdot x_3 + x_1 \cdot x_2 \cdot \overline{x_4} + x_2 \cdot x_3 + x_2 \cdot \overline{x_4} + \overline{x_1} \cdot x_2 \\
&= x_1 \cdot x_3 + x_2 \cdot x_3 + x_2 \cdot \overline{x_4} + \overline{x_1} \cdot x_2 \\
&= x_3 \cdot (x_1 + x_2) + x_2 \cdot (\overline{x_1} + \overline{x_4}).
\end{aligned}
$$

Besteht das Gütekriterium in einer möglichst geringen Anzahl von in der Formel vorkommenden Variablen, so ist die zweite Formel der ersten vorzuziehen.

◇

Zwei n-stellige Boolesche Funktionen über einer Booleschen Algebra $\mathcal{B}$ heißen **äquivalent**, wenn die Funktionen auf allen 2^n Eingabeelementen aus $\{0, 1\}^n$ jeweils die gleichen Funktionswerte annehmen.

Satz 3.14. *Sei $\mathcal{B} = (\mathcal{A}, +, \cdot, ^-, 0, 1)$ eine Boolesche Algebra. Sind zwei Boolesche Funktionen f und g äquivalent, dann sind sie gleich.*

Beweis. Sei F eine Boolesche Formel, die f repräsentiert. Unter Verwendung der angegebenen Axiome und Rechenregeln für Boolesche Algebren sowie der Definition Boolescher Ausdrücke läßt sich zeigen, daß die Formel stets in nachfolgend beschriebener Weise in eine Summe von Produkten expandiert werden kann:

$$
F = \sum_{(e_1, \ldots, e_n) \in \{0,1\}^n} a(e_1, \ldots, e_n) \cdot x_1^{e_1} \cdot \ldots \cdot x_n^{e_n},
$$

wobei $x_i^1 := x_i$, $x_i^0 := \overline{x_i}$ und $a(e_1, \ldots, e_n) \in \mathcal{A}$. Die Funktion f ist deshalb eindeutig durch die Koeffizienten $a(e_1, \ldots, e_n)$ definiert. Die Koeffizienten $a(e_1, \ldots, e_n)$ selbst hängen nur von den Funktionswerten ab, welche f auf den Eingaben $(e_1, \ldots, e_n) \in \{0, 1\}^n$ annimmt. Ebenso hängen die 2^n Koeffizienten, die die Funktion g eindeutig beschreiben, nur von den Funktionswerten auf den Eingaben $(e_1, \ldots, e_n) \in \{0, 1\}^n$ ab. Sind f und g also äquivalent, dann sind sie auch identisch.   □

Als Konsequenz dieser Aussage und ihres Beweises läßt sich die Anzahl der verschiedenen n-stelligen Booleschen Funktionen bestimmen: Da die Funktionswerte auf den 2^n Eingaben $\{0, 1\}^n$ frei gewählt werden können, gibt es $\#\mathcal{A}^{2^n}$ n-stellige Boolesche Funktionen, wobei $\#\mathcal{A}$ die Kardinalität der Trägermenge ist. Die Anzahl *aller* Funktionen $\mathcal{A}^n \longrightarrow \mathcal{A}$ ist jedoch $\#\mathcal{A}^{\#\mathcal{A}^n}$, da die Funktionswerte zu jeder der $\#\mathcal{A}^n$ Eingaben beliebig gewählt werden können. Folglich gilt:

Satz 3.15. *(1) Besitzt die Trägermenge einer Booleschen Algebra* $\mathcal{B} = (\mathcal{A}; +, \cdot, ^-, 0, 1)$ *mehr als zwei Elemente, dann ist nicht jede Funktion* $\mathcal{A}^n \to \mathcal{A}$ *eine Boolesche Funktion.*

(2) Besteht die Trägermenge aus genau zwei Elementen, dann ist jede Funktion $\mathcal{A}^n \to \mathcal{A}$ *auch eine Boolesche Funktion.*   □

Diese fundamentale Tatsache ist ein Grund dafür, warum Boolesche Algebren mit zwei Elementen, welche wir im nächsten Abschnitt genau untersuchen werden, von ausgezeichneter Bedeutung sind.

Beispiel 3.16. Sei $S = \{1, 2\}$ und $(2^S; \cup, \cap, ^-, \emptyset, S)$ die Mengenalgebra von S. Die Funktion $f : S^4 \to S$,

$$f(x_1, x_2, x_3, x_4) = \begin{cases} \{2\} & \text{falls } (x_1, x_2, x_3, x_4) = (\emptyset, \emptyset, \emptyset, \emptyset), \\ \{1\} & \text{sonst} \end{cases}$$

ist keine Boolesche Funktion. Dies kann wie folgt eingesehen werden. In der Notation des voranstehenden Beweises gilt

$$a(0, 0, 0, 0) = f(\emptyset, \emptyset, \emptyset, \emptyset) = \{2\},$$
$$a(1, 0, 0, 0) = f(S, \emptyset, \emptyset, \emptyset) = \{1\}.$$

Deshalb folgt

$$f(\{1\}, \emptyset, \emptyset, \emptyset) = \bigcup_{(e_1, \ldots, e_4) \in \{0,1\}^4} a(e_1, e_2, e_3, e_4) \cap \{1\}^{e_1} \cap \emptyset^{e_2} \cap \emptyset^{e_3} \cap \emptyset^{e_4}$$
$$= (a(1, 0, 0, 0) \cap \{1\}) \cup (a(0, 0, 0, 0) \cap \{2\}) = \{1\} \cup \{2\} = S$$

im Widerspruch zur Definition von f.   ◇

3.3 Schaltfunktionen

Im folgenden behandeln wir als Spezialfall die Boolesche Algebra mit zwei Elementen, die das Fundament für den Entwurf von Schaltkreisen bildet. Die Bedeutung dieser Zusammenhänge wurde schon sehr früh erkannt. Bereits im Jahr 1910 schlug der Physiker P. Ehrenfest ansatzweise vor, Boolesche Algebra beim Entwurf von Schaltsystemen (für Telefonnetze) einzusetzen. Wesentlich detailliertere Abhandlungen erschienen unabhängig zwischen 1936 und 1938 in Japan, den Vereinigten Staaten und der Sowjetunion. Die ohne Zweifel einflußreichste Arbeit aus dieser Periode heißt „Symbolic Analysis of Relay and Switching Circuits" und stammt von C. E. Shannon. Heutzutage ist der Kalkül der Schaltfunktionen weitverbreitet und wird zahlreich angewendet.

Definition 3.17. *Seien die Operationen* $+, \cdot, ^{-}$ *auf der Menge* $\{0, 1\}$ *wie folgt definiert:*

- $a + b = \max\{a, b\}$,
- $a \cdot b = \min\{a, b\}$,
- $\bar{0} = 1, \bar{1} = 0$.

Die hierdurch definierte Boolesche Algebra $(\{0, 1\}, +, \cdot, ^{-}, 0, 1)$ *heißt* **Schaltalgebra**. *Die Menge* $\{0, 1\}$ *wird im folgenden mit* $\mathbb{B}$ *bezeichnet. Abkürzend wird anstelle* $a \cdot b$ *oft nur* ab *geschrieben.*

Nach Satz 3.7 sind alle Booleschen Algebren mit genau zwei Elementen isomorph zur Schaltalgebra.

Definition 3.18. *Eine* n-*stellige Funktion* $f : \mathbb{B}^n \to \mathbb{B}$ *wird* **Schaltfunktion** *genannt. Die Menge aller* n-*stelligen Schaltfunktionen wird kurz mit* $\mathbb{B}_n$ *bezeichnet.*

Nach Satz 3.15 ist jede n-stellige Schaltfunktion eine Boolesche Funktion. Wenn aus dem Zusammenhang hervorgeht, daß die zugrunde liegende Boolesche Algebra die Schaltalgebra ist, können die Begriffe *Boolesche Funktion* und *Schaltfunktion* synonym verwendet werden.

Für einen Schaltkreis C mit n Eingabesignalen und m Ausgabesignalen kann das Eingabe-/Ausgabeverhalten mit Hilfe eines m-Tupels $f = (f_1, \ldots, f_m)$ von Schaltfunktionen beschrieben werden. Die Menge der n-stelligen Schaltfunktionen mit m Ausgängen bezeichnen wir mit $\mathbb{B}_{n,m}$. Offensichtlich stimmt $\mathbb{B}_{n,1}$ mit der bereits definierten Menge $\mathbb{B}_n$ überein.

Die immense Komplexität, die bei der Bearbeitung von Schaltfunktionen beobachtet werden kann, beruht maßgeblich auf dem starken Wachstum der Kardinalität von $\mathbb{B}_{n,m}$.

Satz 3.19. *Die Anzahl der verschiedenen n-stelligen Schaltfunktionen mit m Ausgängen beträgt*

$$\#\mathbb{B}_{n,m} = 2^{m2^n}.$$

Insbesondere ergibt sich für die Anzahl der n-stelligen Schaltfunktionen mit einem Ausgang

$$\#\mathbb{B}_n = 2^{2^n}.$$

Beweis. Seien A und B endliche Mengen. Dann gibt es $\#B^{\#A}$ verschiedene Abbildungen von A nach B. Für $A = \mathbb{B}^n$ und $B = \mathbb{B}^m$ ergibt sich also $\#\mathbb{B}_{n,m} = (2^m)^{2^n} = 2^{m2^n}$. $\qquad\square$

Das ungeheure Wachstum von $\#\mathbb{B}_{n,m}$ soll durch die Zahlenwerte in Abb. 3.3 veranschaulicht werden, die die Kardinalitäten von $\mathbb{B}_n$ und $\mathbb{B}_{n,m}$ für einige der *kleinsten* Werte von n und m aufzeigen.

$\#\mathbb{B}_2 = 2^4 = 16$	$\#\mathbb{B}_{2,2} = 2^8$	$\#\mathbb{B}_{2,3} = 2^{12}$
$\#\mathbb{B}_3 = 2^8 = 256$	$\#\mathbb{B}_{3,2} = 2^{16}$	$\#\mathbb{B}_{3,3} = 2^{24}$
$\#\mathbb{B}_4 = 2^{16} = 65536$	$\#\mathbb{B}_{4,2} = 2^{32}$	$\#\mathbb{B}_{4,3} = 2^{48}$
$\#\mathbb{B}_5 = 2^{32} > 4 \cdot 10^9$	$\#\mathbb{B}_{5,2} = 2^{64}$	$\cdots$
$\#\mathbb{B}_6 = 2^{64} > 16 \cdot 10^{18}$	$\cdots$	$\cdots$

Abb. 3.3. Wachstum der Anzahl Boolescher Funktionen

Bevor wir auf Klassen spezieller Schaltfunktionen eingehen, sollen noch einige grundlegende Begriffe eingeführt werden.

Definition 3.20. *Sei $f \in \mathbb{B}_n$.*

1. *Ein Vektor $a = (a_1, \ldots, a_n) \in \mathbb{B}_n$ heißt **erfüllende Belegung** für f, wenn $f(a) = 1$.*

2. *Die Menge aller erfüllenden Belegungen von f heißt **on-Menge** von f, die Menge der nicht-erfüllenden Belegungen wird **off-Menge** von f genannt:*

$$\mathrm{on}(f) = \{(a_1, \ldots, a_n) \in \{0,1\}^n : f(a_1, \ldots, a_n) = 1\},$$
$$\mathrm{off}(f) = \{(a_1, \ldots, a_n) \in \{0,1\}^n : f(a_1, \ldots, a_n) = 0\}.$$

3. *Eine Variable x_i heißt **wesentlich** für f, wenn es eine Eingabebelegung $(a_1, \ldots, a_n)$ gibt mit*

$$f(a_1, \ldots, a_n, 0, a_{i+1}, \ldots, a_n) \neq f(a_1, \ldots, a_n, 1, a_{i+1}, \ldots, a_n).$$

Eine Schaltfunktion f kann mit ihrer on-Menge identifiziert werden. Diese Identifikation ist gerechtfertigt, da die on-Menge die Funktion f eindeutig beschreibt. Genauer gesagt gilt für jede Schaltfunktion $f \in \mathbb{B}_n$ die Beziehung

$$f = \chi_{\text{on}(f)},$$

wobei $\chi_{\text{on}(f)}$ die charakteristische Funktion von $\text{on}(f)$ bezeichnet, d.h.

$$\chi_{\text{on}(f)}(a) = \begin{cases} 1 & \text{falls } a \in \text{on}(f), \\ 0 & \text{sonst.} \end{cases}$$

Mit Hilfe des Begriffs der wesentlichen Variablen können Funktionen verschiedener Stelligkeit miteinander in Verbindung gebracht werden. Um beispielsweise die Funktionen von $\mathbb{B}_n$ als Teilmenge von $\mathbb{B}_{n+1}$ auffassen zu können, muß eine Dummy-Variable eingeführt werden. Diese Dummy-Variable hat jedoch auf die eigentliche Berechnung der Funktion keinen Einfluß und ist daher unwesentlich im Sinne der obigen Definition. Zwei Funktionen unterschiedlicher Stelligkeit können mittels dieser Notation als gleich angesehen werden, wenn sie nach dem Streichen aller unwesentlichen Variablen gleich sind.

3.3.1 Schaltfunktionen mit höchstens zwei Variablen

Die Schaltfunktionen, die von höchstens zwei Variablen abhängen, treten besonders häufig auf und besitzen deshalb ihre eigene Terminologie.

Schaltfunktionen ohne Variablen. Die Booleschen Konstanten 0 und 1 sind die einzigen beiden Schaltfunktionen, die keine wesentlichen Variablen besitzen. Diese beiden Funktionen, die auch unter den Namen **Kontradiktion** und **Tautologie** bekannt sind, gehören zu jeder Menge $\mathbb{B}_n$, $n > 0$. Sie lassen sich in beliebiger Stelligkeit definieren durch

$$1(a_1,\dots,a_n) = 1 \quad \text{und} \quad 0(a_1,\dots,a_n) = 0.$$

Schaltfunktionen in einer Variablen. Nach Satz 3.19 gibt es genau vier Schaltfunktionen in einer Variablen x_1. Zwei davon sind die beiden konstanten Funktionen $f_1(x_1) = 0$ und $f_2(x_1) = 1$.

Unter einem **Literal** versteht man eine Variable x_i oder deren Komplement $\overline{x_i}$. Die beiden verbleibenden Schaltfunktionen in einer Variablen sind gerade die beiden Literale: $f_3(x_i) = x_i$ und $f_4(x_i) = \overline{x_i}$.

Schaltfunktionen in zwei Variablen. Unter den nach Satz 3.19 existierenden 16 Schaltfunktionen in zwei Variablen befinden sich wieder die beiden konstanten Funktionen, sowie die vier Literale x_1, x_2, $\overline{x_1}$, $\overline{x_2}$. In den verbleibenden 10 Funktionen von $\mathbb{B}_2$ sind beide Variablen wesentlich. Wegen ihrer häufigen Verwendung sollen sie alle explizit aufgezählt werden.

Disjunktion (OR, $\vee$, +):

$\text{OR}(x_1, x_2) = 1$ genau dann, wenn $x_1 = 1$ oder $x_2 = 1$.

Konjunktion (AND, $\wedge$, $\cdot$):

$\text{AND}(x_1, x_2) = 1$ genau dann, wenn $x_1 = 1$ und $x_2 = 1$.

Äquivalenz (EQUIVALENCE, $\Leftrightarrow$, $\equiv$, =):

$\text{EQUIVALENCE}(x_1, x_2) = 1$ genau dann, wenn $x_1 = x_2$.

Implikation (IMPLY, $\Rightarrow$):

$\text{IMPLY}(x_1, x_2) = 1$ genau dann, wenn $x_1 = 0$ oder $x_1 = x_2 = 1$.

R-L-Implikation (IMPLIED-BY, $\Leftarrow$):

$\text{IMPLIED-BY}(x_1, x_2) = 1$ genau dann, wenn $x_2 = 0$ oder $x_1 = x_2 = 1$.

Die anderen 5 Funktionen können aus diesen durch Negation erhalten werden:

Negierte Disjunktion (NOR, $\overline{+}$, $\overline{\vee}$):

$\text{NOR}(x_1, x_2) = 1$ genau dann, wenn $x_1 = 0$ und $x_2 = 0$.

Negierte Konjunktion (NAND, $\overline{\cdot}$, $\overline{\wedge}$):

$\text{NAND}(x_1, x_2) = 1$ genau dann, wenn $x_1 = 0$ oder $x_2 = 0$.

Paritätsfunktion (EX-OR, EXOR, XOR, $\oplus$, mod2):

$\text{EX-OR}(x_1, x_2) = 1$ genau dann, wenn $x_1 \neq x_2$.

Negierte Implikation (NOT-IMPLY, $\not\Rightarrow$):

$\text{NOT-IMPLY}(x_1, x_2) = 1$ genau dann, wenn $x_1 = 1$ und $x_2 = 0$.

Negierte R-L-Implikation (NOT-IMPLIED-BY, $\not\Leftarrow$):

$\text{NOT-IMPLIED-BY}(x_1, x_2) = 1$ genau dann, wenn $x_1 = 0$ und $x_2 = 1$.

Anstelle dieser Funktionsschreibweise werden wir meistens die kompaktere Operatorschreibweise verwenden. Wir schreiben

$x_1 + x_2$	anstelle von	$\text{OR}(x_1, x_2)$,
$x_1 \cdot x_2$	anstelle von	$\text{AND}(x_1, x_2)$,
$x_1 \equiv x_2$	anstelle von	$\text{EQUIVALENCE}(x_1, x_2)$,
$x_1 \Rightarrow x_2$	anstelle von	$\text{IMPLY}(x_1, x_2)$,
$x_1 \Leftarrow x_2$	anstelle von	$\text{IMPLIED-BY}(x_1, x_2)$,
$x_1 \overline{+} x_2$	anstelle von	$\text{NOR}(x_1, x_2)$,
$x_1 \overline{\cdot} x_2$	anstelle von	$\text{NAND}(x_1, x_2)$,
$x_1 \oplus x_2$	anstelle von	$\text{EX-OR}(x_1, x_2)$,
$x_1 \not\Rightarrow x_2$	anstelle von	$\text{NOT-IMPLY}(x_1, x_2)$,
$x_1 \not\Leftarrow x_2$	anstelle von	$\text{NOT-IMPLIED-BY}(x_1, x_2)$.

Der geringe Umfang des Definitionsbereiches zweistelliger Schaltfunktionen ermöglicht es, die Funktionen $f \in \mathbb{B}_2$ wie in Abb. 3.4 in tabellarischer Form darzustellen.

x_1 x_2	f_0	f_1	f_2	f_3	f_4	f_5	f_6	f_7	f_8	f_9	f_{10}	f_{11}	f_{12}	f_{13}	f_{14}	f_{15}
	0	$\cdot$	$\not\Rightarrow$	x_1	$\not\Leftarrow$	x_2	$\oplus$	$+$	$\overline{+}$	$\equiv$	$\overline{x_2}$	$\Leftarrow$	$\overline{x_1}$	$\Rightarrow$	$\overline{\cdot}$	1
0 0	0	0	0	0	0	0	0	0	1	1	1	1	1	1	1	1
0 1	0	0	0	0	1	1	1	1	0	0	0	0	1	1	1	1
1 0	0	0	1	1	0	0	1	1	0	0	1	1	0	0	1	1
1 1	0	1	0	1	0	1	0	1	0	1	0	1	0	1	0	1

Abb. 3.4. Aufzählung der zweiwertigen Schaltfunktionen

3.3.2 Unterfunktionen und Shannon-Entwicklung

Die Grundlage für Berechungen mit Booleschen Funktionen und Schaltfunktionen ist die sogenannte *Shannon-Entwicklung*, die erstmalig bereits von Boole formuliert wurde. Dieser Satz stellt eine wichtige Verknüpfung zwischen einer Funktion und ihren Unterfunktionen her. Eine Funktion g heißt dabei **Unterfunktion** von f, wenn sie aus f durch Konstantsetzung einiger Eingangsvariablen von f hervorgeht. In vielen Zusammenhängen liefert die Kenntnis von Eigenschaften bestimmter Unterfunktionen auch wesentliche Informationen über die eigentliche Funktion selbst.

Satz 3.21. (Shannon-Entwicklung)
Sei $f \in \mathbb{B}_n$ eine n-stellige Schaltfunktion. Für die durch

$$g(x_1, \dots, x_{n-1}) = f(x_1, \dots, x_{n-1}, 0),$$
$$h(x_1, \dots, x_{n-1}) = f(x_1, \dots, x_{n-1}, 1)$$

definierten Unterfunktionen gilt

$$f = \overline{x_n} \cdot g \; + \; x_n \cdot h. \tag{3.1}$$

Beweis. Sei $a = (a_1, \dots, a_n)$ eine Belegung für die Variablen $x_1, \dots, x_n$. Im Fall $a_n = 0$ folgt die Aussage aus der Beziehung $f(a_1, \dots, a_n) = g(a_1, \dots, a_{n-1})$. Im Fall $a_n = 1$ folgt sie von der Beziehung $f(a_1, \dots, a_n) = h(a_1, \dots, a_{n-1})$. $\square$

Eine Unterfunktion geht durch Konstantsetzung einer oder mehrerer Eingangsvariablen hervor. Aus diesem Grund kann jede Unterfunktion einer Funktion $f \in \mathbb{B}_n$ durch einen Vektor $c \in \{0, 1, \text{id}\}^n$ beschrieben werden. Wenn die i-te Komponente von c konstant 0 oder 1 ist, wird die i-te Eingangsvariable x_i von f auf 0 bzw. 1 gesetzt; wenn c_i den Wert id hat, dann bleibt die Variable x_i unfixiert. Der Vektor c definiert demzufolge die Unterfunktion

$$f_c(x_1, \dots, x_n) := f(c_1(x_1), \dots, c_n(x_n)).$$

Aus dieser Darstellung einer Unterfunktion folgt unmittelbar, daß eine Schaltfunktion höchstens 3^n Unterfunktionen haben kann.

Korollar 3.22. *Eine n-stellige Schaltfunktion $f \in \mathbb{B}_n$ hat höchstens 3^n verschiedene Unterfunktionen.* $\square$

Im allgemeinen sind die Unterfunktionen einer Funktion f nicht alle verschieden.

Beispiel 3.23. Die Schaltfunktion $f(x_1, x_2, x_3) = x_1 + (x_2 \cdot \overline{x_3})$ hat 9 verschiedene Unterfunktionen:

$$
\begin{array}{lll}
f_c = 0 & \text{für} \quad c \in & \{(0,0,0), (0,0,1), (0,0,\text{id}), (0,1,1), \\
 & & (0,\text{id},1)\}, \\
f_c = 1 & \text{für} \quad c \in & \{(0,1,0), (1,0,0), (1,0,1), (1,0,\text{id}), \\
 & & (1,1,0), (1,1,1), (1,1,\text{id}), (1,\text{id},0), \\
 & & (1,\text{id},1), (1,\text{id},\text{id}), (\text{id},1,0)\}, \\
f_c = x_1 & \text{für} \quad c \in & \{(\text{id},0,0), (\text{id},0,1), (\text{id},0,\text{id}), (\text{id},1,1), \\
 & & (\text{id},\text{id},1)\}, \\
f_c = x_2 & \text{für} \quad c \in & \{(0,\text{id},0)\}, \\
f_c = \overline{x_3} & \text{für} \quad c \in & \{(0,1,\text{id})\}, \\
f_c = x_1 + x_2 & \text{für} \quad c \in & \{(\text{id},\text{id},0)\}, \\
f_c = x_1 + \overline{x_3} & \text{für} \quad c \in & \{(\text{id},1,\text{id})\}, \\
f_c = x_2\overline{x_3} & \text{für} \quad c \in & \{(0,\text{id},\text{id})\}, \\
f_c = x_1 + x_2\overline{x_3} & \text{für} \quad c \in & \{(\text{id},\text{id},\text{id})\}.
\end{array}
$$

$\diamond$

In der in (3.1) angegebenen Shannon-Entwicklung werden die beteiligten
Unterfunktionen g und h durch die Vektoren $c = (\text{id}, \dots, \text{id}, 0)$ und $c' = (\text{id}, \dots, \text{id}, 1)$ definiert. Natürlich kann die Idee der Shannon-Zerlegung auch
auf andere Unterfunktionen und Operationen übertragen werden.

Korollar 3.24. *Für jede Funktion $f \in \mathbb{B}_n$ und jedes $1 \leq i \leq n$ gilt:*

1. Shannon-Entwicklung nach dem i-ten Argument:

$$
\begin{aligned}
f(x_1, \dots, x_n) = {} & x_i \, f(x_1, \dots, x_{i-1}, 1, x_{i+1}, \dots, x_n) \\
 & + \overline{x_i} \, f(x_1, \dots, x_{i-1}, 0, x_{i+1}, \dots, x_n).
\end{aligned}
$$

2. Duale Shannon-Entwicklung:

$$
\begin{aligned}
f(x_1, \dots, x_n) = {} & (x_i + f(x_1, \dots, x_{i-1}, 0, x_{i+1}, \dots, x_n)) \\
 & (\overline{x_i} + f(x_1, \dots, x_{i-1}, 1, x_{i+1}, \dots, x_n)).
\end{aligned}
$$

3. *Shannon-Entwicklung bezüglich* $\oplus$:

$$f(x_1, \ldots, x_n) = x_i \ f(x_1, \ldots, x_{i-1}, 1, x_{i+1}, \ldots, x_n)$$
$$\oplus \ \overline{x_i} \ f(x_1, \ldots, x_{i-1}, 0, x_{i+1}, \ldots, x_n).$$

$\square$

Beweis. Die erste Aussage ist klar. Die duale Shannon-Entwicklung gilt nach dem Dualitätsprinzip. Die Shannon-Entwicklung bezüglich $\oplus$ folgt aus der Tatsache, daß für jede beliebige Zuweisung an x_i entweder der erste oder der zweite der $\oplus$-Summanden wegfällt. $\square$

3.3.3 Visuelle Repräsentation

Zur Erschließung geometrischer Vorstellungskraft und Intuition bei der Untersuchung Boolescher Funktionen hat sich die folgende geometrische Veranschaulichung des Argumentbereiches $\mathbb{B}^n = \{0,1\}^n$ von Schaltfunktionen als sehr fruchtbar erwiesen: Man faßt die einzelnen Argumente $a = (a_1, \ldots, a_n) \in \mathbb{B}^n$ als Eckkoordinaten eines n-dimensionalen Einheitswürfels auf und stellt sich damit $\mathbb{B}^n$ eingebettet in den n-dimensionalen euklidischen Raum $\mathbb{R}^n$ vor. Aufgrund dieser Darstellungsform wird die Menge $\mathbb{B}^n$ oft auch als n-dimensionaler **Boolescher Würfel** bezeichnet.

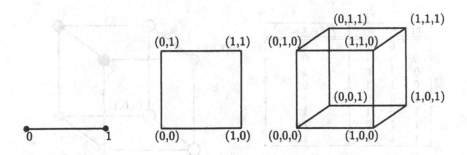

Abb. 3.5. Der ein-, zwei- und dreidimensionale Boolesche Würfel mit Eckkoordinaten

Obwohl es dem gewöhnlichen Sterblichen natürlich schwer fällt, sich einen 4-, 7- oder gar 37-dimensionalen Würfel vorzustellen, lassen Analogieschlüsse aus dem niederdimensionalen Bereich unserer Alltagsanschauung wichtige Rückschlüsse auf die Verhältnisse in höheren Dimensionen zu. Vielleicht gibt die Darstellung eines vierdimensionalen Einheitswürfels in Abb. 3.6 einige Anregungen dazu.

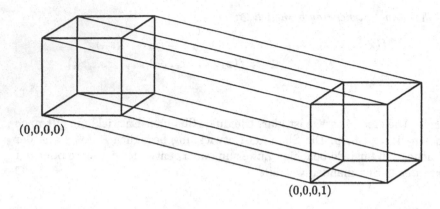

Abb. 3.6. Vierdimensionaler Boolescher Würfel

Da Schaltfunktionen $f \in \mathbb{B}_n$ jedem Argument $a \in \mathbb{B}_n$ lediglich einen von zwei möglichen Werten zuordnen, $f(a) \in \{0,1\}$, läßt sich der den gesamten Argumentbereich veranschaulichende Einheitswürfel auch zur geometrischen Darstellung der Funktion selbst verwenden: Man markiert beispielsweise genau die Ecken des Würfels, die zur on-Menge $on(f)$ der Funktion gehören.

Beispiel 3.25. Abb. 3.7 zeigt eine Tabellendarstellung und die geometrische Visualisierung der Schaltfunktion $f(x_1, x_2, x_3) = x_1 + (x_2 \cdot \overline{x_3})$.   ◇

x_1	x_2	x_3	$f(x_1, x_2, x_3)$
0	0	0	0
0	0	1	0
0	1	0	1
0	1	1	0
1	0	0	1
1	0	1	1
1	1	0	1
1	1	1	1

Abb. 3.7. Tabellendarstellung und geometrische Visualisierung

3.3.4 Monotone Schaltfunktionen

Im allgemeinen ist die Analyse von Schaltfunktionen mit vielen Eingangsvariablen sehr schwierig, weil die Bearbeitung Ressourcen erfordert, die offensichtlich nicht zur Verfügung gestellt werden können. Unter gewissen

Umständen kann sich die Situation jedoch dramatisch ändern, wenn zusätzliche strukturelle Eigenschaften der auftretenden Funktionen bekannt sind. Eine wichtige solche Eigenschaft ist die **Monotonie**.

Definition 3.26. *Sei* $f \in \mathbb{B}_n$ *und* $1 \leq i \leq n$. f *heißt* **monoton wachsend im i-ten Eingang**, *wenn für alle* $a \in \mathbb{B}^n$ *gilt*

$$f(a_1, \ldots, a_{i-1}, 0, a_{i+1}, \ldots, a_n) \leq f(a_1, \ldots, a_{i-1}, 1, a_{i+1}, \ldots, a_n).$$

f *heißt* **monoton fallend im i-ten Eingang**, *wenn für alle* $a \in \mathbb{B}^n$ *gilt*

$$f(a_1, \ldots, a_{i-1}, 1, a_{i+1}, \ldots, a_n) \leq f(a_1, \ldots, a_{i-1}, 0, a_{i+1}, \ldots, a_n).$$

Ist f in jedem seiner Eingänge monoton wachsend bzw. in jedem seiner Eingänge monoton fallend, dann wird f **monoton wachsend** *bzw.* **monoton fallend** *genannt.*

Die folgende Charakterisierung monoton wachsender bzw. monoton fallender Funktionen könnte auch als Definition dieser Begriffe verwendet werden.

Satz 3.27. *(1) Eine Funktion $f \in \mathbb{B}_n$ ist genau dann monoton wachsend, wenn für $a, b \in \mathbb{B}^n$ aus $a \leq b$ stets $f(a) \leq f(b)$ folgt.*

(2) Eine Funktion $f \in \mathbb{B}_n$ ist genau dann monoton fallend, wenn für $a, b \in \mathbb{B}^n$ aus $a \leq b$ stets $f(a) \geq f(b)$ folgt.

Beweis. Die Aussagen (1) und (2) können durch zueinander analoge Überlegungen nachgewiesen werden. Wir beweisen deshalb nur die erste Aussage. Sei also f monoton wachsend. Dann ist f nach Definition in jedem Eingang monoton wachsend. Seien nun $a = (a_1, \ldots, a_n)$, $b = (b_1, \ldots, b_n) \in \mathbb{B}^n$ mit $a \leq b$, und gelte $a_i < b_i$ für $i = i_1, \ldots, i_k$. Ersetzt man in a sukzessive die a_{i_j} durch die b_{i_j}, $1 \leq j \leq k$, dann erhält man aufgrund der Monotonie im i_j-ten Eingang eine Ungleichungskette

$$f(a) \leq \ldots \leq f(b),$$

die letztendlich $f(a) \leq f(b)$ liefert.

Folgt umgekehrt aus $a \leq b$ stets $f(a) \leq f(b)$, dann erhält man insbesondere für alle i, $1 \leq i \leq n$, und für alle $a \in \mathbb{B}^n$

$$f(a_1, \ldots, a_{i-1}, 0, a_{i+1}, \ldots, a_n) \leq f(a_1, \ldots, a_{i-1}, 1, a_{i+1}, \ldots, a_n).$$

f ist also in jedem Eingang monoton wachsend.   □

Beispiel 3.28. (1) Natürlich ist das Literal x_i, $1 \leq i \leq n$, monoton wachsend im i-ten Argument. In allen anderen Argumenten ist das Literal sowohl monoton wachsend als auch monoton fallend. Insgesamt ist jedes Literal x_i

also eine monoton wachsende Funktion. Analog sind die negativen Literale $\overline{x_i}$ monoton fallende Funktionen.

(2) Die beiden folgenden Funktionen

$$f(x_1,\ldots,x_n) = x_{i_1} \cdot \ldots \cdot x_{i_k}, \quad 1 \le i_1 \le \ldots \le i_k \le n,$$
$$g(x_1,\ldots,x_n) = x_{i_1} + \ldots + x_{i_k}, \quad 1 \le i_1 \le \ldots \le i_k \le n,$$

sind in jedem Eingang monoton wachsend. In den unwesentlichen Eingängen sind f und g darüber hinaus auch monoton fallend.   ◇

Offenbar sind Boolesche Funktionen in allen unwesentlichen Eingängen sowohl monoton wachsend als auch monoton fallend. Interessanter ist die Frage nach der Monotonie für die wesentlichen Eingänge. Bei der Beurteilung dieser Frage ist der folgende **Darstellungssatz für im i-ten Eingang monotone Funktionen** von großer Bedeutung, den wir ohne Beweis angeben.

Satz 3.29. *(1)   Eine Boolesche Funktion $f \in \mathbb{B}_n$ ist genau dann im i-ten Eingang monoton wachsend, wenn sich f mit Hilfe zweier nicht von x_i abhängender Funktionen g und h darstellen läßt als*

$$f \; = \; x_i \, g \, + \, h.$$

(2)   Eine Boolesche Funktion $f \in \mathbb{B}_n$ ist genau dann im i-ten Eingang monoton fallend, wenn sich f mit Hilfe zweier nicht von x_i abhängender Funktionen g und h darstellen läßt als

$$f \; = \; \overline{x_i} \, g \, + \, h.$$

Monotone Funktionen treten in vielen grundlegenden Anwendungen auf wie etwa beim Sortieren oder der Matrixmultiplikation.

Beispiel 3.30. (Matrixmultiplikation)
Seien $X = (x_{ij}), Y = (y_{ij}) \in \mathbb{B}^{n,n}$ zwei $n \times n$-Matrizen. Das Produkt $Z := X \cdot Y$ ist durch die Elemente

$$z_{ij} = \sum_{k=1}^{n} x_{ik} y_{kj}$$

definiert. Für alle $1 \le i, j \le n$ sind die Funktionen z_{ij} monoton wachsend. ◇

3.3.5 Symmetrische Funktionen

Ähnlich dem Fall der Monotonie sind auch Symmetrieeigenschaften gut dazu geeignet, die Bearbeitung von Schaltfunktionen beträchtlich zu erleichtern. Eine Reihe von Algorithmen, deren Anwendung auf beliebigen Funktionen nicht praktikabel ist, arbeiten im Falle symmetrischer Funktionen effizient.

Definition 3.31. *Eine Schaltfunktion $f(x_1, \ldots, x_n)$ heißt* **symmetrisch,** *wenn jede Permutation π der Eingabevariablen den Funktionswert nicht ändert, d.h.*

$$f(x_1, \ldots, x_n) = f(x_{\pi(1)}, \ldots, x_{\pi(n)}).$$

Offensichtlich ist eine Funktion f also genau dann symmetrisch, wenn ihr Funktionswert nur von der Anzahl der Einsen im Eingabevektor abhängt, und nicht von deren Positionen. Eine symmetrische Funktion $f \in \mathbb{B}_n$ kann deshalb in natürlicher Weise durch einen Vektor $v(f) = (v_0, \ldots, v_n) \in \mathbb{B}^{n+1}$ der Länge $n + 1$ repräsentiert werden. Die Komponenten $v_0, \ldots, v_n$ sind definiert durch

$$v_i := f(\underbrace{1, \ldots, 1}_{i\text{-mal}}, 0, \ldots, 0)$$

und repräsentieren den Funktionswert von f, wenn genau i Eingabebits 1 und $n - i$ Eingabebits 0 sind. $v(f)$ heißt **Spektrum** oder **Wertevektor** von f. Aus der Bijektion zwischen symmetrischen Funktionen und den 2^{n+1} möglichen Wertevektoren folgt unmittelbar, daß es genau 2^{n+1} symmetrische Funktionen mit n Eingängen gibt.

Korollar 3.32. *Es gibt genau 2^{n+1} symmetrische Funktionen mit n Eingängen.* □

Beispiel 3.33. Die folgenden Funktionen sind symmetrisch:

$$f(x_1, x_2, x_3) = x_1 \oplus x_2 \oplus x_3,$$
$$g(x_1, x_2, x_3, x_4) = x_1 + x_2 + x_3 + x_4,$$
$$h(x_1, x_2, x_3) = x_1 x_2 + x_2 x_3 + x_1 x_3.$$

Die zugehörigen Wertevektoren sind

$$v(f) = (0, 1, 0, 1),$$
$$v(g) = (0, 1, 1, 1, 1),$$
$$v(h) = (0, 0, 1, 1).$$

Im Gegensatz dazu sind folgende Funktionen nicht symmetrisch:

$$f(x_1, x_2, x_3) = x_1 x_2 + x_3,$$
$$g(x_1, x_2, x_3) = \overline{x_1} x_2 + x_1 x_3,$$
$$h_i(x_1, \ldots, x_n) = x_i, \quad 1 \leq i \leq n, \quad n \geq 2.$$

◇

Da die Zahl der symmetrischen Funktionen sehr klein im Vergleich zur Gesamtzahl 2^{2^n} aller Schaltfunktionen in n Variablen ist, ist eine zufällig gewählte n-stellige Schaltfunktion nur mit sehr geringer Wahrscheinlichkeit symmetrisch. Die in praktischen Anwendungen wichtigen Funktionen sind jedoch keineswegs zufällig gewählt. Tatsächlich treten dort symmetrische Funktionen sehr oft auf, beispielsweise wenn das zugrunde liegende Problem mit einem Zählproblem verwandt ist. Von besonderem Interesse sind die folgenden symmetrischen Funktionen, von denen einige bereits in Beispiel 3.33 angesprochen wurden.

Paritätsfunktion $\mathrm{PAR}_n \in \mathbb{B}_n$:

$$\mathrm{PAR}_n(x_1,\dots,x_n) = \oplus_{i=1}^n x_i = (\sum_{i=1}^n x_i) \pmod 2,$$

Majoritätsfunktion $M_n \in \mathbb{B}_n$:

$$M_n(x_1,\dots,x_n) = 1 \text{ genau dann, wenn } \sum_{i=1}^n x_i \geq \frac{n}{2},$$

Threshold-Funktionen (Schwellwertfunktionen) $T_k^n \in \mathbb{B}_n$, $0 \leq k \leq n$:

$$T_k^n(x_1,\dots,x_n) = 1 \text{ genau dann, wenn } \sum_{i=1}^n x_i \geq k,$$

Inverse Threshold-Funktionen $T_{\leq k}^n \in \mathbb{B}_n$, $0 \leq k \leq n$:

$$T_{\leq k}^n(x_1,\dots,x_n) = 1 \text{ genau dann, wenn } \sum_{i=1}^n x_i \leq k,$$

Intervallfunktionen $I_{k,l}^n \in \mathbb{B}_n$, $1 \leq k \leq l \leq n$:

$$I_{k,l}(x_1,\dots,x_n) = 1 \text{ genau dann, wenn } k \leq \sum_{i=1}^n x_i \leq l.$$

Beispiel 3.34. Einige Beziehungen zwischen wichtigen Klassen von Schaltfunktionen:

$$x_1 + x_2 + \dots + x_n = I_{1,n}^n(x_1,\dots,x_n),$$
$$x_1 \cdot x_2 \cdot \ldots \cdot x_n = I_{n,n}^n(x_1,\dots,x_n),$$
$$M_n(x_1,\dots,x_n) = T_{\lceil \frac{n}{2} \rceil,n}^n(x_1,\dots,x_n),$$
$$T_{\leq k}^n = I_{0,k}^n(x_1,\dots,x_n).$$

◇

Die Möglichkeit, symmetrische Funktionen mit Hilfe von Intervallfunktionen darzustellen, ist keineswegs durch die gerade angegebenen Beispiele erschöpft. Im Gegenteil, jede symmetrische Funktion kann durch eine Disjunktion von Intervallfunktionen beschrieben werden. Diese Eigenschaft folgt aus der Tatsache, daß die Wertevektoren zweier symmetrischer Funktionen $f, g \in \mathbb{B}_n$ die folgende Gleichung erfüllen:

$$v(f \vee g) = v(f) \vee v(g).$$

Beispiel 3.35. Sei $f \in \mathbb{B}_9$ eine symmetrische Funktion mit dem Spektrum $v(f) = (1, 0, 0, 1, 0, 0, 1, 1, 1, 0)$. Das Spektrum kann in der Form

$$v(f) = v(I_{0,0}^9) \vee v(I_{3,3}^9) \vee v(I_{6,8}^9)$$

geschrieben werden. f kann deshalb durch die Disjunktion der Intervallfunktionen $I_{0,0}^9, I_{3,3}^9$ und $I_{6,8}^9$ dargestellt werden:

$$f = I_{0,0}^9 \vee I_{3,3}^9 \vee I_{6,8}^9.$$

◇

Die Effekte, die im Fall symmetrischer Funktionen ausgenutzt werden können, werden manchmal auch für Funktionen genutzt, welche nicht „vollständig" symmetrisch sind. Zwei Modifikationen des Symmetriebegriffs sind in der folgenden Definition beschrieben.

Definition 3.36. *(1) Eine Funktion $f(x_1, \ldots, x_n) \in \mathbb{B}_n$ heißt* **quasisymmetrisch**, *wenn die Ersetzung einiger Variablen durch ihr Komplement zu einer symmetrischen Funktion führt.*

(2) Eine Funktion $f(x_1, \ldots, x_n) \in \mathbb{B}_n$ heißt **partiell symmetrisch** *bzgl. der Variablen $x_{i_1}, \ldots, x_{i_k}$, wenn f bei jeder Permutation der Variablen $x_{i_1}, \ldots, x_{i_k}$ invariant bleibt.*

Beispiel 3.37. Die folgenden Funktionen $f, g \in \mathbb{B}_3$ sind quasisymmetrisch:

$$f(x_1, x_2, x_3) = x_1 \overline{x_2} x_3,$$
$$g(x_1, x_2, x_3) = \overline{x_1} x_2 + x_2 \overline{x_3} + \overline{x_1}\,\overline{x_3}.$$

Darüber hinaus sind f und g partiell symmetrisch bzgl. der Variablen x_1, x_3.

◇

3.3.6 Threshold-Funktionen

Bei der Beschreibung symmetrischer Funktionen in Abschn. 3.3.5 haben wir bereits die Klasse der Threshold-Funktionen T_k^n erwähnt. Diese Klasse ist

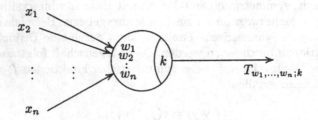

Abb. 3.8. Threshold-Funktion

von großer Bedeutung bei der Modellierung biologischer Neuronen und damit für die Konstruktion künstlicher neuronaler Netzwerke. In dem biologischen Szenario ist die Membran der Neuronenzelle in der Lage, einer gewissen elektrischen Ladung standzuhalten. Wenn diese Ladung einen Schwellwert k erreicht oder überschreitet, „feuert" das Neuron. In der Terminologie der Schaltfunktionen kann dieser Effekt durch Threshold-Funktionen modelliert werden. Threshold-Funktionen sind nicht nur symmetrisch, sondern auch monoton wachsend.

Um in dem biologischen Rahmenwerk verschiedene Eingabewiderstände abdecken zu können, ist die folgende Notation hilfreich, die durch Abb. 3.8 illustriert wird.

Definition 3.38. *Eine Schaltfunktion* $f \in \mathbb{B}_n$ *heißt* **gewichtete Threshold-Funktion mit Gewichten** $w_1, \dots, w_n \in \mathbb{R}$, *falls gilt*

$$f(x_1, \dots, x_n) = 1 \quad \textit{genau dann, wenn} \quad \sum_{i=1}^{n} w_i x_i \geq k.$$

Wir schreiben kurz $T_{w_1, \dots, w_n; k}$.

Obwohl die große Zahl der Parameter die Klasse sehr mächtig hinsichtlich ihrer Ausdruckskraft macht, gibt es trotzdem Schaltfunktionen, die nicht durch eine Threshold-Funktion dargestellt werden können.

Beispiel 3.39. Betrachten wir die Funktion $f(x_1, x_2) = x_1 \overline{x_2} + x_2 \overline{x_1}$. Diese Funktion kann nicht durch eine gewichtete Threshold-Funktion repräsentiert werden. Angenommen, es gebe reelle Gewichte w_1, w_2 und einen Schwellwert k mit $f = T_{w_1, w_2; k}$, dann würden die folgenden Ungleichungen gelten:

$$0 \cdot w_1 + 1 \cdot w_2 \geq k \quad (\text{da } f(0,1) = 1),$$
$$1 \cdot w_1 + 0 \cdot w_2 \geq k \quad (\text{da } f(1,0) = 1),$$
$$1 \cdot w_1 + 1 \cdot w_2 < k \quad (\text{da } f(1,1) = 0).$$

Die ersten beiden Ungleichungen können zu $w_1 + w_2 \geq 2k$ kombiniert werden. Diese Ungleichung steht jedoch im Widerspruch zur dritten Gleichung.

Folglich kann f nicht durch eine gewichtete Threshold-Funktion dargestellt werden.   ◇

Eine wichtige strukturelle Eigenschaft gewichteter Threshold-Funktionen besagt, daß die Funktion in jeder Eingabe monoton wachsend oder monoton fallend ist. Der Beweis dieser Aussage erfolgt durch Verallgemeinerung der Argumente aus dem voranstehenden Beispiel.

3.3.7 Partielle Schaltfunktionen

Bei der Beschreibung des funktionalen Verhaltens eines digitalen Systems ist es oft nicht notwendig, das Verhalten für alle prinzipiell möglichen Eingabekonstellationen zu spezifizieren. In vielen Fällen ist a priori bekannt, daß bestimmte Konstellationen nicht auftreten, nämlich wenn beispielsweise die Eingabe eines Systems aus der Ausgabe eines anderen hervorgeht oder wenn die Reaktion eines Systems auf bestimmte Konstellationen keine Wirkung hat. Die Funktionen, die zur Modellierung dieser Systeme dienen, brauchen deshalb nur partiell definiert sein. Eine **partielle Schaltfunktion** in n Eingängen ist eine Abbildung aus $\mathbb{B}^n$ nach $\mathbb{B}$, welche nur auf einer Teilmenge von $\mathbb{B}_n$, nämlich der Menge $\mathrm{def}(f) \subset \mathbb{B}_n$ definiert ist. Für die Menge aller partiellen Schaltfunktionen aus $\mathbb{B}^n$ nach $\mathbb{B}$ schreiben wir kurz $\mathbb{B}_n^*$.

Wenn $\mathrm{on}(f)$ und $\mathrm{off}(f)$ wie im Falle vollständig spezifizierter Funktionen die Menge der Eingabevektoren von f bezeichnen, die auf 1 bzw. 0 abbilden, dann gilt $\mathrm{def}(f) = \mathrm{on}(f) \cup \mathrm{off}(f)$. Die Menge $\mathrm{dc}(f) = \mathbb{B}_n - \mathrm{def}(f)$ aller Eingaben, für die f nicht definiert ist, wird **Don't-care-Menge** genannt. Jede partielle Schaltfunktion wird vollständig beschrieben durch die Angabe von mindestens zwei der drei Mengen $\mathrm{on}(f)$, $\mathrm{off}(f)$ und $\mathrm{dc}(f)$.

Beispiel 3.40. Sei $f \in \mathbb{B}_3^*$ eine partielle Schaltfunktion, die auf den vier Eingaben $(0,0,1),(0,1,0),(1,1,0),(1,1,1)$ durch

$$f(0,0,1) = f(0,1,0) = f(1,1,1) = 1 \text{ und } f(1,1,0) = 0$$

definiert ist. Die Don't-care-Menge besteht dann aus den Eingaben $(0,0,0)$, $(0,1,1)$, $(1,0,0)$, $(1,0,1)$.   ◇

Partielle Schaltfunktionen $f \in \mathbb{B}_n^*$ können durch Angabe von beliebigen Funktionswerten für Eingaben aus der Don't-care-Menge vollständig spezifiziert und so in die Menge $\mathbb{B}_n$ der vollständig spezifizierten Funktionen eingebettet werden. Die resultierende Funktion $f' \in \mathbb{B}_n$ wird **Fortsetzung** von f genannt. Die Zahl der möglichen Fortsetzungen für eine Funktion $f \in \mathbb{B}_n^*$ ist offenbar $2^{\#dc(f)}$. Bedenkt man, daß digitale Schaltkreise stets vollständig spezifizierte Schaltfunktionen realisieren, wird einsichtig, welch hoher Stellenwert der Konstruktion von bestmöglichen Fortsetzungen bezüglich vorgegebener Optimierungskriterien zukommt.

Beispiel 3.41. Die Funktion f von Beispiel 3.40 hat 2^4 mögliche Fortsetzungen $f' \in \mathbb{B}_n$. Unter diesen sind die Paritätsfunktion $x_1 \oplus x_2 \oplus x_3$ und die Intervallfunktion $I_{1,3}$. $\Diamond$

Eine n-stellige **partielle Schaltfunktion** f **mit** m **Ausgängen** ist ein Tupel von m partiell definierten Schaltfunktionen $f_i \in \mathbb{B}_n^*$, $1 \leq i \leq m$,

$$f = (f_1, \ldots, f_m).$$

3.4 Referenzen

Das in diesem Kapitel behandelte Material gehört zum „klassischen" Wissen über Boolesche Algebra und Boolesche Funktionen. Eine ausführliche Darstellung findet sich beispielsweise in [Bro90]. Die Referenzen der genannten historischen Arbeiten von Boole, Shannon und Ehrenfest sind [Boo54], [Sha38] und [Ehr10].

Weiterhin sei auf die Monographie [Weg87] verwiesen, die eine umfassende Darstellung zur Komplexität Boolescher Funktionen enthält.

4. Klassische Darstellungen

*A classic is something that everybody wants to
have read and nobody wants to read.*
Mark Twain (1835–1910)

Um mit konkreten Booleschen Funktionen arbeiten zu können, bedarf es einer Beschreibung dieser Funktionen. Solche Beschreibungen können natürlich in unterschiedlichster Form gegeben werden, der Fantasie sind keine Grenzen gesetzt. Grundsätzlich muß die Darstellung die Funktion adäquat und vollständig beschreiben, d.h., sie muß unmißverständlich klarstellen, um welche Boolesche Funktion es genau geht. Neben dieser grundsätzlichen Forderung, die stets zu erfüllen ist, sind eine Reihe weiterer Eigenschaften wünschenswert. Zum Beispiel sollte die Beschreibung einer Funktion

- möglichst kurz und effizient sein,
- die Auswertung und Bearbeitung der Funktion unterstützen,
- besondere Eigenschaften der Funktion sichtbar werden lassen,
- Ideen für eine technische Realisierung nahelegen

und vieles andere mehr.

In dem Bemühen, Darstellungsformen zu finden, die all die oben genannten Eigenschaften aufweisen, stößt man schnell auf prinzipielle Schwierigkeiten, die durch die selbst für kleine Werte von n unvorstellbar große Zahl von 2^{m2^n} Schaltfunktionen in n Eingängen und m Ausgängen verursacht werden. Ginge es nur um eine Funktion oder um eine fest vorgegebene geringe Zahl von Funktionen, dann könnte man einen Katalog anlegen, in dem der Reihe nach jede dieser Funktionen mit einer Liste ihrer Eigenschaften aufgeführt wird, und zur Darstellung der einzelnen Funktionen lediglich die Nummer ihres Eintrages in diesem Katalog verwenden. Die riesige Anzahl Boolescher Funktionen führt jedoch notwendigerweise auf Nummern der Größenordnung 2^{m2^n} und damit auf Darstellungen der exponentiellen Länge $m2^n$.

In diesem Kapitel stellen wir klassische Darstellungsformen vor, die aufgrund ihrer Eigenschaften sowohl bei theoretischen Untersuchungen als auch bei praktischen Anwendungen in CAD-Systemen Bedeutung erlangt haben. Alle diese Darstellungen haben jedoch auch Nachteile, welche mit den immer weiter steigenden Leistungsanforderungen immer gravierender werden. Wir werden auch auf diese Nachteile der einzelnen Darstellungen eingehen.

4.1 Wahrheitstabellen

Aufgrund der Endlichkeit jeder Booleschen Funktion ist – zumindest im Prinzip – eine vollständige tabellarische Erfassung ihrer Argumente zusammen mit den entsprechenden Funktionswerten möglich. Tatsächlich hat diese *Tabellendarstellung* vermittels sogenannter **Wahrheitstabellen** bzw. **Wahrheitstafeln** für kleine n (z.B. $n \leq 7$) eine große praktische Bedeutung. Übrigens haben wir Wahrheitstabellen bereits im vorangehenden Kapitel verwendet, etwa in Beispiel 3.25.

Beispiel 4.1. Abbildung 4.1 zeigt die Wahrheitstabelle der Multiplikationsfunktion $MUL_{2,2} \in \mathbb{B}_{4,4}$, einer Funktion mit vier Ausgängen. $MUL_{2,2} = MUL(x_1, x_0, y_1, y_0)$ ist dabei die Schaltfunktion, die die Eingaben $x_1 x_0$ und $y_1 y_0$ als Dualzahlen der Länge 2 auffaßt und ihnen die binäre Repräsentation ihres Produkts zuordnet. ◇

x_1 x_0	y_1 y_0	$(MUL_{2,2})_3$	$(MUL_{2,2})_2$	$(MUL_{2,2})_1$	$(MUL_{2,2})_0$
0 0	0 0	0	0	0	0
0 0	0 1	0	0	0	0
0 0	1 0	0	0	0	0
0 0	1 1	0	0	0	0
0 1	0 0	0	0	0	0
0 1	0 1	0	0	0	1
0 1	1 0	0	0	1	0
0 1	1 1	0	0	1	1
1 0	0 0	0	0	0	0
1 0	0 1	0	0	1	0
1 0	1 0	0	1	0	0
1 0	1 1	0	1	1	0
1 1	0 0	0	0	0	0
1 1	0 1	0	0	1	1
1 1	1 0	0	1	1	0
1 1	1 1	1	0	0	1

Abb. 4.1. Wahrheitstabelle der Multiplikationsfunktion $MUL_{2,2}$

Wahrheitstabellen haben den Vorzug, ausgesprochen leicht algorithmisch handhabbar zu sein. Sind beispielsweise die Tabellen zweier Funktionen $f, g \in \mathbb{B}_n$ gegeben, dann können die Funktionen sehr einfach ausgewertet oder durch binäre Operationen miteinander verknüpft werden. Im Sinne der klassischen Komplexitätstheorie, bei der die Komplexität in der Länge der Eingabe gemessen wird, fällt dabei lediglich ein linearer Zeitbedarf an. Diese Aussage verschleiert jedoch vollständig, daß eine Wahrheitstabelle für eine n-stellige Schaltfunktion 2^n Zeilen besitzt, ihre Größe und mithin auch die erwähnte lineare Zeitkomplexität stets exponentiell in der Zahl der primären Eingaben n ist. Die Größe der Wahrheitstabelle einer unvollständig spezifizierten Funktion $f \in \mathbb{B}_n^*$ ist proportional zur Größe des Definitionsbereichs $\mathrm{def}(f)$ und damit in der Regel ebenfalls exponentiell in n. Repräsentationen von Schaltfunktionen mittels Wahrheitstabellen sind also alles andere als kompakt.

4.2 Zweistufige Normalformen

Schaltfunktionen können durch Ausdrücke dargestellt werden, die die Literale in geeigneter Weise durch Operatoren verbinden. Eine besondere Bedeutung kommt dabei den als **Normalformen** bezeichneten *gestuften* Ausdrücken zu. Die Anzahl der **Stufen** solcher Normalformen ergibt sich dabei aus der Anzahl der iterierten Anwendungen der Operatoren, wobei innerhalb einer Stufe nur ein- und derselbe Operator eingesetzt werden darf.

Einstufige Normalformen verwenden lediglich einen Operator. Ein einfaches Anzahlargument macht sofort klar, daß die Ausdruckskraft solcher einstufigen Formen sehr beschränkt ist und damit nur sehr wenige Schaltfunktionen dargestellt werden können, wie z.B. die Summe von Literalen oder ihr Produkt.

Zweistufige Normalformen sind in ihrer Ausdrucksfähigkeit wesentlich mächtiger. Wie aus dem folgenden ersichtlich werden wird, können alle Booleschen Funktionen vermittels solcher Normalformen dargestellt werden.

Die meisten Arbeiten in den frühen Jahren der Schaltkreistheorie waren der Untersuchung von zweistufigen Normalformen gewidmet. Hierfür war vor allem die Tatsache ausschlaggebend, daß die zweistufigen Formen sehr leicht technisch realisiert werden können (z.B. mit Hilfe sogenannter logischer Felder, kurz PLAs).

Definition 4.2. *Sei* $\omega = *_\omega \in \mathbb{B}_2$ *eine assoziative Boolesche Operation. Ein* ω-**Monom** m *ist ein* ω-*Produkt von Literalen*

$$m = x_{i_1}^{e_{i_1}} *_\omega x_{i_2}^{e_{i_2}} *_\omega \ldots *_\omega x_{i_l}^{e_{i_l}},$$

$e_{i_j} \in \{0,1\}$, $j = 1,\ldots,l$. *Hierbei sind* x_i^0 *und* x_i^1 *durch* $x_i^1 = x_i$ *und* $x_i^0 = \overline{x}_i$ *definiert. Die Zahl* l *der auftretenden Literale wird als* **Länge** *von* m *bezeichnet.*

Beispiel 4.3.

· -**Monome:** $x_1^0\, x_2\, x_3^0, x_1^0\, x_4,\ x_1\, x_2\, \overline{x_5}\, \overline{x_7}\, x_8,\ \dots$

+ -**Monome:** $x_1^0 + x_2 + x_3^0 + x_1^0 + x_4,\ x_1 + x_2 + \overline{x_5} + \overline{x_7} + x_8,\ \dots$

⊕ -**Monome:** $x_1^0 \oplus x_2 \oplus x_3^0 \oplus x_1^0 \oplus x_4,\ x_1 \oplus x_2 \oplus \overline{x_5} \oplus \overline{x_7} \oplus x_8,\ \dots$ ◇

· -Monome $m = x_{i_1}^{e_{i_1}} \dots x_{i_l}^{e_{i_l}}$ werden auch kurz **Monome** genannt. Wie schon
früher erwähnt wird der Operator · oft weggelassen. Per Definition ist das
leere Monom die Tautologiefunktion 1. + -Monome $m = x_{i_1}^{e_{i_1}} + \dots + x_{i_l}^{e_{i_l}}$
werden **Klauseln** genannt. Per Definition ist die leere Klausel die Kontra-
diktionsfunktion 0.

Definition 4.4. *Seien* $\omega = *_\omega$, $\omega' = *_{\omega'} \in \mathbb{B}_2$ *zwei assoziative Boolesche
Operationen. Ein* (ω,ω')-**Polynom** *ist ein* ω'-*Produkt von* ω-*Monomen. Die
Länge eines* (ω,ω')-*Polynoms ist die Summe der Länge seiner Monome.*

$(\cdot, +)$-**Polynome** *werden* **disjunktive Normalformen** *(DNF) genannt.*

$(+, \cdot)$-**Polynome** *werden* **konjunktive Normalformen** *(KNF) genannt.*

$(\cdot, \oplus)$-**Polynome** *werden* **Parity-Normalformen** *(PNF) genannt.*

Wir nehmen an, daß es keine trivialen Redundanzen wie etwa doppelte Vorkommen von Literalen oder Termen gibt und daß die Ordnung der Terme
keine besondere Bedeutung hat.

Beispiel 4.5.

DNF–Darstellung: $d = x_1\, \overline{x_0}\, y_1 + x_1\, x_0\, y_1\, \overline{y_0}$,

KNF–Darstellung: $c = x_1\, y_1\, (\overline{x_1} + \overline{x_0} + \overline{y_1} + \overline{y_0})$,

PNF–Darstellung: $p = x_1\, \overline{x_0}\, y_1 \oplus x_1\, x_0\, y_1\, \overline{y_0}$.   ◇

In der Regel ist man an möglichst *kurzen* Darstellungen interessiert.

Definition 4.6. *Ein* (ω,ω')-*Polynom für* $f \in \mathbb{B}_n$ *heißt* **minimal**, *wenn seine Länge minimal unter allen* (ω,ω')-*Polynomen für* f *ist.*

Um (ω,ω')-Polynome aus Tabellendarstellungen zu generieren, sind die folgenden Bezeichnungen hilfreich. Für ein $a = (a_1, \dots, a_n) \in \mathbb{B}^n$ wird das
Monom

$$m_a(x) = x_1^{a_1} \dots x_n^{a_n}$$

der **Minterm** von a genannt und

$$s_a(x) = x_1^{\overline{a_1}} + \dots + x_n^{\overline{a_n}}$$

der **Maxterm** von a. Als unmittelbare Konsequenz dieser Schreibweise ergibt
sich das folgende Lemma.

Lemma 4.7. *Für $a = (a_1, \ldots, a_n) \in \mathbb{B}^n$ gilt:*

1. *$m_a(x) = 1$ genau dann, wenn $x_i = a_i$ für alle $1 \le i \le n$.*
2. *$s_a(x) = 0$ genau dann, wenn $x_i = a_i$ für alle $1 \le i \le n$.*   □

Aufgrund dieser Eigenschaft erhält man für eine Funktion $f \in \mathbb{B}_n$ sofort

$$f(x) = \sum_{a \in \text{on}(f)} m_a(x).$$

Tatsächlich ist diese Darstellung von f eindeutig. Sie wird **kanonische disjunktive Normalform** (kDNF) von f genannt. Analog kann f aufgeschrieben werden als

$$f(x) = \prod_{a \in \text{off}(f)} s_a(x),$$

eine Darstellung, die **kanonische konjunktive Normalform** (kKNF) von f genannt wird. Die beiden kanonischen Normalformen können unmittelbar aus einer Wahrheitstabelle abgeleitet werden.

Beispiel 4.8. Mit den Bezeichnungen aus Abb. 4.1 gilt:

$$(MUL_{2,2})_1 = x_1^0 \, x_0 \, y_1 \, y_0^0 + x_1^0 \, x_0 \, y_1 \, y_0 + x_1 \, x_0^0 \, y_1^0 \, y_0 +$$
$$x_1 \, x_0^0 \, y_1 \, y_0 + x_1 \, x_0 \, y_1^0 \, y_0 + x_1 \, x_0 \, y_1 \, y_0^0 ,$$
$$(MUL_{2,2})_1 = (x_1 + x_0 + y_1 + y_0) \, (x_1 + x_0 + y_1 + y_0^0) \, (x_1 + x_0 + y_1^0 + y_0)$$
$$(x_1 + x_0 + y_1^0 + y_0^0) \, (x_1 + x_0^0 + y_1 + y_0) \, (x_1 + x_0^0 + y_1 + y_0^0)$$
$$(x_1^0 + x_0 + y_1 + y_0) \, (x_1^0 + x_0 + y_1^0 + y_0) \, (x_1^0 + x_0^0 + y_1 + y_0)$$
$$(x_1^0 + x_0^0 + y_1^0 + y_0^0) .$$

◇

Insbesondere folgt, daß jede Schaltfunktion $f \in \mathbb{B}_n$ sowohl durch eine disjunktive Normalform als auch durch eine konjunktive Normalform beschrieben werden kann.

Beispiel 4.9. Die Paritätsfunktion $PAR_5 \in \mathbb{B}_5$,

$$PAR_5(x_1, \ldots, x_5) = x_1 \oplus \ldots \oplus x_5 \quad \left(= \sum_{i=1}^{5} x_i \pmod 2 \right),$$

hat die folgende kanonische disjunktive Normalform:

$$
\begin{aligned}
\text{PAR}_5(x_1, \ldots, x_5) = \quad & x_1\,\overline{x_2}\,\overline{x_3}\,\overline{x_4}\,\overline{x_5} \; + \; \overline{x_1}\,x_2\,\overline{x_3}\,\overline{x_4}\,\overline{x_5} \; + \; \overline{x_1}\,\overline{x_2}\,x_3\,\overline{x_4}\,\overline{x_5} \\
+ \; & \overline{x_1}\,\overline{x_2}\,\overline{x_3}\,x_4\,\overline{x_5} \; + \; \overline{x_1}\,\overline{x_2}\,\overline{x_3}\,\overline{x_4}\,x_5 \\
+ \; & x_1\,x_2\,x_3\,\overline{x_4}\,\overline{x_5} \; + \; x_1\,x_2\,\overline{x_3}\,x_4\,\overline{x_5} \; + \; x_1\,x_2\,\overline{x_3}\,\overline{x_4}\,x_5 \\
+ \; & x_1\,\overline{x_2}\,x_3\,x_4\,\overline{x_5} \; + \; x_1\,\overline{x_2}\,x_3\,\overline{x_4}\,x_5 \; + \; x_1\,\overline{x_2}\,\overline{x_3}\,x_4\,x_5 \\
+ \; & \overline{x_1}\,x_2\,x_3\,x_4\,\overline{x_5} \; + \; \overline{x_1}\,x_2\,x_3\,\overline{x_4}\,x_5 \; + \; \overline{x_1}\,x_2\,\overline{x_3}\,x_4\,x_5 \\
+ \; & \overline{x_1}\,\overline{x_2}\,x_3\,x_4\,x_5 \\
+ \; & x_1\,x_2\,x_3\,x_4\,x_5 \;.
\end{aligned}
$$

Diese Darstellung besteht aus $\binom{5}{1} + \binom{5}{3} + \binom{5}{5} = 16$ Monomen.   ◇

Obwohl konjunktive und disjunktive Normalformen viele angenehme Eigenschaften besitzen, gibt es zur Zeit unüberwindbare Probleme in der algorithmischen Handhabbarkeit. Hauptursache hierfür ist die Tatsache, daß weder disjunktive noch konjunktive Normalform einer Schaltfunktion eindeutig bestimmt sind.

Definition 4.10. *Ein Darstellungstyp für Schaltfunktionen heißt* **kanonisch**, *wenn jede Funktion f genau eine Darstellung in dieser Form besitzt. Ein Darstellungstyp heißt* **universell**, *wenn es für jede Schaltfunktion eine Darstellung dieses Typs gibt.*

Beispiel 4.11. Wahrheitstabellen, kanonische disjunktive Normalformen und kanonische konjunktive Normalformen bilden eine kanonische Repräsentation für Schaltfunktionen. Die Menge aller disjunktiven Normalformen bzw. die Menge aller konjunktiven Normalformen hingegen bildet keine kanonische Repräsentation, da es jeweils viele verschiedene Normalformen für eine Funktion f geben kann.   ◇

Die Eigenschaft einer Darstellungsform, kanonisch zu sein, spielt eine wesentliche Rolle für ihr algorithmisches Verhalten. Wenn jede Funktion nämlich genau eine Darstellung besitzt, dann kann in der Regel sehr leicht getestet werden, ob zwei gegebene Darstellungen P_1 und P_2 äquivalent sind, ob sie also die gleiche Funktion repräsentieren: Es ist lediglich zu prüfen, ob die beiden Darstellungen identisch sind. Die Tatsache, daß disjunktive Normalformen bzw. konjunktive Normalformen keine kanonische Darstellung bilden, ist der Hauptgrund dafür, warum hier der Äquivalenztest nachweislich schwer ist. Wir beweisen im folgenden, daß man keinen effizienten Algorithmus zur Lösung der Äquivalenzprobleme für disjunktive bzw. konjunktive Normalformen erwarten kann, da beide Probleme **co-NP**-vollständig sind. Unser Beweis basiert auf dem klassischen Resultat, daß 3-SAT **NP**-vollständig ist.

Problem 4.12. Das Problem **3-SAT** ist wie folgt definiert:

Eingabe: Eine konjunktive Normalform, in der jede Klausel aus genau 3 Literalen besteht.

Ausgabe: „Ja", wenn es eine erfüllende Belegung für die dargestellte Funktion gibt. „Nein" im anderen Fall.

Der nachfolgende Satz ist eine zentrale Aussage der in Abschn. 2.5 vorgestellten **NP-Vollständigkeitstheorie.**

Satz 4.13. *Das Problem 3-SAT ist* **NP**-*vollständig.*   □

Der eine Teil des Satzes, nämlich die behauptete Zugehörigkeit von 3-SAT zur Klasse **NP**, ist übrigens trivial: Man „rät" eine erfüllende Belegung und überprüft durch Einsetzen (leicht möglich in Polynomialzeit), ob alle Klauseln für diese Eingabe erfüllt sind.

Problem 4.14. Sei X ein Darstellungstyp für Schaltfunktionen. Das Problem **EQU$_X$** ist wie folgt definiert:

Eingabe: Zwei Darstellungen P_1 und P_2 aus der durch X beschriebenen Klasse.

Ausgabe: „Ja", wenn P_1 und P_2 die gleiche Funktion darstellen. „Nein" im anderen Fall.

Satz 4.15. *Der Äquivalenztest EQU$_{DNF}$ für zwei disjunktive Normalformen ist* **co-NP**-*vollständig. Das gleiche gilt für den Äquivalenztest EQU$_{KNF}$ für konjunktive Normalformen.*

Beweis. Wir haben zu zeigen, daß der Test, ob zwei disjunktive bzw. zwei konjunktive Normalformen *verschiedene* Funktionen repräsentieren, **NP**-vollständig ist.

Zugehörigkeit zu NP: Man „rät" zunächst eine Belegung, für die die beiden disjunktiven (konjunktiven) Normalformen verschiedene Funktionswerte ergeben. Durch Auswertung der Funktionen kann in Polynomialzeit verifiziert werden, ob dies tatsächlich der Fall ist.

3-SAT $\leq_P$ EQU$_{KNF}$: Sei C eine Eingabe für 3-SAT, d.h., C ist eine konjunktive Normalform, bei der jede Klausel aus genau drei Literalen besteht. Wir setzen $C_1 = C$ und $C_2 = 0$. (C_2 ist also die triviale konjunktive Normalform der Kontradiktion.) C ist nun genau dann erfüllbar, wenn C_1 und C_2 verschiedene Funktionen repräsentieren.

3-SAT $\leq_P$ **EQU$_{\mathbf{DNF}}$:** Sei auch hier $C = \prod_{i=1}^{m} c_i$ eine Eingabe für 3-SAT. Jede Klausel c_i von C habe die Form

$$c_i = x_{i1}^{e_{i1}} + x_{i2}^{e_{i2}} + x_{i3}^{e_{i3}},$$

mit $e_{ij} \in \{0,1\}$, $1 \leq i \leq m$, $1 \leq j \leq 3$. Für die durch C definierte Funktion f_C gilt

$$f_C = c_1\, c_2 \ldots c_m.$$

Aufgrund der DeMorgan-Regeln ist f_C genau dann erfüllbar, wenn

$$\overline{f_C} = \overline{c_1} + \overline{c_2} + \ldots + \overline{c_m}$$

nicht die Tautologiefunktion ist.

Sei weiter $k_i = \overline{c_i}$, $1 \leq i \leq m$. Eine erneute Anwendung der DeMorgan-Regeln liefert

$$k_i = \overline{c_i} = x_{i1}^{1-e_{i1}}\, x_{i2}^{1-e_{i2}}\, x_{i3}^{1-e_{i3}}, \qquad 1 \leq i \leq m.$$

Sei D_1 die disjunktive Normalform mit den Termen $k_1, \ldots, k_m$, und sei D_2 die triviale disjunktive Normalform der Tautologie, $D_2 = 1$. Dann gilt: C ist genau dann erfüllbar, wenn D_1 und D_2 verschiedene Funktionen repräsentieren. $\qquad\square$

Die bescheidenen algebraischen Struktureigenschaften der beiden Operationen $+$ und $\cdot$ erschweren die Arbeit mit disjunktiven und konjunktiven Normalformen. Beispielsweise kann weder die Gleichung $f + g = h$ noch die Gleichung $f \cdot g = h$ nach f aufgelöst werden. Verwendet man anstelle der Operationen $(+, \cdot)$ jedoch das Paar $(\oplus, \cdot)$, ändert sich die Situation grundlegend: Die Menge $\mathbb{B} = \{0,1\}$ zusammen mit den Operationen $\oplus$ und $\cdot$ stellt im algebraischen Sinne einen Körper dar. Diese Tatsache macht es möglich, den reichhaltigen Satz von Werkzeugen aus der algebraischen Körpertheorie im Kontext Boolescher Funktionen anzuwenden. Auch für praktische Anwendungen sind Parity-Normalformen von besonderem Interesse. Da die $\oplus$-Operation ihren Funktionswert ändert, wenn sich genau ein Eingabebit ändert, bildet sie beispielsweise eine gute Grundlage für den Entwurf leicht testbarer Schaltungen.

Definition 4.16. *Eine* **Ring-Summen-Entwicklung** *(RSE) oder* **Reed-Muller-Entwicklung (mit positiver Polarität)** *ist eine Parity-Normalform, in der jedes Monom nur aus positiven Literalen besteht.*

Eine wichtige Aussage über Ring-Summen-Entwicklungen beinhaltet der folgende Satz.

Satz 4.17. *Jede Schaltfunktion $f \in \mathbb{B}_n$ besitzt eine eindeutig bestimmte Darstellung als Ring-Summen-Entwicklung, d.h., die Ring-Summen-Entwicklung ist eine kanonische Darstellung.*

Beweis. Sei $f \in \mathbb{B}_n$. Wir weisen zunächst die *Existenz* einer RSE-Darstellung für f nach. Dazu gehen wir von der kanonischen DNF-Darstellung für f aus,

$$f(x_1, \ldots, x_n) = \sum_{c \in \mathrm{on}(f)} m_c(x_1, \ldots, x_n).$$

Da an jeder Stelle $c \in \mathrm{on}(f)$ nur genau ein Minterm, also eine ungerade Anzahl von Mintermen 1 wird, gilt

$$f(x_1, \ldots, x_n) = \bigoplus_{c \in \mathrm{on}(f)} m_c(x_1, \ldots, x_n).$$

Wir haben damit eine Parity-Normalform für f gewonnen. In dieser müssen nun eventuell vorkommende negative Literale beseitigt werden. Das ist möglich mit Hilfe der Beziehung $\overline{y} = y \oplus 1$: Wir ersetzen jedes negative Literal $\overline{x_i}$ durch den Ausdruck $(x_i \oplus 1)$ und multiplizieren anschließend aus. Dabei werden die Distributivität, die Assoziativität und die Regeln für das Rechnen in Körpern verwendet. Als Ergebnis erhalten wir eine RSE-Darstellung

$$f(x_1, \ldots, x_n) = \bigoplus_{I \in \mathcal{I}} m_I,$$

wobei $m_I = x_{i_1} \ldots x_{i_s}$ für $I = \{i_1, \ldots, i_s\} \in \mathcal{I}$ und $\mathcal{I}$ eine geeignete Teilmenge $\mathcal{I} \subset 2^{\{1, \ldots, n\}}$ ist.

Wir kommen nun zum Nachweis der *Eindeutigkeit*. Für jedes $I \subset \{1, \ldots, n\}$ gibt es genau ein m_I. Folglich ist jede RSE-Darstellung eindeutig durch ein $\mathcal{I} \subset 2^{\{1, \ldots, n\}}$ charakterisiert. Da die Zahl aller Teilmengen von $2^{\{1, \ldots, n\}}$ genau 2^{2^n} beträgt, stimmt die Anzahl aller möglicher RSE-Darstellungen über n Variablen mit der Anzahl der Booleschen Funktionen in n Variablen überein. Da jede Boolesche Funktion eine RSE-Darstellung besitzt, muß diese eindeutig bestimmt sein. □

Beispiel 4.18. Wir demonstrieren die Umwandlung einer disjunktiven Normalform in eine Ring-Summen-Entwicklung aus dem voranstehenden Beweis für die Funktion $f(x_1, x_2, x_3) = x_1 \overline{x_2} x_3 + \overline{x_1} x_2 \overline{x_3}$.

$$\begin{aligned}
f(x_1, x_2, x_3) &= x_1 \overline{x_2} x_3 + \overline{x_1} x_2 \overline{x_3} \\
&= x_1 \overline{x_2} x_3 \oplus \overline{x_1} x_2 \overline{x_3} \\
&= x_1 (x_2 \oplus 1) x_3 \oplus (x_1 \oplus 1) x_2 (x_3 \oplus 1) \\
&= x_1 x_2 x_3 \oplus x_1 x_3 \oplus x_1 x_2 x_3 \oplus x_2 x_3 \oplus x_1 x_2 \oplus x_2 \\
&= x_1 x_3 \oplus x_2 x_3 \oplus x_1 x_2 \oplus x_2.
\end{aligned}$$

◇

Wegen der Eindeutigkeit der Darstellung kann leicht geprüft werden, ob zwei gegebene Ring-Summen-Entwicklungen die gleiche Funktion beschreiben. Ein gravierender Nachteil von Ring-Summen-Entwicklungen kommt beispielsweise in der Tatsache zum Ausdruck, daß selbst so einfache Funktionen wie die Disjunktion von n Variablen zu ihrer Darstellung exponentielle Länge benötigen.

Satz 4.19. *Für eine Menge von Indizes* $I = \{i_1, \ldots, i_s\}$ *sei* $m_I = x_{i_1} \ldots x_{i_s}$. *Die Ring-Summen-Entwicklung für*

$$f(x_1, \ldots, x_n) = x_1 + x_2 + \ldots + x_n$$

lautet

$$f(x_1, \ldots, x_n) = \bigoplus_{I \subset \{1, \ldots, n\} \setminus \emptyset} m_I \qquad (4.1)$$

und hat demzufolge exponentielle Länge.

Beweis. Wir zeigen, daß die angegebene Ring-Summen-Entwicklung (4.1) die Disjunktion von n Variablen berechnet. Aus der Eindeutigkeit der Ring-Summen-Entwicklung folgt dann die Behauptung.

Im Fall $x = (x_1, \ldots, x_n) = 0$ berechnet keines der $2^n - 1$ Monome in (4.1) den Wert 1. Folglich gilt $f(x) = 0$.

Sei x nun eine Eingabe, die für ein $l > 0$ genau l Einsen enthält. Dann gibt es für jedes $1 \leq k \leq l$ genau

$$\binom{l}{k}$$

Monome in k Variablen, die eine 1 berechnen. Folglich beträgt die Anzahl der Monome, die eine 1 berechnen, genau

$$\sum_{k=0}^{l} \binom{l}{k} - \binom{l}{0} = 2^l - 1.$$

Da dieser Wert für alle $l > 0$ ungerade ist, berechnet die Paritätsfunktion eine 1. Damit ist gezeigt, daß die Ring-Summen-Entwicklung (4.1) die Disjunktion der n Variablen berechnet. □

4.3 Schaltkreise und Formeln

4.3.1 Schaltkreise

Geht man von den ausführlich untersuchten und recht gut verstandenen zweistufigen Normalformen zu mehrstufigen Formen über, dann können in sehr vielen Fällen deutlich kompaktere Darstellungen für Schaltfunktionen gefunden werden. Mehrstufige Darstellungen basieren auf der iterierten Anwendung einer fest vorgegebenen Menge von Basisoperationen, wobei in jeder Stufe jeweils nur eine Operation angewendet werden darf. Präziser ausgedrückt: Sei I eine beliebige (endliche oder unendliche) Indexmenge und $\Omega = \{\omega_i \in \mathbb{B}_{n_i} : i \in I\}$ eine Menge von Basisfunktionen. Ω wird **Basis** genannt, und unter einem Ω-**Schaltkreis** S in n Variablen versteht man einen azyklischen Graphen mit zwei Arten von Knoten:

- **Eingabeknoten**, das sind Knoten ohne eingehende Kante, die mit 0, 1 oder einer Variablen x_i markiert sind.

- **Funktionsknoten**, das sind Knoten mit Eingangsgrad n_i, die mit einer Basisfunktion $\omega_i \in \Omega, i \in I$ markiert sind.

Jeder Knoten v des Schaltkreises S repräsentiert eine Schaltfunktion $f_{S,v}$ gemäß folgender induktiv anzuwendender Regeln:

- Ist v mit 0 (1) beschriftet, dann ist $f_{S,v}(x_1, \ldots, x_n) = 0$ (1).
- Ist v mit der Variablen x_i markiert, dann ist $f_{S,v}(x_1, \ldots, x_n) = x_i$.
- Hat v die Vorgängerknoten $v_1, \ldots, v_n$ und ist mit ω_i markiert, dann ist $f_{S,v}(x_1, \ldots, x_n) = \omega_i(f_{v_1}(x), \ldots, f_{v_{n_i}}(x))$.

Im allgemeinen sind wir nur an einigen der im Graphen repräsentierten Funktionen interessiert. Die relevanten Knoten markieren wir dann als **Ausgabeknoten** $v_1, \ldots, v_m$ und definieren die vom Schaltkreis S repräsentierte Funktion $f_S \in \mathbb{B}_{n,m}$ als

$$f_S(x) = (f_{S,v_1}(x), \ldots, f_{S,v_m}(x)).$$

Beispiel 4.20. Der als grundlegende Hardwarekomponente im Chipdesign wohlbekannte **Volladdierer** $f = f(x, y, c) \in \mathbb{B}_{3,2}$ berechnet die binäre Summe $x + y + c$ der drei Eingabebits x, y und c. In einer typischen Anwendung ist c der Übertrag der vorhergehenden Addition. Sei $\Omega = \{+, \cdot, ^-\}$ die sogenannte **Standardbasis**. Abbildung 4.2 zeigt einen Schaltkreis für f mit den Ausgabeknoten f_1, f_0.   ◇

Die Anzahl der Stufen im Schaltkreis, also die Anzahl der Operationsschichten heißt **Tiefe des Schaltkreises**. Bei sehr vereinfachter Betrachtung physikalischer Chips entspricht die Tiefe der die Funktionalität dieser Chips modellierenden Schaltkreise dem Zeitbedarf der Berechnung.

Definition 4.21. *Eine Basis Ω heißt* **vollständig***, wenn Ω-Schaltkreise ein universeller Darstellungstyp sind, wenn also jede Schaltfunktion $f \in \bigcup_{n \geq 0} \mathbb{B}_n$ durch einen Ω-Schaltkreis dargestellt werden kann.*

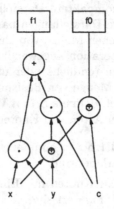

Abb. 4.2. Schaltkreisdarstellung eines Volladdierers

Beispiel 4.22. (a) Die Standardbasis $\{+, \cdot, ^-\}$ ist vollständig, da jede Schalt-funktion durch eine disjunktive Normalform, also durch einen Schaltkreis der Tiefe 2 über der Standardbasis, repräsentiert werden kann. Die drei Opera-tionen werden häufig durch die in Abb. 4.3 dargestellten und gewöhnlich als **Gatter** bezeichneten Knoten symbolisiert.

$$f = f_1 + f_2 \qquad\qquad f = f_1 \cdot f_2 \qquad\qquad f = \overline{f_1}$$

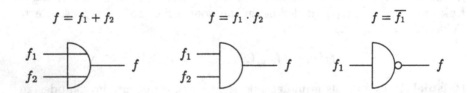

Abb. 4.3. Symbolische Darstellungen der Disjunktion, Konjunktion und der Kom-plementoperation

(b) Die Basis $\{\oplus, \cdot\}$ ist vollständig, da jede Schaltfunktion durch eine Ring-Summen-Entwicklung dargestellt werden kann.

(c) Die beiden Basen $\{\cdot, ^-\}$ und $\{+, ^-\}$ sind vollständig, da die Disjunktion (bzw. Konjunktion) mittels der DeMorgan-Regeln durch die Konjunktion (bzw. Disjunktion) und die Negation ausgedrückt werden kann.

(d) Die Menge $\{+, \cdot\}$ ist keine vollständige Basis, da mit ihr nur monoton wachsende Funktionen generiert werden können.   ◊

Man sieht leicht ein, daß auch bei festgelegter Basis Schaltkreisdarstellun-gen von Schaltfunktionen nicht eindeutig bestimmt sind, Schaltkreise also kein kanonischer Darstellungstyp sind. Wie im Falle der zweistufigen Normalformen ist man auch bei Schaltkreisen besonders an solchen Darstellungen interessiert, bei denen möglichst wenige (Operations-)Knoten vorkommen, die Anzahl der Gatter in einer Chiprealisierung also möglichst gering ist. Als (Ω-)**Schaltkreiskomplexität** einer Schaltfunktion wird die Anzahl der Knoten einer minimalen (Ω-)Schaltkreisdarstellung dieser Funktion bezeichnet.

Da disjunktive bzw. konjunktive Normalformen spezielle Schaltkreise sind, ist die Schaltkreiskomplexität einer Schaltfunktion über der Standardbasis nie größer als ihre minimale DNF- bzw. KNF-Darstellung. Im Gegenteil, in den allermeisten Fällen sind Schaltkreisdarstellungen deutlich kompakter.

Diesem Vorteil des Schaltkreismodells steht wie im Falle der disjunktiven und konjunktiven Normalformen ein gravierender Nachteil gegenüber, nämlich die enorme Zeitkomplexität des Äquivalenztests für Schaltkreise.

Satz 4.23. *Der Äquivalenztest für Boolesche Schaltkreise über der Standardbasis $\{+, \cdot, ^-\}$ ist* **co-NP**-*vollständig.*

Beweis. Da sich der Wert eines Schaltkreises in Polynomialzeit auswerten läßt, liegt das Problem in **NP**.

Eine Polynomialzeitreduktion von dem in Satz 4.15 als **co-NP**-vollständig nachgewiesenen Problem EQU$_{\text{DNF}}$ ergibt sich unmittelbar aus der Tatsache, daß jede Konjunktion und jede Disjunktion durch einen entsprechenden Schaltkreisknoten realisiert werden kann. □

4.3.2 Formeln

Eine typische Eigenschaft von Schaltkreisen ist ihre Fähigkeit, die an einem Knoten v repräsentierte Funktion $f_{S,v}$ mehrfach als Eingabe für andere Knoten verwenden zu können. Der Ausgangsgrad von v kann bei Schaltkreisen also größer sein als 1. In vielen Fällen ist es genau diese Eigenschaft, die sehr kompakte Darstellungen ermöglicht. Da diese Eigenschaft jedoch die algorithmische Handhabbarkeit deutlich erschwert, wurde das eingeschränkte Modell der sogenannten *Formeln* intensiv studiert, bei dem die mehrfache Verwendung intermediärer Funktionen im Graphen nicht erlaubt ist.

Definition 4.24. *Sei Ω eine Basis. Eine Ω-**Formel** ist ein Schaltkreis, dessen Knoten alle den Ausgangsgrad 1 haben.*

Ein Ω-Schaltkreis ist also genau dann eine Formel, wenn der Graph aus einzelnen Bäumen besteht. Eine Formelrepräsentation des Volladdierers aus Beispiel 4.20 ist in Abb. 4.4 gezeigt.

Aus Platzgründen können wir hier lediglich auf die interessante bijektive Verbindung zwischen Ω-Formeln über der Standardbasis $\Omega = \{+, \cdot, ^-\}$ und

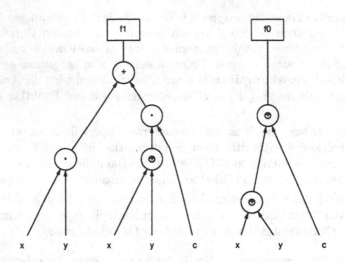

Abb. 4.4. Formeldarstellung eines Volladdierers

den Booleschen Formeln der Schaltalgebra aus Abschn 3.2 hinweisen. Sicher ist es nicht zuletzt dieser Verbindung zu danken, daß der Untersuchung von Formeln eine solche Aufmerksamkeit geschenkt wurde.

Obwohl Ω-Formeln die Analyse der dargestellten Funktionen erleichtern – der Nachweis unterer Schranken für die Darstellungsgröße konkreter Funktionen ist beispielsweise einfacher als bei Schaltkreisen – gilt ebenso wie bei Schaltkreisen, daß der Äquivalenztest für zwei Boolesche Formeln **co-NP**-vollständig ist.

4.4 Binäre Entscheidungsbäume und -graphen

Im vorhergehenden Abschnitt haben wir einige Repräsentationen eingeführt, die Schaltfunktionen vermittels einer Menge von *Berechnungsvorschriften* beschreiben. Im Gegensatz hierzu diskutieren wir in diesem Abschnitt Repräsentationen, die eine Schaltfunktion mit Hilfe von *Entscheidungsprozessen* spezifizieren.

Entscheidungsprozesse dienen in den Naturwissenschaften häufig zur Klassifikation von Objekten: In Abhängigkeit vom Ausgang mehrerer Tests wird ein Objekt in eine spezifische Klasse eingeordnet. Eine gute Veranschaulichung dieser Auswertungsstrategie kann durch gerichtete Graphen, sogenannte **Entscheidungsgraphen**, erreicht werden. Hierbei wird jeder Knoten mit genau einem Klassifikationstest assoziiert. Die Reihenfolge der Tests und die Auswertung der Tests wird durch die Kanten beschrieben. Für Schaltfunktionen werden etwa Tests verwendet wie: *Ist das i-te Eingabebit x_i eine Null oder eine Eins ?* Im Falle der Antwort „$x_i = 0$" kann dann eventuell zu anderen Tests übergegangen werden als im Falle „$x_i = 1$".

Im folgenden befassen wir uns mit Repräsentationen, die auf solchen Entscheidungsprozessen beruhen. Es wird sich zeigen, daß diese Repräsentationstypen im Kontext Boolescher Manipulation ausgesprochen nützlich sind.

4.4.1 Binäre Entscheidungsbäume

Ein **binärer Entscheidungsbaum** in n Variablen ist ein Baum, dessen

- innere Knoten mit einer Variablen x_i markiert sind und genau zwei ausgehende Kanten haben, eine 0- und eine 1-Kante, und dessen
- Senken mit einer der Konstanten 0 oder 1 markiert sind.

Ein Entscheidungsbaum stellt eine Schaltfunktion $f \in \mathbb{B}_n$ in natürlicher Weise dar: Jede Zuweisung an die Variablen $x_1, \ldots, x_n$ definiert einen eindeutig bestimmten Pfad von der Wurzel des Baumes zu einer Senke. Die Beschriftung der Senke definiert dann den Wert der Funktion bei dieser Eingabe.

Wir können stets annehmen, daß jede Variable auf einem Pfad in dem Entscheidungsbaum höchstens einmal getestet wird. Ein zweiter Test der Variable in einem Knoten v partitioniert die den Knoten v erreichende Eingabemenge nämlich nicht weiter: Haben alle Eingaben den ersten Test entlang der 0-Kante (1-Kante) verlassen, dann verlassen sie auch v entlang der 0-Kante (1-Kante). Die andere Kante zusammen mit dem im Nachfolgeknoten wurzelnden Unterbaum wird also nie besucht und kann deshalb entfernt werden.

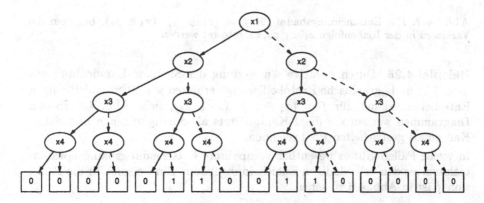

Abb. 4.5. Vollständiger Entscheidungsbaum für die Funktion $f = (x_1 \oplus x_2) \cdot (x_3 \oplus x_4)$

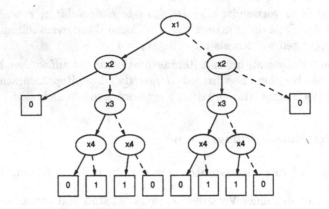

Abb. 4.6. Kompakterer Entscheidungsbaum für die Funktion $f = (x_1 \oplus x_2) \cdot (x_3 \oplus x_4)$

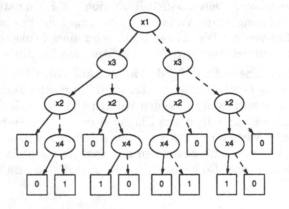

Abb. 4.7. Ein Entscheidungsbaum für $f = (x_1 \oplus x_2) \cdot (x_3 \oplus x_4)$, bei dem die Variablen in der Reihenfolge x_1, x_3, x_2, x_4 getestet werden

Beispiel 4.25. Durch iterative Anwendung der Shannon-Entwicklung aus Satz 3.21 und „graphische Protokollierung" erhalten wir einen vollständigen Entscheidungsbaum für $f = (x_1 \oplus x_2) \cdot (x_3 \oplus x_4)$, siehe Abb. 4.5. In den Diagrammen werden wir die 1-Kanten stets als durchgezogenen und die 0-Kanten als gestrichelten Pfeil zeichnen.

In vielen Fällen gibt es wesentlich kompaktere Entscheidungsbaumrepräsentationen als den vollständigen Entscheidungsbaum. Ein Beispiel für die Funktion f ist in Abb. 4.6 zu sehen.   ◇

Ändert man die Reihenfolge der Partitionierungsvariablen in den einzelnen Untergraphen, dann können oft weitere Möglichkeiten zur Minimierung der Größe des Entscheidungsbaumes erschlossen werden. Dies trifft z.B. auf den

Baum in Abb. 4.7 zu, der damit ebenfalls in den Entscheidungsbaum aus Abb. 4.6 überführt werden kann. Im allgemeinen sind Entscheidungsbäume jedoch in ihrer Darstellungsgröße dem im folgenden Abschnitt beschriebenen Modell der Branching-Programme deutlich unterlegen.

4.4.2 Branching-Programme

Branching-Programme können als eine Verallgemeinerung binärer Entscheidungsbäume aufgefaßt werden, bei der anstelle der Baumstrukturen allgemeinere Graphstrukturen zugelassen sind. Branching-Programme wurden erstmals im Jahr 1959 von Lee studiert, und zwar unter dem Namen *binary decision programs*. Die ursprüngliche Motivation bestand darin, für die Beschreibung von Schaltfunktionen eine Alternative zu Booleschen Schaltkreisen zu finden. Eine erste systematische Studie von Branching-Programmen wurde im Jahr 1976 von Masek erstellt.

Ein **Branching-Programm** oder ein **binärer Entscheidungsgraph** in n Variablen ist ein gerichteter azyklischer Graph mit genau einer Wurzel, dessen

- Senken mit den Booleschen Konstanten 0, 1 bezeichnet sind, und dessen
- innere Knoten mit einer Variablen x_i markiert sind und genau zwei ausgehende Kanten haben, eine 0- und eine 1-Kante.

Analog zu Entscheidungsbäumen stellen Branching-Programme eine Schaltfunktion $f \in \mathbb{B}_n$ in der folgenden Weise dar: Jede Zuweisung an die Eingabevariablen x_i definiert einen eindeutig bestimmten Pfad von der Wurzel

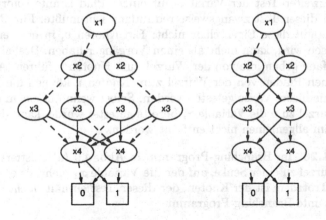

Abb. 4.8. Zwei verschiedene Branching-Programme für die Paritätsfunktion $x_1 \oplus x_2 \oplus x_3 \oplus x_4$

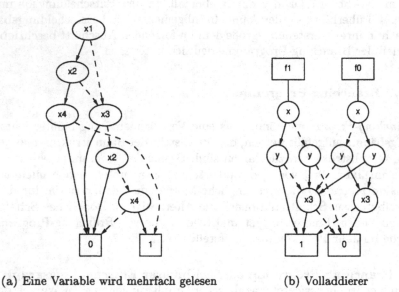

(a) Eine Variable wird mehrfach gelesen   (b) Volladdierer

Abb. 4.9. Weitere Branching-Programme

des Graphen zu einer der Senken. Die Beschriftung der erreichten Senke gibt den Wert der Funktion bei dieser Eingabe an. Die **Größe** eines Branching-Programms ist die Anzahl der Knoten. Abbildung 4.8 zeigt zwei verschiedene Branching-Programme für die Paritätsfunktion in vier Variablen.

Für Entscheidungsbäume konnten wir – ohne das Modell einzuschränken – annehmen, daß eine Variable x_i auf jedem Pfad höchstens einmal getestet wird. Ein zweiter Test der Variable auf einem Pfad konnte sofort entfernt werden, da dieser Test zwangsweise redundant sein mußte. Für Branching-Programme gilt diese Eigenschaft nicht: Ein Knoten v, in dem eine Variable x_i gelesen wird, kann mehr als einen Vorgänger haben. Deshalb kann es mehrere Pfade geben, die von der Wurzel zum Knoten v führen. Auf diesen verschiedenen Pfaden von der Wurzel zum Knoten v können die Variablen in unterschiedlicher Weise getestet werden. Selbst wenn auf einem der Pfade von der Wurzel zu v die Variable x_i bereits getestet wurde, kann der Test in v deshalb im allgemeinen nicht entfernt werden.

Beispiel 4.26. Im Branching-Programm in Abb. 4.9 (a) existiert ein Pfad von der Wurzel zu einer Senke, auf der die Variable x_2 mehr als einmal getestet wird. Trotzdem ist der Knoten, der diesen Test enthält, *nicht* redundant für das gesamte Branching-Programm.   ◇

Branching-Programme können ebenfalls benutzt werden, um Boolesche Funktionen $f \in \mathbb{B}_{n,m}$ mit mehreren Ausgängen kompakt zu repräsentieren. Ne-

---

Eingabe: Branching-Programm P für $f \in \mathbb{B}_n$.
Ausgabe: DNF für f.
Algorithmus: Durchlaufe alle Pfade in P, die die Wurzel mit der 1-Senke verbinden. Assoziiere mit jedem dieser Pfade ein Monom in der folgenden Weise: Seien $x_{i_1}, \ldots, x_{i_k}$ die Markierungen der Knoten auf diesem Pfad und $e_1, \ldots, e_k \in \{0,1\}$ die korrespondierenden Werte der durchlaufenen Kanten. Dann lautet das assoziierte Monom

$$x_{i_1}^{e_1} \cdot \ldots \cdot x_{i_k}^{e_k}.$$

Die Disjunktion dieser Monome über alle traversierten Pfade liefert eine DNF für f.

Abb. 4.10. Transformation eines Branching-Programms in eine DNF

ben der trivialen Möglichkeit, jede Komponente f_i von f durch ein eigenes Branching-Programm P_i darzustellen, ist es möglich, alle Komponenten von f zusammen in einem einzigen Branching-Programm mit m markierten Ausgangsknoten unterzubringen. Abbildung 4.9 (b) zeigt hierzu ein Branching-Programm für den Volladdierer aus Beispiel 4.20.

Wir möchten nun auf das Problem eingehen, wie Branching-Programme und andere Repräsentationstypen ineinander übergeführt werden können. Wir diskutieren an dieser Stelle nicht die Details einer möglichen Implementierung von Branching-Programmen, welche etwa in der Zuhilfenahme von Adjazenzlisten bestehen. Der Algorithmus in Abb. 4.10 dient zur Berechnung einer disjunktiven Normalform aus einem vorgegebenen Branching-Programm. Dabei wird zu jedem Pfad von der Wurzel zur 1-Senke der zugehörige Minterm bestimmt. Man beachte, daß bei mehrfachem Auftreten einer Variablen auf einem Pfad das zugehörige Monom eventuell 0 sein kann.

Branching-Programme können relativ leicht in Schaltkreise über einer vollständigen Basis Ω überführt werden, die sogar die Struktur des Branching-Programms beibehalten. Der Transformationsalgorithmus ist in Abb. 4.11 dargestellt, ein Beispiel für diese Umwandlung wird in Abb. 4.12 gegeben.

Zum Abschluß dieses Abschnitts behandeln wir noch einige Eigenschaften von Branching-Programmen.

Definition 4.27. *Sei P ein Branching-Programm.*

1. *Das k-te* **Niveau** *von P besteht aus der Menge aller Knoten, die von der Wurzel aus durch einen Pfad der Länge $k-1$ erreichbar sind.*

2. *Die maximale Kardinalität $w(P)$ eines Niveaus von P heißt* **Breite von** *P.*

Mit Hilfe dieser Begriffe lassen sich einige wichtige Spezialfälle des Modells der Branching-Programme definieren.

Eingabe: Branching-Programm P für $f \in \mathbb{B}_n$.
Ausgabe: Ω-Schaltkreise für f bzgl. einer vollständigen Basis Ω.
Algorithmus: Sei $sel \in \mathbb{B}_3$ die Schaltfunktion

$$sel(x, y, z) = \overline{x} \cdot y + x \cdot z,$$

die einen Auswahlprozeß repräsentiert. Zuerst transformieren wir P in einen $\{sel\}$-Schaltkreis P': Füge zu jedem inneren Knoten v im Graphen P einen neuen Vorgängerknoten hinzu, der mit der Variablen von v markiert wird. Ersetze die Markierung von v durch die Funktion sel. Ändere die Richtungen aller Kanten und vergiß deren Beschriftung.
Da Ω eine vollständige Basis ist, gibt es einen Ω-Schaltkreis C_{sel}, der die sel-Funktion realisiert. Ersetze alle Vorkommen von sel in P' durch den Ω-Schaltkreis C_{sel}.

Abb. 4.11. Transformation eines Branching-Programms in einen Ω-Schaltkreis

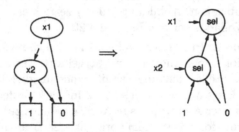

Abb. 4.12. Transformation eines Branching-Programms in einen sel-Schaltkreis

Definition 4.28. *Sei P ein Branching-Programm.*

1. *P heißt* **breitenbeschränkt** *mit Breite k, wenn jedes Niveau höchstens die Kardinalität k hat.*

2. *P heißt* **synchron,** *wenn für jeden Knoten v von P jeder Pfad von der Wurzel zu v die gleiche Länge hat.*

3. *P heißt* **lesenormiert (oblivious)** *wenn P synchron ist und alle Knoten eines Niveaus entweder mit der gleichen Variablen markiert oder Senken sind.*

4. *P ist ein* **Read-k-times-only Branching-Programm,** *wenn jede Variable auf jedem Pfad höchstens k-mal auftritt.*

Hierdurch werden die folgenden Teilklassen von Branching-Programmen definiert:

$\mathbf{BP_{width\text{-}k}} = \{$ *Branching-Programm der Breite $\leq k$* $\}$,
$\mathbf{sBP} = \{$ *synchrone Branching-Programme* $\}$,
$\mathbf{oBP} = \{$ *lesenormierte Branching-Programme* $\}$,
$\mathbf{BP}k = \{$ *Read-k-times-only-Branching-Programme* $\}$.

4.4.3 Read-once-Entscheidungsgraphen

In den vorhergehenden zwei Abschnitten haben wir Entscheidungsbäume und Branching-Programme diskutiert. Es gibt zwei wesentliche Unterschiede zwischen diesen beiden Repräsentationsformen:

- Branching-Programmen ist es im Gegensatz zu Entscheidungsbäumen erlaubt, eine Variable mehr als einmal auf einem Pfad zu lesen.

- Die Knoten in Branching-Programmen dürfen im Gegensatz zu den Knoten in Entscheidungsbäumen mehr als einen Vorgänger haben.

Im Hinblick auf die algorithmischen Eigenschaften werden wir zeigen, daß die Effizienz wichtiger Algorithmen nur dann garantiert werden kann, wenn keine Variable mehrfach auf einem Pfad gelesen wird. Branching-Programme mit dieser Eigenschaft heißen **Read-once-Branching-Programme**. Das Modell der Read-once-Branching-Programme wurde bereits von Cobham im Jahr 1966 und später, 1976, von Masek studiert. Auch vom theoretischen Standpunkt ist das Modell von großem Interesse, da mittlerweile eine Reihe mächtiger Werkzeuge zum Nachweis unterer Größenschranken für konkrete Funktionen in diesem Modell entwickelt werden konnten. Aus den Definitionen der Read-once-Branching-Programmen und der Entscheidungsbäume folgt übrigens unmittelbar, daß jeder Entscheidungsbaum auch ein Read-once-Branching-Programm ist.

Eine wichtige Struktureigenschaft der Read-once-Branching-Programme ist die folgende Eigenschaft: Jeder Pfad in einem Read-once-Branching-Programm ist ein **Berechnungspfad**, das heißt, für jeden Pfad von der Wurzel zu den Senken existiert ein Eingabevektor, für den die einzelnen Tests auf diesem Pfad genau mit den in den Kanten des Pfades gespeicherten Werten beantwortet werden. Für beliebige Branching-Programme gilt diese Eigenschaft nicht, da es möglich ist, daß ein Pfad sowohl die 0-Kante eines mit x_i markierten Knotens als auch die 1-Kante eines anderen mit x_i markierten Knotens enthält.

Die Branching-Programme in den Abb. 4.5, 4.6, 4.8 und 4.9 (b) sind Read-once-Branching-Programme, das Branching-Programm in Abb. 4.9 (a) hingegen nicht.

4.4.4 Komplexität grundlegender Operationen

Wir analysieren nun die Komplexität einiger Grundoperationen für verschiedene Typen von Branching-Programmen. Dabei wird klar, daß es bei jedem der einzelnen Typen nachweislich Schwierigkeiten in der algorithmischen Handhabung gibt. Interessanterweise treten diese Schwierigkeiten jedoch bei den unterschiedlichen Typen an verschiedenen Stellen auf.

Problem 4.29. Das Problem **3-SAT/3-OCCURRENCES** ist wie folgt definiert:

Eingabe: Eine konjunktive Normalform, in der jede Klausel aus genau drei Literalen besteht und jedes Literal höchstens dreimal auftritt.

Ausgabe: „Ja", wenn es eine erfüllende Belegung für die dargestellte Funktion gibt. „Nein" im anderen Fall.

Lemma 4.30. *Das Problem 3-SAT/3-OCCURRENCES ist* **NP**-*vollständig.*

Beweis. Da sich für eine gegebene Belegung leicht verifizieren läßt, ob es sich um eine erfüllende Belegung handelt, gehört 3-SAT/3-OCCURRENCES zu **NP**.

Wir geben nun eine Polynomialzeit-Reduktion von 3-SAT auf 3-SAT/3-OCCURRENCES an. Sei $C = \prod_{i=1}^{m} c_i$ und $c_i = x_{i1}^{e_{i1}} + x_{i2}^{e_{i2}} + x_{i3}^{e_{i3}}$ mit $e_{ij} \in \{0, 1\}$, $1 \le i \le m$, $1 \le j \le 3$.

Wir konstruieren eine neue konjunktive Normalform C', in der jedes Auftreten einer Variablen x_i in C durch eine neue Variable ersetzt wird, $1 \le i \le n$. Die neue Variable für das j-te Auftreten von x_i sei mit x_{ij} bezeichnet. Zusätzlich werden für alle $1 \le i \le n$ die folgenden Klauseln hinzugefügt:

$$(x_{i1} + \overline{x_{i2}}) \cdot (x_{i2} + \overline{x_{i3}}) \cdot \ldots \cdot (x_{i,k_i-1} + \overline{x_{i,k_i}}) \cdot (x_{i,k_i} + \overline{x_{i1}}), \qquad (4.2)$$

wobei k_i die Anzahl der Vorkommen von Variablen x_i bezeichnet. Dadurch geht beispielsweise die 3-SAT-Formel

$$C = (x_1 + \overline{x_2} + x_4) \cdot (x_2 + x_3 + \overline{x_4})$$

über in die Formel

$$C' = (x_{11} + \overline{x_{21}} + x_{41}) \cdot (x_{22} + x_{31} + \overline{x_{42}})$$
$$\cdot (x_{11} + \overline{x_{11}})$$
$$\cdot (x_{21} + \overline{x_{22}}) \cdot (\overline{x_{21}} + x_{22})$$
$$\cdot (x_{31} + \overline{x_{31}})$$

Offensichtlich gilt: Ist $(x_1, \ldots, x_n)$ eine erfüllende Belegung für C, dann ist die Belegung

$$x_{ij} = x_i, \qquad 1 \le j \le k_i, \qquad 1 \le i \le n$$

eine erfüllende Belegung für C'.

Sei nun eine erfüllende Belegung für C' gegeben. Ist in dieser $x_{i1} = 0$, dann gilt wegen der Beziehung (4.2) sukzessive auch $x_{i2} = 0$, $x_{i3} = 0$, ..., $x_{i,k_i} = 0$. Ist $x_{i1} = 1$, dann folgt aufgrund von (4.2) sukzessive $x_{i,k_i} = 1$, $x_{i,k_{i-1}} = 1$, ..., $x_{i,2} = 1$. Es gilt also stets $x_{i1} = x_{i2} = \ldots = x_{i,k_i}$. Aus dieser Beobachtung folgt unmittelbar, daß die Belegung

$$x_i = x_{i1}, \qquad 1 \le i \le n$$

die Klausel C erfüllt. Damit kann jeder Algorithmus zur Lösung von 3-SAT/3-OCCURRENCES auch zur Lösung von 3-SAT benutzt werden.

Die angegebene Transformation ist natürlich in Polynomialzeit ausführbar.

$\square$

Problem 4.31. Sei X ein Darstellungstyp für Schaltfunktionen. Das Problem **SAT$_X$** ist wie folgt definiert:

Eingabe: Eine Darstellung P von dem durch X beschriebenen Typ.

Ausgabe: „Ja", wenn es eine erfüllende Belegung für die durch P dargestellte Funktion gibt. „Nein" im anderen Fall.

Wir zeigen, daß der Erfüllbarkeitstest bereits für sehr spezielle Teilklassen von Branching-Programmen schwierig ist.

Satz 4.32. *Die Probleme SAT$_{width\text{-}2\ sBP3}$ und SAT$_{width\text{-}3\ oBP2}$ sind beide NP-vollständig.*

Beweis. Zum Beweis der ersten Aussage reduzieren wir das **NP**-vollständige Problem 3-SAT/3-OCCURRENCES auf das Problem SAT$_{width\text{-}2\ sBP3}$: Sei $C = \prod_{i=1}^{m} c_i$ und $c_i = x_{i1}^{e_{i1}} + x_{i2}^{e_{i2}} + x_{i3}^{e_{i3}}$ mit $e_{ij} \in \{0,1\}$, $1 \le i \le m$, $1 \le j \le 3$. Für die Literale $x_i^1 = x_i$ und $x_i^0 = \overline{x_i}$ gibt es einfache Branching-Programme, die aus genau dem Wurzelknoten und zwei Senken bestehen. Die Konjunktion zweier Branching-Programme P_1 und P_2 kann ausgeführt werden, indem die 1-Senken von P_1 mit der Wurzel von P_2 identifiziert werden. Auf diese Weise können leicht Branching-Programme für die Klauseln c_i konstruiert werden. Die Disjunktion von P_1 und P_2 kann ausgeführt werden, indem die 0-Senken von P_1 mit der Wurzel von P_2 identifiziert werden. Vermittels dieser Konstruktion kann dann ein Branching-Programm $P(C)$ für die konjunktive Normalform C generiert werden (siehe Abb. 4.13 (a)). Es ist leicht einzusehen, daß $P(C)$ als synchrones Branching-Programm der Breite 2 aufgebaut werden kann. Abbildung 4.13 (b) illustriert diese Tatsache am Beispiel der Funktion $(x_1 + \overline{x_2} + x_4) \cdot (x_2 + x_3 + \overline{x_4})$. Da jede Variable in der Eingabe von 3-SAT/3-OCCURRENCES höchstens dreimal auftritt, liegt das Branching-Programm $P(C)$ in der Klasse BP3.

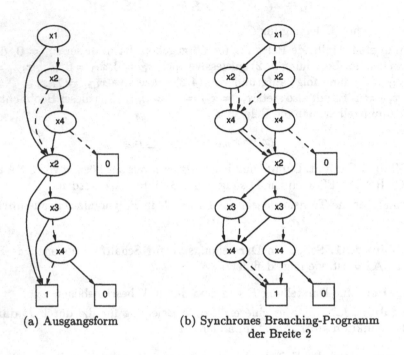

(a) Ausgangsform   (b) Synchrones Branching-Programm
                                der Breite 2

Abb. 4.13. Konstruktion von Branching-Programmen für die 3-SAT-Formel $(x_1 + \overline{x_2} + x_4) \cdot (x_2 + x_3 + \overline{x_4})$

Die Konstruktion liefert eine Polynomialzeitreduktion von 3-SAT/3-OCCUR-RENCES auf $\text{SAT}_{\text{width-2 sBP3}}$. Es bleibt zu zeigen, daß $\text{SAT}_{\text{width-2 sBP3}}$ in **NP** liegt. Dies ist aber sofort klar, da der Wert eines Branching-Programms für eine spezielle Eingabe in Polynomialzeit ausgewertet werden kann.

Um die zweite Aussage zu beweisen, modifizieren wir die Reduktion, die zum Nachweis der **NP**-Vollständigkeit von $\text{SAT}_{\text{width-2 sBP3}}$ benutzt wurde. Zunächst kann $P(C)$ einfach in ein geordnetes Branching-Programm der Breite 3 überführt werden. Hierzu müssen lediglich einige Knoten hinzugefügt werden, deren 1- und 0-Nachfolger identisch sind. Die Konstruktion ist in Abb. 4.14 (a) illustriert.

Danach wird jedes Auftreten einer Variablen in $P(C)$ durch eine neue Variable ersetzt, so daß auf diese Weise ein geordnetes Read-once-Branching-Programm der Breite 3 entsteht, das mit $P'(C)$ bezeichnet wird. Daneben läßt sich leicht ein geordnetes Read-once-Branching-Programm der Breite 3 konstruieren, das die Gleichheit der Variablen $x_1, \ldots, x_k$ testet (siehe Abb. 4.14 (b)). Aufgrund dieser Tatsache können wir ein width-3 oBP1 erstellen, $P''(C)$, das prüft, ob $x = y$ für alle x, y von $P'(C)$, welche zur gleichen Variablen in $P(C)$ korrespondieren.

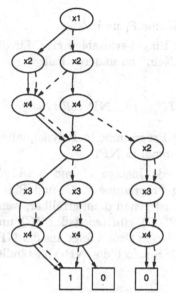

(a) Geordnetes Branching-Programm
mit Breite 3

(b) Branching-Programm für den Test,
ob $x_1 = \ldots = x_5$

Abb. 4.14. Konstruktion von Branching-Programmen beim Nachweis der **NP**-Vollständigkeit von $SAT_{\text{width-3 oBP2}}$

$P(C)$ ist genau dann erfüllbar, wenn es eine Variablenbelegung gibt, für die $P'(C)$ und $P''(C)$ simultan den Wert 1 berechnen. Da die Konjunktion von $P'(C)$ und $P''(C)$ auf ein geordnetes Read-2-Branching-Programm der Breite 3 führt, haben wir die gewünschte Polynomialzeitreduktion von 3-SAT/3-OCCURRENCES auf $SAT_{\text{width-3 oBP3}}$. □

Insbesondere erhält man folgenden abgeleiteten Satz:

Korollar 4.33. *1. Die Probleme SAT_{BP2}, SAT_{oBP}, SAT_{sBP} und SAT_{BP} sind **NP**-vollständig.*

*2. Die Probleme EQU_{BP2}, EQU_{oBP}, EQU_{sBP} und EQU_{BP} sind co-**NP**-vollständig.*

Beweis. Zum Beweis der zweiten Aussage genügt die Beobachtung, daß

$$\neg \, SAT_X(P) = EQU_X(P, 0),$$

wobei P eine Darstellung des Typs X für eine beliebige Schaltfunktion ist und $\neg P$ das Komplement eines Problems $\mathcal{P}$ bezeichnet. □

Problem 4.34. Das Problem **COMMON_PATH$_{BP1}$** ist wie folgt definiert:

Eingabe: Zwei Read-once-Branching-Programme P_1 und P_2.

Ausgabe: „Ja", wenn es eine Belegung der Eingabevariablen gibt, für die P_1 und P_2 simultan den Wert 1 berechnen. „Nein" im anderen Fall.

Lemma 4.35. *Das Problem COMMON_PATH$_{BP1}$ ist* **NP***-vollständig.*

Beweis. Da sich jedes der beiden Branching-Programme in Polynomialzeit auswerten läßt, liegt das Problem zunächst einmal in **NP**.

Im Beweis von Satz 4.32 haben wir für jede Instanz C von 3-SAT/3-OCCURRENCES zwei Read-once-Branching-Programme $P'(C)$ und $P''(C)$ mit der folgenden Eigenschaft konstruiert: C ist genau dann erfüllbar, wenn es eine Variablenbelegung für $P'(C)$ und $P''(C)$ gibt, so daß $P'(C)$ und $P''(C)$ simultan den Wert 1 berechnen. Aus diesem Grund folgt aus der **NP**-Vollständigkeit von 3-SAT/3-OCCURRENCES sofort die **NP**-Vollständigkeit von COMMON_PATH$_{BP1}$.   □

Lemma 4.36. *Das Problem SAT$_{BP1}$ ist in Polynomialzeit lösbar.*

Beweis. Die Eigenschaft, daß jeder Pfad in einem Read-once-Branching-Programm, der von der Wurzel zu einer Senke führt, ein Berechnungsweg ist, liefert sofort eine Prozedur zur Entscheidung des Erfüllbarkeitsproblems: Mit Hilfe einer Tiefensuche (Depth First Search) werden alle Knoten markiert, zu denen ein von der Wurzel ausgehender Pfad führt. P ist genau dann erfüllbar, wenn dabei die 1-Senke markiert wird.   □

Problem 4.37. Sei X ein Darstellungstyp für Schaltfunktionen und $*$ eine Boolesche Operation. Das Problem **$*$-SYN$_X$** ist wie folgt definiert:

Eingabe: Zwei Darstellungen P_1 und P_2 für Schaltfunktionen vom Typ X.

Ausgabe: Eine Darstellung vom Typ X für $f_1 * f_2$, wobei f_1 und f_2 die durch P_1 und P_2 beschriebenen Funktionen sind.

Im Beweis von Satz 4.32 hatten wir gesehen, daß die Probleme $*$-SYN$_{oBP}$, $*$-SYN$_{sBP}$ und $*$-SYN$_{BP}$ für $* \in \{\cdot, +\}$ sehr einfach gelöst werden können. Das gleiche läßt sich für alle anderen Booleschen Operationen zeigen. Interessanterweise kommt es jedoch bei den sich sonst algorithmisch wohlverhaltenden Read-once-Branching-Programmen zu Schwierigkeiten.

Satz 4.38. *Das Problem* $\cdot\text{-}SYN_{BP1}$ *ist* **NP**-*hart.*

Beweis. Das Problem COMMON_PATH_{BP1} kann dadurch gelöst werden, daß ein Algorithmus für $\cdot\text{-}SYN_{BP1}$ auf die Eingabeprogramme angewendet wird und dann SAT_{BP1} auf dem resultierenden Programm entschieden wird. Nach Lemma 4.35 ist COMMON_PATH_{BP1} **NP**-vollständig, und nach Lemma 4.36 ist SAT_{BP1} in Polynomialzeit lösbar. Folglich ist $\cdot\text{-}SYN_{BP1}$ ein **NP**-hartes Problem. □

Da die Komplementbildung bei Read-once-Branching-Programmen lediglich den Austausch der beiden Senkenwerte verlangt, läßt sich Satz 4.38 sofort auch auf andere Boolesche Operationen verallgemeinern.

Korollar 4.39. *Die Probleme* $+\text{-}SYN_{BP1}$ *und* $\oplus\text{-}SYN_{BP1}$ *sind* **NP**-*hart.* □

4.5 Referenzen

Bei den angesprochenen historischen Arbeiten von Lee, Masek und Cobham handelt es sich um die Arbeiten [Lee59, Mas76, Cob66]. Weiterführendes Material über die beschriebenen klassischen Darstellungen für Schaltfunktionen findet sich beispielsweise in [Weg87, Mei89]. Einen Übersichtsartikel über Entscheidungsbäume enthält [Mor92].

Die Komplexitätsaussagen für die verschiedenenen Klassen von Branching-Programmen gehen auf Gergov und Meinel zurück [GM94b].

5. Anforderungen an Datenstrukturen für die formale Schaltkreisverifikation

In medias res [Mitten in die Dinge hinein].
Horaz (65–8 v. Chr.)

Im letzten Kapitel haben wir verschiedene Repräsentationstypen für Schaltfunktionen eingeführt. Wir haben dabei die relevanten Funktionen auf einer der folgenden Ideen basierend beschrieben:

- durch systematische Tabellierung der Funktionswerte (z.B. Wahrheitstabellen),
- durch Angabe einer Methode zur Berechnung der Funktion (z.B. disjunktive oder konjunktive Normalformen, Boolesche Formeln oder Schaltkreise),
- durch Beschreibung eines Schemas zur Auswertung der Funktion (z.B. Entscheidungsbäume, Branching-Programme).

Bereits auf den ersten Blick können viele Unterschiede zwischen diesen Repräsentationstypen beobachtet werden. Wir erwähnen nur einige von ihnen:

- Die Repräsentationstypen unterscheiden sich deutlich in der Größe.

Beispiel 5.1. Eine Wahrheitstabelle für eine Funktion $f \in \mathbb{B}_n$ besteht immer aus 2^n Zeilen. Die Größe aller anderen behandelten Darstellungen ist von der jeweiligen Funktion f abhängig. Für die Disjunktion der Variablen $x_1, \ldots, x_n$ gibt es beispielsweise eine sehr kompakte disjunktive Normalform

$$f(x) = x_1 + \ldots + x_n,$$

die Ring-Summen-Entwicklung für f hingegen besteht nach Satz 4.19 aus $2^n - 1$ Monomen. ◇

- Die Repräsentationstypen unterscheiden sich deutlich im Aufwand, der notwendig ist, um den Funktionswert für eine spezielle Eingabe auszuwerten.

Beispiel 5.2. In der Wahrheitstabelle erfolgt die Ermittlung des Funktionswertes durch einfaches Nachschlagen. Im Modell der Booleschen Formeln hingegen muß die gesamte Formel für die spezielle Eingabe ausgewertet worden. ◇

- Die Repräsentationstypen unterscheiden sich deutlich im Umfang der Berechnungen, die notwendig sind für die Darstellung einer Booleschen Verknüpfung der beiden Funktionen.

Beispiel 5.3. Seien $f, g \in \mathbb{B}_n$, und sei $*$ eine beliebige Boolesche Operation. Im Fall der Schaltkreise über einer vollständigen Basis kann die Schaltkreisdarstellung für $f * g$ einfach erzeugt werden, indem die Ausgänge der Schaltkreise für f und g als Eingänge in einen Schaltkreis zur Berechnung der Operation $*$ genutzt werden, der ja wegen der Vollständigkeit der Basis existiert. Im Gegensatz zu dieser einfachen Konstruktion wurde in Satz 4.38 gezeigt, daß die Berechnung Boolescher Operationen für Read-once-Branching-Programme **NP**-hart ist. $\diamond$

- Die Repräsentationstypen unterscheiden sich deutlich hinsichtlich der Komplexität des Tests spezieller Eigenschaften.

Beispiel 5.4. Wir betrachten den Test, ob eine dargestellte Funktion f konstant ist. Für Read-once-Branching-Programme ist dieser Test einfach: f ist genau dann konstant, wenn nur eine der beiden Senken vom Wurzelknoten aus erreicht werden kann. Auf der anderen Seite ist das Problem für konjunktive Normalformen **co-NP**-vollständig. Der Beweis dieser Aussage kann mit Hilfe einer einfachen Reduktion des nach Satz 4.13 **NP**-vollständigen Erfüllbarkeitsproblems für konjunktive Normalformen erbracht werden: f ist nämlich genau dann nicht erfüllbar, wenn f konstant ist und gleichzeitig $f(0, \dots, 0) = 0$ gilt. $\diamond$

- Die Repräsentationstypen unterscheiden sich deutlich im Aufwand, der betrieben werden muß, um die Wesentlichkeit einer Variablen für eine Funktion zu überprüfen.

Beispiel 5.5. Aus der Eindeutigkeit der Ring-Summen-Entwicklungen folgt unmittelbar: Eine Variable ist genau dann wesentlich für eine Funktion f, wenn sie in der Ring-Summen-Entwicklung für f auftritt. Auf der anderen Seite ist der Test auf Wesentlichkeit für konjunktive Normalformen **NP**-vollständig, denn es gilt: Eine Funktion f ist genau dann erfüllbar, wenn für eine neue Variable x_0 die Funktion $x_0 f$ wesentlich von der Variablen x_0 abhängt. $\diamond$

Die oben angeführten Beispiele zeigen, daß jede der besprochenen Repräsentationen gleichzeitig Vor- und Nachteile hat. Beispielsweise erlauben tabellarische Repräsentationen eine schnelle Funktionsauswertung für eine vorgegebene Eingabe. Wegen der enormen Größe ist die Berechnung einer Verknüpfung für Wahrheitstabellen jedoch recht aufwendig. Auf der anderen Seite können Schaltkreise zwar extrem schnell verknüpft werden, der Äquivalenztest ist jedoch inhärent schwierig.

Obwohl es oft möglich ist, eine Rangfolge für die Eignung der verschiedenen Repräsentationstypen bezüglich eines einzelnen isolierten Aspektes zu erstellen, erscheint es unmöglich, eine Darstellung bezüglich aller Kriterien als die beste zu erklären. Die grundlegende Ursache dafür ist das Problem, daß in den konkreten Anwendungen die verschiedenen Kriterien unterschiedlich relevant sind. In einer Anwendung mag der benötigte Speicherplatz das ausschlaggebende Kriterium sein und in einer anderen Anwendung die Laufzeit spezieller Algorithmen. Aus diesem Grund ist es aussichtslos, ein allgemeines Maß für den *besten* Kompromiß zu erwarten, ohne das spezielle Anwendungsgebiet zu berücksichtigen.

In diesem Buch betrachten wir vorrangig Anwendungen aus dem Gebiet des rechnergestützten Schaltkreisentwurfs. Um die Verwendung von Schaltfunktionen zu illustrieren, geben wir eine ausführlichere Beschreibung zweier paradigmatischer Anwendungen aus dem hochaktuellen Bereich der formalen Schaltkreisverifikation. Diese Anwendungen haben sich als besonders wichtig herausgestellt, da sie recht genau den konkreten Bedarf und die genauen Anforderungen an Darstellungen von Schaltfunktionen deutlich machen. Die zu lösenden Probleme treten dabei nicht nur isoliert auf, sondern sind auch als Unterprobleme in mannigfachen größeren Anwendungen zu finden.

5.1 Schaltkreisverifikation

Bevor wir uns in das Problem der Schaltkreisverifikation vertiefen, soll noch einmal auf die Objekte eingegangen werden, die verifiziert werden sollen, nämlich *digitale Schaltkreise*. Die allerersten Schaltkreise in der historischen Entwicklung wurden zur Steuerung elektromechanischer Relais in Telekommunikationsnetzwerken eingesetzt. Diese Schaltkreise waren strikt **kombinatorisch** im dem Sinn, daß sie keine Speicherelemente enthielten. Kombinatorische Schaltkreise alleine sind natürlich nur von beschränktem Nutzen. Ihre Leistungskraft läßt sich durch die Verwendung von Speicherbausteinen, die den aktuellen Zustand des Schaltkreises speichern können, wesentlich steigern. Schaltkreise mit Speicherbausteinen werden **sequentielle Schaltkreise** genannt. Trotz der wesentlich größeren Funktionalität sequentieller Schaltkreise darf man die Bedeutung der kombinatorischen Teilmodule nicht unterschätzen: Zum einen, weil diese eine Funktion „in einem Schritt" berechnen, und zum anderen, weil jeder sequentielle Schaltkreis als ein um Speicherelemente erweiterter kombinatorischer Schaltkreis interpretiert werden kann.

Jeder Schaltkreisentwurf, gleichgültig wie komplex, muß bereits vor Beginn der eigentlichen Produktion in vielerlei Hinsicht überprüft werden. Geht man von der endgültigen Herstellung als Ausgangspunkt in Gedanken rückwärts durch die einzelnen Phasen des Entwurfsprozesses, dann sind sofort eine Vielzahl von Verifikationszielen auszumachen. Wir nennen stellvertre-

tend die Überprüfung der Entwurfsregeln auf niedrigen (low-level) Ebenen
(z.B. Layout), des Timings, der Entwurfsregeln auf höheren (high-level) Ebenen (z.B. Logikebene, RTL-Ebene), der Firmware, der funktionalen Korrektheit oder der Basissoftware. Im folgenden beschränken wir uns auf die Diskussion des Problems der *funktionalen Korrektheit* eines Schaltkreisentwurfs.

In jedem einzelnen Entwurfsschritt ist genau spezifiziert, wie sich das System
nach außen hin verhalten soll, und der Designer versucht, dieses funktionale
Verhalten im Rahmen der vorgegebenen Technologie zu realisieren. Die Beschreibung des Systemverhaltens heißt **Spezifikation**. Eine Umsetzung des
spezifizierten Systemverhaltens heißt **Implementation**. Der Entwurfspro-
zeß eines Systems kann nun durch sukzessive Verfeinerung auf eine Iteration
von Spezifikations-/Implementations-Schritten reduziert werden, wobei die
Implementation in Schritt i zur Spezifikation in Schritt $(i + 1)$ wird (siehe Abb. 5.1). Wenn nun auf irgendeine Art und Weise *nachgewiesen* werden
kann, daß sämtliche Implementationen den vorgegebenen Spezifikationen entsprechen, dann ist der Chip funktional korrekt entworfen.

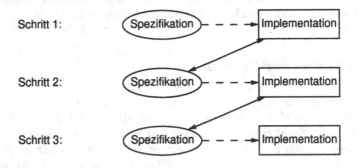

Abb. 5.1. Sukzessive Verfeinerung von Spezifikationen und Implementationen

Für diesen Nachweis der funktionalen Korrektheit sind die drei folgenden
Konzepte auch in der Praxis erprobt: *Simulation, formale Verifikation* und
partielle Verifikation.

Bei der **Simulation** wird das funktionale Verhalten der Implementation systematisch ausprobiert und mit dem durch die Spezifikation beschriebenen
Verhalten verglichen. Die immer größere Komplexität der Schaltkreisentwürfe
macht die Komplexität dieses traditionell angewandten Verfahrens allerdings
zunehmend unbeherrschbar.

Ziel der **formalen Verifikation** ist ein formaler mathematischer Beweis für
die Übereinstimmung des funktionalen Verhaltens von Spezifikation und Implementation. Der Einsatz geordneter binärer Entscheidungsgraphen, der sogenannten OBDDs, hat diesem Ansatz ganz wesentliche Impulse verliehen

und ein neues Zeitalter der formalen Verifikation eingeläutet. Wir werden im folgenden genauer auf diese Problematik eingehen.

Bei der **partiellen Verifikation** wird ebenfalls mit Hilfe formaler mathematischer Methoden überprüft, ob die Implementation zumindest einige als besonders wichtig angesehene Eigenschaften des spezifizierten Systemverhaltens erfüllt. Bei den dabei untersuchten Eigenschaften geht es vor allem um sogenannte *Sicherheitseigenschaften* und um *Lebendigkeitseigenschaften*. **Sicherheitseigenschaften** drücken etwa aus, daß bestimmte „schlechte" Ereignisse in keiner Phase der Arbeit des Systems eintreten können. **Lebendigkeitseigenschaften** drücken aus, daß bestimmte „gute" Ereignisse immer wieder in jeder Phase der Arbeit des Systems eintreten. Natürlich kann durch die Überprüfung von Sicherheits- und Lebendigkeitseigenschaften nicht die vollständige funktionale Korrektheit des Systems nachgewiesen werden. Es wird lediglich sichergestellt, daß einige besonders wichtige Funktionalitäten des implementierten Systems gewährleistet sind.

5.2 Formale Verifikation kombinatorischer Schaltkreise

Wir betrachten zunächst etwas genauer die Verifikationsaufgabe in der als **Logiksynthese** bezeichneten Entwurfsphase eines kombinatorischen Schaltkreises. Hier wird die Funktionalität des zu entwerfenden Schaltkreises als Netzwerk von logischen Gattern beschrieben. Ein **Gatter** besteht aus einer Zusammenschaltung bestimmer Transistoren, so daß am Ausgang des Gatters als Ausgabe das Resultat einer speziellen Booleschen Operation auf den Eingängen berechnet wird. Beispielsweise berechnet ein AND-Gatter mit den zwei Eingängen x und y die Schaltfunktion $f(x,y) = x \cdot y$. Eine zentrale Aufgabe bei der Logiksynthese ist es, die Beschreibung des Schaltkreises auf der Gatterebene hinsichtlich mehrerer Faktoren zu optimieren. Einige dieser Optimierungskriterien sind beispielsweise die Zahl der Gatter, die Chipfläche, der Energieverbrauch, die Geschwindigkeit, die Länge des Taktzyklus usw. Wegen der hohen Komplexität der zu optimierenden Schaltkreise kann diese Aufgabe nicht ohne die Unterstützung ausgefeilter und umfassender Software, den sogenannten Logiksynthese-Systemen, ausgeführt werden.

In der historischen Rückbetrachtung fällt auf, daß mehrere der als Meilensteine in die Geschichte des rechnerunterstützten Schaltkreisentwurfs eingegangenen Programmsysteme zur Logiksynthese an akademischen Institutionen – vornehmlich an der University of California at Berkeley – entwickelt wurden. Diese Softwarepakete haben die kommerziellen Werkzeuge der nächsten Generation maßgeblich beeinflußt bzw. sind zum Teil selbst in die industrielle Praxis übernommen worden. Zu den wichtigsten Logiksynthese-Systemen gehören:

- MINI (IBM Research, 1974)
- ESPRESSO (University of California at Berkeley, 1984)
- MIS (University of California at Berkeley, 1987)
- BOLD (University of Colorado at Boulder, 1989)
- SIS (University of California at Berkeley, 1992)

sowie natürlich die kommerziellen Systeme der führenden Design-Tool-Hersteller wie z.B. Synopsis, Cadence oder Mentor Graphics.

Auch ohne auf die Details der verschiedenen Programmsysteme näher eingehen zu müssen ist klar, daß sich alle Systeme die zu realisierenden Schaltfunktionen mit Hilfe einer geeigneten Repräsentation handhabbar machen müssen. Diese Repräsentationen werden rechnerintern durch geeignete Datenstrukturen realisiert und sind dann maßgeblich für den Speicherbedarf sowie für die Rechenzeit der einzelnen Algorithmen im Programmsystem verantwortlich. Während der tatsächliche Speicherbedarf in der Regel ziemlich exakt mit der Größe der abstrakten Repräsentation übereinstimmt, ist es schwieriger, den zeitlichen Aufwand verschiedener Aufgaben zu bestimmen.

Bevor wir in den nächsten Kapiteln die Zeitkomplexität der wichtigsten Routinen in Logiksynthese-Systemen bestimmen wollen, muß zunächst einmal festgestellt werden, welche der Routinen denn die wichtigsten sind. Im folgenden geben wir die zentralen Probleme an, um deren Lösung kein leistungsfähiges System herum kommt.

Das erste dieser Probleme ist die Überführung einer gegebenen Netzliste von Gattern in die interne Schaltkreisrepräsentation. Man spricht dabei von der **symbolischen Simulation**. Zunächst sind die Repräsentationen für die Literale, also die an den Eingabeknoten zu berechnenden Funktionen, zu erstellen. Dann werden in topologischer Reihenfolge die Repräsentionen für die an den einzelnen Gattern berechneten Unterfunktionen in den Eingabevariablen in Abhängigkeit von den in den jeweiligen Vorgängergattern berechneten Unterfunktionen konstruiert. Dies ist möglich, indem die vom Gatter ausgeführte Boolesche Operation auf die Repräsentationen der an den Eingängen des Gatters anliegenden, bereits zuvor berechneten Unterfunktionen angewendet wird. Abbildung 5.2 illustriert diesen Vorgang anhand eines AND-Gatters und des Darstellungstyps der disjunktiven Normalformen.

Da kombinatorische Schaltkreise den Logiksynthese-Systemen im allgemeinen nur in Form von Gatternetzlisten zur Verfügung gestellt werden, muß die symbolische Simulation nach Möglichkeit sehr effizient ausführbar sein. In erster Linie richtet sich diese Forderung an die verwendete Darstellung der Schaltfunktionen. Wie wir bereits gesehen haben, können hier große Unterschiede in bezug auf die einzelnen Darstellungstypen festgestellt werden: Es existieren Repräsentationen, für die es fast trivial ist, eine Boolesche Operation auszuführen, während diese Aufgabe für andere Repräsentationen **NP**-hart

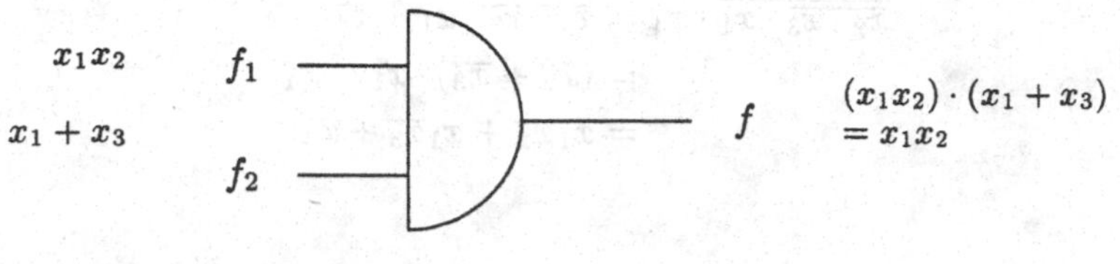

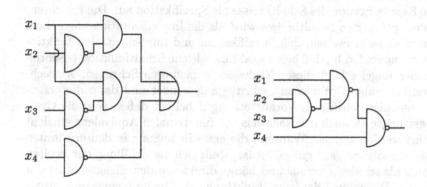

Abb. 5.2. Symbolische Simulation eines AND-Gatters im Darstellungstyp der disjunktiven Normalformen

(a) Ausgangsschaltkreis   (b) Realisierung mit Hilfe von NAND-Gattern

Abb. 5.3. Optimierung eines Schaltkreises mit Hilfe von NAND-Gattern

und damit aussichtslos schwierig ist. Die im rechnergestützten Schaltkreisentwurf angewandten Darstellungstypen für Schaltfunktionen sollten daher die folgende Eigenschaft zwingend erfüllen:

(1) Boolesche Operationen können effizient ausgeführt werden.

Beispiel 5.6. Ein wichtiger Schritt in der Logiksynthese ist die Optimierung eines Schaltkreises auf der Logikebene im Hinblick auf die Zahl der verwendeten Gatter aus einer vorgegebenen Gatterbibliothek. Wir betrachten das Problem, den Schaltkreis aus Abb. 5.3 (a) in einen kleineren Schaltkreis zu überführen, der nur noch aus NAND-Gattern besteht. Eine typische Lösung, die von einem Logiksynthese-Werkzeug berechnet wird, kann etwa wie der in Abb. 5.3 (b) angegebene Schaltkreis aussehen. Es bleibt nun zu zeigen, daß beide Schaltkreise funktional äquivalent sind, also die gleiche Funktion berechnen. Tatsächlich können wir uns bei diesen geringen Dimensionen davon noch manuell überzeugen. Mit Hilfe der DeMorgan-Regeln ergibt sich nämlich:

$$\overline{\overline{x_2 \cdot x_3 \cdot x_1} \cdot x_4} = \overline{\overline{x_2 \cdot x_3} \cdot x_1 + \overline{x_4}}$$
$$= (\overline{x_2} + \overline{x_3}) \cdot x_1 + \overline{x_4}$$
$$= x_1\overline{x_2} + x_1\overline{x_3} + \overline{x_4}.$$

◇

Um zu garantieren, daß die Funktionalität eines Schaltkreises während des Synthese- und Optimierungsprozesses nicht verändert wurde, muß, wie in Beispiel 5.6 beschrieben, ein Verifikationsproblem gelöst werden. Hierbei faßt man die Repräsentation des Schaltkreises als Spezifikation auf. Die Repräsentation des optimierten Schaltkreises wird als die Implementation angesehen. Es ist formal nachzuweisen, daß Spezifikation und Implementation funktional äquivalent sind, d.h., daß beide exakt die gleiche Schaltfunktion beschreiben. In der Regel erfolgt dieser Nachweis in mehreren Schritten: Abwechselnd werden einige Optimierungsschritte angewendet und dann die erzielten Teilergebnisse verifiziert. Voraussetzung dabei ist, daß sowohl die Optimierungsschritte als auch der Nachweis der funktionalen Äquivalenz effizient ausgeführt werden können. Während die erste Bedingung in den erwähnten Systemen inzwischen ganz gut gelöst ist, stellt sich die Erfüllung der zweiten Bedingung als schwierig heraus und hängt direkt von den Eigenschaften der verwendeten Darstellung der Schaltfunktionen ab. Die im rechnerunterstützten Schaltkreisentwurf verwendeten Darstellungstypen für Schaltfunktionen sollten deshalb die folgende Eigenschaft besitzen:

(2) Die funktionale Äquivalenz kann effizient getestet werden.

Der Äquivalenztest spielt auch im Hinblick auf das Konzept der partiellen Verifikation eine zentrale Rolle. Wir werden später beweisen, daß es mit einem effizienten Test der funktionalen Äquivalenz zweier Schaltkreisrepräsentationen möglich ist, wichtige Eigenschaften eines Schaltkreises effizient nachzuweisen.

Unter dem **Erfüllbarkeitsproblem für Schaltkreise** versteht man den Test, ob es eine Eingabe gibt, für die der untersuchte Schaltkreis eine 1 berechnet. Die Frage, inwieweit der Erfüllbarkeitstest effizient ausgeführt werden kann, hat in der theoretischen Informatik eine Schlüsselstellung erlangt. Er dient dort in vielen Untersuchungen als Referenzproblem. Verfügt man jedoch über einen effizienten Test zur funktionalen Äquivalenz zweier Schaltkreisrepräsentationen, dann kann auch die Erfüllbarkeit effizient überprüft werden: Man muß lediglich prüfen, ob die Repräsentation der Nullfunktion (die man in den meisten Fällen auf triviale Weise erhält) funktional äquivalent zur Repräsentation des untersuchten Schaltkreises ist. Ist die Antwort „Ja", dann ist der Schaltkreis nicht erfüllbar; ist die Antwort „Nein", dann gibt es mindestens eine erfüllende Belegung.

5.3 Verifikation sequentieller Schaltkreise

Während die Ausgaben eines kombinatorischen Schaltkreises vollständig durch die gerade eingegebenen aktuellen Eingaben festgelegt sind, hängen die Ausgaben eines sequentiellen Schaltkreises zusätzlich von den in der Vergangenheit berechneten Werten ab. Die Abhängigkeit von der Vergangenheit wird dadurch hergestellt, daß Signale in Registern zwischengespeichert werden können und die Ausgänge sowohl von den eigentlichen Eingaben als auch von den Ausgaben der Speicherbausteine abhängen. Sequentielle Schaltkreise können daher als Verbindung von kombinatorischen Logikgattern und Registern angesehen werden. Abbildung 5.4 illustriert diese Beziehung. Abbildung 5.5 zeigt einen einfachen sequentiellen Schaltkreis.

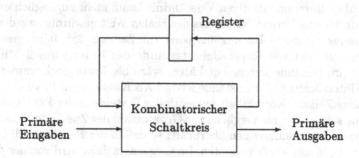

Abb. 5.4. Schematisches Bild eines sequentiellen Schaltkreises

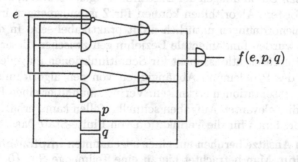

Abb. 5.5. Beispiel eines sequentiellen Schaltkreises mit zwei Registern p, q

Während das Verhalten kombinatorischer Schaltkreise in statischer Weise vollständig mit Hilfe von Schaltfunktionen beschrieben werden kann, entziehen sich sequentielle Schaltkreise durch ihr zeitlich dynamisches Eingabe-

und Ausgabeverhalten zunächst dieser Möglichkeit. In adäquater Weise kann das Verhalten durch die in Abschn. 2.7 eingeführten Finite-State-Maschinen beschrieben werden.

Das Verifikationsproblem für sequentielle Schaltkreise ist wesentlich schwieriger zu lösen als das für kombinatorische Schaltkreise, gilt es doch hier, die permanente funktionale Äquivalenz der Systeme für jede mögliche Eingabefolge zu überprüfen. Tatsächlich ist zu zeigen, daß alle Eingabefolgen die gleichen Ausgabefolgen produzieren, wobei die Systeme wieder als Gatternetzlisten beschrieben sind. Auch hier spezifiziert das eine System das funktionale Verhalten, und das andere System eine optimierte Implementation.

Der *Äquivalenztest für Finite-State-Maschinen* wird seit vielen Jahren in der Informatik untersucht. Für Systeme, deren Zustände beispielsweise durch 80 Bits codiert werden, ist die Anzahl der möglichen Zustände 2^{80}. Eine derart große Zahl ist unserem intuitiven Verständnis kaum mehr zugänglich und soll deshalb durch eine Vergleichszahl aus der realen Welt gewürdigt werden: Das Alter unseres gesamten Universums wird zur Zeit auf 2^{34} Jahre geschätzt. Ein Computer, der seit dieser Geburtsstunde des Universums 2 Millionen Zustände pro Sekunde untersucht hätte, wäre bis heute noch immer nicht mit der Untersuchung aller Zustände fertig ! Als Konsequenz dieses Dilemmas wurde lange Zeit die Korrektheit sequentieller Systeme in der Praxis lediglich durch eine sehr große, im Vergleich zur Gesamtzahl der Zustände jedoch winzigen Anzahl von Simulationen überprüft, so daß in der Regel natürlich nicht alle Fälle abgedeckt werden konnten. Im Gegensatz dazu wird von der *formalen Verifikation* ein vollständiger Beweis für die Korrektheit des sequentiellen Schaltkreises erwartet.

Die klassischen Ansätze zur Lösung des Verifikationsproblems waren für große sequentielle Systeme bereits aus dem Grunde zum Scheitern verurteilt, weil sie auf *expliziten* Darstellungen der Zustandsmengen beruhten, beispielsweise in Form von Listen. Algorithmen können für Zustandsmengen in den angedeuteten Größenordnungen natürlich nicht praktikabel sein. In den vergangenen Jahren wurden fundamentale Beziehungen zwischen dieser Problematik und dem Repräsentationsaspekt für Schaltfunktionen aufgedeckt, die die Schwierigkeit des Problems in Abhängigkeit von den algorithmischen Qualitäten der Repräsentationen erkannten. Verfügt man über einen Repräsentationstyp, der die relevanten Aufgaben schnell erfüllen kann, erhält man sofort effiziente Algorithmen für die Verifikation von Finite-State-Maschinen.

Die modernen Ansätze beruhen auf einer sogenannten **impliziten Mengenrepräsentation**. Man betrachtet hierzu eine Teilmenge $S \subset \{0,1\}^n$, welche beispielsweise alle n-Tupel von Registerbelegungen enthält, die durch beliebige Eingabefolgen nach k Arbeitsschritten erreicht werden können. S ist zwar eine Menge, aber die **charakteristische Funktion** χ_S von S,

$$\chi_S(x_1, \ldots, x_n) = 1 \iff (x_1, \ldots, x_n) \in S,$$

ist eine Schaltfunktion in n Variablen. Folglich können Mengendarstellungen und Mengenoperation vollständig auf die Manipulation von Schaltfunktionen zurückgeführt werden. Verfügt man über eine kompakte Darstellung von Schaltfunktionen, so bleiben die impliziten Mengenbeschreibungen klein. Auch der Äquivalenztest zweier Finite-State-Maschinen M_1 und M_2 selbst läßt sich mittels impliziter Mengenrepräsentationen auf die Manipulation von Schaltfunktionen zurückführen.

Tatsächlich sind diese impliziten Techniken bis heute das einzige Werkzeug, um wichtige Probleme für das grundlegende Modell der Finite-State-Maschinen zu lösen. Als weitere Forderung an Darstellungstypen für Schaltfunktionen, die im rechnergestützten Schaltkreisentwurf angewendet werden sollen, verlangen wir:

(3) **Grundalgorithmen auf Finite-State-Maschinen wie der Äquivalenztest können effizient ausgeführt werden.**

Die späteren Ausführungen werden zeigen, daß bei der Rückführung dieser Algorithmen auf die Ebene der Schaltfunktionen andere Grundprobleme wie etwa die **Quantifizierung** in den Mittelpunkt der Aufmerksamkeit rücken werden, die die eigentlichen Herausforderungen an die eingesetzten Repräsentationstypen stellen. Für die in diesem Kapitel angestrebte Beschreibung der paradigmatischen Anwendungen von Schaltfunktionen im rechnergestützten Schaltkreisentwurf können wir uns jedoch mit obiger Formulierung begnügen.

5.4 Referenzen

Die erwähnten Logiksynthese-Systeme sind in folgenden Arbeiten beschrieben: MINI [HCO74], ESPRESSO [BHMS84], MIS [BRSW87], BOLD [HLJ+89] und SIS [SSM+92].

Teil II

OBDDs: Eine effiziente Datenstruktur

6. OBDDs – Geordnete binäre Entscheidungsgraphen

Meine Kraft ist in den Schwachen mächtig.
2. Korinther 12,9

In diesem Kapitel führen wir den Repräsentationstyp der *geordneten binären Entscheidungsgraphen*[1] (ordered binary decision diagrams, kurz OBDDs) ein. Obwohl das zugrunde liegende Modell der Branching-Programme bzw. der Entscheidungsgraphen bereits in den 50er bzw. 70er Jahren von Lee und Akers studiert wurde, blieb diesen Darstellungen lange Zeit der Einsatz in ernsthaften Anwendungen versagt. Durch die geschickte Hinzunahme zusätzlicher Ordnungsbedingungen sowie der Bereitstellung eines ausgefeilten Reduktionsmechanismus hat R. Bryant das Modell im Jahr 1986 entscheidend verbessert. Seit diesem Zeitpunkt haben die von ihm als OBDDs bezeichneten Darstellungen für Schaltfunktionen nahezu alle Bereiche des rechnergestützten Entwurfs hochintegrierter Schaltkreise erobert.

Möglich gemacht haben dies die folgenden wertvollen Eigenschaften von OBDDs:

- Reduzierte OBDDs bieten eine kanonische Repräsentation für Schaltfunktionen.
- Reduzierte OBDDs können effizient manipuliert werden.
- Für sehr viele praktisch wichtige Schaltfunktionen sind die OBDD-Darstellungen sehr klein.

Genau diese Eigenschaften bilden auch die Grundlage für die effiziente Lösung der im vorherigen Kapitel vorgestellten Grundprobleme im rechnergestützten Schaltkreisentwurf.

6.1 Bezeichnungen und Beispiele

Definition 6.1. *Sei π eine totale Ordnung auf den Variablen $x_1, \ldots, x_n$. Ein **geordneter binärer Entscheidungsgraph (OBDD)** bezüglich der*

---

[1] In Anlehnung an den Begriff des Entscheidungsgraphen schreiben wir: *der* OBDD. Andere Autoren schreiben auch *das* OBDD in Anlehnung an den Begriff des Entscheidungsdiagramms.

Variablenordnung π ist ein gerichteter azyklischer Graph mit genau einer Wurzel, der den folgenden Eigenschaften genügt:

- *Es gibt genau zwei Knoten ohne ausgehende Kanten. Diese beiden Knoten sind mit den Konstanten 1 bzw. 0 markiert und werden **Senken** genannt.*
- *Jeder andere Knoten ist mit einer Variablen x_i markiert und hat genau zwei ausgehende Kanten, die mit 1 bzw. 0 bezeichnet sind (**1-Kante** bzw. **0-Kante**).*
- *Die Reihenfolge, in der die Variablen in dem Graphen auftreten, ist konsistent mit der Variablenordnung π, d.h., für jede Kante, die von einem mit x_i markierten Knoten zu einem mit x_j markierten Knoten führt, gilt $x_i <_\pi x_j$.*

*Knoten, die mit einer Variablen x_i markiert sind, werden **innere Knoten** genannt. Die Variable, mit der ein Knoten v markiert ist, wird mit $var(v)$ abgekürzt. Der durch die 1-Kante bestimmte Nachfolgeknoten wird mit $high(v)$ bezeichnet, der durch die 0-Kante bestimmte Nachfolgeknoten mit $low(v)$.*

In der Terminologie der vorangegangenen Kapitel ist ein OBDD ein Read-once-Branching-Programm mit einer zusätzlichen Ordnungsrestriktion an die Variablen. Der **Berechnungspfad** zu einer Eingabe $a = (a_1, \ldots, a_n) \in \mathbb{B}^n$ ist der Pfad von der Wurzel zu einer Senke des OBDDs, der durch die Eingabe definiert ist. Genauer gesagt beginnt der Berechnungspfad an der Wurzel und folgt in jedem mit x_i markierten Knoten der Kante mit der Markierung a_i.

Definition 6.2. *Ein OBDD repräsentiert genau dann eine vorgegebene Schaltfunktion $f \in \mathbb{B}_n$, wenn der Berechnungspfad jeder Eingabe $a \in \mathbb{B}^n$ zur Senke mit der Markierung $f(a)$ führt.*

Beispiel 6.3. Sei π die Variablenordnung $x_1 < x_2 < x_3$. Abbildung 6.1 zeigt zwei OBDD-Repräsentationen der Funktion $f(x_1, x_2, x_3) = x_1 x_2 + x_1 \overline{x_2}\ \overline{x_3}$ bezüglich der Ordnung π. $\Diamond$

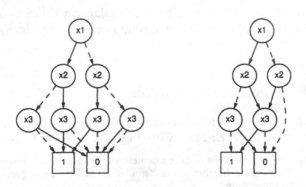

Abb. 6.1. Zwei OBDDs für $f(x_1, x_2, x_3) = x_1 x_2 + x_1 \overline{x_2}\ \overline{x_3}$

Ein Knoten v mit der Markierung x_i im OBDD bewirkt eine Shannon-Zerlegung: Wenn der im Knoten v wurzelnde OBDD die Funktion $f(x_1, \ldots, x_n)$ repräsentiert, dann repräsentieren die beiden Unter-OBDDs, die in den Söhnen wurzeln, die Funktionen $f(x_1, \ldots, x_{i-1}, 1, x_{i+1}, \ldots, x_n)$ und $f(x_1, \ldots, x_{i-1}, 0, x_{i+1}, \ldots, x_n)$. Abbildung 6.2 verdeutlicht diese Beziehung.

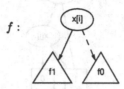

Abb. 6.2. Shannon-Zerlegung im OBDD für f mit $f_1 = f(x_1, \ldots, x_{i-1}, 1, x_{i+1}, \ldots, x_n)$, $f_0 = f(x_1, \ldots, x_{i-1}, 0, x_{i+1}, \ldots, x_n)$

Definition 6.4. *Sei* $f = f(x_1, \ldots, x_n) \in \mathbb{B}_n$ *Der* **positive Cofaktor** *von* f *bezüglich* x_i *ist die Unterfunktion* $f_{x_i=1} = f(x_1, \ldots, x_{i-1}, 1, x_{i+1}, \ldots, x_n)$ *und wird durch* f_{x_i} *abgekürzt. Der* **negative Cofaktor** *von* f *bezüglich* x_i *ist die Unterfunktion* $f_{x_i=0} = f(x_1, \ldots, x_{i-1}, 0, x_{i+1}, \ldots, x_n)$ *und wird durch* $f_{\overline{x_i}}$ *abgekürzt.*

Ist x_i die Variable, mit der die Wurzel des OBDDs markiert ist, dann kann die in diesem Knoten realisierte Shannon-Zerlegung in der gewöhnlichen Form

$$f = x_i f_{x_i} + \overline{x_i} f_{\overline{x_i}}$$

geschrieben werden.

Beispiel 6.5. Zum Abschluß dieser Begriffseinführungen stellen wir einige OBDDs für grundlegende Funktionen zusammen. Wir setzen dabei voraus, daß in der Variablenordnung die Variable x_i vor der Variablen x_j auftritt. In Abb. 6.3 sind OBDDs für die Literale x_i und $\overline{x_i}$ sowie die Funktionen $x_i x_j$, $x_i + x_j$, $x_i \oplus x_j$ dargestellt.   ◇

6.2 Reduzierte OBDDs: Eine kanonische Darstellung für Schaltfunktionen

Die im vorangegangenen Abschnitt definierten OBDDs sind zunächst für eine vorgegebene Schaltfunktion f nicht eindeutig bestimmt. Ein entsprechendes

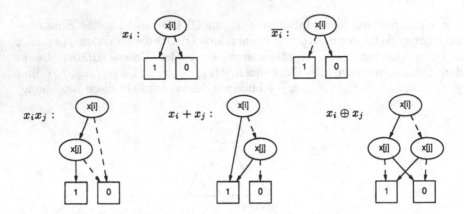

Abb. 6.3. OBDDs für elementare Funktionen

Beispiel wurde bereits in Beispiel 6.3 angegeben. Bryant hat in seiner grundlegenden Arbeit die Redundanzen innerhalb des Entscheidungsgraphen untersucht. Darauf aufbauend hat er das Konzept der *reduzierten* OBDDs eingeführt, welche eine kanonische Darstellung für Schaltfunktionen bieten. Im folgenden verzichten wir darauf, die Variablenordnung π explizit zu erwähnen, wenn sie aus dem Kontext klar hervorgeht.

Man sieht leicht ein, daß die folgenden Formen von Redundanz innerhalb eines OBDDs auftreten können.

• Der 0- und der 1-Nachfolgeknoten eines Knotens v können identisch sein. In diesem Fall liefert die Entscheidung, die im Knoten v getroffen wird, überhaupt keine neue Information.

• In dem Entscheidungsgraphen können bestimmte Teilgraphen mehrfach auftreten. Auf diese Weise wird die gleiche Informationen über die Funktion in mehrfacher Weise repräsentiert.

Mit Hilfe der nachfolgenden Definition gelingt es, die zweite Form von Redundanz präzise zu fassen. Sie besagt, daß zwei OBDDs genau dann als isomorph bezeichnet werden, wenn sie als knoten- und kantenmarkierte Graphen isomorph sind.

Definition 6.6. *Seien P_1 und P_2 zwei OBDDs. P_1 und P_2 heißen* **isomorph***, wenn es eine bijektive Abbildung ϕ von der Knotenmenge von P_1 auf die Knotenmenge von P_2 gibt, so daß für jeden Knoten v gilt:*

1. *Entweder sind die beiden Knoten v und $\phi(v)$ Senken mit gleicher Markierung,*

2. *oder es gilt: $var(v) = var(\phi(v))$, $\phi(high(v)) = high(\phi(v))$, $\phi(low(v)) = low(\phi(v))$.*

Definition 6.7. *Ein OBDD heißt* **reduziert**, *wenn es*

1. *keinen Knoten v gibt mit high(v) = low(v) und*

2. *kein Paar von Knoten u, v gibt, so daß die in u und v wurzelnden Unter-OBDDs isomorph sind.*

Man beachte, daß sich die zweite Bedingung für reduzierte OBDDs auf eine globale Eigenschaft des Graphen bezieht: Die isomorphen Untergraphen können nämlich beliebig groß sein. Diese globale Eigenschaft kann jedoch auch durch eine lokale Eigenschaft ausgedrückt werden. Tatsächlich eignet sich die lokale Beschreibung deutlich besser für die algorithmischen Umsetzungen des Reduktionskonzeptes. Die lokalen Eigenschaften werden in der Form von Reduktionsregeln beschrieben, die solange auf einen OBDD angewendet werden, bis er vollständig reduziert ist.

Definition 6.8. *Wir betrachten zwei Reduktionsregeln auf OBDDs:*

Eliminationsregel: *Wenn die 1- und die 0-Kante eines Knotens v auf den gleichen Knoten u zeigen, dann eliminiere v, und lenke alle in v eingehenden Kanten auf u um.*

Isomorphieregel: *Wenn die inneren Knoten u und v mit der gleichen Variablen markiert sind und ihre 1-Kanten bzw. ihre 0-Kanten jeweils zum gleichen Nachfolger führen, dann eliminiere einen der beiden Knoten u, v und lenke alle in diesen Knoten eingehenden Kanten auf den verbliebenen anderen Knoten um.*

Die beiden Reduktionsregeln für OBDDs sind in Abb. 6.4 illustriert.

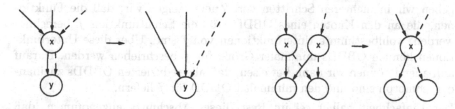

Abb. 6.4. Die beiden Reduktionsregeln für OBDDs

Der nachfolgende Satz rechtfertigt es, die Eliminations- und die Isomorphieregel als Reduktionsregeln zu bezeichnen.

Satz 6.9. *Ein OBDD ist genau dann reduziert, wenn keine der beiden Reduktionsregeln anwendbar ist.*

Beweis. Wenn ein OBDD reduziert ist, dann ist nach Definition die Eliminationsregel nicht anwendbar. Auch die Isomorphieregel kann nicht eingesetzt werden, da ansonsten der OBDD zwei isomorphe Untergraphen hätte.

Sei umgekehrt P ein OBDD, auf den keine der beiden Reduktionsregeln angewendet werden kann. Nach Definition der Eliminationsregel enthält dann der OBDD P keinen Knoten v mit $high(v) = low(v)$.

Wir nehmen nun an, daß P ein Paar verschiedener Knoten u, v enthält, so daß die in u und v wurzelnden Untergraphen isomorph sind.

Fall 1: Es gilt $high(u) = high(v)$ und $low(u) = low(v)$. Die Isomorphieregel kann angewendet werden. Dies steht im Widerspruch zur Voraussetzung, daß *keine* der Reduktionsregeln benutzt werden kann.

Fall 2: Es gilt $high(u) \neq high(v)$ oder $low(u) \neq low(v)$. Wir nehmen ohne Beschränkung der Allgemeinheit $high(u) \neq high(v)$ an. Aus Definition 6.6 folgt, daß auch die in den beiden verschiedenen Knoten $high(u)$ und $high(v)$ wurzelnden Unter-OBDDs isomorph sind. Wir wenden daher die Fallunterscheidung erneut auf die Knoten $high(u)$ und $high(v)$ an. Da diese Unter-OBDDs nur noch von den Variablen abhängen, die in der Ordnung hinter $var(u)$ stehen, bricht die rekursive Vorgehensweise nach höchstens n Schritten ab, wobei n die Anzahl der Variablen des Ausgangs-OBDDs bezeichnet. Spätestens dann tritt Fall 1 in Kraft, da es nur genau eine 1-Senke und eine 0-Senke gibt.   □

Die Aussage, daß die iterierte Anwendung der Reduktionsregeln zu einem reduzierten OBDD führt, heißt noch nicht, daß der entstehende reduzierte OBDD auch eindeutig bestimmt ist. Erst die nachfolgenden Sätze beweisen eine dieser Schlüsseleigenschaften für OBDDs, nämlich daß OBDDs eine kanonische Repräsentation für Schaltfunktionen bilden: Bezüglich einer fest vorgegebenen Variablenordnung kann jede Schaltfunktion durch einen eindeutig bestimmten OBDD dargestellt werden. Beim Beweis dieser Eigenschaft gehen wir in mehreren Schritten vor. Zuerst zeigen wir, daß die Funktionen, die an den Knoten eines OBDDs für die Schaltfunktion f berechnet werden, wohlbestimmte Unterfunktionen von f sind. Über diese Unterfunktionen können OBDDs minimaler Größe für f beschrieben werden. Darauf aufbauend können wir dann beweisen, daß alle reduzierten OBDDs zueinander isomorph sind und den minimalen OBDD für f liefern.

Der Einfachheit halber sei im Rest dieses Abschnitts angenommen, daß die natürliche Variablenordnung $x_1, \ldots, x_n$ vorliegt. Dieses ist keine Einschränkung, denn wir können diese Ordnung aus jeder anderen Ordnung einfach durch Umbenennung der Variablen erzeugen.

Sei v ein Knoten in einem OBDD für die Funktion f. Der Knoten v sei mit x_i markiert. Sei weiter p ein Pfad, der von der Quelle zu v führt. Auf p dürfen natürlich nur die Variablen x_j mit $j \leq i - 1$ getestet werden. Der Pfad p wird von Eingaben $(c_1, \ldots, c_n)$ durchlaufen, wenn alle Variablen, die auf p getestet werden, den passenden Wert haben, wenn also $x_j = c_j$ für alle $j \leq i - 1$ gilt und c_j der Wert der Kante von p ist, die den mit x_j markierten Knoten verläßt. Am Knoten v und in den Knoten unterhalb von v dürfen nur noch die Variablen $x_i, \ldots, x_n$ getestet werden. In dem in v wurzelnden Unter-OBDD wird also die Unterfunktion $f_{x_1=c_1, \ldots, x_{i-1}=c_{i-1}}$ von f berechnet.

Sollte es außer p noch einen weiteren Pfad q geben, der von der Quelle zu v führt und der für Eingaben $(d_1, \ldots, d_n)$ mit $x_1 = d_1, \ldots, x_{i-1} = d_{i-1}$ durchlaufen wird, dann wird in v zugleich die Funktion $f_{x_1=d_1, \ldots, x_{i-1}=d_{i-1}}$ berechnet. Da in den Knoten des OBDDs, die unterhalb von v liegen, nur noch die Variablen $x_i, \ldots, x_n$ getestet werden dürfen, muß $f_{x_1=c_1, \ldots, x_{i-1}=c_{i-1}} = f_{x_1=d_1, \ldots, x_{i-1}=d_{i-1}}$ gelten. An jedem mit x_i markierten Knoten eines OBDDs wird also genau diejenige Unterfunktion von f berechnet, die wir aus f erhalten, indem wir $x_1, \ldots, x_{i-1}$ auf geeignete Weise konstantsetzen.

Wir können nun minimale OBDDs für jede Schaltfunktion und jede Variablenordnung beschreiben.

Satz 6.10. *Sei S_j die Menge der Unterfunktionen von f, die wir erhalten, indem wir $x_1, \ldots, x_{j-1}$ konstantsetzen, und die wesentlich von x_j abhängen. Es gibt bis auf Isomorphie genau einen OBDD minimaler Größe für f bzgl. der Variablenordnung $x_1, \ldots, x_n$. Dieser OBDD enthält genau $|S_j|$ Knoten, die mit x_j markiert sind.*

Beweis. Wir konstruieren explizit einen minimalen OBDD P für f, der für jedes i genau $|S_i|$ Knoten enthält, die mit x_i markiert sind. Wenn f eine konstante Funktion ist, dann besteht P genau aus den beiden Senken für 0 und 1. Anderenfalls enthält P eine 1-Senke, eine 0-Senke und für jede Unterfunktion $g \in S_i$ genau einen Knoten v, der mit x_i markiert ist. Seien g_{x_i} und $g_{\overline{x_i}}$ der positive und negative Cofaktor von g. Für diese Unterfunktionen enthält P die Knoten v_1 und v_0. Jeder dieser Knoten ist entweder eine Senke, wenn g_{x_i} bzw. $g_{\overline{x_i}}$ eine konstante Funktion ist, oder ein mit x_j markierter innerer Knoten, wobei $j > i$ gilt. Wir wählen als 1-Nachfolger von v den Knoten v_1 und als 0-Nachfolger von v den Knoten v_0.

Um zu beweisen, daß der so konstruierte OBDD P die Funktion f berechnet, genügt es zu zeigen, daß an jedem Knoten v die zugehörige Unterfunktion berechnet wird. Wir beweisen diese Aussage durch Induktion, wobei wir die Knoten in einer umgekehrten topologischen Ordnung durchlaufen. Die Aussage gilt zunächst für die Senken, weil an den Senken die konstanten Funktionen berechnet werden. Für einen inneren Knoten v, der mit x_i markiert ist und an dem die Funktion g berechnet wird, gilt nach Induktionsannahme, daß am 1-Nachfolger der positive Cofaktor von g und am 0-Nachfolger der negative Cofaktor von g bezüglich x_i berechnet wird. Also wird in v die Funktion $g = x_i \, g_{x_i} + \overline{x_i} \, g_{\overline{x_i}}$ berechnet.

Minimalität von P: Wenn der konstruierte OBDD P nicht minimale Größe hat, dann gibt es einen OBDD P', der für wenigstens ein i weniger als $|S_i|$ mit

x_i markierte Knoten enthält. Da es aber $|S_i|$ verschiedene Unterfunktionen von f der Form

$$f_{x_1=c_1,\ldots,x_{i-1}=c_{i-1}}$$

gibt, die wesentlich von x_i abhängen, gibt es eine Zuweisung $c = (c_1, \ldots, c_{i-1})$ für die Variablen $x_1, \ldots, x_{i-1}$ mit $f_{x_1=c_1,\ldots,x_{i-1}=c_{i-1}} \in S_i$, so daß der zugehörige Pfad entweder zu einer Senke führt oder zu einem mit x_j markierten Knoten, $j > i$, oder zu einem mit x_i markierten Knoten, an dem eine andere Unterfunktion $f_{x_1=d_1,\ldots,x_{i-1}=d_{i-1}}$ berechnet wird. Die ersten beiden Fälle führen zum Widerspruch, weil $f_{x_1=c_1,\ldots,x_{i-1}=c_{i-1}}$ wesentlich von x_i abhängt, der letzte Fall, weil in einem OBDD an jedem Knoten nur eine Unterfunktion berechnet werden kann.

Minimale OBDDs sind isomorph zu P: Jeder minimale OBDD für f mit der Variablenordnung $x_1, \ldots, x_n$ muß also für jede Unterfunktion $g \in S_i$ einen mit x_i markierten Knoten enthalten, dessen Nachfolger Knoten sind, an denen die Cofaktoren g_{x_i} bzw. $g_{\overline{x_i}}$ berechnet werden. Durch Zusammensetzen dieser Teilgraphen ergibt sich: Jeder OBDD für f, der genauso viele Knoten wie der oben konstruierte OBDD P enthält, ist isomorph zu P. Ein OBDD für f, der zu P nicht isomorph ist, muß daher zusätzliche Knoten enthalten, ist also nicht minimal.   □

Satz 6.11. *Sei P ein OBDD für die Schaltfunktion f bzgl. der Variablenordnung π. P ist genau dann isomorph zum minimalen OBDD P' für f bzgl. π, wenn auf P keine der Reduktionsregeln anwendbar ist.*

Beweis. Auf einen minimalen OBDD ist offensichtlich keine Reduktionsregel anwendbar; daher genügt es zu zeigen, daß auf einen OBDD P, der nicht minimal ist, eine der Regeln anwendbar ist.

Ohne Beschränkung der Allgemeinheit können wir annehmen, daß f keine konstante Funktion ist. Außerdem setzen wir zur einfacheren Notation wieder voraus, daß die natürliche Variablenordnung $x_1, \ldots, x_n$ vorliegt.

Aus dem Beweis von Satz 6.10 folgt, daß jeder OBDD für eine Schaltfunktion f für jede Unterfunktion in S_i mindestens einen Knoten enthält, der mit x_i markiert ist. Wenn P zum minimalen OBDD P' nicht isomorph ist, gibt es mindestens ein i, so daß P aus mehr als $|S_i|$ Knoten besteht. Sei i' das größte derartige i. Dann werden in P alle Unterfunktionen in S_j mit $j > i'$ und die beiden konstanten Funktionen durch genau einen Knoten dargestellt. Da es mehr als $|S_{i'}|$ mit $x_{i'}$ markierte Knoten gibt, enthält P entweder mindestens einen Knoten u, der mit $x_{i'}$ markiert ist und an dem eine Unterfunktion g berechnet wird, die von $x_{i'}$ nicht wesentlich abhängt, oder es gibt zwei Knoten v und w, die mit $x_{i'}$ markiert sind und an denen die gleiche Unterfunktion $h \in S_{i'}$ berechnet wird. Im ersten Fall gilt $g = g_{x_{i'}} = g_{\overline{x_{i'}}}$. Da die Funktionen $g_{x_{i'}}$ und $g_{\overline{x_{i'}}}$ am gleichen Knoten dargestellt werden, kann der Knoten u mit der Eliminationsregel entfernt werden. Im zweiten Fall werden an den

Nachfolgern von v und w die Funktionen $h_{x_{i'}}$ und $h_{\overline{x_{i'}}}$ berechnet. Für jede dieser Funktionen gibt es in P nur einen Knoten, daher können v und w aufgrund der Isomorphieregel verschmolzen werden.   □

Korollar 6.12. *Bezüglich jeder Variablenordnung π gilt: Der reduzierte OBDD für eine Schaltfunktion f bzgl. der Ordnung π ist (bis auf Isomorphie) eindeutig bestimmt.*

Beweis. Die Aussage folgt unmittelbar aus Satz 6.11 in Verbindung mit Satz 6.9.   □

Zum Abschluß dieses Abschnitts sei bemerkt, daß die in Beispiel 6.5 angebenen OBDDs für grundlegende Funktionen alle reduziert sind.

6.3 Der Reduktionsalgorithmus

Die Reduktionsregeln von Definition 6.8 legen in Zusammenhang mit Satz 6.11 einen einfachen Algorithmus nahe, um einen beliebig vorgegebenen OBDD in einen reduzierten OBDD für die gleiche Funktion zu überführen: Wende die Regeln an, solange dies möglich ist. Jede Anwendung einer der beiden Regeln verringert die Größe des OBDDs um mindestens einen Knoten. Wenn keine Reduktionsregel mehr zum Einsatz kommt, dann ist der OBDD reduziert.

Der in Abb. 6.5 beschriebene Algorithmus führt die Reduktionsschritte in systematischer und effizienter Weise aus. Die Hauptidee des Algorithmus wurde bereits im Beweis von Satz 6.11 verwendet: Um einen gegebenen OBDD zu reduzieren, ist es am sinnvollsten, von unten nach oben vorzugehen. Anderenfalls kann man nicht garantieren, daß die Ausführung einer Reduktion nicht eine neue Reduktion in einem bereits untersuchten Bereich möglich macht. Zunächst werden deshalb alle Knoten, die mit der letzten Variablen in der Ordnung markiert sind, auf eine mögliche Anwendbarkeit einer Reduktionsregel überprüft. Anschließend wird die nächste Variable, also die in der Ordnung unmittelbar vorangehende, untersucht.

Jedem Knoten v wird zunächst als Kennung in eineindeutiger Weise eine positive Zahl $id(v)$ zugewiesen. Die Überprüfung, ob die Eliminationsregel anwendbar ist, kann für jeden Knoten lokal vorgenommen werden. Um zu untersuchen, ob die Isomorphieregel beutzt werden kann, bietet es sich an, die Knoten v der aktuell betrachteten Variable nach dem Schlüssel $(id(low(v)), id(high(v)))$ zu sortieren. Diese Sortierung bewirkt, daß diejenigen Knoten, die gemäß der Isomorphieregel identifiziert werden können, unmittelbar aufeinander folgen.

Die Zeitkomplexität des Algorithmus wird durch das Sortieren der Knotenteilmengen dominiert. Wenn der OBDD P aus m Knoten besteht, dann läßt

```
Reduce(P) {
/* Eingabe: ein OBDD P für f(x_1, ... , x_n) ∈ 𝔹_n */
/* Ausgabe: ein reduzierter OBDD für f */
    Weise in eineindeutiger Art jedem Knoten v eine positve Zahl id(v) zu;
    For i = n, ... , 1 (absteigend) {
        V(i) = {v Knoten in P : var(v) = x_i};
        /* Eliminationsregel */
        Für alle v ∈ V(i) {
            If id(low(v)) = id(high(v)) {
                Entferne v aus V(i);
                Richte alle eingehenden Kanten von v auf low(v) um;
                Entferne v;
            }
            Else {
                key(v) = (id(low(v)), id(high(v)));
            }
        }
        /* Isomorphieregel */
        oldkey = (0, 0);
        Für alle v ∈ V(i), sortiert nach key(v) {
            If key(v) = oldkey {
                Entferne v aus V(i);
                Richte alle eingehenden Kanten von v auf oldnode um;
                Entferne v;
            }
            Else {
                oldnode = v;
                oldkey = key(v);
            }
        }
    }
}
```

Abb. 6.5. Reduktionsalgorithmus

sich die Laufzeit des Verfahrens durch $\mathcal{O}(m \log m)$ abschätzen. Durch Verwendung der sogenannten Bucket-Sort-Sortiertechnik kann das Verfahren so modifiziert werden, daß es sogar in Linearzeit läuft. Aus praktischer Sicht hat diese Variante jedoch zwei Nachteile: Zum einen sind die in der O-Notation auftretenden Konstanten und damit auch die Rechenzeit sehr groß, und zum anderen wird viel zusätzlicher Speicher benötigt.

Beispiel 6.13. Abbildung 6.6 zeigt einen OBDD, dessen Knoten bereits in eineindeutiger Weise positive Zahlen zugewiesen sind. Der Reduktionsalgorithmus arbeitet auf diesem OBDD wie folgt: Im ersten Durchlauf der Schleife wird erkannt, daß der Knoten mit Markierung x_3 identische 1- und 0-Nachfolger hat. Er kann deshalb entfernt werden. Im zweiten Durchlauf der Schleife wird die Isomorphieregel auf die beiden Knoten mit Markierung x_2

angewandt. Im letzten Schritt wird schließlich aufgrund der Eliminationsregel
der Knoten mit Markierung x_1 entfernt.   ◇

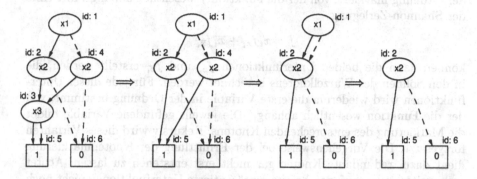

Abb. 6.6. Reduktion eines OBDDs

6.4 Grundlegende Konstruktionen

In diesem Abschnitt werden zwei grundlegende Techniken zur Konstruktion reduzierter OBDDs für vorgegebene Schaltfunktionen beschrieben. Diese
beiden Techniken basieren auf unterschiedlichen Ansätzen. Insbesondere sind
beide Ansätze auch geeignet, um OBDDs für Funktionen in wenigen Variablen manuell zu konstruieren. Ausgangspunkt dabei ist etwa eine Formeldarstellung einer Funktion. Tatsächlich sei dem Leser empfohlen, einige OBDDs
für einfache Funktionen selbst zu konstruieren, um auf diese Weise recht gute
Einsichten in die Gestalt von OBDD-Repräsentationen zu erhalten.

Die erste Methode beruht auf dem im vorherigen Abschnitt vorgestellten
Reduktionsalgorithmus. Sei $f \in \mathbb{B}_n$ und eine Ordnung π auf den Variablen
vorgegeben. Um den reduzierten OBDD für f zu konstruieren, stellt man
zunächst einen vollständigen Entscheidungsbaum für f auf, bei dem die Variablen auf jedem Pfad gemäß der Ordnung π gelesen werden. Das Aufstellen dieses Entscheidungsbaumes erfordert natürlich die Ermittlung aller 2^n
Funktionswerte von f. Durch Identifikation aller 1-Senken und Identifikation
aller 0-Senken erhält man einen OBDD für f bzgl. der Variablenordnung π.
Schließlich wird der Reduktionsalgorithmus benutzt, um diesen OBDD zu reduzieren. Es sei daran erinnert, daß der Reduktionsalgorithmus den OBDD
in Bottom-up-Manier, d.h. von unten nach oben, reduziert. Die Notwendig-
keit, im Anfangsschritt den vollständigen Entscheidungsbaum aufstellen zu
müssen, macht diesen Ansatz natürlich nur für Funktionen in sehr wenigen
Variablen praktikabel.

Die zweite Methode konstruiert den reduzierten OBDD in einer Top-down-Manier, d.h. von oben nach unten. Zuerst wird der Wurzelknoten des reduzierten OBDDs eingeführt. Dieser Knoten ist mit der ersten Variablen x_i in der Ordnung markiert, von der die Funktion f wesentlich abhängt. Mit Hilfe der Shannon-Zerlegung

$$f = x_i f_{x_i} + \overline{x_i} f_{\overline{x_i}}$$

können dann die beiden Unterfunktionen f_{x_i} und $f_{\overline{x_i}}$ erstellt werden, die in den Söhnen des Wurzelknotens berechnet werden. Für jede dieser Unterfunktionen wird wiederum die erste Variable in der Ordnung bestimmt, von der die Funktion wesentlich abhängt. Die jeweils gefundene Variable bildet die Markierung des entsprechenden Knotens. Rekursiv wird dieses Verfahren fortgesetzt. Die Vorgehensweise bei der Ermittlung der Knotenmarkierung dient dazu, redundante Knoten gar nicht erst entstehen zu lassen. Achtet man weiterhin darauf, daß bereits repräsentierte Unterfunktionen nicht noch ein weiteres Mal repräsentiert werden, dann wird auch der Isomorphieregel entsprochen. Das Verfahren bricht schließlich ab, wenn konstante Unterfunktionen erreicht werden. Auch dieser Ansatz ist natürlich nur für kleine n praktikabel, da der Test, ob eine bestimmte Unterfunktion bereits repräsentiert ist, jeweils die Durchführung eines Äquivalenztests erfordert.

Beispiel 6.14. Sei $f(x_1, x_2, x_3, x_4) = x_2(x_3 + \overline{x_4}) + \overline{x_1}\,\overline{x_2}x_4 + x_1\overline{x_2}\,\overline{x_4}$ und sei π die Variablenordnung $x_1 < x_2 < x_3 < x_4$. Abbildung 6.7 zeigt die Reihenfolge, in der die Knoten des OBDDs bei dem beschriebenen Top-down-Ansatz konstruiert werden. Zuerst wird der Wurzelknoten erstellt. Die zwei Unterfunktionen $f_{x_1} = f_{x_1=1}$ und $f_{\overline{x_1}} = f_{x_1=0}$ sind

$$f_{x_1} = \overline{x_2}\,\overline{x_4} + x_2(x_3 + \overline{x_4}),$$
$$f_{\overline{x_1}} = \overline{x_2}x_4 + x_2(x_3 + \overline{x_4}).$$

Diese Funktionen sind noch nicht im OBDD repräsentiert. Da beide wesentlich von x_2 abhängen, fügen wir zwei Knoten hinzu, die mit x_2 markiert sind. Im nächsten Schritt berechnen wir die Cofaktoren bzgl. x_2.

$$f_{x_1x_2} = f_{\overline{x_1}x_2} = x_3 + \overline{x_4},$$
$$f_{x_1\overline{x_2}} = \overline{x_4},$$
$$f_{\overline{x_1}\,\overline{x_2}} = x_4.$$

Es ergeben sich drei Funktionen, die noch nicht repräsentiert sind (Knoten 4, 5 und 6), und eine von ihnen hängt wesentlich von x_3 ab. Für diese Funktionen werden die Cofaktoren bzgl. x_3 berechnet.

$$f_{x_1x_2x_3} = f_{\overline{x_1}x_2x_3} = 1,$$
$$f_{x_1x_2\overline{x_3}} = f_{\overline{x_1}x_2\overline{x_3}} = f_{x_1\overline{x_2}x_3} = f_{x_1\overline{x_2}\,\overline{x_3}} = \overline{x_4},$$
$$f_{\overline{x_1}\,\overline{x_2}x_3} = f_{\overline{x_1}\,\overline{x_2}\,\overline{x_3}} = x_4.$$

Die einzige dieser Funktionen, die noch nicht repräsentiert ist, ist die konstante Funktion 1. Schließlich sind im letzten Schritt alle resultierenden Unterfunktionen konstante Funktionen. ◇

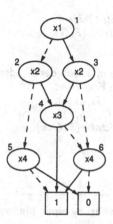

Abb. 6.7. Top-down-Konstruktion eines reduzierten OBDDs

6.5 Ausführung binärer Operationen und Äquivalenztest

Wir zeigen nun, wie zwei der in Abschn. 5.2 herausgestellten Grundprobleme bei der Darstellung von Schaltfunktionen mit Hilfe von OBDDs effizient gelöst werden können. Die hier vorgestellten Algorithmen bilden die Grundlage für das effiziente Arbeiten mit der OBDD-Datenstruktur in sämtlichen Anwendungen. Mit Hilfe geschickter Implementationstechniken, auf die wir im nächsten Kapitel eingehen wollen, werden die vorgestellten Algorithmen dann noch weitere wesentliche Verbesserungen erfahren.

Zunächst wenden wir uns der Ausführung binärer Operationen zu. Mit *
bezeichnen wir eine beliebige binäre Boolesche Operation, beispielsweise die
Konjunktion oder die Disjunktion. Um für zwei als OBDDs repräsentierte
Funktionen f und g die OBDD-Darstellung der Funktion $f * g$ zu berechnen, kann man die Shannon-Zerlegung nach der in der Ordnung führenden
Variablen x_i benutzen:

$$f * g = x_i \left(f|_{x_i=1} * g|_{x_i=1} \right) + \overline{x_i} \left(f|_{x_i=0} * g|_{x_i=0} \right).$$

Erstellt man rekursiv die OBDDs P_1 und P_0 für die beiden Funktionen
$f|_{x_i=1} * g|_{x_i=1}$ und $f|_{x_i=0} * g|_{x_i=0}$, dann kann ein OBDD für $f * g$ einfach

```
Apply(F, G, *) {
/* Eingabe: OBDDs F, G für f, g bzgl. π; eine binäre Operation * */
/* Ausgabe: ein OBDD für f * g */
    If (F und G sind Senken) {
        Return (F * G);
    }
    Else If (F, G) ∈ IdealComputedTable {
        Return IdealComputedTable(F, G);
    }
    Else {
        Sei xᵢ die erste Variable in π, von der F oder G abhängen;
        Konstruiere einen neuen Knoten v;
        high(v) = Apply(F_{xᵢ=1}, G_{xᵢ=1}, *);
        low(v) = Apply(F_{xᵢ=0}, G_{xᵢ=0}, *);
        Insert_ideal_computed_table(F, G, v);
        Return v;
    }
}
```

Abb. 6.8. OBDD-basierte Ausführung einer binären Operation

dadurch berechnet werden, daß ein neuer Knoten mit der Markierung x_i eingeführt wird, dessen 1-Kante auf die Wurzel von P_1 und dessen 0-Kante auf die Wurzel von P_0 zeigt.

Das beschriebene rekursive Verfahren zur Berechnung von $f * g$ hat allerdings einen Haken: Führt man tatsächlich alle Zerlegungen explizit aus, dann sind letztendlich bis zu 2^n Teilprobleme zu bearbeiten.

Um die Ausführung der binären Operation effizient zu gestalten, bedient man sich der folgenden Überlegung: Jeder rekursive Aufruf der Berechnungsprozedur hat zwei Argumente, die mit f^* und g^* bezeichnet seien. f^* ist in jedem Aufruf eine Unterfunktion von f und g^* eine Unterfunktion von g. Jede Unterfunktion von f bzw. g korrespondiert mit genau einem OBDD-Knoten. Mehrfachaufrufe mit dem gleichen Argumentpaar können vermieden werden, indem alle bereits berechneten Resultate aus einer Tabelle abgerufen werden. Auf diese Weise läßt sich die ursprünglich exponentielle Anzahl von Zerlegungen nun durch das Produkt der beiden OBDD-Größen beschränken.

Die Umsetzung dieser Idee erfolgt durch den in Abb. 6.8 beschriebenen Code. Zunächst wird geprüft, ob ein Terminalfall vorliegt, d.h., ob beide OBDDs aus genau einer Senke bestehen. Wenn ja, dann ist das Ergebnis leicht durch Anwendung der binären Operation auf die Werte dieser Senken zu ermitteln. Die angesprochene Tabelle zur Speicherung bereits ermittelter Zwischenergebnisse wird durch die Tabelle *IdealComputedTable* realisiert. Ist für ein Knotenpaar das Ergebnis noch nicht bekannt, dann wird es durch zwei rekursive Aufrufe berechnet.

Beispiel 6.15. Seien F und G zwei OBDDs für die Funktionen $f(x_1, x_2) = x_1 x_2$, $g(x_1, x_2) = \overline{x_1}\,\overline{x_2}$ mit der Variablenordnung $x_1 < x_2$. Die Knoten des OBDDs für $f + g$ gehen aus dem kartesischen Produkt der Knoten von F und der Knoten von G hervor. In Abb. 6.9 sind die Knoten von F und von G durchnummeriert. Die aus zwei Komponenten bestehende Numerierung der Knoten des resultierenden OBDDs spiegelt die der Konstruktion zugrunde liegende Korrespondenz wider.　　　　　　　　　　　　　◇

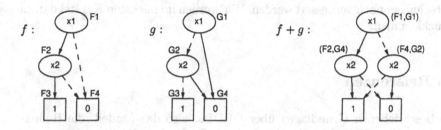

Abb. 6.9. Kartesische Produktbildung bei binären Operationen

Die von dem Algorithmus konstruierten OBDDs für die binäre Verknüpfung zweier OBDDs sind im allgemeinen nicht reduziert. Die Reduziertheit läßt sich dadurch wiederherstellen, daß auf den konstruierten OBDD der bereits angegebene (lineare) Reduktionsalgorithmus angewendet wird. Eine andere effiziente Möglichkeit besteht darin, Sorge zu tragen, daß der in Konstruktion befindliche OBDD zu jedem Zeitpunkt in einer reduzierten Form gehalten wird. Diese Technik wird im nächsten Kapitel ausführlich diskutiert werden. Wir fassen zunächst zusammen:

Satz 6.16. *Seien die beiden Schaltfunktionen f_1 und f_2 durch die OBDDs P_1, P_2 bezüglich der gleichen Ordnung π repräsentiert. Für jede binäre Boolesche Operation $*$ kann der reduzierte OBDD P für die Funktion $f = f_1 * f_2$ bezüglich π in der Zeit $\mathcal{O}(size(P_1) \cdot size(P_2))$ bestimmt werden.*　　□

Der Test, ob zwei gegebene OBDDs P_1 und P_2 die gleiche Funktion darstellen, kann unter Ausnutzung der Eindeutigkeit der Darstellung ausgeführt werden: Zunächst werden P_1 und P_2 reduziert. Da der reduzierte OBDD für jede Funktion bis auf Isomorphie eindeutig bestimmt ist, braucht lediglich die Isomorphie der beiden OBDDs überprüft werden, also die Isomorphie der ihnen zugrunde liegenden knoten- und kantenbewerteten Graphen. Hierzu werden die beiden OBDDs P_1 und P_2 von der jeweiligen Wurzel ausgehend mittels einer Tiefensuche parallel traversiert. In jedem Schritt dieser Tiefensuche wird entweder zu den 1-Nachfolgern der beiden aktuellen Knoten übergegangen oder zu den 0-Nachfolgern. Für jedes erreichte Knotenpaar wird geprüft, ob die beiden Knoten die gleiche Markierung haben. Ist dies

für alle Knoten der Fall, dann beschreiben P_1 und P_2 die gleiche Funktion.
Es folgt:

Satz 6.17. *Seien die Schaltfunktionen f_1 und f_2 repräsentiert durch die OBDDs P_1, P_2 bezüglich der gleichen Ordnung π. Der Äquivalenztest für die zwei Darstellungen kann in der Zeit $\mathcal{O}(size(P_1) + size(P_2))$ ausgeführt werden.*

$\square$

Auch die Effizienz des Äquivalenztests kann durch geschickte Implementationstechniken noch verbessert werden. Wir werden im nächsten Kapitel darauf zurückkommen.

6.6 Referenzen

Die beschriebenen Grundlagen über OBDDs, also das Modell, die Reduktionsidee, die effizienten Algorithmen zur Booleschen Komposition zweier OBDDs und der Äquivalenztest gehen auf Bryant zurück [Bry86, Bry92]. Der angegebene Eindeutigkeitsbeweis folgt der Darstellung von Sieling und Wegener [SW93a, Sie94]. Der lineare Reduktionsalgorithmus geht ebenfalls auf Sieling und Wegener zurück [SW93b].

7. Effiziente Implementierung von OBDDs

Alles, was ist, ist vernünftig.
Georg Wilhelm Friedrich Hegel (1770–1831)

Bisher haben wir hauptsächlich strukturelle Eigenschaften von OBDDs betrachtet. Einige dieser Eigenschaften wie der in Linearzeit ausführbare Äquivalenztest sind bereits ein Anzeichen für die gute Eignung von OBDDs im Kontext Boolescher Manipulation. Da die Effizienz aller OBDD-basierten Anwendungen fast ausschließlich von der Effizienz der zugrunde liegenden OBDD-Operationen abhängt, sind die Ansprüche an das Leistungsverhalten bei der Ausführung dieser Operationen sehr hoch. Aus diesem Grund wurde viel Forschungsarbeit investiert, die grundlegenden OBDD-Konzepte in schnellen und speichereffizienten Implementierungen umzusetzen.

Ein Durchbruch in dieser Entwicklung wurde von K. Brace, R. Rudell und R. Bryant erzielt: Sie stellten ein allgemeines Rahmenwerk zur Implementierung von OBDD-Paketen vor und entwickelten das erste effiziente Paket zur Manipulation der OBDD-Datenstruktur in beliebigen Umgebungen. Dabei wurden eine ganze Reihe von Designentscheidungen getroffen. Die gute Eignung der getroffenen Entscheidungen wird dadurch bestätigt, daß die meisten der neueren Pakete noch immer auf den Programmiertechniken beruhen, die von den drei Vorreitern vorgeschlagen wurden.

In diesem Kapitel diskutieren wir die Schlüsselkonzepte dieses Rahmenwerks. Im Anschluß daran stellen wir einige bekannte Software-Umsetzungen dieser Ideen vor.

7.1 Schlüsselkonzepte

Die Grundelemente der Datenstruktur, welche einen einzelnen Knoten im OBDD repräsentieren, sind in Abb. 7.1 dargestellt. Hierbei enthält `Index` den Index i der Variablen x_i. `High` ist ein Zeiger auf den 1-Nachfolger, und `Low` ist ein Zeiger auf den 0-Nachfolger. Die gewählten Speichergrößen für die Komponenten erlauben es, bis zu 65536 verschiedene Variablen zu generieren. Ein Wort ist die maschinenabhängige Speichereinheit, mit der der gesamte virtuelle Adreßraum angesprochen werden kann. Im Falle einer 32-Bit-Architektur umfaßt ein Wort 32 Bit = 4 Byte, und der adressierbare Raum hat die Größe 2^{32}.

Komponente	Größe
Index	2 Byte
High	1 Wort
Low	1 Wort

Abb. 7.1. Kern des Verbunds, der einen Knoten repräsentiert

Bei der Diskussion der Schlüsselideen für die Implementierung werden wir sehen, daß es aus Effizienzgründen unvermeidbar ist, diesen Grundverbund zur Repräsentation eines OBDD-Knotens zu erweitern. Mit Hilfe zusätzlicher Informationen kann die Ausführungszeit der einzelnen OBDD-Algorithmen wesentlich beschleunigt werden. Da es aber in der praktischen Anwendung um sehr große OBDDs mit Millionen von Knoten geht, muß die Hinzunahme weiterer Informationen mit äußerster Vorsicht erfolgen, um den im Anwendungsfall nur begrenzt zur Verfügung stehenden Speicherplatzbedarf nicht zu sprengen. Die Kunst, einen guten Kompromiß zu finden, geht auf die Ingenieurleistung der Schöpfer erfolgreicher OBDD-Pakete zurück.

7.1.1 Shared OBDDs

Mehrere Funktionen können in einem einzigen gerichteten, azyklischen Graphen mit mehreren Wurzeln repräsentiert werden. Auf diese Weise brauchen gleiche Untergraphen, die in mehreren OBDDs auftreten, nur einmal repräsentiert zu werden. Bei dieser Form der Darstellung spricht man von sogenannten **Shared OBDDs**.

Beispiel 7.1. Abbildung 7.2 zeigt einen Shared OBDD für die Schaltfunktionen $f_1 = (x_1 \equiv x_2)$, $f_2 = \overline{x_2}$, $f_3 = x_1\overline{x_2}$.   ◇

Die gemeinsame Nutzung von Untergraphen spart viel Zeit und Speicherplatz verglichen mit der separaten Speicherung. Wenn erreicht werden kann, daß jede benötigte Unterfunktion nur genau einmal im Shared OBDD repräsentiert wird, dann entsteht aus der kanonischen Darstellung der OBDDs sogar eine **streng kanonische Form**. Dies bedeutet, daß zwei äquivalente Funktionen f und g nicht nur die gleiche reduzierte OBDD-Repräsentation haben, sondern daß sie in einer Implementierung durch einen Zeiger auf exakt die gleiche Speicherzelle dargestellt werden. Folglich kann der Äquivalenztest für zwei Funktionen f, g unmittelbar ausgeführt werden, indem lediglich die beiden Wurzelknoten der zu f und g gehörigen OBDDs verglichen werden – der Äquivalenztest besteht also aus einem einzigen Zeigervergleich !

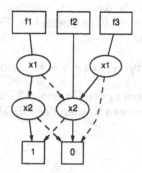

Abb. 7.2. Shared OBDD für die Funktionen f_1, f_2, f_3

7.1.2 Eindeutigkeitstabelle und strenge Kanonizität

Die in Zusammenhang mit Shared OBDDs mögliche streng kanonische Form macht es besonders wünschenswert, alle auftretenden OBDDs zu jedem Zeitpunkt der Berechnung in einer reduzierten Form zu halten. Jede benötigte Unterfunktion soll also nur genau einmal repräsentiert werden.

Immer dann, wenn ein neuer Knoten zu einem Shared OBDD hinzugefügt wird, muß seine Markierung x_i, der (bereits existierende) 1-Nachfolger *high* sowie der (bereits existierende) 0-Nachfolger *low* spezifiziert werden. Um den Shared OBDD in einer kanonischen Form zu halten, wird zuerst geprüft, ob bereits ein Knoten mit genau diesen Eigenschaften existiert. Wenn ja, dann wird kein neuer Knoten erstellt, sondern der bereits existierende verwendet.

Die Entscheidung, ob ein Tripel $(x_i, high, low)$ bereits von einem existierenden OBDD-Knoten v repräsentiert wird, geschieht mit Hilfe einer sogenannten **Eindeutigkeitstabelle**. Um im positiven Fall aus den Informationen $(x_i, high, low)$ den zugehörigen Knoten v ermitteln zu können, ist es ratsam, die Eindeutigkeitstabelle durch eine Hashtabelle zu implementieren. Das Tripel $(x_i, high, low)$ eines Knotens v wird auf einen Hashwert $h(x_i, high, low)$ abgebildet. Unter dieser Position wird in dem Feld *uniquetable* ein Zeiger auf den Knoten v abgespeichert. Natürlich ist es möglich, daß verschiedene Tripel auf den gleichen Wert abbilden. Aus diesem Grund wird das Feld *uniquetable* als Feld von verketteten Listen, sogenannten Kollisionslisten, implementiert.

Wenn das Feld groß genug ist und eine geeignete Hashfunktion gewählt wird, dann enthält jede Liste nur wenige Elemente. Der zu einem Tripel gehörige Knoten kann dann sehr schnell gefunden werden.

Beispiel 7.2. In Abb. 7.3 ist ein OBDD für die Funktion $f(x_1, x_2, x_3)$ bzgl. der Ordnung $x_1 < x_2 < x_3$ dargestellt. Wir bezeichnen die inneren Knoten im OBDD mit $v_1, \ldots, v_5$. Die Namen v_i dienen nur zur Unterscheidung der Knoten und könnten ebenso die Speicheradressen der Knoten sein.

Eine Eindeutigkeitstabelle für diesen reduzierten OBDD könnte aus einem
Feld der Größe 5 mit Indizes von 0 bis 4 bestehen. Eine mögliche Hashfunktion
für ein Tripel (x_i, v_j, v_k) ist

$$h(x_i, v_j, v_k) = i + j + k \pmod 5.$$

Beispielsweise hat der Knoten v_3 den Hashwert $2+5+7 \pmod 5 = 4$. Die Eindeutigkeitstabelle für die inneren Knoten des OBDDs ist ebenfalls in Abb. 7.3
dargestellt.   ◇

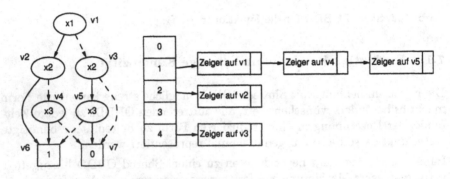

Abb. 7.3. Beispiel einer Eindeutigkeitstabelle

Wenn der OBDD vor der Überprüfung reduziert war, dann gilt: Die Unterfunktion, die durch das Tripel $(x_i, high, low)$ repräsentiert wird, existiert
genau dann bereits in dem OBDD, wenn es einen Knoten in der Liste gibt,
der das gleiche Tripel repräsentiert. Auf diese Weise ist es sehr leicht, die
reduzierte Struktur des OBDDs auch während des Einfügens neuer Knoten
beizubehalten. Die Eindeutigkeitstabelle funktioniert in gleicher Weise sowohl
für OBDDs als auch für Shared OBDDs.

Eine Verbesserung dieses Konzepts wird erreicht, wenn die Knoten v_i direkt
in der Liste abgelegt werden, anstelle der Verweise auf die Knoten. In diesem Fall muß der grundlegende Verbund aus Abb. 7.1 um eine Komponente
Next erweitert werden, die einen Verweis auf den Knoten enthält, der der
Nachfolger in der zugehörigen Kollisionsliste ist.

7.1.3 ITE-Algorithmus und Computed-Tabelle

In Abschn. 6.5 wurde bereits die Grundidee zur OBDD-basierten Berechnung binärer Operationen dargestellt. Um für zwei Schaltfunktionen f und
g die Verknüpfung bzgl. einer Operation $*$ zu berechnen, wird die Shannon-
Entwicklung nach einer Variablen x_i benutzt:

$$f * g \; = \; x_i \left(f|_{x_i=1} * g|_{x_i=1} \right) \; + \; \overline{x_i} \left(f|_{x_i=0} * g|_{x_i=0} \right).$$

Rekursiv wird dann die Komposition der Cofaktoren berechnet.

Um alle binären Operationen in einheitlicher Weise behandeln zu können, führten Brace, Rudell und Bryant den sogenannten **If-Then-Else-Operator** (**ITE**) ein. ITE ist eine dreistellige Boolesche Funktion mit den Eingaben x, y, z, die die folgende Funktion berechnet: *Wenn x, dann y, sonst z.* Formal ist ITE definiert als

$$\text{ITE}(x, y, z) = x \cdot y + \overline{x} \cdot z \,.$$

Der ITE-Operator ist deshalb im Kontext der OBDDs besonders gut geeignet, weil er die in einem Knoten des OBDDs ausgeführte Shannon-Zerlegung reflektiert.

Nach Abschn. 3.3.1 gibt es genau 16 mögliche binäre Operationen. Wie in Abb. 7.4 dargestellt, können alle diese 16 Operationen leicht mit Hilfe der ITE-Operation ausgedrückt werden.

Nr.	Funktion	ITE-Operator		Nr.	Funktion	ITE-Operator
0	0	0		8	$f \mathbin{\overline{+}} g$	$\text{ITE}(f, 0, \overline{g})$
1	$f \cdot g$	$\text{ITE}(f, g, 0)$		9	$f \equiv g$	$\text{ITE}(f, g, \overline{g})$
2	$f \not\geq g$	$\text{ITE}(f, \overline{g}, 0)$		10	$\overline{g}$	$\text{ITE}(g, 0, 1)$
3	f	f		11	$f \Leftarrow g$	$\text{ITE}(f, 1, \overline{g})$
4	$f \not\Leftarrow g$	$\text{ITE}(f, 0, g)$		12	$\overline{f}$	$\text{ITE}(f, 0, 1)$
5	g	g		13	$f \Rightarrow g$	$\text{ITE}(f, g, 1)$
6	$f \oplus g$	$\text{ITE}(f, \overline{g}, g)$		14	$f \mathbin{\overline{\cdot}} g$	$\text{ITE}(f, \overline{g}, 0)$
7	$f + g$	$\text{ITE}(f, 1, g)$		15	1	1

Abb. 7.4. Realisierung der 16 binären Operationen mit Hilfe des ITE-Operators

Seien nun f, g und h Schaltfunktionen, und sei x_i die führende Variable in der Ordnung. Für die Berechnung von $\text{ITE}(f, g, h)$ kann die folgende rekursive Zerlegung benutzt werden.

$$
\begin{aligned}
\text{ITE}(f, g, h) &= f \cdot g + \overline{f} \cdot h \\
&= x_i \cdot (f \cdot g + \overline{f} \cdot h)_{x_i} + \overline{x_i} \cdot (f \cdot g + \overline{f} \cdot h)_{\overline{x_i}} \\
&= x_i \cdot (f_{x_i} \cdot g_{x_i} + \overline{f}_{x_i} \cdot h_{x_i}) + \overline{x_i} \cdot (f_{\overline{x_i}} \cdot g_{\overline{x_i}} + \overline{f}_{\overline{x_i}} \cdot h_{\overline{x_i}}) \\
&= \text{ITE}\left(x_i, \text{ITE}(f_{x_i}, g_{x_i}, h_{x_i}), \text{ITE}(f_{\overline{x_i}}, g_{\overline{x_i}}, h_{\overline{x_i}})\right) \\
&= \left(x_i, \text{ITE}(f_{x_i}, g_{x_i}, h_{x_i}), \text{ITE}(f_{\overline{x_i}}, g_{\overline{x_i}}, h_{\overline{x_i}})\right).
\end{aligned}
$$

Das im letzten Schritt der Umformung eingeführte Tripel hat genau die im vorhergehenden Abschnitt eingeführte Bedeutung. Es ist ein Knoten mit der

```
ITE(F, G, H) {
/* Eingabe: OBDDs F, G, H für f, g, h bzgl. π * */
/* Ausgabe: ein OBDD für ITE(f, g, h) */
    If (Terminalfall) {
        Return (Resultat des Terminalfalls);
    }
    Else If (F, G, H) ∈ ComputedTable {
        Return ComputedTable(F, G, H);
    }
    Else {
        Sei xᵢ die erste Variable in π, von der F, G oder H abhängen;
        T = ITE(F_{x_i}, G_{x_i}, H_{x_i});
        E = ITE(F_{\overline{x_i}}, G_{\overline{x_i}}, H_{\overline{x_i}});
        R = Find_or_add_unique_table(v, T, E);
        Insert_computed_table({F, G, H}, R);
        Return R;
    }
}
```

Abb. 7.5. ITE-Algorithmus

Markierung x_i und den rekursiv definierten Nachfolgern zu konstruieren, sofern ein solcher Knoten nicht schon existiert.

Die Rekursion von $ITE(f, g, h)$ bricht ab, wenn das erste Argument konstant ist:

$$ITE(1, f, g) = f,$$
$$ITE(0, f, g) = g.$$

Außerdem kann in den folgenden Fällen bereits vorzeitig abgebrochen werden:

$$ITE(f, 1, 0) = f,$$
$$ITE(f, g, g) = g.$$

Abbildung 7.5 zeigt einen Pseudocode für die Ausführung des ITE-Algorithmus. Wie bei der Beschreibung der Grundvariante des Algorithmus in Abb. 6.8 wird eine Computed-Tabelle zur Speicherung bereits berechneter Ergebnisse benutzt. Zusätzlich werden die beiden Funktionen *Find_or_add_unique_table* sowie *Insert_computed_table* verwendet. Die erste dieser Funktionen prüft, ob ein vorgegebenes Tripel bereits als OBDD-Knoten realisiert ist. Im positiven Fall gibt sie einen Verweis auf den Knoten zurück, im negativen Fall wird der Knoten neu angelegt und ein Verweis auf ihn zurückgegeben. *Insert_computed_table* fügt das gerade berechnete Teilproblem in die Computed-Tabelle ein.

Abbildung 7.5 zeigt einen Pseudocode für die Ausführung des ITE-Algorithmus. Wie bei der Beschreibung der Grundvariante des Algorithmus in Abb. 6.8 wird eine Computed-Tabelle zur Speicherung bereits berechneter Ergebnisse benutzt. Zusätzlich werden die beiden Funktionen *Find_or_add_unique_table* sowie *Insert_computed_table* verwendet. Die erste dieser Funktionen prüft, ob ein vorgegebenes Tripel bereits als OBDD-Knoten realisiert ist. Im positiven Fall gibt sie einen Verweis auf den Knoten zurück, im negativen Fall wird der Knoten neu angelegt und ein Verweis auf ihn zurückgegeben. *Insert_computed_table* fügt das gerade berechnete Teilproblem in die Computed-Tabelle ein.

Wenn in der Computed-Tabelle alle bereits berechneten Teilergebnisse gespeichert werden, dann wird der ITE-Algorithmus für jede Knotenkombination der drei OBDDs F, G, H aufgerufen. Unter der Annahme, daß das Nachschlagen und das Einfügen in Eindeutigkeits- und Computed-Tabelle eine konstante Zeit benötigt, ist die Zeitkomplexität des ITE-Algorithmus durch $\mathcal{O}(size(F) \cdot size(G) \cdot size(H))$ beschränkt.

Für den Fall binärer Operationen ist die Laufzeit allerdings nicht nur kubisch, sondern sogar quadratisch beschränkt: Ist nämlich eines der drei ITE-Argumente konstant und wird bei jeder Rekursion lediglich durchgereicht, dann hat ITE höchstens quadratische Komplexität, da nur Knotenpaare gezählt werden müssen. Die Komplexität von ITE ist ebenfalls quadratisch beschränkt, wenn zwei der Argumente in jedem rekursiven Aufruf gleich sind. Im nächsten Abschnitt werden wir zudem eine Technik vorstellen, die es erlaubt, die Komplexität von ITE auch dann quadratisch zu beschränken, wenn zwei der Argumente komplementär sind.

Diese Komplexitätsabschätzungen liefern natürlich lediglich eine Worst-Case Abschätzung. In den meisten praktischen Anwendungsfällen korreliert das Zeitverhalten des ITE-Algorithmus sehr stark mit der Größe des berechneten OBDDs.

Beispiel 7.3. Seien $f = x_1 + x_2$, $g = x_1 \cdot x_3$ und $h = x_2 \cdot x_4$ Schaltfunktionen mit den zugehörigen OBDDs F, G, H. Die weiteren in den OBDDs auftretenden inneren Knoten sind wie in Abb. 7.6 mit B, C und D bezeichnet. Der durch den Aufruf ITE(F,G,H) berechnete OBDD I ergibt sich wie folgt:

$$\begin{aligned}
I &= \text{ITE}(F,G,H) \\
&= (x_1, \text{ITE}(F_{x_1}, G_{x_1}, H_{x_1}), \text{ITE}(F_{\overline{x_1}}, G_{\overline{x_1}}, H_{\overline{x_1}})) \\
&= (x_1, \text{ITE}(1, C, H), \text{ITE}(B, 0, H)) \\
&= (x_1, C, (x_2, \text{ITE}(B_{x_2}, 0_{x_2}, H_{x_2}), \text{ITE}(B_{\overline{x_2}}, 0_{\overline{x_2}}, H_{\overline{x_2}})) \\
&= (x_1, C, (x_2, \text{ITE}(1, 0, 1), \text{ITE}(0, 0, D))) \\
&= (x_1, C, (x_2, 0, D)).
\end{aligned}$$

Die Unter-OBDDs C und D existieren bereits in dem Shared OBDD. Die Berechnung von I ist daher beendet, und I hat die in Abb. 7.6 angegebene Struktur. ◇

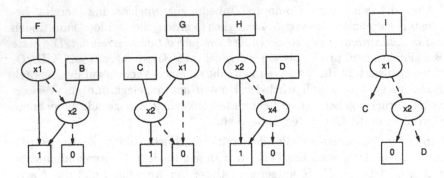

Abb. 7.6. Beispiel für die Berechnung von $I = \text{ITE}(F, G, H)$

Bei unseren bisherigen Komplexitätsüberlegungen für binäre Operationen stand die Ausführungszeit im Vordergrund. Dies hat natürlich auch seine Berechtigung, da eine obere Schranke für die Zeitkomplexität unmittelbar eine obere Schranke für die Platzkomplexität impliziert. Im Fall des ITE-Algorithmus sollte die Situation jedoch differenzierter betrachtet werden. Für zwei große OBDDs P_1 und P_2 mit jeweils mehr als 100 000 Knoten ist es sicherlich nicht möglich, eine Computed-Tabelle mit $size(P_1) \cdot size(P_2)$ Einträgen bereitzustellen. Aus diesem Grund ist es sinnvoll, nicht nur die Eindeutigkeitstabelle, sondern auch die Computed-Tabelle als Hashtabelle zu realisieren. Dies ermöglicht einen schnellen Zugriff, ohne von vornherein zuviel Speicherplatz reservieren zu müssen.

Im Fall der Computed-Tabelle werden Knotentripel, die beim ITE-Algorithmus auf den gleichen Hashwert abbilden, in der Regel jedoch nicht mit Hilfe einer Kollisionsliste verbunden. Statt dessen wird die Computed-Tabelle als **cache-basierte Hashtabelle** implementiert. Hierunter versteht man, daß unter jedem möglichen Funktionswert der gewählten Hashfunktion nur genau k Knoten abgelegt werden können. Soll ein weiterer Knoten unter einer Adresse abgelegt werden, an der sich sich schon k Einträge befinden, dann wird einer der alten Einträge überschrieben.

Diese Form der Hashtabelle benötigt weniger Speicher, da es nicht notwendig ist, alle Elemente in Kollisionslisten aufzubewahren. Natürlich ergibt sich durch diese Realisierung der Computed-Tabelle die Möglichkeit, daß bereits berechnete Resultate vergessen werden und erneut zu berechnen sind. In der Konsequenz kann die für den Fall der nicht-vergessenden Computed-Tabelle angegebene Laufzeitanalyse nicht mehr angewendet werden. Im ungünstigsten Fall sind alle ermittelten Hashwerte bei einer ITE-Operation identisch und das Zeitverhalten exponentiell. Bei Wahl einer geeigneten Hashfunktion treten derartige Extremfälle jedoch höchst selten auf.

Der Vorteil der Benutzung einer cache-basierten Hashtabelle ist neben dem geringeren Speicherbedarf die Ausnutzung der *Lokalität* in der Referenzierung. Bei der Ausführung des ITE-Algorithmus kommt es recht häufig vor, daß Resultate kurz nach ihrer Berechnung erneut benötigt werden. Je mehr Zeit nach der Berechnung eines speziellen Resultates vergeht, um so unwahrscheinlicher wird es, daß genau dieses Resultat erneut benötigt wird.

Wird für die Computed-Tabelle eine Hashtabelle mit Kollisionslisten verwendet, dann wäre es aus Speicherplatzgründen unvermeidbar, die alten Einträge von Zeit zu Zeit wieder zu entfernen. Im Fall einer cache-basierten Tabelle ist dieses Aufsammeln nicht erforderlich, da die alten Einträge automatisch überschrieben werden. In experimentellen Studien hat sich eine Cache-Tiefe von 2 als günstig erwiesen, d.h., für jeden möglichen Funktionswert der Hashfunktion gibt es zwei Speicherplätze, unter denen Knoten abgelegt werden können.

7.1.4 Komplementierte Kanten

Eine sehr effektive und von den meisten OBDD-Paketen bereitgestellte Erweiterung ist der Gebrauch **komplementierter Kanten**. Diese Technik beruht auf der Beobachtung, daß sich die OBDDs einer Funktion f und ihres Komplements $\bar{f}$ nur dadurch unterscheiden, daß die Werte ihrer beiden Senken vertauscht sind. Durch die zusätzliche Einführung eines lediglich aus einem Bit bestehenden Kantenattributs für jede Kante kann diese Ähnlichkeit ausgenutzt werden: Wenn das Attributbit nicht gesetzt ist, dann wird der mit der Kante verbundene Unter-OBDD in der ursprünglichen Weise als Schaltfunktion f interpretiert. Wenn das Bit jedoch gesetzt ist, dann wird dieser Unter-OBDD als Darstellung des Komplements $\bar{f}$ von f interpretiert. Das zusätzliche Kantenattribut wird daher auch als **Komplementbit** bezeichnet. Mit Hilfe dieser Technik können die beiden Funktionen f und $\bar{f}$ im wesentlichen durch den gleichen Graphen dargestellt werden: $\bar{f}$ wird einfach durch eine komplementierte Kante auf die Wurzel des OBDDs für f ausgedrückt. Auf diese Weise können in beträchtlichem Umfang Knoten eingespart werden.

Beim Vorliegen komplementierter Kanten ist nur noch eine Senke erforderlich, da die 0-Senke als das Komplement der 1-Senke dargestellt werden kann. In unseren Diagrammen werden Kanten mit gesetztem Komplementbit durch gepunktete Pfeile dargestellt.

Beispiel 7.4. Abbildung 7.7 zeigt den Effekt komplementierter Kanten bei der Darstellung zweier Funktionen f und $\bar{f}$. Die komplementierten Kanten sind als gepunktete Pfeile gezeichnet. ◇

Das Hauptproblem, mit dem man sich bei der Benutzung komplementierter Kanten auseinandersetzen muß, ist der Verlust der Kanonizität der Darstellung. Ein Weg, diese Eigenschaft wiederherzustellen, ist die Einschränkung

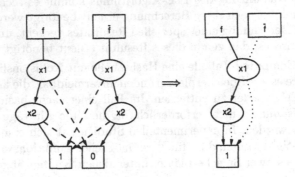

Abb. 7.7. Beispiel für komplementierte Kanten

der erlaubten Positionen für die Komplementkanten. Grundlage dieser Einschränkungen ist die Beobachtung, daß einige Konstellationen möglicher Positionen für die Komplementbits funktional äquivalent sind: Wenn wir für einen Knoten v das Tripel aus ausgehender 1-Kante, ausgehender 0-Kante und einer eingehenden Kante betrachten, gibt es genau $2^3 = 8$ Möglichkeiten, die Komplementbits zu setzen. Aus der folgenden Umformung mit Hilfe der DeMorgan-Regeln folgt, daß einige dieser Möglichkeiten funktional äquivalent sind:

$$
\begin{aligned}
\overline{x_i f_{x_i} + \overline{x_i} f_{\overline{x_i}}} &= \overline{(x_i f_{x_i})} \cdot \overline{(\overline{x_i} f_{\overline{x_i}})} \\
&= (\overline{x_i} + \overline{f_{x_i}}) \cdot (x_i + \overline{f_{\overline{x_i}}}) \\
&= x_i \overline{f_{\overline{x_i}}} + \overline{x_i}\, \overline{f_{x_i}} + \overline{f_{x_i}}\ \overline{f_{\overline{x_i}}} \\
&= x_i(\overline{f_{\overline{x_i}}} + \overline{f_{x_i}}\ \overline{f_{\overline{x_i}}}) + \overline{x_i}(\overline{f_{x_i}} + \overline{f_{x_i}}\ \overline{f_{\overline{x_i}}}) \qquad \text{(Absorption)} \\
&= x_i \overline{f_{\overline{x_i}}} + \overline{x_i} \overline{f_{x_i}}.
\end{aligned}
$$

Aufgrund dieser Äquivalenzen ergeben sich genau vier Paare von Kombinationen, die jeweils verschiedene Funktionen repräsentieren, wobei die zwei Kombinationen innerhalb eines Paares funktional äquivalent sind. Abbildung 7.8 illustriert die Situation anhand eines OBDD-Knotens. Die Kanten, die das Komplementattribut tragen, werden durch einen zusätzlichen Kreis markiert. Durch Vertreter verschiedener Paare werden tatsächlich verschiedene Funktionen repräsentiert.

Eine Möglichkeit, die Kanonizität der Darstellung im Vorhandensein komplementierter Kanten wiederherzustellen, ist daher die folgende Bedingung: Die 1-Kante eines Knotens darf generell nicht komplementiert werden. In den Äquivalenzpaaren von Abb. 7.8 wird daher stets der linke Vertreter jedes Paares zur eindeutigen Repräsentation der entsprechenden Funktion ausgewählt. Immer dann, wenn das OBDD-Paket einen neuen OBDD-Knoten erzeugt,

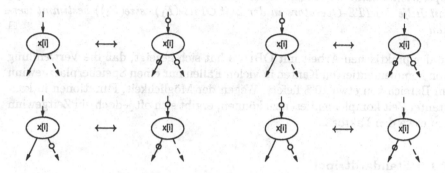

Abb. 7.8. Paare äquivalenter Darstellungen

werden die Kantenattribute so gewählt, daß die Bedingung von Anfang an erfüllt ist.

Es kann nun formal gezeigt werden, daß dieses lokale Vorgehen zur Wiederherstellung der globalen Kanonizitätseigenschaft ausreicht. Es muß lediglich noch darauf geachtet werden, daß auch die Kante zum Wurzelknoten eines OBDDs komplementiert werden kann. Andererseits ließe sich sonst die konstante 0-Funktion nicht als Komplement der 1-Senke darstellen. Der OBDD in Abb. 7.7 erfüllt die beschriebenen Einschränkungen an die Positionen der Komplementbits. Der Verweis auf den Wurzelknoten von $\overline{f}$ ist zudem bereits komplementiert. Von nun an werden komplementierte 0-Kanten stets wie in Abb. 7.7 durch gepunktete Pfeile dargestellt.

Die Verwendung komplementierter Kanten bietet mehrere bemerkenswerte Vorteile:

- Die Kompaktheit der Datenstruktur wird verbessert. Die Größe der OBDDs kann theoretisch bis zu 50% reduziert werden.
- Die Negation einer Funktion kann in konstanter Zeit ausgeführt werden.
- Die Ausführung Boolescher Operationen kann durch die Ausnutzung von Regeln wie etwa $f \cdot \overline{f} = 0$, $f + \overline{f} = 1$ deutlich beschleunigt werden.

Mit Hilfe komplementierter Kanten läßt sich die Komplexität des ITE-Algorithmus auch dann quadratisch beschränken, wenn zwei der Argumente in jedem Aufruf komplementär sind. Da für alle 16 binäre Operationen entweder dieses oder eines der im letzten Abschnitt angegebenen Kriterien anwendbar ist, kann im Hinblick auf die Komplexität des ITE-Algorithmus zusammenfassend folgendes gesagt werden:

Satz 7.5. *Seien die Schaltfunktionen f_1 und f_2 repräsentiert durch die Komplementkanten-OBDDs P_1, P_2 bezüglich der Ordnung π. Für jede binäre*

Operation ∗ kann der reduzierte Komplementkanten-OBDD P für f = f₁ ∗ f₂ mit Hilfe des ITE-Operators in der Zeit $\mathcal{O}(size(P_1) \cdot size(P_2))$ bestimmt werden. □

In der praktischen Arbeit mit OBDDs hat sich gezeigt, daß die Verwendung von komplementierten Kanten in vielen Fällen nur einen Speicherplatzgewinn im Bereich von etwa 10% liefert. Wegen der Möglichkeit, Funktionen in konstanter Zeit komplementieren zu können, ergibt sich oft jedoch ein Zeitgewinn um etwa den Faktor 2.

7.1.5 Standardtripel

Nach der Einführung komplementierter Kanten soll noch einmal auf die effiziente Realisierung des ITE-Algorithmus zurückgekommen werden. Es ist möglich daß es verschiedene Funktionstripel (f_1, f_2, f_3) und (g_1, g_2, g_3) mit gleichem $ITE(f_1, f_2, f_3) = ITE(g_1, g_2, g_3)$ gibt. Um eine hohe Trefferrate in der Computed-Tabelle zu erzielen, ist es deshalb ratsam, jedes Funktionstripel zunächst auf eine Normalform zu bringen. Mit Hilfe dieser **Standardtripel** vermeidet man die Speicherung unnötiger Tripel in der Computed-Tabelle, und durch die Erkennung von Äquivalenzen können weitere Neuberechnungen eingespart werden. Insbesondere sollen hierbei auch die Vorteile komplementierter Kanten ausgenutzt werden.

Als Ausgangsbeispiel betrachten wir einige ITE-Aufrufe, die alle funktional äquivalent zu $f + g$ sind:

$$ITE(f, f, g) = ITE(f, 1, g) = ITE(g, 1, f) = ITE(g, g, f).$$

Wir werden nun eine Menge von Transformationsregeln angeben, die ein vorgegebenes Tripel in eine Standardform überführen. Die erste Serie von Transformationsregeln führt zur Ersetzung von Funktionen durch Konstanten, falls dies möglich ist:

$$ITE(f, g, g) \Rightarrow ITE(f, 1, g),$$
$$ITE(f, g, f) \Rightarrow ITE(f, g, 0),$$
$$ITE(f, g, \overline{f}) \Rightarrow ITE(f, g, 1),$$
$$ITE(f, \overline{f}, g) \Rightarrow ITE(f, 0, g).$$

Die Tests, ob zwei der auftretenden Funktionen gleich oder komplementär sind, können dabei im Fall komplementierter Kanten in konstanter Zeit ausgeführt werden.

Die Terminalfälle in der ITE-Rekursion können damit um die folgende Menge erweitert werden:

$$\mathrm{ITE}(f,1,0) = f,$$
$$\mathrm{ITE}(f,0,1) = \overline{f},$$
$$\mathrm{ITE}(1,f,g) = f,$$
$$\mathrm{ITE}(0,f,g) = g,$$
$$\mathrm{ITE}(f,g,g) = g.$$

Die nächste Serie von Transformationsregeln nutzt die Kommutativität des ITE-Operators aus, wenn das zweite oder das dritte Argument konstant oder komplementär sind. In diesen Fällen gilt eine der folgenden Identitäten:

$$\mathrm{ITE}(f,1,g) = \mathrm{ITE}(g,1,f),$$
$$\mathrm{ITE}(f,g,0) = \mathrm{ITE}(g,f,0),$$
$$\mathrm{ITE}(f,g,1) = \mathrm{ITE}(\overline{g},\overline{f},1),$$
$$\mathrm{ITE}(f,0,g) = \mathrm{ITE}(\overline{g},0,\overline{f}),$$
$$\mathrm{ITE}(f,g,\overline{g}) = \mathrm{ITE}(g,f,\overline{f}).$$

Es empfiehlt sich dabei in der Regel diejenige Form eines Paares auszuwählen, bei der das erste Argument von einer in der Ordnung weiter vorne stehenden Variablen abhängt: Wenn das erste Argument von ITE eine einfache Variable x_i ist, die in der Ordnung vor allen Variablen der anderen Argumente auftritt, dann kann der resultierende Knoten mit Markierung x_i sofort erstellt werden. Die anderen beiden Argumente definieren in diesem Fall den 1- sowie den 0-Nachfolgergraphen. Aufgrund dieser Beobachtung ergibt sich ein weiterer Terminalfall:

$$\mathrm{ITE}(f,g,h) = (x_i,g,h) \quad \text{falls } f = x_i$$
$$\text{und } x_i <_\pi topvar(g)$$
$$\text{und } x_i <_\pi topvar(h),$$

wobei $topvar(g)$ die in der Ordnung π führende Variable ist, von der g abhängt.

Eine weitere nützliche Serie von Standardisierungsregeln betrifft den Einsatz komplementierter Kanten. Es gilt beispielsweise

$$\mathrm{ITE}(f,g,h) = \mathrm{ITE}(\overline{f},h,g)$$
$$= \overline{\mathrm{ITE}(f,\overline{g},\overline{h})}$$
$$= \overline{\mathrm{ITE}(\overline{f},\overline{h},\overline{g})}.$$

Jede der drei Funktionen f, g, h kann durch eine gewöhnliche oder durch eine komplementierte Kante repräsentiert sein. Unter den vier gleichwertigen Formen gibt es jeweils genau ein Tripel, bei dem die ersten beiden Argumente nicht durch eine komplementierte Kante referenziert werden. Dieses Tripel wird als Standardtripel verwendet, um in der Computed-Tabelle nachzuschlagen, die ITE-Operation auszuführen und das Ergebnis in der Computed-Tabelle abzulegen. Im Falle, daß eines der letzten beiden Tripel als Standardtripel ausgewählt wurde, liefert die Berechnung das Komplement der gewünschten Funktion. Die erhaltene Funktion muß daher vor der Rückgabe komplementiert werden.

Die genannten Regeln für die Berücksichtigung komplementierter Kanten erkennen Äquivalenzen aufgrund der DeMorgan-Regeln. Nehmen wir beispielsweise an, die Verweise auf die Funktionen f und g seien nicht komplementiert. Das gewählte Tripel für die Berechnung

$$f + g = \mathrm{ITE}(f, 1, g)$$

ist $\mathrm{ITE}(f, 1, g)$, und das Ergebnis wird in der Computed-Tabelle unter diesem Eintrag gespeichert. Wenn eine spätere Anfrage nach

$$\overline{f} \cdot \overline{g} = \mathrm{ITE}(\overline{f}, \overline{g}, 0) = \overline{\mathrm{ITE}(f, 1, g)}$$

erfolgt, dann wird erneut das Standardtripel $\mathrm{ITE}(f, 1, g)$ gewählt, und das früher gespeicherte Ergebnis kann abgerufen werden. Gemäß der angewandten Transformationen wird dieses Ergebnis komplementiert, bevor es zurückgegeben wird.

7.1.6 Speicherverwaltung

Große OBDDs entstehen in der Regel dadurch, daß kleinere OBDDs mit Hilfe Boolescher Operationen verknüpft werden. In einer typischen Anwendung werden daher viele OBDDs aufgebaut, die nur eine vorübergehende Zeit von Bedeutung sind. Im Fall der symbolischen Simulation ist beispielsweise für jedes Gatter des Schaltkreises ein OBDD zu konstruieren. Jeder dieser OBDDs wird allerdings nur solange benötigt, bis die OBDDs aller Nachfolgegatter berechnet sind. Bei der natürlich anzustrebenden Entfernung der nicht mehr benötigten OBDDs treten mehrere Probleme auf:

- Ein innerer Knoten eines OBDDs hat im allgemeinen mehrere Vorgänger. Aus Speicherplatzgründen können die Referenzen auf diese Vorgänger nicht in dem Knoten gespeichert werden.

- Die OBDD-Knoten werden aus der Eindeutigkeitstabelle, der Computed-Tabelle und von anderen Knoten referenziert.

- Es erscheint nicht sinnvoll, Knoten so schnell wie möglich vollständig zu entfernen, da sie eventuell für den Caching-Mechanismus der Computed-Tabelle weiterhin von großem Nutzen sein können.

Aus diesen Gründen erscheint die Strategie, den Speicherplatz nicht mehr benötigter Knoten nicht sofort wieder freizugeben, eine gute Strategie zu sein:

Es wird gewartet, bis der nötige Umstrukturierungsaufwand in einem guten Verhältnis zum Gewinn an Speicherplatz steht. Eine derartige Stragie wird als **Garbage Collection** bezeichnet.

Im Rahmen eines OBDD-Pakets kann eine Garbage Collection wie folgt effizient realisiert werden. Für jeden Knoten v wird ein **Referenzzähler** mitgeführt, der angibt, wie viele Knoten oder externe Verweise den Knoten v referenzieren. Wenn ein neuer Knoten erzeugt wird, dessen 1- oder 0-Kante auf v zeigen, wird der Zähler inkrementiert. Wird eine durch den Knoten v dargestellte Funktion nicht mehr benötigt, dann wird der Referenzzähler erniedrigt. Erreicht ein Zähler den Wert 0, so werden auch die Referenzzähler in den Unter-OBDDs der beiden Nachfolger erniedrigt.

Knoten, deren Referenzzähler auf 0 steht, heißen **tot**. Wenn die Zahl der toten Knoten hinreichend groß ist, wird eine Garbage Collection aktiviert: Zunächst werden alle Einträge toter Knoten in der Eindeutigkeitstabelle und in der Computed-Tabelle gestrichen. Anschließend wird der von den toten Knoten belegte Speicherplatz freigegeben.

Auch nach Einführung des Referenzzählers weiß ein Knoten v noch immer nicht, welche Knoten seine Vorgängerknoten sind. Es ist jedoch zu jedem Zeitpunkt bekannt, ob v zur Darstellung anderer Funktionen weiterhin benötigt wird oder nicht. Das Sammeln toter Knoten ohne sofortige Freigabe gibt im Bedarfsfall die Möglichkeit zur Wiederbelebung toter Knoten.

Die Kosten einer Garbage Collection amortisieren sich bei einer relativ hohen Anzahl toter Knoten. Zum Zeitpunkt der Garbage Collection können darüber hinaus die Tabellen leicht umstrukturiert werden. Beispielsweise können die Größen der Tabellen dynamisch den aktuellen Erfordernissen angepaßt werden.

Wir beenden die Diskussion der Speicherverwaltung mit der erneuten Betrachtung des Speicherbedarfs für einen einzelnen OBDD-Knoten. Zu Beginn des Kapitels, in Abb. 7.1, haben wir den grundsätzlich notwendigen Aufbau eines Knotens beschrieben. Im Laufe dieses Kapitels haben wir zur Verbesserung der Effizienz einige Komponenten hinzugefügt. In Abschn. 7.1.2 wurde die Komponente Next beschrieben, die auf den Nachfolger in der Kollisionsliste der Eindeutigkeitstabelle zeigt.

Der Referenzzähler Refcount dient zur Organisation der Garbage Collection. In der Regel genügt es, ein bis zwei Byte für diesen Zähler vorzusehen. Im Falle der Überschreitung geht der Knoten in einen Sättigungszustand über und wird bis zum Ende der Anwendung nicht wieder freigegeben.

Weiterhin verwenden viele OBDD-basierte Algorithmen einige Bits, um beispielsweise Buch darüber zu führen, welcher Teil des OBDDs bereits besucht wurde. Wir sehen hierfür eine Komponente Mark vor. Die erweiterte Datenstruktur eines Knotens ist in Abb. 7.9 dargestellt. Für eine 32-Bit-Architektur liegt der Speicherbedarf pro Knoten bei 4 Speicherwörtern bzw. 16 Byte.

Komponente	Größe
Index	2 Byte
High	1 Wort
Low	1 Wort
Next	1 Wort
Refcount Mark	ca. 2 Byte

Abb. 7.9. Kern des Verbunds zur Repräsentation eines OBDD-Knotens

Im Fall der Benutzung komplementierter Kanten ist jede Kante zusätzlich mit einem Attributbit versehen. Dieses eine Bit kann beispielsweise durch einen einfachen Trick zur Verfügung gestellt werden. Wenn wie in der dargestellten Datenstruktur jeder Knoten genau 4 Speicherwörter belegt, beginnt jeder Knoten auf einer Adresse, bei der die letzten beiden Bits Null sind. Von den Speicherwörtern High oder Low kann deshalb ein Bit abgezweigt werden, um das Komplementattribut zu speichern.

Zusätzlich zum Speicherbedarf für jeden einzelnen OBDD-Knoten ist der Speicherplatz für die Tabellen zu berücksichtigen, die in der Regel dynamisch an die Anzahl der repräsentierten OBDD-Knoten angepaßt werden. Wir nehmen an, daß die Eindeutigkeits- und die Computed-Tabelle jeweils gleich viele Einträge aufnehmen können. Als Faustregel hat sich herausgestellt, daß es günstig ist, die Größe der Eindeutigkeitstabelle etwa um einen Faktor vier kleiner zu halten als die aktuelle Knotenzahl. In diesem Fall enthält jede Kollisionsliste im Durchschnitt vier Elemente, und es besteht ein gutes Verhältnis zwischen Speicherbedarf und Zugriffszeit. Jeder Eintrag in der Eindeutigkeitstabelle ist ein Zeiger auf eine Speicherzelle. Die amortisierten Kosten dieser Tabelle betragen im Fall einer 32-Bit-Architektur daher etwa 1 Byte pro Knoten. Jeder Eintrag in der Computed-Tabelle für den ITE-Operator umfaßt 4 Speicherwörter. Legt man auch dies auf die einzelnen Knoten um, sind im Fall einer 32-Bit-Architektur 4 Byte pro OBDD-Knoten bereitzustellen.

Insgesamt beträgt der Speicherbedarf pro Knoten im OBDD etwa 21 Byte. Mit dieser Abschätzung benötigt ein OBDD mit 1 Million Knoten ca. 21 MB Speicher.

7.2 Einige bekannte OBDD-Pakete

In den letzten Jahren wurden zahlreiche OBDD-Pakete entwickelt, die Funktionen für die Manipulation von Schaltfunktionen zur Verfügung stellen. Ein Teil dieser Pakete entstand an akademischen Institutionen und ein Teil in industriellen Entwicklungszentren. Natürlich sind die kommerziellen Pakete nicht oder nur sehr bedingt nach außen offengelegt. Da jedoch die Entwicklung der OBDD-Technologie sehr stark von universitären Einrichtungen vorangetrieben wurde, geben die öffentlich verfügbaren akademischen Pakete einen sehr guten Einblick in den aktuellen Stand der Technik. Dies gilt um so mehr, da einige der an akademischen Institutionen entwickelten Pakete selbst auch in kommerziellen CAD-Systemen eingesetzt werden.

7.2.1 Das OBDD-Paket von Brace, Rudell und Bryant

Die in der historischen Entwicklung erste effiziente Umsetzung der OBDD-Datenstruktur in einem als OBDD-Paket bezeichneten Programmsystem wurde von K. Brace in Zusammenarbeit mit R. Rudell und R. Bryant an der Carnegie Mellon University entwickelt. Das OBDD-Paket wurde in den Jahren 1989 bis 1990 geschrieben und 1990 der Öffentlichkeit zur Verfügung gestellt.

Ziel der Entwicklung war es, die Grenzen der Anwendbarkeit der Verifikationssoftware *Tranalyze* so weit wie möglich nach oben zu verschieben. Tranalyze dient auf Schaltungsebene zur Verifikation von Transistorschaltkreisen in der MOS (Metal-Oxide-Semiconductor)-Technologie. Auf dieser Abstraktionsebene werden die einzelnen Transistoren als Schalter modelliert. Im Rahmen der Verifikationsaufgabe ist fortlaufend die Ausführung des Äquivalenztests zwischen den Gattern eines logischen Netzwerks erforderlich. Durch die Einführung der OBDD-Datenstruktur im Kontext von *Tranalyze* konnten die Grenzen der handhabbaren Schaltkreise deutlich erweitert werden.

Viele der in diesem Kapitel beschriebenen Implementationstechniken wurde erstmals in dem OBDD-Paket von Brace, Rudell und Bryant entwickelt und angewandt. Die Richtigkeit der getroffenen Entwurfsentscheidungen kommt besonders dadurch zum Ausdruck, daß sich die meisten der später entwickelten Pakete noch immer an die gleichen Prinzipien anlehnen.

7.2.2 Das OBDD-Paket von Long

Die mit dem OBDD-Paket von Brace, Rudell und Bryant gesammelten Erfahrungen wurden einige Zeit später in einem neuen, verbesserten OBDD-Paket umgesetzt. Dieses Paket wurde von D. Long ebenfalls an der Carnegie Mellon University entworfen und implementiert. Es war hauptsächlich für die Anwendung im Model Checking bestimmt, auf die wir in Kap. 11 näher eingehen werden.

Das Paket ist seit 1993 öffentlich verfügbar und fand weltweit große Verbreitung. Insbesondere wurde das Paket in die bereits in Kap. 5 angesprochene SIS-Software zur Synthese sequentieller Systeme integriert, die an der University of California at Berkeley entwickelt wurde. Später wurde das Paket von Long beispielsweise auch in Projekten bei AT&T eingesetzt.

Eine wichtige Neuerung in dem Paket von Long waren Techniken zur dynamischen Konstruktion guter Variablenordnungen, auf die wir in den nächsten beiden Kapiteln eingehen werden.

7.2.3 Das CUDD-Paket: Colorado University Decision Diagrams

Das **CUDD-Paket** (Colorado University Decision Diagrams) wurde von Professor F. Somenzi und seiner Arbeitsgruppe an der University of Colorado at Boulder entwickelt. Die erste Version wurde im April 1996 öffentlich verfügbar gemacht. Durch eine sorgfältige Überarbeitung sämtlicher Algorithmen der zuvor entwickelten und frei zugänglichen OBDD-Pakete konnte Somenzi eine ganze Reihe weiterer Geschwindigkeitsverbesserungen erzielen.

Die hervorstechende Eigenschaft des CUDD-Pakets ist eine große Sammlung von Algorithmen zur Verbesserung der Variablenordnung. Diese Algorithmen werden in den nächsten Kapiteln besprochen. Darüber hinaus können mit dem Paket mehrere der in Kap. 12 zu diskutierenden verallgemeinerten OBDD-Varianten manipuliert werden, und zwar die sogenannten multiterminalen BDDs und die Zero-suppressed BDDs.

Das CUDD-Paket wird unter anderem als das vorrangige OBDD-Paket im VIS-Verifikationssystem aus Berkeley eingesetzt, das in Kap. 11 näher diskutiert wird.

Abbildung 7.10 zeigt, wie die in der Programmiersprache C geschriebene Programmbibliothek benutzt werden kann. Der sogenannte BDD-Manager *DdManager* enthält alle relevanten Datenstrukturen für die globale Organisation eines Shared OBDD wie etwa die Eindeutigkeitstabelle. Im CUDD-Paket ist der Benutzer aus Effizienzgründen selbst dafür verantwortlich, den Referenzzähler neu angelegter Knoten zu erhöhen. Bei nur sehr temporär vorliegenden Funktionen kann man dadurch den Referenzierungs- und Dereferenzierungsprozeß einsparen. Wird eine Funktion nicht mehr benötigt, wird ein Befehl zur rekursiven Dereferenzierung aufgerufen.

7.3 Referenzen

Die Schlüsselideen zur effizienten Implementierung von OBDDs gehen maßgeblich auf Brace, Rudell und Bryant zurück [BRB90]. Die komplementierten Kanten wurden von Karplus [Kar88] sowie Madre und Billon [MB88] vorgeschlagen. Die drei beschriebenen OBDD-Pakete sind frei verfügbar. Das von Long geschaffene OBDD-Paket ist aus der Arbeit [Lon93] hervorgegangen. Das CUDD-Paket, das neueste dieser Pakete, findet sich beispielsweise unter der in [Som96b] angegebenen Internet-Adresse.

```
#include <stdio.h>
#include <stdlib.h>
#include <cudd.h>

int main (int argc, char *argv[]) {
/* Eingabe: eine ganze Zahl n */
/* Ausgabe: Berechnung eines OBDDs fuer
     x[1] x[2] + x[3] x[4] + ... + x[2n-1] x[2n] */

  DdManager *bddm
  DdNode *f, *tmp1, *tmp2;
  int i;

  if (argc < 2) return 0;
  else n = atoi(argv[1]);

  /* Manager initialisieren */
  bddm = Cudd_Init(0, 0, CUDD_UNIQUE_SLOTS, CUDD_CACHE_SLOTS,
    CUDD_MAX_CACHE_SIZE);

  /* f auf Nullfunktion initialisieren */
  f = Cudd_ReadLogicalZero(bddm);
  Cudd_Ref(f);

  for (i = 1; i <= n; i++) {
    tmp1 = Cudd_bddAnd(bddm,
      Cudd_bddIthVar(bddm, 2*i-1),
      Cudd_bddIthVar(bddm, 2*i));
    Cudd_Ref(tmp1);
    tmp2 = Cudd_bddOr(bddm, f, tmp1);
    Cudd_Ref(tmp2);
    Cudd_RecursiveDeref(bddm, f);
    f = tmp2;
  }

  printf("Groesse des OBDDs: %d \n", Cudd_DagSize(f));

  return 1;
}
```

Abb. 7.10. Beispiel für die Benutzung von CUDD

8. Einfluß der Variablenordnung auf die Komplexität von OBDDs

In diesem Kapitel analysieren wir den Einfluß der Variablenordnung auf die Komplexität von OBDDs. Die beiden nachstehenden Sätze, die unmittelbar aus den Sätzen und Korollaren 6.9 bis 6.12 folgen, werden dabei mehrfach angewendet.

Satz 8.1. *Sei S_j die Menge der Unterfunktionen von f, die wir erhalten, indem wir $x_1, \ldots, x_{j-1}$ konstantsetzen, und die wesentlich von x_j abhängen. Der reduzierte OBDD für f bzgl. der Variablenordnung $x_1, \ldots, x_n$ hat genau $|S_j|$ Knoten, die mit x_j markiert sind.* □

Satz 8.2. *Sei $(i_1, \ldots, i_n)$ eine Permutation der Menge $\{1, \ldots, n\}$, und sei P der reduzierte OBDD für f bzgl. der Variablenordnung $x_{i_1}, \ldots, x_{i_n}$. Weiter sei S_{i_j} die Menge der Unterfunktionen von f, die wir erhalten, indem wir $x_{i_1}, \ldots, x_{i_{j-1}}$ konstantsetzen, und die wesentlich von x_{i_j} abhängen. Dann hat der reduzierte OBDD für f genau $|S_{i_j}|$ Knoten, die mit x_{i_j} markiert sind.* □

8.1 Zusammenhang zwischen Variablenordnung und OBDD-Größe

Die Größe eines OBDDs und damit die Komplexität seiner Manipulation hängt von der zugrunde liegenden Variablenordnung ab – eine Abhängigkeit, die sehr stark sein kann. Wir wollen einige Extrembeispiele betrachten.

Die OBDD-Größe der Funktion

$$f(x_1, \ldots, x_{2n}) = x_1 x_2 + x_3 x_4 + \ldots + x_{2n-1} x_{2n}$$

verhält sich sehr empfindlich in Hinblick auf die Veränderung der gewählten Variablenordnung. Bezüglich der Variablenordnung $x_1, x_2, \ldots, x_{2n-1}, x_{2n}$ besteht der reduzierte OBDD aus genau $2n + 2$ Knoten. Das Wachstum ist also linear in der Zahl n der Variablen. Für $n = 3$ ist der OBDD in Abb. 8.1 (a) dargestellt. Der Grund für den sehr kompakten OBDD folgt aus der Tatsache, daß es für jedes $k \in \{1, \ldots, n-1\}$ nach dem Lesen der Belegungen für die Variablen $x_1, \ldots, x_{2k}$ nur zwei Möglichkeiten gibt:

1. Aufgrund der Belegungen für $x_1, \ldots, x_{2k}$ ist bereits bekannt, daß der Funktionswert 1 ist.

2. Die erste Möglichkeit trifft nicht zu. Unter Kenntnis dieser Information, kann man den Funktionswert allein aufgrund der Belegung für die übrigen Variablen $x_{2k+1}, \ldots, x_{2n}$ ermitteln.

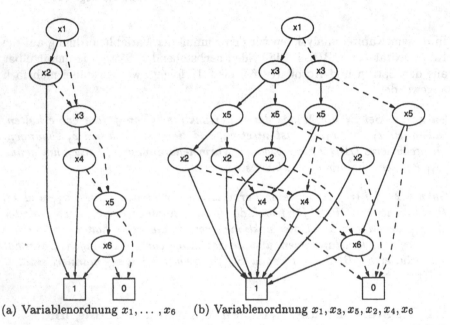

(a) Variablenordnung $x_1, \ldots, x_6$ (b) Variablenordnung $x_1, x_3, x_5, x_2, x_4, x_6$

Abb. 8.1. Die Funktion $x_1 x_2 + x_3 x_4 + x_5 x_6$

Im Sinne von Satz 8.1 gibt es für jedes k bei beliebiger Konstantsetzung der Variablen $x_1, \ldots, x_{k-1}$ stets nur eine Unterfunktion $f_k(x_k, \ldots, x_n)$, die wesentlich von x_k abhängt. Diese lautet

$$f_k = \begin{cases} x_k x_{k+1} + x_{k+2} x_{k+3} + \ldots + x_{2n-1} x_{2n} & \text{falls } k \text{ ungerade,} \\ x_k + x_{k+1} x_{k+2} + \ldots + x_{2n-1} x_{2n} & \text{falls } k \text{ gerade.} \end{cases}$$

Für die Variablenordnung $x_1, x_3, \ldots, x_{2n-1}, x_2, x_4, \ldots, x_{2n}$ sieht die Situation vollkommen anders aus. Abbildung 8.1 zeigt den zugehörigen OBDD im Fall $n = 3$. Wir analysieren die Funktion mit Hilfe der Sätze 8.1

bzw. 8.2: Sei zunächst $k \leq n$. Es gibt 2^{k-1} verschiedene Konstantsetzungen $(a_1, a_3, \ldots, a_{2k-3}) \in \{0,1\}^n$ für die $k-1$ Variablen $x_1, x_3, \ldots, x_{2k-3}$. Diese führen auf die Unterfunktionen

$$f(x_1, \ldots, x_n)|_{x_1=a_1, x_3=a_3, \ldots, x_{2k-3}=a_{2k-3}}$$
$$= a_1 x_2 + a_3 x_4 + \ldots + a_{2k-3} x_{2k-2} + a_{2k-1} x_{2k}$$
$$+ x_{2k+1} x_{2k+2} + \ldots + x_{2n-1} x_{2n}$$

An dieser Darstellung lassen sich die folgenden beiden Tatsachen erkennen.

1. Jede der 2^{k-1} Unterfunktionen $f(x_1, \ldots, x_n)|_{x_1=a_1, x_3=a_3, \ldots, x_{2k-3}=a_{2k-3}}$ hängt wesentlich von x_{2k-1}, der k-ten Variablen in der Ordnung, ab.

2. Alle diese Unterfunktionen sind paarweise verschieden.

Folglich hat der reduzierte OBDD für f im Fall $k \leq n$ genau 2^{k-1} Knoten, die mit x_k markiert sind. Analog kann man sich davon überzeugen, daß im Fall $k > n$ genau 2^{2n-k} Knoten existieren, welche mit x_k markiert sind. Die Gesamtzahl der Knoten beträgt

$$2 \cdot 2 \sum_{k=1}^{n} 2^{k-1} + 2 = 2 \cdot (2^n - 1) + 2 = 2^{n+1}.$$

Der reduzierte OBDD für f bzgl. dieser Variablenordnung wächst folglich exponentiell in n. Um allein das exponentielle Wachstum zu zeigen, hätte es natürlich bereits ausgereicht, das exponentielle Wachstum der mit einer speziellen Variablen x_i markierten Knoten zu zeigen.

Die intuitive Begründung für das beschriebene starke Wachstum ist die folgende: Nach dem Lesen einiger Variablen $x_1, x_3, \ldots, x_k$ für ein ungerades k kann man im Gegensatz zur Situation bei der Ordnung $x_1, x_2, \ldots, x_n$ noch überhaupt keine Informationen über den Funktionswert in speziellen Fällen ableiten. Für jede Belegung der ersten Variablen läßt sich der Funktionswert von f durch geeignete Wahl der Belegung für die noch verbleibenden Variablen wahlweise auf 0 oder 1 bringen. Diese Tatsache bewirkt, daß keine Kanten in dem reduzierten OBDD von einer der oberen Variablen direkt zu einer Senke führen können. Noch gravierender ist, daß für je zwei Belegungen der ersten Variablen $x_1, x_3, \ldots, x_k$ stets eine Belegung für die noch verbleibenden Variablen gefunden werden kann, so daß die resultierenden Funktionswerte verschieden sind.

Symmetrische Funktionen. Bei symmetrischen Funktionen hängt der Funktionswert nur von der Anzahl der Einsen im Eingabevektor ab, nicht aber von deren Position. Aus dieser Eigenschaft läßt sich folgern, daß alle Variablenordnungen für den OBDD gleichwertig sind und die OBDD-Größe folglich *unabhängig* von der gewählten Variablenordnung ist. Mit Hilfe von Satz 8.2 lassen sich diese Aussage und auch weitere Aussagen über symmetrische Funktionen formal nachweisen. Sei dazu $f(x_1, \ldots, x_n)$ eine symmetrische Funktion. Für jedes k ist es bei beliebiger Konstantsetzung von $k-1$

Variablen $x_{i_1}, \ldots, x_{i_{k-1}}$ stets nur relevant, wie viele dieser Variablen 1 sind. Folglich ist die Anzahl der verschiedenen Unterfunktionen

$$f_{x_{i_1}=a_{i_1}, \ldots, x_{i_{k-1}}=a_{i_{k-1}}}$$

stets durch k beschränkt. Der reduzierte OBDD einer symmetrischen Funktion in n Variablen besitzt daher für jede Variable x_i höchstens linear viele Knoten, die mit dieser Variablen markiert sind. Insgesamt folgt, daß der reduzierte OBDD einer symmetrischen Funktion höchstens quadratische Größe in n hat. Symmetrische Funktionen zeichnen sich also nicht nur durch eine Unabhängigkeit der reduzierten OBDD-Größe von der Variablenordnung aus, sondern auch durch besonders kleine OBDD-Größen. Ein exponentielles Wachstum kann nicht auftreten.

Wegen der bereits in Abschn. 3.3.5 angesprochenen Tatsache, daß viele praktisch relevante Funktionen symmetrisch sind, ist der geringe Speicherbedarf für die OBDDs symmetrischer Funktionen besonders angenehm. Die OBDDs der zweistelligen AND, OR- und EX-OR-Funktion wurden bereits in Beispiel 6.5 gezeigt. Zur Erläuterung der Struktur spezifischer symmetrischer Funktionen möchten wir hier deshalb auf Threshold-Funktionen

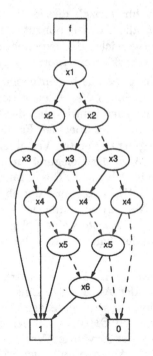

Abb. 8.2. Die Majoritätsfunktion T_3^6

$$T_k^n(x_1, \ldots, x_n) = \begin{cases} 1 & \text{wenn } x_1 + \ldots + x_n \geq k, \\ 0 & \text{sonst} \end{cases}$$

eingehen. Nach dem Lesen von beliebigen i Variablen, unter denen mindestens k Einsen sind, steht der Funktionswert bereits fest. Sei v ein Knoten, der durch eine Konstantsetzung der ersten i Variablen in der Ordnung erreicht wird, welche genau $k - 1$ Einsen enthält. v besitzt eine 1-Kante, die zur 1-Senke führt. Daraus folgt weiter, daß es für jedes i höchstens k viele mit x_i markierte Knoten gibt. Abbildung 8.2 verdeutlicht diese Tatsache am Beispiel der Majoritätsfunktion T_3^6. Für die beiden i, für die es genau 3 mit x_i markierte Knoten gibt, reflektieren die Knoten die folgenden Informationen:

Linker Knoten: Bisher wurden genau zwei Einsen gelesen.

Mittlerer Knoten: Bisher wurde genau eine Eins gelesen.

Rechter Knoten: Bisher wurde keine Eins gelesen.

Addierer. Sei $f(a_{n-1}, b_{n-1}, \ldots, a_0, b_0) : \mathbb{B}^{2n} \to \mathbb{B}^n$ eine vereinfachte Addierfunktion, die als Eingabe zwei n-Bit-Zahlen $a_{n-1} \ldots a_0$, $b_{n-1} \ldots b_0$ erhält und die letzten n Bits ihrer binären Summe $s_{n-1} \ldots s_0$ ausgibt, siehe Abb. 8.3. Eine Überlauferkennung wird also nicht ausgeführt. Der betrachtete Addierer stellt eine Schaltfunktion mit n Ausgängen dar.

a_{n-1} a_{n-2}	$\ldots$	a_2 a_1 a_0
b_{n-1} b_{n-2}	$\ldots$	b_2 b_1 b_0
s_{n-1} s_{n-2}	$\ldots$	s_2 s_1 s_0

Abb. 8.3. Vereinfachter n-Bit-Addierer

Addierer enthalten partielle Symmetrien in dem Sinn, daß für jedes i die beiden Variablen a_i und b_i vollkommen gleichwertig sind. Diese partiellen Symmetrien können jedoch nicht verhindern, daß der OBDD eines Addierers sehr empfindlich auf die Wahl der Variablenordnung reagiert. Bezüglich der Variablenordnung $a_{n-1}, b_{n-1}, \ldots, a_0, b_0$ ist die Gesamtgröße des Shared OBDDs, der alle n Ausgabebits repräsentiert, linear in n. Für die Variablenordnung $a_{n-1}, \ldots, a_0, b_{n-1}, \ldots, b_0$ wächst die Größe exponentiell in n an. Abbildung 8.4 verdeutlicht diesen Effekt im Falle $n = 3$. In beiden dargestellten Graphen werden komplementierte Kanten verwendet, da dann die strukturellen Eigenschaften der Addierer besser hervortreten.

8.2 Exponentielle untere Schranken

Wir haben gesehen, daß die Abhängkeit der OBDD-Größe von der zugrunde liegenden Variablenordnung sehr stark sein kann. Wünschenswert wäre es,

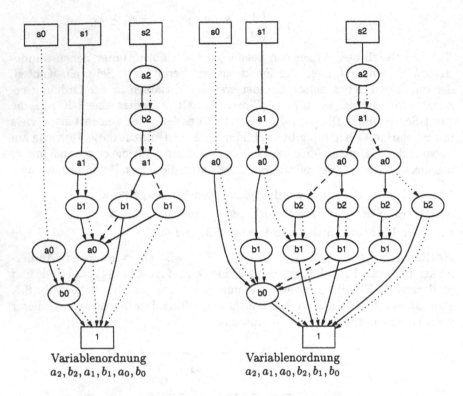

Variablenordnung
$a_2, b_2, a_1, b_1, a_0, b_0$

Variablenordnung
$a_2, a_1, a_0, b_2, b_1, b_0$

Abb. 8.4. 3-Bit-Addierfunktion

wenn für jede Funktion *mindestens eine* Variablenordnung existieren würde, die zu einem kleinen OBDD führt. OBDDs haben jedoch wie *alle* Funktionsrepräsentationen eine fatale Eigenschaft: Die Repräsentationen fast aller Funktionen benötigen exponentiellen Platz ! Der Beweis dieser Tatsache basiert auf einem einfachen Abzählargument, das auf Shannon zurückgeht. Hauptidee dabei ist, daß die Zahl der n-stelligen Schaltfunktionen von 2^{2^n} so groß ist, daß es unter keinen Umständen möglich sein kann, jede von ihnen mit polynomialem Platz zu repräsentieren. Wir werden die Anwendung dieses Abzählarguments am Beispiel der OBDDs demonstrieren. Aus der Technik des Beweises folgt jedoch leicht die Allgemeingültigkeit der Aussage für *alle* diese Darstellungen.

Satz 8.3. *Wir betrachten OBDDs bezüglich ihrer optimalen Variablenordnung. Sei $G(n)$ die Anzahl der n-stelligen Funktionen, deren Größe kleiner als $2^n/2n$ ist, und sei $N(n) = 2^{2^n}$ die Zahl aller n-stelligen Funktionen. Dann konvergiert der Quotient $G(n)/N(n)$ gegen 0, wenn n gegen unendlich strebt:*

$$\frac{G(n)}{N(n)} \longrightarrow 0 \quad \text{für } n \longrightarrow \infty .$$

Beweis. Sei $K = \lfloor 2^n/2n \rfloor$. Mit c_i bezeichnen wir die Anzahl der mit x_i markierten Knoten im OBDD. Ferner bezeichne $c_{n+1} = K - (c_1 + c_2 + \ldots + c_n)$ die Anzahl der Knoten, die theoretisch noch gebraucht werden könnten, ohne die Schranke zu verletzen. Da jede Zahl c_i eine nichtnegative ganze Zahl ist, hat die Gleichung $\sum_{i=1}^{n+1} c_i = K$ genau

$$\binom{n+K}{K}$$

viele Lösungen.

Wir nehmen nun an, daß alle Knoten durchgehend numeriert sind, und zwar so, daß dabei die Ordnungseigenschaft der Variablenordnung erhalten bleibt: Tritt x_i vor x_j in der Ordnung auf, dann ist die Nummer jedes mit x_i markierten Knotens kleiner als die Nummer jedes mit x_j markierten Knotens. Die beiden Senken erhalten die höchsten Nummern. Wegen dieser Eigenschaft der Ordnungserhaltung gilt für jeden Knoten: Die Nummern der beiden Söhne sind jeweils größer als die eigene Nummer. Folglich gibt es höchstens

$$((K-1)+2)^2 \cdot ((K-2)+2)^2 \cdot ((K-3)+2)^2 \cdot \ldots \cdot 2^2$$
$$= (K+1)^2 \cdot K^2 \cdot (K-1)^2 \cdot \ldots \cdot 2^2$$
$$= ((K+1)!)^2$$

viele Möglichkeiten, die Kanten zu plazieren. Da es $n!$ viele Variablenordnungen gibt, existieren höchstens

$$n! \binom{n+K}{K} ((K+1)!)^2 = (K+1)(K+1)!(K+n)!$$

Funktionen, deren optimaler OBDD aus höchstens K Knoten besteht. Der letzte Ausdruck ist kleiner als $(K+n)^{2K+n}/2^{2^n}$. Es folgt

$$\log_2(G(n)/N(n)) \leq (2K+n)\log_2(K+n) - 2^n$$
$$\leq ((2^n/n) + n)(n - \log_2 n + O(1)) - 2^n$$
$$= n^2 + ((2^n/n) + n)(-\log_2 n + O(1))$$
$$= (2^n/n)\left(n^3/2^n + (1 + n^2/2^n)(-\log_2 n + O(1))\right)$$
$$\longrightarrow -\infty \quad \text{für } n \longrightarrow +\infty.$$

Folglich konvergiert der Quotient $G(n)/N(n)$ gegen 0, wenn n gegen unendlich strebt. □

Der Beweis des Satzes basiert auf einem reinen Abzählargument und liefert keinerlei Informationen, wie *konkrete* Funktionen aussehen, die für jede Variablenordnung exponentielle OBDDs haben. Tatsächlich ist es kein leichtes Unterfangen, untere Schranken für den Ressourcenbedarf von konkreten Schaltfunktionen nachzuweisen. Im Modell der Booleschen Schaltkreise ergibt sich beispielsweise das folgende Bild: Auch hier gilt natürlich die Aussage, daß fast alle Funktionen nur mit Booleschen Schaltkreisen exponentieller Größe dargestellt werden können. Da die Frage nach dem Aussehen einer konkreten Funktion mit dieser Eigenschaft mit wichtigen Schlußfolgerungen für grundlegende Probleme der theoretischen Informatik in Verbindung steht, wurde weltweit viel Forschungsenergie in die Konstruktion einer solchen Funktion investiert. Das Ergebnis war jedoch ernüchternd: Niemand hat es bisher geschafft, eine konkrete Funktion mit zwingend exponentieller Schaltkreisgröße anzugeben. Die Situation ist jedoch noch viel schlimmer: Es ist bis jetzt noch nicht einmal jemandem gelungen, eine konkrete Funktion anzugeben, die etwa zwingend einen mindestens quadratischen Aufwand bei der Schaltkreisrepräsentation erfordert. Der „Weltrekord" einer unteren Schranke für die Schaltkreisgröße einer konkreten Funktion liegt bei der fast erschreckend kleinen Zahl von $3n$, ein Ergebnis, das im Jahr 1984 von N. Blum für eine künstliche, in Hinblick auf den Nachweis der unteren Schranke konstruierte Funktion bewiesen werden konnte.

Glücklicherweise ist die Situation im Fall der OBDDs nicht ganz so aussichtslos wie im Fall der Booleschen Schaltkreise: Das Modell der OBDDs ist in bezug auf den Nachweis unterer Schranken wesentlich leichter zu handhaben. Es gibt explizite Konstruktionen für Schaltfunktionen, deren OBDD-Darstellungen zwingend exponentiellen Ressourcenbedarf haben, und zwar nicht nur für kunstvoll konstruierte Funktionen, sondern auch für tatsächlich praktisch relevante Schaltfunktionen.

Nach Einführung der OBDDs im Jahr 1986 durch Bryant und ihrem sukzessiven Einzug in die großen CAD-Systeme gelang es niemandem, für die binäre Multiplikationsfunktion eine gute Variablenordnung zu konstruieren. Es war jedoch zunächst nicht klar, ob dafür prinzipielle Gründe ausschlaggebend waren oder lediglich die Tatsache, daß die zur Verfügung stehenden Optimierungsalgorithmen noch nicht ausgereift waren. Erst Jahre später konnte jedoch bewiesen werden, daß die Multiplikationsfunktion bezüglich jeder Variablenordnung zwingend exponentielle OBDDs erfordert. Auch dieses Resultat aus dem Jahr 1991 geht auf Bryant zurück.

Definition 8.4. *Unter der* **Multiplikationsfunktion für n-stellige Binärzahlen** *versteht man die Schaltfunktion*

$$F = F(x_{n-1}, \ldots, x_0, y_{n-1}, \ldots, y_0) : \mathbb{B}^{2n} \to \mathbb{B}^{2n},$$

die als Eingabe zwei n-stellige Binärzahlen $x = x_{n-1} \ldots x_0$ und $y = y_{n-1} \ldots y_0$ erhält und deren binäres Produkt $z = z_{2n-1} \ldots z_0 = x \cdot y$ berechnet.

Der Nachweis der unteren Schranke beruht auf Methoden der Kommunikationskomplexität. Sei $f \in \mathbb{B}_n$ eine Schaltfunktion über der Variablenmenge $X = \{x_1, \ldots, x_n\}$ und Y eine Teilmenge von X. Unter einer **Unterfunktion**

von f auf Y versteht man eine Unterfunktion, die durch Konstantsetzung aller Variablen auf $\overline{Y}$, dem Komplement von Y, entsteht.

Satz 8.5. *Sei $f \in \mathbb{B}_n$ eine Schaltfunktion über der Variablenmenge $X = \{x_1, \ldots, x_n\}$. Für alle $Y \subset X$ einer festen Größe m gebe es mindestens k verschiedene Unterfunktionen auf Y. Dann besitzt jeder OBDD für f mindestens k Knoten.*

Beweis. Wir betrachten einen OBDD für f bezüglich einer beliebigen Variablenordnung π. Die ersten $n - m$ Variablen in π seien mit $\overline{Z}$ bezeichnet, die letzten m Variablen in π mit Z. Je zwei Zuweisungen auf $\overline{Z}$, welche verschiedene Unterfunktionen auf Z definieren, müssen zu verschiedenen Knoten im OBDD führen. Da die Voraussetzung des Satzes für beliebige $Y \subset X$ der Größe m gilt, gilt sie insbesondere auch für die gewählte Menge Z. Folglich gibt es mindestens k verschiedene Unterfunktionen auf Z, welche zu mindestens k verschiedenen Knoten im OBDD führen.   □

Wir übertragen diesen Sachverhalt nun auf Familien von Funktionen $f_n \in \mathbb{B}_n, n \geq 1$, wie etwa auf die Funktionen, die ein spezielles Ausgabebit der n-stelligen Multiplikationsfunktion berechnen. Um den Nachweis zu erbringen, daß eine Familie von Funktionen $f_n, n \geq 1$, zwingend exponentiell große OBDDs besitzt, genügt es zu zeigen, daß für eine Größe $m = m(n)$ exponentiell viele Unterfunktionen (etwa 2^{cn} für ein $c > 0$) existieren. Zum Nachweis dieser großen Zahl von Unterfunktionen kann man wie folgt vorgehen: Zeige, daß für jede $(n - m)$-elementige Teilmenge $\overline{Y}$ der Variablenmenge eine exponentielle Anzahl von Konstantsetzungen auf $\overline{Y}$ existiert, so daß es für je zwei dieser Konstantsetzungen eine Zuweisung an die Variablen auf Y gibt, die zu verschiedenen Funktionswerten führt.

Eine nützliche Begriffsbildung zur formalen Darstellung dieser Sachverhalte sind die sogenannten **Fooling-Mengen (fooling sets)**.

Definition 8.6. *Sei $f \in \mathbb{B}_n$ eine Schaltfunktion über der Variablenmenge $X = \{x_1, \ldots, x_n\}$. Für $Y \subset X$ und $x, x' \in \{0, 1\}$ bezeichnen x_Y und $x_{\overline{Y}}$ den Wert von x auf den Variablen in Y bzw. $\overline{Y}$ (analog für x'). Eine Menge $F \subset \mathbb{B}^n$ heißt* **Fooling-Menge** *für f bzgl. Y, wenn für alle $x \neq x' \in F$ die folgenden Bedingungen erfüllt sind:*

1. *$f(x) = f(x') = 1$,*
2. *$f(x_Y x'_{\overline{Y}}) = 0$ oder $f(x'_Y x_{\overline{Y}}) = 0$.*

Satz 8.7. *Sei $f \in \mathbb{B}_n$ eine Schaltfunktion über der Variablenmenge $X = \{x_1, \ldots, x_n\}$. Besitzt f für alle $Y \subset X$ einer festen Größe m eine Fooling-Menge der Größe k, dann besteht jeder OBDD für f aus mindestens k Knoten.*

Beweis. Wir betrachten einen OBDD für f bezüglich einer beliebigen Variablenordnung π. Die ersten m Variablen in π seien mit Y bezeichnet, die letzten $n - m$ Variablen in π mit $\overline{Y}$. Für zwei Belegungen $x \neq x'$ der Fooling-Menge können die Konstantsetzungen x_Y und x'_Y auf den ersten m Variablen nicht zu den gleichen Knoten führen, denn es gilt

1. $f(x) = f(x') = 1$,
2. $f(x_Y x'_{\overline{Y}}) = 0$ oder $f(x'_Y x_{\overline{Y}}) = 0$

und damit

$$f(x_Y x_{\overline{Y}}) \neq f(x_Y x'_{\overline{Y}}) \text{ oder } f(x'_Y x'_{\overline{Y}}) \neq f(x'_Y x_{\overline{Y}}) .$$

□

Kann man im Sinne von Satz 8.7 die Existenz von Fooling-Mengen exponentieller Größe nachweisen, folgt daraus unmittelbar eine exponentielle untere Schranke für die Größe der entsprechenden OBDDs. Im Fall der Multiplikation werden wir nun zeigen, daß bereits das mittlere Bit z_n der in Definition 8.4 eingeführten Multiplikationsfunktion exponentielle OBDDs erfordert. Tatsächlich ist das mittlere Bit das am „schwersten" zu berechnende Bit bei der Multiplikation.

Satz 8.8. *Bezüglich jeder beliebigen Ordnung wächst der (reduzierte) OBDD des mittleren Bits der Multiplikationsfunktion exponentiell in n.*

Beweis. Sei $f = f(x_{n-1}, \ldots, x_0, y_{n-1}, \ldots, y_0)$ das mittlere Ausgabebit z_n der in Definition 8.4 beschriebenen Multiplikation. Wir zeigen, daß bezüglich jeder Teilmenge $S \subset \{x_0, \ldots, x_{n-1}\}$ der Größe $n/2$ die Funktion f eine Fooling-Menge der Größe $2^n/8$ hat. Die Elemente der zu konstruierenden Fooling-Menge werden sich nur auf den Zuweisungen zu den Variablen x_i unterscheiden. Die Variablen y_i werden so fixiert, daß die Multiplikation auf die Berechnung der Summe zweier ganzer Zahlen reduziert wird. Die eine Zahl korrespondiert zu einer Teilfolge von Variablen mit niedrigem Index, also von Variablen aus $\{x_0, \ldots, x_{n/2-1}\}$ und die andere zu einer Teilfolge von Variablen mit hohem Index, also von Variablen aus $\{x_{n/2}, \ldots, x_{n-1}\}$. Das Übertragsbit dieser Addition stimmt dann gerade mit der Funktion f überein.

Wir wählen die beiden Teilfolgen so aus, daß für jeden Index i der Teilfolgen die beiden folgenden Bedingungen erfüllt sind:

1. Für jedes i gehört das i-te Bit einer der beiden Teilfolgen zu S, und das i-te Bit der anderen Teilfolge zu $\overline{S}$.
2. Es gibt eine Zahl $k \in \{1, \ldots, n\}$, so daß alle gewählten Bit-Paare den gleichen Abstand k voneinander haben.

Um diese beiden Bedingungen zu sichern, definieren wir

$$S_L = S \cap \{x_0, \ldots, x_{n/2-1}\} \quad \text{und} \quad S_H = S \cap \{x_{n/2}, \ldots, x_{n-1}\}$$

für die Elemente von S mit den niedrigen Indizes (S_L) bzw. den hohen Indizes (S_H). Analog werden die Einschränkungen von $\overline{S}$ auf den beiden Bereichen bestimmt:

$$\overline{S}_L = \overline{S} \cap \{x_0, \ldots, x_{n/2-1}\} \quad \text{und} \quad \overline{S}_H = \overline{S} \cap \{x_{n/2}, \ldots, x_{n-1}\}.$$

Mittels elementarer Analysis läßt sich leicht zeigen, daß für zwei ganze Zahlen $0 \leq a, b \leq n/2$ mit $a + b = n/2$ gilt:

$$a \cdot \left(\frac{n}{2} - b\right) + b \cdot \left(\frac{n}{2} - a\right) \geq \frac{n^2}{8}.$$

Durch Setzen von $a = |S_L|$, $b = |S_H|$ bedeutet das in unserem Fall

$$|S_L \times \overline{S}_H| + |\overline{S}_L \times S_H| \geq \frac{n^2}{8}.$$

Es gibt also mindestens $n^2/8$ Paare, die die erste Bedingung erfüllen. Wir partitionieren diese Menge von Paaren (x_i, x_j) gemäß dem Wert $i - j$, für den $1 \leq |i - j| < n$ gilt, in n Teile. Anschließend wählen wir die größte dieser Mengen aus. Sie besteht aus mindestens $n/8$ Elementen. Insgesamt haben wir damit die beiden gesuchten Teilfolgen gefunden, die die beiden oben genannten Eigenschaften erfüllen. Abbildung 8.5 illustriert diesen Sachverhalt.

$$
\begin{array}{rccccccccc|cccccccccc}
& 0 & 0 & x_i & 1 & x_j & 1 & 1 & x_k & 0 & x_p & 0 & x_q & 0 & 0 & x_r & 0 & 0 & 0 & = x \\
\times & 0 & 0 & 0 & 0 & 0 & 0 & 0 & 0 & 0 & 1 & 0 & 0 & 0 & 0 & 0 & 0 & 1 & 0 & = y \\
\hline
& 0 & 0 & x_i & 1 & x_j & 1 & 1 & x_k & 0 & x_p & 0 & x_q & 0 & 0 & x_r & 0 & 0 & 0 \\
\ldots & x_k & 0 & x_p & 0 & x_q & 0 & 0 & x_r & 0 & 0 & 0 \\
\end{array}
$$

$$\uparrow$$
$$f(x, y)$$

Abb. 8.5. Es gibt ein k (hier: 7), so daß in jedem gewählten Variablenpaar (hier: (x_i, x_p), (x_j, x_q), (x_k, x_r)) die Variablen genau den Abstand k voneinander haben

Genau zwei Bits von $y_0, \ldots, y_{n-1}$ werden auf 1 gesetzt, und zwar so, daß die Elemente der beiden ausgewählten Teilfolgen genau untereinander stehen. In Abb. 8.5 stehen die Variablen jedes Paares (x_i, x_p), (x_j, x_q), (x_k, x_r) zwischen den beiden horizontalen Strichen genau untereinander. Die Bits von $x_0, \ldots, x_{n-1}$, die nicht in die Teilfolgen aufgenommen wurden, werden auf 1 gesetzt, wenn sie zwischen zwei Variablen einer Folge auftreten, und sonst auf 0 gesetzt. Dies bewirkt, daß Überträge von einer Stelle innerhalb der gewählten Folge zur nächsten Stelle innerhalb der gewählten Folge durchgereicht

werden. Für die speziell gewählten Belegungen fällt das uns interessieren-
de mittlere Bit der Multiplikation mit dem Übertrag der beiden durch die
Zahlenfolgen bestimmten $n/8$-Bit-Zahlen zusammen.

Wir definieren nun eine Fooling-Menge F für diese Addition bezüglich S,
die automatisch auch eine Fooling-Menge für die gesamte Multiplikation induziert. Die Addition kann man sich so vorstellen, daß zu einer Zahl, welche
durch die Belegung auf $\overline{S}$ bestimmt ist, eine andere hinzuaddiert wird, welche
durch die Belegung auf S bestimmt wird.

Zur vereinfachenden Notation bezeichnen wir die aus S stammenden Variablen der Folge mit $a = a_{n/8-1}, \dots, a_0$ und die aus $\overline{S}$ stammenden Variablen
der Folge mit $b = b_{n/8-1}, \dots, b_0$. Wir definieren die Fooling-Menge durch

$$F = \left\{ (a_0, \dots, a_{n/8-1}, b_0, \dots, b_{n/8-1}) : \sum_{i=0}^{n/8-1} a_i 2^i + \sum_{i=0}^{n/8-1} b_i 2^i = 2^{n/8} \right\}.$$

Da es zu jeder Zahl $a \in \{0, \dots, 2^{n/8-1}\}$ genau eine Zahl b gibt, die a zu
$2^{n/8}$ ergänzt, hat F die Mächtigkeit $2^{n/8}$. Die erste Bedingung der Fooling-
Mengen-Definition ist also offensichtlich erfüllt. Für die zweite genügt es zu
beobachten, daß im Fall $(a, b) \neq (a', b') \in F$ eines der beiden Paare (a, b')
oder (a', b) nicht mehr zu $2^{n/8}$ aufsummiert. $\qquad \square$

Wir möchten den Nachweis unterer Schranken noch an einem weiteren
Beispiel demonstrieren. Hierzu betrachten wir die *Hidden-Weighted-Bit-
Funktion*, mit der sich ein indirekter Speicherzugriff beschreiben läßt.

Definition 8.9. *Für $x = (x_1, \dots, x_n) \in \mathbb{B}^n$ bezeichne $wt(x)$ die Anzahl der
Einsen in x. Die* **Hidden-Weighted-Bit-Funktion** *$HWB : \mathbb{B}^n \to \mathbb{B}$ ist wie
folgt definiert:*

$$HWB(x_1, \dots, x_n) = \begin{cases} x_{wt(x)} & \text{falls} \quad wt(x) > 0, \\ 0 & \text{sonst.} \end{cases}$$

Für die Darstellung der Hidden-Weighted-Bit-Funktion mittels OBDDs ist
folgende Aussage bekannt.

Satz 8.10. *Bezüglich jeder beliebigen Ordnung wächst der (reduzierte)
OBDD für die Hidden-Weighted-Bit-Funktion exponentiell in der Eingabelänge n.*

Beweis. O.B.d.A. können wir annehmen, daß n durch 10 teilbar ist. Anderenfalls sind lediglich einige technische Zusatzbetrachtungen notwendig. Wir
zeigen, daß für jede Teilmenge $S = \{x_{j_1}, \dots, x_{j_{|S|}}\}$ der Variablenmenge mit
$|S| = 0.6n$ eine exponentielle Anzahl von Konstantsetzungen auf S existiert,
die zu verschiedenen Unterfunktionen führen.

Seien X_H und X_L zwei Mengen der Kardinalität $0.4n$, die aus Variablen mit hohem bzw. mit niedrigem Index bestehen:

$$X_H = \{x_{0.5n+1}, \ldots, x_{0.9n}\}, \tag{8.1}$$

$$X_L = \{x_{0.1n+1}, \ldots, x_{0.5n}\}. \tag{8.2}$$

Aus $|X_H| + |X_L| = 0.8n$ folgt $|S \cap (X_H \cup X_L)| \geq 0.4n$ und weiter

$$|S \cap X_H| \geq 0.2n \quad \text{oder} \quad |S \cap X_L| \geq 0.2n.$$

Wir können daher eine Menge W der Kardinalität $0.2n$ bestimmen, für die gilt

$$W \subset S \cap X_H \quad \text{oder} \quad W \subset S \cap X_L.$$

Fall 1: $W \subset X_H$. Sei die Menge F durch

$$F = \{x = (x_{j_1}, \ldots, x_{j_{|S|}}) \in \mathbb{B}^{|S|} : |\{x_i \in W : x_i = 1\}| = 0.1n$$
$$\text{und } \forall x_i \in S \setminus W : x_i = 1\}$$

definiert. Jeder Vektor $x \in F$ definiert eine Konstantsetzung auf den Variablen der Menge S, in der genau $0.5n$ Einsen auftreten.

Fall 2: $W \subset X_L$. Die Menge F sei nun durch

$$F = \{x = (x_{j_1}, \ldots, x_{j_{|S|}}) \in \mathbb{B}^{|S|} : |\{x_i \in W : x_i = 0\}| = 0.1n$$
$$\text{und } \forall x_i \in S \setminus W : x_i = 0\}$$

definiert. Jede durch einen Vektor $x \in F$ definierte Konstantsetzung auf S enthält genau $0.1n$ Einsen.

In beiden Fällen folgt mit Hilfe der Stirling-Formel $n! \approx \sqrt{2\pi n}(n/e)^n$ die Abschätzung

$$|F| = \binom{n/5}{n/10} = \Omega\left(\frac{2^{n/5}}{\sqrt{n}}\right) = \Omega\left(2^{(1/5-\varepsilon)n}\right) = \Omega(1.14^n).$$

Wir zeigen nun, daß je zwei Konstantsetzungen aus der Menge F zu verschiedenen Unterfunktionen führen. Seien hierzu $x'_S \neq x_S \in F$ Belegungen für die Variablen aus S, die sich für ein $i \in \{1, \ldots, n\}$ im i-ten Bit unterscheiden, $x_i \neq x'_i$.

Fall 1: $W \subset X_H$. Aus Gleichung (8.1) folgt $0.5n < i \leq 0.9n$. Für eine Belegung $x_{\overline{S}}$ der Variablen aus $\overline{S}$, in der genau $i - 0.5n$ Bits auf 1 gesetzt sind, gilt $wt(x_S x_{\overline{S}}) = wt(x'_S x_{\overline{S}}) = i$ und damit

$$HWB(x_S x_{\overline{S}}) = x_i \neq x'_i = HWB(x'_S x_{\overline{S}}). \tag{8.3}$$

Fall 2: $W \subset X_L$. Es gilt nun $0.1n < i \leq 0.5n$. Für eine Belegung $x_{\overline{S}}$ der Variablen aus $\overline{S}$, in der genau $i - 0.1n$ Bits auf 1 gesetzt sind, gilt $wt(x_S x_{\overline{S}}) = wt(x'_S x_{\overline{S}}) = i$ und folglich ebenso Aussage (8.3). $\square$

8.3 OBDDs mit verschiedenen Variablenordnungen

Aus Kap. 6 wissen wir, daß für zwei OBDDs mit der *gleichen* Ordnung binäre Operationen und der Äquivalenztest effizient ausgeführt werden können. In den vergangenen Abschnitten haben wir deshalb die Komplexität wichtiger Probleme unter der Voraussetzung untersucht, daß zu jedem Zeitpunkt alle auftretenden OBDDs die *gleiche* feste Variablenordnung besitzen.

Denkbar wäre natürlich auch, daß man mit OBDDs bezüglich unterschiedlicher Ordnungen arbeitet. Sei beispielsweise P_1 ein OBDD mit der Variablenordnung π_1 und P_2 ein OBDD mit der Variablenordnung π_2. Inwiefern sind die Grundoperationen nun immer noch effizient ausführbar ?

In diesem Abschnitt zeigen wir zunächst, daß der Äquivalenztest auch für OBDDs mit verschiedenen Variablenordnungen in Polynomialzeit ausgeführt werden kann. Es sei jedoch darauf hingewiesen, daß der resultierende Algorithmus deutlich aufwendiger ist als im Falle gleicher Ordnung. Ganz anders sieht die Situation für die binären Operationen aus: Wir zeigen, daß die Ausführung binärer Operationen für OBDDs mit verschiedenen Variablenordnungen ein **NP**-hartes Problem ist. Genau diese Eigenschaft ist der Grund dafür, warum man in vielen Fällen fordert, daß alle auftretenden OBDDs eine gemeinsame Ordnung besitzen.

Satz 8.11. *Sei P_1 ein Read-once-Branching-Programm und P_2 ein OBDD. Die Äquivalenz von P_1 und P_2 kann in polynomialer Zeit entschieden werden.*

Beweis. Abbildung 8.6 enthält einen Algorithmus, der die Äquivalenz von P_1 und P_2 entscheidet. Wir zeigen:

1. Der Algorithmus arbeitet korrekt.
2. Der Algorithmus läuft in Polynomialzeit.

Zu 1. Der Algorithmus für den Äquivalenztest beruht auf einem einfachen Prinzip: Für zwei Schaltfunktionen $f, g \in \mathbb{B}_n$ und eine Variable x_i gilt offenbar:

$$f = g \iff f_{x_i} = g_{x_i} \text{ und } f_{\overline{x_i}} = g_{\overline{x_i}}. \tag{8.4}$$

Der Algorithmus verwaltet eine Liste L von Branching-Programmpaaren mit der folgenden Eigenschaft:

$$f_{P_1} = f_{P_2} \iff \forall (P, Q) \in L \quad f_P = f_Q, \tag{8.5}$$

wobei f_P bzw. f_Q die von P bzw. Q repräsentierten Funktionen sind.

Zu Beginn wird L auf $\{(P_1, P_2)\}$ initialisiert. Im Laufe des Algorithmus wird L nur durch zwei Arten von Operationen geändert:

```
Equivalence(P₁, P₂) {
/* Eingabe: Read-once-Branching-Programm P₁, OBDD P₂ bzgl.
              Variablenordnung π₂. */
/* Ausgabe: „Ja", wenn P₁ und P₂ die gleiche Funktion repräsentieren.
              „Nein" im anderen Fall. */
    Initialisiere L auf {(P₁, P₂)};
    Für alle Knoten v von P₁ {
        visited[v] = FALSE;
    }
    Do {
        Sei v ein Knoten von P₁ mit visited[v] = FALSE
            für den alle Vorgänger v′ die Eigenschaft visited[v′] = TRUE erfüllen;
        Sei v mit der Variablen xᵢ markiert, und
            sei P der in v wurzelnde Untergraph von P₁;
        Sei {(P, Q₁), ... , (P, Qₖ)} die Liste der Graphenpaare aus L, in denen P
            auftritt;
        /* Da Q₁, ..., Qₖ Untergraphen eines OBDDs mit Variablenordnung π₂ sind,
            kann ihre Äquivalenz in Polynomialzeit überprüft werden */
        If ¬(f_{Q₁} = ... = f_{Qₖ}) {
            Return(„Nein");
        }
        If (P besteht nur aus einer Senke) {
            /* Da P trivialerweise ein OBDD mit Variablenordnung π₂ ist, kann
                die Äquivalenz von P und Q₁ in Polynomialzeit geprüft werden */
            If ¬(f_P ≠ f_{Q₁}) {
                Return(„Nein");
            }
        } Else {
            Seien P′ und P″ die Untergraphen von P₁, die im
                1- bzw. 0-Nachfolgerknoten von P wurzeln;
            Addiere zu L die Paare (P′, (Q₁)_{xᵢ=1}) und (P″, (Q₁)_{xᵢ=0});
            Entferne die Paare (P, Q₁), ..., (P, Qₖ) aus L;
            visited[v] = TRUE;
        }
    } While (es existiert ein v mit visited[v] = FALSE);
    Return („Ja");
}
```

Abb. 8.6. Äquivalenztest für OBDDs mit verschiedenen Ordnungen

---

1. Ein Paar von L wird gemäß Bedingung (8.4) durch die Paare der Read-once-Branching-Programme der Cofaktoren ersetzt.

2. Für zwei Paare $(P, Q_1) \in L$ und $(P, Q_2) \in L$ gilt:

$$f_{Q_1} \neq f_{Q_2} \implies f_{P_1} \neq f_{P_2},$$

$$f_{Q_1} = f_{Q_2} \implies \text{eines der Paare kann aus } L \text{ entfernt werden.}$$

Die Aussage (8.5) ist folglich eine Invariante für die Do-Schleife. Um die Korrektheit des Algorithmus zu zeigen, genügt demzufolge die Beobachtung, daß die Invariante zu Beginn des Algorithmus gilt und daß nach Anhalten des Algorithmus eine der beiden folgenden Eigenschaften erfüllt ist:

1. Für alle Knoten v von P_1 gilt $visited[v] = \text{TRUE}$, die Liste L ist leer und die Antwort lautet „Ja".

2. Es gibt einen Knoten v von P_1 mit $visited[v] = \text{FALSE}$ sowie ein Paar (P, Q) mit $f_P \neq f_Q$ und die Antwort lautet „Nein".

Zur Laufzeit des Algorithmus: Die Do-Schleife wird für jeden Knoten von P_1 höchstens einmal durchlaufen. Jede dieser Ausführungen erfordert höchstens die Anzahl von $size(P_2)$ Äquivalenztests für OBDDs mit der gleichen Ordnung. Jeder dieser Tests kann in Polynomialzeit ausgeführt werden. Folglich ist die Laufzeit des in Abb. 8.6 dargestellten Algorithmus polynomial.   □

Da ein OBDD ein Spezialfall eines Read-once-Branching-Programms ist, folgt unmittelbar

Korollar 8.12. *Die Äquivalenz zweier OBDDs mit verschiedenen Variablenordnungen kann in polynomialer Zeit entschieden werden.*   □

Wir zeigen nun, daß die Ausführung binärer Operationen für OBDDs mit verschiedenen Variablenordnungen ein **NP**-hartes Problem ist.

Problem 8.13. Das Problem **COMMON_PATH$_{\pi_1\text{-OBDD},\pi_2\text{-OBDD}}$** ist wie folgt definiert:

Eingabe: Ein OBDD P_1 mit der Ordnung π_1 und ein OBDD P_2 mit der Ordnung π_2.

Ausgabe: „Ja", wenn es eine Belegung der Eingabevariablen gibt, für die P_1 und P_2 simultan den Wert 1 berechnen. „Nein" im anderen Fall.

Lemma 8.14. *Das Problem* **COMMON_PATH$_{\pi_1\text{-OBDD},\pi_2\text{-OBDD}}$** *ist* **NP**-*vollständig.*

Beweis. Da sich jeder der beiden OBDDs in Polynomialzeit auswerten läßt, liegt das Problem in **NP**.

Um zu zeigen, daß das Problem **NP**-hart ist, genügt es, einen bereits früher ausgeführten Beweis noch einmal genauer zu analysieren. In Satz 4.32 wurde bewiesen, daß die Erfüllbarkeit von geordneten Read-2-Branching-Programmen der Breite 3 ein **NP**-vollständiges Problem ist.

In dem Beweis haben wir für jede Instanz C des **NP**-vollständigen Problems 3-SAT/3-OCCURRENCES zwei Branching-Programme $P'(C)$ und $P''(C)$ mit der folgenden Eigenschaft konstruiert: C ist genau dann erfüllbar, wenn es eine Variablenbelegung für $P'(C)$ und $P''(C)$ gibt, so daß $P'(C)$ und $P''(C)$ simultan den Wert 1 berechnen. An der Konstruktionsvorschrift für $P'(C)$ und $P''(C)$ läßt sich unmittelbar erkennen, daß beide Programme sogar die OBDD-Eigenschaft erfüllen. Folglich ist das Problem COM-MON_PATH$_{\pi_1\text{-OBDD},\pi_2\text{-OBDD}}$ ein **NP**-hartes Problem.   □

Problem 8.15. Das Problem ·-**SYN**$_{\pi_1\text{-OBDD},\pi_2\text{-OBDD}}$ ist wie folgt definiert:

Eingabe: Ein OBDD P_1 mit der Ordnung π_1 und ein OBDD P_2 mit der Ordnung π_2.

Ausgabe: Ein OBDD P (mit beliebiger Variablenordnung) für die Funktion $f = f_1 \cdot f_2$, wobei f_1 und f_2 die von P_1 und P_2 berechneten Funktionen bezeichnen.

Satz 8.16. *Das Problem* ·-*SYN*$_{\pi_1\text{-}OBDD,\pi_2\text{-}OBDD}$ *ist* **NP**-*hart.*

Die Vorgehensweise im Beweis ist analog zum Beweis von Satz 4.38.

Beweis. Das Problem COMMON_PATH$_{\pi_1\text{-OBDD},\pi_2\text{-OBDD}}$ kann dadurch gelöst werden, daß ein Algorithmus für ·-SYN$_{\pi_1\text{-OBDD},\pi_2\text{-OBDD}}$ auf die Eingabe-OBDDs angewendet wird und dann SAT$_{\text{OBDD}}$ auf dem resultierenden OBDD entschieden wird. COMMON_PATH$_{\pi_1\text{-OBDD},\pi_2\text{-OBDD}}$ ist aufgrund von Lemma 8.14 ein **NP**-vollständiges Problem, während SAT$_{\text{OBDD}}$ in Polynomialzeit entschieden werden kann. Folglich ist das untersuchte Problem ·-SYN$_{\pi_1\text{-OBDD},\pi_2\text{-OBDD}}$ **NP**-hart.   □

Da die Komplementierung im Kontext der OBDDs sehr einfach ist, kann man sofort das folgende Korollar erhalten.

Korollar 8.17. *Die beiden Probleme* +-*SYN*$_{\pi_1\text{-}OBDD,\pi_2\text{-}OBDD}$ *und* ⊕-*SYN*$_{\pi_1\text{-}OBDD,\pi_2\text{-}OBDD}$ *sind* **NP**-*hart.*   □

Nach der Analyse der zwei Grundoperationen möchten wir noch kurz auf das Problem eingehen, einen OBDD P_1 mit einer Ordnung π_1 in einen OBDD P_2 mit der Ordnung π_2 zu überführen. Aus Abschn. 8.1 ist bekannt, daß die Größe des OBDDs bei der Umwandlung exponentiell anwachsen kann. Folglich kann es keinen – nicht einmal einen nichtdeterministischen (!) – Algorithmus geben, der die Überführung in polynomialer Zeit gewährleistet. Das beste, was man sich erhoffen kann, ist daher ein Algorithmus, dessen Rechenzeit durch ein Polynom in $size(P_1)$ und $size(P_2)$ beschränkt ist. Aus dem nachstehenden Satz, den wir ohne Beweis angeben, geht hervor, daß ein solcher Algorithmus existiert. Man spricht hierbei auch von einem **globalen Umbau (global rebuilding)** des OBDDs.

Satz 8.18. *Sei* P_1 *ein OBDD mit Variablenordnung* π_1, *und sei* π_2 *eine weitere Variablenordnung. Es gibt einen Algorithmus, der* P_1 *in einen reduzierten OBDD* P_2 *mit der Variablenordnung* π_2 *überführt und dessen Laufzeit durch* $\mathcal{O}(size(P_2)^2 \cdot size(P_1) \cdot \log(size(P_1)))$ *beschränkt ist.*

8.4 Komplexität der Minimierung

Da die Größe eines OBDDs sehr stark von der gewählten Variablenordnung abhängen kann, sind Algorithmen zur Konstruktion guter Ordnungen von großer praktischer Bedeutung. Die Hoffnung allerdings, daß es einen *effizienten* Algorithmus gibt, der unter allen möglichen Ordnungen stets die beste ermittelt, kann leider nicht erfüllt werden. In diesem Abschnitt wird gezeigt, daß der Test, ob die minimale OBDD-Größe für eine als OBDD gegebene Funktion kleiner ist als eine vorgegebene Zahl s, **NP**-vollständig ist. Folglich ist es ein **NP**-hartes Problem, die optimale Variablenordnung zu einem vorgegebenen OBDD zu konstruieren; effiziente Algorithmen sind also nicht zu erwarten.

In der historischen Entwicklung bedeutete die genaue Klärung der komplexitätstheoretischen Fragen ein verzwicktes Unterfangen. Zunächst wurde in der Originalarbeit von Bryant aus dem Jahr 1986 ohne Beweis behauptet, daß die Konstruktion einer optimalen Variablenordnung ein **NP**-hartes Problem ist. Diese plausible Aussage wurde einige Zeit lang als Faktum hingenommen. Als jedoch die Rolle der Variablenordnung in den verschiedenen Anwendungen zunehmend an Bedeutung gewann und deshalb genauer untersucht wurde, stellte sich heraus, daß die Komplexität der Ordnungsfragen in Wirklichkeit noch überhaupt nicht geklärt war. Tatsächlich entzog sich diese Frage lange hartnäckig einer Klärung.

Im Jahr 1993 schließlich gelangten die Japaner Tani, Hamaguchi und Yajima zu einem Teilerfolg: Sie bewiesen die zur Debatte stehende Komplexitätsaussage zunächst für den etwas abgeschwächten Fall der Shared OBDDs:

Problem 8.19. Das Problem **OPTIMAL SHARED OBDD** ist wie folgt definiert:

Eingabe: Ein Shared OBDD P und eine positive ganze Zahl s.

Ausgabe: „Ja", wenn die von P repräsentierten Funktionen durch einen Shared OBDD P' (bzgl. beliebiger Variablenordnung) mit höchstens s Knoten dargestellt werden können. „Nein" im anderen Fall.

Satz 8.20. *Das Problem OPTIMAL SHARED OBDD ist* **NP**-*vollständig.*

Mit den entwickelten Techniken gelang es den Autoren allerdings nicht, die Schwierigkeitsaussagen auch für die speziellere (und damit vermeintlich komplexitätstheoretisch leichter zu handhabende) Klasse der OBDDs (also für die Shared OBDDs mit genau einer Wurzel) zu übertragen. Im Jahr 1996 gelang es dann Bollig und Wegener, diese Lücke zu schließen. Sie konnten die Komplexitätsaussagen auch für die Klasse der OBDDs beweisen.

Problem 8.21. Das Problem **OPTIMAL OBDD** ist wie folgt definiert:

Eingabe: Ein OBDD P und eine positive ganze Zahl s.

Ausgabe: „Ja", wenn die von P repräsentierte Funktion durch einen OBDD P' (bzgl. beliebiger Variablenordnung) mit höchstens s Knoten dargestellt werden kann. „Nein" im anderen Fall.

Satz 8.22. *Das Problem OPTIMAL OBDD ist* **NP***-vollständig.*

Die Beweise für die beiden Sätze sind sehr aufwendig und technisch, eine Tatsache, die die Verzwicktheit innerhalb der sehr elementar erscheinenden Strukturen reflektiert. Die Grundideen der beiden Beweise geben jedoch fundamentale Einblick in die Werkzeuge zur theoretischen Analyse von OBDDs. Wir wollen deshalb eine Skizze des Beweises für den Fall der Shared OBDDs angeben.

Zum Beweis von Satz 8.20 weisen wir zunächst nach, daß das Problem OPTIMAL SHARED OBDD in der Klasse **NP** liegt. Natürlich folgt aus dieser Aussage, daß auch das speziellere Problem OPTIMAL OBDD in der Klasse **NP** liegt.

Satz 8.23. *Das Problem OPTIMAL SHARED OBDD liegt in* **NP***.*

Beweis. Der OBDD P' mit höchstens s Knoten kann geraten werden. Die Äquivalenz von P' und dem Eingabe-OBDD P kann nach Korollar 8.12 in polynomialer Zeit überprüft werden. □

Satz 8.24. *Das Problem OPTIMAL SHARED OBDD ist* **NP***-hart.*

Beweis. Zum Beweis reduzieren wir das bekannte **NP**-vollständige Problem OPTIMAL LINEAR ARRANGEMENT (OLA) auf das Problem OPTIMAL SHARED OBDD.

OPTIMAL LINEAR ARRANGEMENT:

Eingabe: Ein ungerichteter Graph $G = (V = \{1, \ldots, n\}, E)$ und eine positive ganze Zahl K.

Ausgabe: „Ja", wenn es eine Permutation ψ auf $\{1, \ldots, n\}$ gibt, so daß

$$\sum_{(u,v)\in E} |\psi(u) - \psi(v)| \le K.$$

„Nein" im anderen Fall. Den Ausdruck $|\psi(u) - \psi(v)|$ nennen wir *Kosten der Kante* (u,v), die Summe $\sum_{(u,v)\in E} |\psi(u) - \psi(v)|$ nennen wir *Kosten des Graphen* G.

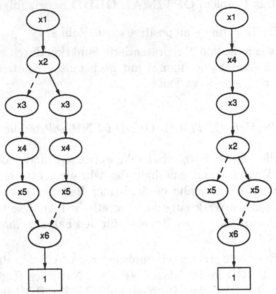

Variablenordnung $x_1, \ldots, x_6$ Variablenordnung $x_1, x_4, x_3, x_2, x_5, x_6$

Abb. 8.7. Die Weichenfunktion $(x_2 \oplus x_5)\, x_1 x_3 x_4 x_6$

Die grundlegende Idee der Reduktion ist es, die Kosten einer Kante des Graphen durch die Größe eines OBDDs zu reflektieren. Die auf diese Weise erstellten OBDDs bilden Grundbausteine innerhalb der Konstruktion. Die relevanten Shared OBDDs werden aus diesen Grundbausteinen zusammengesetzt.

Definition 8.25. *Eine (u, v)-Weichenfunktion auf den Variablen $x_1, \ldots,$ x_n ist eine Schaltfunktion der Form*

$$f(x_1, \ldots, x_n) = (x_u \oplus x_v) \prod_{k \notin \{u, v\}} x_k. \qquad (8.6)$$

Abbildung 8.7 zeigt eine Weichenfunktion bzgl. mehrerer Variablenordnungen, wobei Kanten zur 0-Senke nicht dargestellt sind. Bezeichnet $\Delta(u, v)$ den Abstand der beiden Variablen x_u und x_v in der Ordnung, dann besitzt die Weichenfunktion (8.6) genau $n + \Delta(u, v)$ innere Knoten.

Für jede lineare Anordnung ψ eines Graphen G gilt daher: Hat die Kante (u, v) die Kosten C, dann hat der OBDD der (u, v)-Weichenfunktion (8.6) bzgl. der Variablenordnung $x_{\psi^{-1}(1)}, \ldots, x_{\psi^{-1}(n)}$ genau $C + n$ innere Knoten. Damit ist die gewünschte Korrespondenz hergestellt. Abbildung 8.8 zeigt die Kosten einer Kante bei zwei verschiedenen linear geordneten Graphen. Die zu

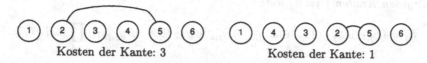

Kosten der Kante: 3   Kosten der Kante: 1

Abb. 8.8. Eine Kante bzgl. zwei verschiedener linearer Anordnungen

diesen beiden Ordnungen korrespondierenden Weichenfunktionen sind gerade die in Abb. 8.7 dargestellten.

Zu beachten ist, daß der Graph nicht nur eine Kante besitzt, sondern im allgemeinen viele. Wenn alle zugehörigen Weichenfunktionen von der gleichen Variablenmenge abhängen, können Untergraphen gemeinsam genutzt werden. Dies führt dazu, daß die Größe des Shared OBDDs nun nicht mehr die Kosten der Anordnung reflektiert.

Abhilfe schafft man dadurch, daß für jede Kante und damit für jede Weichenfunktion eine eigene Variablenmenge betrachtet wird: Für die k-te Kante wird die Weichenfunktion auf der Variablenmenge $x_{1,k}, \dots, x_{n,k}$ definiert. Insgesamt haben wir damit $n \cdot |E|$ viele Variablen. Wenn für jedes j die Variablen $x_{j,1}, x_{j,2}, \dots, x_{j,|E|}$ in der Variablenordnung unmittelbar aufeinanderfolgen, dann korrespondiert die Größe des resultierenden Shared OBDDs genau mit den Kosten der Anordnung. Erfüllt der Shared OBDD für jedes j diese Bedingung an die Variablenordnung, dann nennen wir ihn *wohlgeordnet*.

Um die Wohlordnung zu erreichen, addieren wir für jeden Knoten j eine modifizierte Weichenfunktion, die sogenannte *Straffunktion*

$$h_j = (x_{j,1} \oplus x_{j,2} \oplus \dots \oplus x_{j,|E|}) \prod_{i,l \neq j} \overline{x_{i,l}}.$$

Die Straffunktion bewirkt, daß die Variablen $x_{j,1}, \dots, x_{j,|E|}$ in der Ordnung zusammengehalten werden. Bei der verwendeten Modellierung gibt es noch leichte Schwierigkeiten, welche durch die eventuell gemeinsame Nutzung von Untergraphen auf dem untersten OBDD-Niveau auftreten können. Sie lassen sich beheben, indem für jede Kante die Menge der benutzten Variablen verdoppelt wird.

Definition 8.26. *Ein **OLA-Entscheidungsgraph** für einen in dem Problem OPTIMAL LINEAR ARRANGEMENT gegebenen Graphen (V, E) ist ein Shared OBDD, der die nachfolgend definierten $2|E| + n$ Funktionen f_k, g_k, $1 \leq k \leq |E|$, und h_j, $1 \leq j \leq n$, repräsentiert. Ist die k-te Kante von E mit (u, v) bezeichnet, dann ist*

$$f_k = (x_{u,k} \oplus x_{v,k}) \prod_{i \notin \{u,v\}} x_{i,k},$$

$$g_k = (y_{u,k} \oplus y_{v,k}) \prod_{i \notin \{u,v\}} y_{i,k}.$$

Für jeden Knoten j ist h_j durch

$$h_j = (x_{j,1} \oplus x_{j,2} \oplus \ldots \oplus x_{j,|E|} \oplus y_{j,1} \oplus y_{j,2} \oplus \ldots \oplus y_{j,|E|}) \prod_{i,l \neq j} \overline{x_{i,l}} \cdot \overline{y_{i,l}}$$

definiert.

Wegen der möglichen gemeinsamen Nutzung von Untergraphen auf dem un-
tersten OBDD-Niveau ist bei dieser Modellierung die Größe eines wohlgeordneten OLA-Entscheidungsgraphen nicht eindeutig bestimmt. Statt dessen
gibt es zwei mögliche Typen, die sich in ihrer Größe um einen Knoten unterscheiden. Genau zur Lösung dieses Problems haben wir den Variablensatz
verdoppelt. Die folgenden beiden Aussagen lassen sich mit einigem Aufwand
formal beweisen.

Lemma 8.27. *Für den OLA-Entscheidungsgraphen eines linear angeordne-
ten Graphen $G = (V, E)$ mit Kosten K gilt: Ist der OLA-Entscheidungsgraph
wohlgeordnet, dann beträgt seine Größe für die Typen 1 und 2*

$$k_1(K) = k_2(K) + 1 = 2 \left(K + 1 - |V| + |E||V|(|V| + 2) - |E| \sum_{i=1}^{|V|-2} i \right),$$

wobei sich k_i auf Typ i bezieht. □

Lemma 8.28. *Jeder nicht-wohlgeordnete OLA-Entscheidungsgraph kann in
einen funktional äquivalenten OLA-Entscheidungsgraphen mit weniger Knoten transformiert werden.* □

Wir verzichten hier auf die Beweise der beiden Lemmas und gehen
statt dessen näher auf den Gesamtschluß der Reduktion ein. Zu diesem
Zweck betrachten wir eine Aufgabe für OPTIMAL LINEAR ARRANGE-
MENT. Diese besteht aus einem Graphen und einer positiven ganzen
Zahl s. Wir transformieren den Graphen in einen wohlgeordneten OLA-
Entscheidungsgraphen und berechnen die Anzahl $k_1(s)$ gemäß Lemma 8.27.
Diesen OLA-Entscheidungsgraphen P und die Zahl $k_1(s)$ verwenden wir als
Eingabe für das Problem OPTIMAL SHARED OBDD. Gibt es keinen zu P
äquivalenten Shared OBDD mit höchstens $k_1(s)$ Knoten, dann gibt es keine
lineare Anordnung mit Kosten von höchstens s.

Wir nehmen nun an, daß ein OLA-Entscheidungsgraph mit höchstens $k_1(s)$
Knoten existiert, der die gleiche Funktion wie der gegebene wohlgeordne-
te OLA-Entscheidungsgraph repräsentiert. Ist der OLA-Entscheidungsgraph
wohlgeordnet, dann existiert eine lineare Anordnung für den Ausgangsgra-
phen G mit Kosten s (Da $k_2(s) < k_1(s) < k_2(s + 1)$ für jede positive ganze
Zahl s gilt, bereiten auch die OLA-Entscheidungsgraphen vom Typ 2 keine
Probleme). Ist der OLA-Entscheidungsgraph nicht wohlgeordnet, garantiert

Lemma 8.28 die Existenz eines wohlgeordneten OLA-Entscheidungsgraphen mit einer Anzahl von höchstens $k_1(s) - 1$ Knoten. Folglich existiert eine lineare Anordnung ψ mit Kosten höchstens s. Da die gesamte Konstruktion in Polynomialzeit ausführbar ist, ist OPTIMAL LINEAR ARRANGEMENT auf OPTIMAL SHARED OBDD Polynomialzeit-reduzierbar. Es folgt die Behauptung. $\square$

8.5 Referenzen

Die asymptotischen Aussagen über Schaltfunktionen gehen auf Shannon zurück [Sha49], die angesprochene Arbeit über eine lineare untere Schranke für Schaltkreise auf Blum [Blu84]. Die Beweise der exponentiellen unteren Schranken für die Multiplikation als auch für die Hidden-Weighted-Bit-Funktion finden sich in [Bry91]. Unsere Darstellung lehnt sich an die Aufarbeitung von Ponzio [Pon95] an.

Der polynomiale Algorithmus zur Ausführung des Äquivalenztests für OBDDs mit verschiedenen Ordnungen wurde von Fortune, Hopcroft und Schmidt entworfen [FHS78]. Gergov und Meinel bewiesen, daß die Ausführung binärer Operationen für OBDDs mit verschiedenen Ordnungen NP-hart ist [GM94b]. Effiziente Algorithmen für den globalen Umbau wurden unabhängig voneinander von Meinel und Slobodová [MS94], Savický und Wegener [SW97] sowie von Tani und Imai [TI94] entworfen.

Die beiden genannten Arbeiten zur Komplexität des Minimierungsproblems sind [THY93, BW96].

9. Optimierung der Variablenordnung

Ordnung führt zu allen Tugenden.
Was aber führt zur Ordnung ?
Georg Christoph Lichtenberg (1742–1799)

Vor der Darstellung und Bearbeitung von Schaltfunktionen mit Hilfe von OBDDs muß eine Ordnung auf der Menge der Variablen festgelegt werden. Im vergangenen Kapitel haben wir gesehen, daß die Konstruktion der optimalen Variablenordnung ein sehr kritisches – weil mit explodierenden Rechenzeiten verbundenes – Unterfangen ist. Eine gute Ordnung kann zu einer sehr kompakten Darstellung und infolgedessen zu geringen Rechenzeiten führen, während eine schlechte Darstellung die Überschreitung des physikalisch vorhandenen Speichers nach sich ziehen und damit den Abbruch der gesamten Rechnung verursachen kann. Aber auch wenn es nicht zum Speicherüberlauf kommt, führen schlechte Variablenordnungen zu unakzeptabel hohen Rechenzeiten.

9.1 Heuristiken für gute Variablenordnungen

Bereits in den ersten Forschungsarbeiten über OBDDs wurde die Auswahl geeigneter Variablenordnungen thematisiert, und es wurden einige Faustregeln zur manuellen Wahl einer guten Ordnung präsentiert. Die Popularität der OBDDs stieg jedoch erst mit der Bereitstellung leistungsfähiger heuristischer Verfahren, die aus der Anwendung a priori Informationen zur Bestimmung guter Ordnungen ableiten.

Die Verfahren zur heuristischen Konstruktion guter Ordnungen lassen sich danach klassifizieren, welche Eingangsinformation zur Verfügung steht. Zum einen gibt es die Möglichkeit, daß die zu bearbeitenden Schaltfunktionen in der Form von Gatternetzlisten bzw. Booleschen Schaltkreisen, Booleschen Formeln oder anderen Darstellungsformen gegeben sind, die selbst nur unzureichend zur Manipulation der Funktionen geeignet sind. Zum anderen ist es möglich, daß zusätzlich Informationen wie etwa zur semantischen Bedeutung einzelner Eingabebits der Funktion zur Verfügung stehen und ausgenutzt werden können. Eine dritte, recht häufig auftretende Situation besteht darin, daß die zu bearbeitende Funktion bereits in Form eines OBDDs vorliegt.

Die heuristischen Algorithmen zur Konstruktion guter Variablenordnungen sind natürlich von der Form der Eingangsinformation abhängig. Die Hauptanwendung, an der diese Konstruktionen studiert wurden, ist die in Abschn. 5.2 beschriebene symbolische Simulation eines kombinatorischen Schaltkreises. Aus einer vorgegebenen Schaltkreisdarstellung soll die repräsentierte Funktion in einen OBDD überführt werden. Idee der Heuristiken ist es, aus der topologischen Struktur des Schaltkreises Informationen über günstige Positionen der Variablen innerhalb der Ordnung abzuleiten. Zwei dieser Heuristiken, welche typische Ideen enthalten, sollen nachfolgend näher beschrieben werden: Die **Fan-in-Heuristik** von Malik, Wang, Brayton und Sangiovanni-Vincentelli sowie die **Gewichts-Heuristik** von Minato, Ishiura und Yajima.

9.1.1 Die Fan-in-Heuristik

Definition 9.1. *Sei v ein Knoten in einem kombinatorischen Schaltkreis C (den wir als gerichteten azyklischen Graphen auffassen). Unter dem **transitiven Vorgängerkegel** von v verstehen wir alle Knoten w, von denen aus es einen Pfad positiver Länge zu v gibt. Der **reflexiv-transitive Vorgängerkegel** umfaßt zusätzlich den Knoten v selbst.*

Zur Motivation der Fan-in-Heuristik betrachten wir die in Abb. 9.1 dargestellte Schaltkreisstruktur. Wir nehmen an, daß die reflexiv-transitiven Vorgängerkegel V_i der Vorgängerknoten y_i eines Knotens z paarweise disjunkt sind. Um für eine vorgegebene Eingabe den Funktionswert in z zu berechnen, benötigen wir die Funktionswerte aller Vorgänger von z. Sei y einer dieser Vorgänger. Sind die Werte aller Variablen im reflexiv-transitiven Vorgängerkegel von y bekannt, so kann der Funktionswert in y ermittelt werden. Bei der Ermittlung des Funktionswertes in z werden die Werte dieser Variablen nicht mehr benötigt, denn:

1. der Funktionswert in y ist bereits bekannt, und
2. die betreffenden Variablen treten in den anderen Vorgängerkegeln nicht auf.

Folgen die innerhalb des Vorgängerkegels auftretenden Variablen in der Ordnung unmittelbar aufeinander, dann sind wenige Unterfunktionen vorhanden, und der OBDD bleibt klein. Aus diesem Grund schlägt die Fan-in-Heuristik vor, innerhalb eines Vorgängerkegels auftretende Variable aufeinanderfolgen zu lassen.

Obwohl in der Regel die Vorgängerkegel natürlich nicht disjunkt sind, führt die Umsetzung dieser Idee zu einer nachweislich nützlichen Heuristik. Alle Gatter des gegebenen Schaltkreises werden ausgehend vom Ausgabeknoten

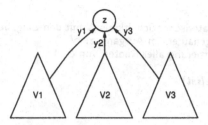

Abb. 9.1. Motivation für die Fan-in-Heuristik

in einer Tiefensuche traversiert. Gibt es mehrere Ausgabeknoten, so werden diese zunächst mittels eines Gatters (z.B. der Parität aller Ausgabeknoten) zu einer einzigen Pseudo-Ausgabefunktion zusammengefaßt. Der Durchlauf in Tiefensuche garantiert, daß Variablen innerhalb des gleichen Vorgängerkegels in der Ordnung möglichst nahe beieinander stehen.

Die Frage, welcher der Vorgängerkegel eines Knotens zuerst besucht werden sollte, wird durch folgende Idee beantwortet: Es erscheint zweckmäßig, im OBDD zuerst diejenigen Variablen zu lesen, die im Schaltkreis weit von den Ausgabeknoten entfernt sind. Diese Variablen können intuitiv die Funktionsweise des Schaltkreises sehr stark beeinflussen. Das frühzeitige Lesen dieser Variablen im OBDD ermöglicht es, die durch unterschiedliche Werte der Variablen induzierten unterschiedlichen Verhaltensweisen in verschiedenen Unter-OBDDs darzustellen. Es wird insbesondere vermieden, sich in jedem Niveau des OBDDs den aktuellen „Zustand" *aller* auftretenden Verhaltensweisen in aufwendiger Weise *simultan* zu merken. Die formale Umsetzung dieser Idee erfolgt mit Hilfe der nachstehenden Definition der Tiefe eines Gatters im Schaltkreis.

Definition 9.2. *Sei C ein kombinatorischer Schaltkreis (den wir wieder als gerichteten azyklischen Graphen mit speziellen, als Ausgabegatter gekennzeichneten Knoten auffassen können). Für jedes Gatter v von C wird die* **TFI-Tiefe** *(transitiver Fan-in) wie folgt definiert:*

$$TFI\text{-}Depth(v) = \begin{cases} 0 & falls\ v\ Ausgabeknoten \\ 1 + \max\{TFI\text{-}Depth(w) : \\ \quad w\ ist\ Nachfolger\ von\ v\ \}\ sonst \end{cases}$$

Ein Pseudocode für die Umsetzung der Fan-in-Heuristik findet sich in Abb. 9.2. Die Funktion *FanIn* ruft zunächst die rekursive Funktion *FanInOrder* auf, in welcher die eigentliche Tiefensuche ausgeführt wird. Ist der aktuelle Knoten noch nicht besucht worden, werden zunächst rekursiv die Vorgängerknoten betrachtet. Schließlich wird der Knoten an das Ende der Liste der besuchten Knoten angehängt.

```
FanIn(C) {
/* Eingabe: Ein kombinatorischer Schaltkreis C mit den Eingabevariablen
    {x₁, ... , xₙ} und genau einem Ausgang z. */
/* Ausgabe: DFS-Traversierung aller Knoten von C. */
    nodelist = ∅;
    FanInOrder(z, nodelist);
}


FanInOrder(Knoten y, Liste von Knoten nodelist) {
    If (y ∉ nodelist) {
        Sei {y₁, ... , yₖ} die Menge der Vorgängerknoten von y;
        For i = 1, ... , k {
            tᵢ = TFI-Depth(yᵢ);
        }
        Sei L = (l₁, ... , lₖ) die nach absteigenden Schlüsseln tᵢ sortierte Folge
            der Knoten yᵢ;
        For i = 1, ... , k {
            FanInOrder(lᵢ, nodelist);
        }
        Append(y, nodelist);
    }
}
```

Abb. 9.2. Fan-in-Heuristik

Als Variablenordnung wird diejenige Ordnung auf den Variablen gewählt, welche konsistent mit der berechneten Knotenliste *nodelist* ist. Je früher ein mit einer Variablen markierter Eingabeknoten in der Traversierung erreicht wird, um so früher tritt er in der Ordnung auf.

9.1.2 Die Gewichts-Heuristik

Auch die Gewichts-Heuristik versucht, aus der Topologie eines Schaltkreises C Informationen über eine geeignete Variablenordnung für die von C berechnete Funktion abzuleiten. Im Gegensatz zu der auf lokalen Entscheidungen beruhenden Fan-in-Heuristik ist der Ansatz der Gewichts-Heuristik eher *global* orientiert.

Jedem Knoten wird ausgehend von den Ausgabeknoten ein Gewicht zugewiesen, welches den Einfluß des Knotens innerhalb des Schaltkreises bewertet. Die Variable mit dem höchsten Gewicht wird an die erste Position der zu konstruierenden Ordnung gesetzt. Zu Beginn wird jedem Ausgabeknoten das Gewicht 1 zugewiesen.

Das Gewicht eines Knotens wird gemäß folgender zwei Regeln zu den Eingabeknoten propagiert:

1. An jedem Gatter wird das Gewicht des Gatters gleichmäßig auf die Vorgängergatter aufgeteilt.
2. Besitzt ein Gatter mehrere Nachfolgegatter, so werden alle durch die erste Regel dem Gatter zugewiesenen Gewichte aufsummiert.

Formal lassen sich diese Regeln mit Hilfe nachstehender Definition erfassen.

Definition 9.3. *Sei C ein kombinatorischer Schaltkreis. Für jedes Gatter v von C definieren wir das* **Gewicht** *von v wie folgt:*

$$Weight(v) = \begin{cases} 1 & \text{falls } v \text{ Ausgabeknoten} \\ \sum_{w \text{ Nachfolger von } v} Weight(w)/indegree(w) & \text{sonst} \end{cases}$$

Nach der Berechnung der Gewichte für alle Knoten wird die Eingabevariable mit dem höchsten Gewicht bestimmt. Diese hat intuitiv einen starken Einfluß auf die repräsentierte Funktion und wird an den Anfang der Ordnung gesetzt. Anschließend wird der Teil des Schaltkreises gelöscht, auf den die gewählte Variable einen Einfluß hat. Die Gewichtszuweisung wird erneut berechnet, um die zweite Variable in der Ordnung zu bestimmen. Durch wiederholte Anwendung von Gewichtszuweisung und Löschen wird schließlich die Ordnung vollständig bestimmt. Ein Beispiel für die Anwendung der Gewichts-Heuristik ist in Abb. 9.3 dargestellt. In der ersten Zuweisung hat die Variable d das höchste Gewicht. Nach dem Löschen des entsprechenden Schaltkreisteiles wird das Gewicht, das auf die Variable d entfallen ist, entsprechend umverteilt. Diese Umverteilung bewirkt intuitiv, daß Variablen, die mit der Variablen d in Verbindung stehen, nun einen überproportionalen Gewichtszuwachs erhalten. In dem dargestellten Beispiel hat die Variable c in der zweiten Zuweisung das größte Gewicht und wird deshalb an die zweite Position in der Ordnung gesetzt.

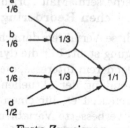

Erste Zuweisung

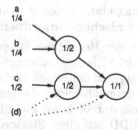

Zweite Zuweisung

Abb. 9.3. Die Gewichts-Heuristik

9.2 Dynamisches Umordnen

Die im vorhergehenden Abschnitt besprochenen Ordnungsheuristiken führen zwar für viele Schaltkreise zu guten Ergebnissen, sie haben jedoch mehrere Nachteile:

1. Die Verfahren sind sehr problemspezifisch. Beispielsweise nutzen die vorgestellten Heuristiken die Topologie des Eingabeschaltkreises aus. Stammen die relevanten Schaltfunktionen jedoch nicht von einer Schaltkreisrepräsentation, sondern von einer anderen Eingabequelle, liegt eventuell sehr viel weniger strukturelle Information vor.

2. Die Verfahren arbeiten *heuristisch* und sind im allgemeinen nicht in der Lage, die optimale Ordnung zu finden. Obwohl in vielen Fällen die erreichte Güte heuristisch konstruierter Ordnungen ausreicht, gibt es natürlich auch „Ausreißer", bei denen die Heuristiken versagen.

3. Die Heuristiken liefern eine statische Ordnung, welche über den gesamten Ablauf der Anwendung unverändert bleibt. Viele Anwendungen wie etwa die Analyse von Finite-State-Maschinen sind über einen solchen statischen Ansatz nicht zugänglich. In diesem Fall kann die optimale Ordnung zu Beginn der Anwendung ganz anders aussehen als die optimale Ordnung am Ende. Arbeitet man die gesamte Zeit mit ein und derselben Ordnung, ist man oft von vornherein zum Scheitern verurteilt. Abbildung 9.4 illustriert diesen Effekt. Ordnung 1 sei die optimale Ordnung für die OBDDs zu *Beginn* der Anwendung, Ordnung 2 die optimale Ordnung für die OBDDs am *Ende* der Anwendung. Die OBDD-Größen bezüglich der zu jedem Zeitpunkt (evtl. verschiedenen) optimalen Ordnungen sind in der dritten Kurve dargestellt. In vielen Fällen ist es bei Verwendung nur einer festen Ordnung nicht möglich, im Rahmen des vorgegebenen Speicherlimits zu bleiben, womit die gesamte Rechnung undurchführbar wird.

Die Lösung des Dilemmas besteht darin, die Variablenordnung im Laufe der Bearbeitung einer Aufgabe dynamisch zu verbessern. Man spricht hierbei vom **dynamischen Umordnen** bzw. **dynamischen Reordering**.

Analog zu den Heuristiken lassen sich auch diese Verfahren danach klassifizieren, welche Eingangsinformation zur Verfügung steht. Für die dynamische Anwendung sind diejenigen Verfahren von besonderem Interesse, die die Umordnung unter alleiniger Kenntnis und Verwendung der aktuellen OBDD-Darstellung durchführen. Ziel dieser Algorithmen ist es, für einen vorgegebenen OBDD mit einer Startordnung π eine verbesserte Variablenordnung π' zu bestimmen. Da nach den Ergebnissen des vorangehenden Kapitels die Berechnung einer optimalen Ordnung ein **NP**-hartes Problem ist, verzichtet man in der Regel auf die Berechnung einer optimalen Ordnung, sondern begnügt sich mit möglichst großen Verbesserungen.

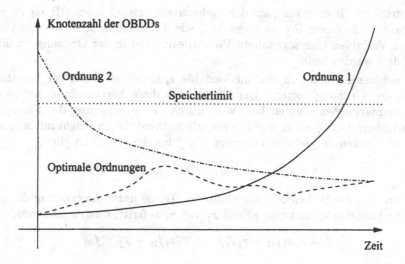

Abb. 9.4. Das Problem der statischen Ordnungen

Der Einsatz eines Reordering-Algorithmus kann nun wie folgt gesteuert werden:

Expliziter Aufruf: Der Benutzer hat die Kontrolle über die Zeitpunkte, zu denen ein Reordering-Schritt ausgeführt werden soll. Beispielsweise kann dies vor Beginn der Ausführung einer komplexen Operation wünschenswert sein.

Automatischer Aufruf: Der Reordering-Algorithmus wird automatisch beim Eintritt bestimmter Situationen aufgerufen. Typischerweise wird ein Reordering-Schritt immer dann aufgerufen, wenn sich die Größe der Shared OBDD-Repräsentation seit dem letzten Reordering-Aufruf verdoppelt hat.

Besonders interessant ist das Reordering-Konzept dadurch, daß es ohne direkte Wechselwirkung mit dem Anwendungsprogramm im Hintergrund ablaufen kann. Für das Anwendungsprogramm sind in der Regel nur die Verweise auf die repräsentierten Funktionen interessant und nicht deren interne Darstellung. Die dynamische Veränderung der Variablenordnung erlaubt es, die intern durchgeführte OBDD-Optimierung nach außen fast vollständig zu verbergen.

9.2.1 Der Variablenswap

Eine zentrale Beobachtung, die vielen Algorithmen zur dynamischen Verbesserung der Variablenordnung zugrunde liegt, lautet: *Zwei benachbarte Variablen in der Ordnung können effizient vertauscht werden.* Natürlich ist diese Aussage nicht uneingeschränkt gültig, sondern hängt von der gewählten Implementierung ab. Wir beziehen uns daher im folgenden auf das in Kap. 7

beschriebene Grundgerüst, auf dem nahezu alle existierenden OBDD-Pakete aufbauen. Für dieses Gerüst zeigen wir, wie das Vertauschen zweier benachbarter Variablen (der sogenannte **Variablenswap**) in der Ordnung effizient realisiert werden kann.

Wir nehmen zunächst an, daß die Variable x_i unmittelbar vor der Variablen x_j in der Ordnung auftritt. Der Effekt, den diese Vertauschung auf jeden mit x_i markierten Knoten hat, wird durch die Anwendung der Shannon-Entwicklung bezüglich x_i und x_j ersichtlich. Wird die an einem mit x_i markierten Knoten dargestellte Funktion mit f bezeichnet, dann gilt:

$$f = x_i x_j f_{11} + x_i \overline{x_j} f_{10} + \overline{x_i} x_j f_{01} + \overline{x_i}\ \overline{x_j} f_{00}.$$

Ordnet man die Reihenfolge innerhalb der Terme unter Anwendung der geltenden Kommutativität um, so daß x_j vor x_i auftritt, dann erhält man:

$$f = x_j x_i f_{11} + x_j \overline{x_i} f_{01} + \overline{x_j} x_i f_{10} + \overline{x_j}\ \overline{x_i} f_{00}.$$

Der eigentliche Effekt der Vertauschung besteht also lediglich darin, daß die beiden Unterfunktionen f_{10} und f_{01} im OBDD zu vertauschen sind. Dabei muß jedoch darauf geachtet werden, daß alle unbeteiligten Knoten des Graphen von dieser Vertauschung unberührt bleiben.

Abbildung 9.5 illustriert die Vertauschung der beiden benachbarten Variablen x_i und x_j innerhalb eines beliebigen, eventuell sehr großen OBDDs. In der Ausgangsordnung werde die Funktion f durch einen Zeiger auf einen Knoten v repräsentiert, welcher mit x_i markiert ist. Wir betrachten zunächst den Fall, daß die beiden Söhne v_1 und v_0 von v mit x_j markiert sind. Die Nachfolgeknoten von v_1 und v_0 repräsentieren die Unter-OBDDs der Cofaktoren f_{11}, f_{10}, f_{01} und f_{00}. Da f von der Variablen x_j abhängt, muß diese Funktion nach der Änderung der Ordnung durch einen Zeiger auf einen mit x_j markierten Knoten repräsentiert werden. Der 1-Nachfolger dieses Knotens muß Verweise auf die Unter-OBDDs f_{11} und f_{01} haben, der 0-Nachfolger muß Verweise auf die Unter-OBDDs f_{10} und f_{00} haben.

Man beachte, daß die in Abb. 9.5 dargestellte Funktion f auch nach dem Swap durch exakt den gleichen Knoten v repräsentiert wird wie vorher. Lediglich die Markierung sowie die ausgehenden Kanten des Knotens wurden verändert. Dieses Vorgehen garantiert, daß alle bestehenden Verweise auf f durch die Vertauschung nicht beeinträchtigt werden: weder die Verweise, die von den oberen Niveaus im OBDD herrühren, noch die Verweise von außerhalb des OBDDs. Da auch die beiden Cofaktoren f_1 und f_0 von f nach der Vertauschung durch die ursprünglichen Knoten v_1 und v_0 repräsentiert werden, bleibt *jeder* bestehende Verweis weiterhin gültig.

Neu eingeführt werden müssen lediglich die Knoten u_1 und u_0, die die Cofaktoren von f bezüglich x_j beschreiben. Die Abbildung suggeriert, daß die Größe des OBDDs während des Variablenswaps stets anwächst. Im Falle einer reduzierten Darstellung kann dies natürlich wegen der Gleichwertigkeit

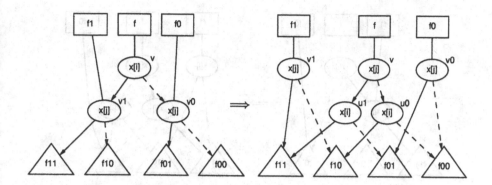

Abb. 9.5. Vertauschen benachbarter Variablen

von x_i und x_j schon aus prinzipiellen Gründen nicht zutreffen. Tatsächlich sind es sogar zwei Gründe, die diese generelle Gleichwertigkeit auch in der Realisierung widerspiegeln:

Knoten u_1, u_0: Es ist möglich, daß die Cofaktoren von f bezüglich x_j bereits im ursprünglichen OBDD repräsentiert waren.

Knoten v_0, v_1: Die Beibehaltung der Knoten v_1 und v_0 ist nur dann notwendig, wenn es außer der ursprünglichen Referenz vom Knoten v noch wenigstens eine weitere gibt. In der typischen Implementierung sind diese Verweise selbst nicht effizient ermittelbar, wohl aber ihre Anzahl (siehe Abschn. 7.1.6). Wenn der Referenzzähler von v_1 nach Aufheben des Verweises vom Knoten v Null ist, dann kann der Knoten gelöscht werden. Das gleiche gilt für v_0.

In den Spezialfällen, bei denen mindestens einer der beiden Nachfolgeknoten von v nicht mit x_j markiert ist, können ganz analoge Konstruktionen ausgeführt werden. Sei beispielsweise der Cofaktor f_0 nicht von der Variablen x_j abbhängig. Mittels der Konstruktion aus Abb. 9.6 kann auch in diesem Spezialfall der Variablenswap so ausgeführt werden, daß alle bestehenden Referenzen gültig bleiben.

Speicherverwaltung. Die Tatsache, daß bei der Ausführung eines Variablenswaps viele tote Knoten entstehen können, legt es nahe, das Verfahren direkt mit einer Garbage Collection zu verknüpfen. Dies kann in der folgenden Weise geschehen: Vor Beginn eines auf Variablenswaps beruhenden Algorithmus wird eine Garbage Collection aufgerufen und der Inhalt der Computed-Tabelle gelöscht, so daß alle toten Knoten gelöscht sind. Bei der Vertauschung zweier benachbarter Variablen x_i und x_j können lediglich die Referenzzähler der Knoten u_1 und u_0 verkleinert werden. Erreicht ein Referenzzähler den Wert Null, wird der Knoten sofort entfernt. Auf diese Weise wird im Rahmen

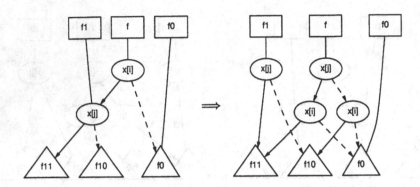

Abb. 9.6. Spezialfall der Variablenvertauschung, bei dem f_0 nicht von x_j abhängt

der bestehenden Speicherverwaltung sichergestellt, daß während des dynamischen Umordnens keine toten Knoten mitgeführt werden.

Komplementierte Kanten. Im Fall von OBDDs mit komplementierten Kanten läßt sich der Variablenswap in analoger Weise realisieren. Hierbei kann es zunächst passieren, daß während der Konstruktion eine 1-Kante das Komplementbit erhält, eine Tatsache, die sich jedoch lokal schnell bereinigen läßt: Wir nehmen an, daß nicht die Unterfunktion f_{10}, sondern ihr Komplement repräsentiert ist. Die Kante zum Unter-OBDD f_{10} trägt folglich das Komplementbit. Die Vertauschung der Variablen führt zunächst auf den in Abb. 9.7 gezeigten Graphen. Der OBDD enthält eine komplementierte 1-Kante, die durch einen dicken Pfeil dargestellt ist. Die Abbildung zeigt weiterhin die Transformation, mit deren Hilfe das Komplementbit von der 1-Kante entfernt werden kann. Wichtig ist dabei, daß keine unbeteiligten Knoten von dieser Transformation berührt werden. Am Ende der Konstruktion ist die Eindeutigkeit der Darstellung wiederhergestellt.

Zeitbedarf. Die Effizienz des Variablenswaps hängt maßgeblich davon ab, wie schnell auf die Menge *aller* mit x_i markierten Knoten zugegriffen werden kann. Das in Kap. 7 vorgestellte speicher- und zeiteffiziente Rahmenwerk zur Implementierung bietet in der dort beschriebenen Form zunächst nicht die Möglichkeit, diesen Zugriff effizient zu realisieren. Durch eine kleine Modifikation läßt sich dies jedoch ändern.

Wir erinnern uns, daß auf die Knoten mit Hilfe einer Eindeutigkeitstabelle zugegriffen wird. Von jedem mit x_i markierten Knoten können beispielsweise sehr schnell die beiden Söhne erreicht werden, nicht jedoch die anderen mit x_i markierten Knoten. Führt man für jede Variable x_i jedoch eine eigene Eindeutigkeitstabelle ein, so ändert sich die Situation. Auf die Menge *aller*

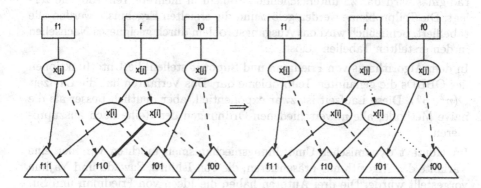

Abb. 9.7. Variablenswap im Fall komplementierter Kanten

Knoten einer Eindeutigkeitstabelle kann mit Hilfe der Kollisionslisten schnell zugegriffen werden. Die hierfür benötigte Zeit beträgt

$$\mathcal{O}(\#lists + \#nodes),$$

wobei $\#lists$ die Anzahl der Kollisionslisten in der Eindeutigkeitstabelle ist und $\#nodes$ die Anzahl der Knoten in der Tabelle. Da in der Regel die Anzahl der Knoten größer ist als die Anzahl der Kollisionslisten, können alle mit x_i markierten Knoten in linearer Zeit besucht werden.

Da für jeden mit x_i markierten Knoten nur konstant viele Operationen ausgeführt werden, ist der Variablenswap in linearer Zeit bezogen auf die Anzahl der mit x_i markierten Knoten ausführbar.

9.2.2 Exakte Minimierung

Obwohl in den meisten Fällen die Bestimmung der optimalen Ordnung eines gegebenen OBDDs zu aufwendig ist, haben natürlich auch exakte Verfahren ihre Berechtigung. Insbesondere sind sie notwendig,

- um die Optimierungsgüte von Heuristiken oder dynamischen Reordering-Algorithmen bewerten zu können,
- um in besonders kritischen Fällen wirklich mit der optimalen Ordnung arbeiten zu können, oder
- um eventuell innerhalb eines heuristischen Verfahrens das exakte Verfahren zumindest auf Teilen des OBDDs anwenden zu können.

Die bisher beste Technik zur exakten Optimierung der Variablenordnung wurde von Friedman und Supowit vorgestellt und beruht auf dem Prinzip des

dynamischen Programmierens. Bei Verwendung dieses Programmierparadigmas wird das zu untersuchende Problem in mehrere Teilprobleme zerlegt. Die Teilprobleme werden gelöst und die erzielten Ergebnisse werden alle tabelliert. Schließlich wird das Ausgangsproblem durch geeignetes Nachsehen in den erstellten Tabellen gelöst.

In dem Algorithmus von Friedman und Supowit stellen die Unterfunktionen des OBDDs die genannten Teilprobleme dar. Das Verfahren hat die Laufzeit $O(n^2 \cdot 3^n)$. Diese Laufzeit ist zwar exponentiell, aber deutlich besser als die naive Methode, alle $n!$ verschiedenen Ordnungen der Reihe nach auszuprobieren.

Im Kontext dynamischer Umordnungsmechanismen möchten wir hier eine Variante des Algorithmus präsentieren, die von Ishiura, Sawada und Yajima vorgestellt wurde. Die drei Autoren haben die Ideen von Friedman und Supowit aufgegriffen und umgesetzt. Im Gegensatz zu dem Original-Verfahren wird auf die explizite Tabellierung der Unterfunktionen verzichtet. Statt dessen werden alle benötigten Unterfunktionen durch OBDDs dargestellt. Die Konstruktion aktuell nicht verfügbarer Unterfunktionen erfolgt einzig und allein mit Hilfe des im vergangenen Abschnitts vorgestellten Variablenswaps.

Sei $f \in \mathbb{B}_n$ eine Schaltfunktion über der Variablenmenge $\{x_1, \ldots, x_n\}$. Mit $\mathrm{OBDD}(f, \pi)$ bezeichnen wir den OBDD zu f bezüglich der Ordnung π und mit $cost_x(f, \pi)$ die Anzahl der mit x markierten Knoten in $\mathrm{OBDD}(f, \pi)$. Weiterhin bestehe für eine Teilmenge $I \subset \{x_1, \ldots, x_n\}$ die Menge $\Pi[I]$ aus allen Ordnungen π, für die gilt:

$$\{\pi[n - |I| + 1], \pi[n - |I| + 2], \ldots, \pi[n]\} = I.$$

Für den Optimierungsalgorithmus ist folgende Beobachtung von zentraler Bedeutung.

Lemma 9.4. *Sei* $f = f(x_1, \ldots, x_n) \in \mathbb{B}_n$, $I \subset \{x_1, \ldots, x_n\}$ *und* $x \in I$. *Dann ist* $cost_x(f, \pi)$ *für alle Ordnungen* $\pi \in \Pi(I)$ *mit* $\pi[n - |I| + 1] = x$ *invariant.*

Beweis. Nach Theorem 8.1 ist $cost_x(f, \pi)$ für jede Ordnung $\pi \in \Pi[I]$ mit $\pi[n - |I| + 1] = x$ genau die Anzahl der von x abhängigen Unterfunktionen, die durch Konstantsetzung aller Variablen aus $\{x_1, \ldots, x_n\} \setminus I$ hervorgehen. Diese Zahl ist natürlich unabhängig von der gewählten Reihenfolge der Konstantsetzungen. $\square$

Das Lemma besagt, daß sich die Anzahl der mit x markierten Knoten nicht ändert, wenn die Reihenfolge der Variablen oberhalb (bzw. unterhalb) von x geändert wird. Mit π_I bezeichnen wir diejenige Ordnung aus $\Pi[I]$, die

$$\sum_{x \in I} cost_x(f, \pi)$$

```
OptimizeExact(P, π) {
/* Eingabe: ein OBDD P bezüglich Variablenordnung π */
/* Ausgabe: die OBDD-Größe OptCost bezüglich der optimalen
            Variablenordnung π' für die durch P repräsentierte Funktion */
    MinCost₀ = 0;
    π₀ = π;
    For k = 1, ... , n {
        Für jede k-elementige Teilmenge I ⊂ {1, ... , n} {
            Berechne MinCost_I und π_I mit Hilfe von
                MinCost_{I∖{x}} und π_{I∖{x}} (x ∈ I);
        }
    }
    OptCost = MinCost_{1,...,n};
}
```

Abb. 9.8. Exakte Minimierung

minimiert, und mit $MinCost_I$ den Wert dieser Summe. Der Algorithmus zur exakten Bestimmung der optimalen Variablenordnung läßt sich nun in folgender Weise algorithmisch umsetzen:

1. Wir nehmen induktiv an, daß für jede $(k-1)$-elementige Teilmenge I die optimale Ordnung π_I bekannt ist. π_I beschreibt die optimale Ordnung auf der Menge I, wenn die Variablen von I zuletzt im OBDD gelesen werden.

2. Mit Hilfe der Ordnungen für die $(k-1)$-elementigen Teilmengen lassen sich die Ordnungen π_I für die k-elementigen Teilmengen I berechnen. Abbildung 9.8 zeigt einen Pseudocode des Ablaufes. Zur Konstruktion von π_I wird jede der Variablen aus I nacheinander an die $(n-k+1)$-te Position der Ordnung gesetzt. Für jede dieser Variablen ist es nach der Aussage des Lemmas optimal, die Ordnung so zu konstruieren, daß die Variablen aus $I \setminus \{x\}$ gemäß $\pi_{I\setminus\{x\}}$ geordnet werden. Die zugehörigen Kosten können durch einfache Summation ermittelt werden.

Abbildung 9.8 zeigt die Hauptschleife des exakten Minimierungsverfahrens. In Abb. 9.9 ist ein Pseudocode für die Berechnung von π_I dargestellt. Das Anhängen einer Variablen x an eine bestehende Teilordnung π wird darin durch die Notation $< \pi, x >$ beschrieben.

Implementierung mittels Variablenswap. Der Algorithmus in der vorgestellten Form veranschaulicht die Schere zwischen Platz- und Zeitkomplexität, die auch in vielen anderen Algorithmen zu beobachten ist. In einer zeiteffizienten Implementierung werden bis zur Beendigung der Berechnung aller k-elementigen Teilordnungen π_I die OBDDs bezüglich *aller* $(k-1)$-elementigen Teilordnungen gespeichert. In diesem Fall kann der OBDD jeder k-elementigen Teilordnung durch sukzessive Variablenswaps erzeugt werden,

---

```
ComputeMinCost {
/* Eingabe: Eine Teilmenge I der Variablen, bereits berechnete OBDD(f, π_{I\{v}}) */
/* Ausgabe: MinCost_I, die Knotenzahl von OBDD(f, π_I) */
    MinCost_I = ∞;
    Für jede Variable x ∈ I {
        Rekonstruiere OBDD(f, < π_{I\{x}}, x >) mit Hilfe von OBDD(f, π_{I\{x}});
        NewCost_x = Cost_x(f, < π_{I\{x}}, x >) + MinCost_{I\{x}};
        If NewCost_x < MinCost_I {
            MinCost_I = NewCost_x;
            π_I =< π_{I\{x}}, x >;
            OBDD(f, π_I) = OBDD(f, < π_{I\{x}}, x >);
        }
    }
}
```

Abb. 9.9. Berechnung der minimalen Kosten

welche lediglich die aktuell gewählte Variable x an die $n - |I| + 1$-te Position bringen.

In einer platzeffizienteren Implementierung dieser Idee wird man dagegen nicht die OBDDs selbst, sondern nur die Ordnungen speichern. Die Konstruktion jeder speziellen Variablenordnung läßt sich daraus ebenfalls durch eine Folge von Variablenswaps generieren. Da im allgemeinen jedoch viele Variablen an die richtige Stelle gebracht werden müssen, ist der Zeitaufwand natürlich deutlich größer.

Untere Schranken. Durch die Berechnung unterer Schranken für die Größe des OBDDs kann das Verfahren an manchen Stellen eventuell vorzeitig abgebrochen werden. Es bietet sich die folgende untere Schranke an: Seien $MinCost_I$ und $π_I$ für eine Teilmenge I der Variablen bereits berechnet, und sei c die Anzahl der Knoten, die mit der Variablen $π[n - |I| + 1]$ markiert sind. Um so viele mit dieser Variablen markierte Knoten zu ermöglichen, muß es im OBDD mindestens $c - 1$ Knoten oberhalb dieses Niveaus geben. Eine untere Schranke für die OBDD-Größe, die ausgehend von der Teilordnung $π_I$ erzielt werden kann, ist daher $MinCost_I + c - 1$. Falls diese Zahl größer ist als die bisher erzielte beste Gesamtgröße, braucht dieser Suchpfad nicht weiter verfolgt zu werden. Die untere Schranke ist dann besonders effektiv, wenn der exakte Optimierungsalgorithmus ausgehend von einer bereits guten Ordnung gestartet wird.

9.2.3 Fenster-Permutationen

Wir möchten uns jetzt Algorithmen zuwenden, die versuchen, die gegebene Ordnung eines OBDDs zu verbessern, ohne auf das Optimum abzuzielen. Der **Fenster-Permutationsalgorithmus (window permutation algorithm)** beruht auf der Beobachtung, daß man beim Iterieren von Variablenswaps relativ leicht in lokalen Minima steckenbleibt. Um dies zu verhindern, werden Mechanismen bereitgestellt, um für ein $k > 2$ jeweils k benachbarte Variablen gleichzeitig zu vertauschen. Der Rechenaufwand steigt dabei natürlich mit wachsendem k stark an.

Der Algorithmus durchläuft sukzessive alle Niveaus $i \in \{1, \ldots, n-k+1\}$ und probiert systematisch alle $k!$ Permutationen der Variablen $\pi[i], \ldots, \pi[i+k-1]$ aus. Anschließend wird die Permutation, bei der der OBDD am kleinsten war, rekonstruiert und ein analoger Schritt für das nächste Variablenfenster durchgeführt.

Die $k!$ Permutationen auf k Variablen sollen dabei mit der minimal möglichen Anzahl von $k! - 1$ Swaps generiert werden. Für $k = 3$ und den Variablenbezeichnungen a, b, c kann dazu die folgende Sequenz gewählt werden:

$$abc \to bac \to bca \to cba \to cab \to acb.$$

Für $k = 4$ und die Variablen a, b, c, d leistet die folgende Sequenz das Gewünschte:

$$abcd \to bacd \to badc \to abdc \to adbc \to adcb \to dacb \to dabc$$
$$\to dbac \to bdac \to bdca \to dbca \to dcba \to dcab \to cdab \to cdba$$
$$\to cbda \to bcda \to bcad \to cbad \to cabd \to cadb \to acdb \to acbd.$$

Das Verfahren kann in naheliegender Weise auf beliebige Werte für k erweitert werden: Für jede natürliche Zahl k ist es möglich, die $k!$ vielen Permutationen mit nur $k! - 1$ vielen Swaps zu erreichen. Nach dem Ausprobieren aller Permutationen wird die beste rekonstruiert, wofür lediglich $k(k-1)/2$ weitere Variablenswaps benötigt werden.

Die Größe des resultierenden OBDDs ist in jedem Fall nie größer als die Größe des Ausgangs-OBDDs. Im Falle einer echten Verkleinerung der OBDD-Größe kann der Algorithmus natürlich solange iteriert werden, bis keine weitere Verbesserung mehr erzielt wird. Hierbei können zusätzliche Markierungen für die einzelnen Fenster nützlich sein, um aussichtslose Versuche zu vermeiden. Ein Fenster wird markiert, nachdem die optimale Permutation innerhalb des Fensters bestimmt wurde. Die Markierung wird zurückgenommen, wenn für eines der vorhergehenden $k-1$ Fenster eine neue Permutation bestimmt wird. Trifft man während der Ausführung des Algorithmus auf ein bereits markiertes Fenster, so braucht dieses nicht erneut untersucht zu werden. Wenn alle Fenster markiert sind, ist der gesamte Algorithmus nicht in der Lage, weitere Verbesserungen zu erzielen.

9.2.4 Der Sifting-Algorithmus

Im Jahr 1993 schlug R. Rudell den sogenannten **Sifting-Algorithmus** zur dynamischen Minimierung von OBDDs vor. Grundidee dieses Algorithmus ist die Beobachtung folgender Schwächen des *Fenster-Permutationsalgorithmus*:

- Eventuell werden viele Durchläufe benötigt, um eine Variable auf eine Position zu bringen, die weit entfernt von der Position in der Startordnung ist.

- Die Bestimmung lokal optimaler Teilordnungen in den Fenstern führt leicht dazu, daß die Optimierung selbst bei iterierter Anwendung des Algorithmus in einem *lokalen* Minimum steckenbleibt. Tatsächlich kann dieses noch weit entfernt vom globalen Optimum sein.

Der von Rudell vorgestellte *Sifting-Algorithmus* versucht, diese Probleme zu beseitigen. Das Verfahren beruht hauptsächlich auf der Anwendung einer Unterroutine, welche für eine vorgegebene Variable die beste Position sucht, ohne die Positionen der anderen Variablen zu verändern. Diese Unterroutine wird nacheinander auf alle Variablen $x_1, \ldots, x_n$ der Ordnung angewendet. Im einzelnen werden für die aktuelle Variable x_i die beiden folgenden Schritte ausgeführt:

1. Die Variable wird einmal durch die gesamte Ordnung bewegt, und das Minimum der OBDD-Größe in diesem Prozeß bestimmt (siehe Abb. 9.10).

2. Die Variable wird an der Stelle in der Ordnung plaziert, an der im ersten Schritt das Minimum beobachtet wurde.

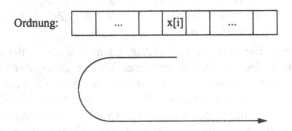

Abb. 9.10. Idee des Sifting-Algorithmus

Während Schritt 1 kann die Größe des OBDDs auch anwachsen. Wenn während des Verschiebens einer Variablen der OBDD sehr stark anwächst, wird es immer unwahrscheinlicher, daß bei einer weiteren Verschiebung in dieser Richtung ein Minimum erreicht werden kann. Aus diesem Grund wird die Suchroutine für die aktuelle Variable abgebrochen, wenn das Größenwachstum des OBDDs einen vorgegebenen Faktor *MaxGrowth* überschreitet.

```
Sifting(P₀, π₀) {
/* Eingabe: ein OBDD P₀ und eine Variablenordnung π₀ */
/* Ausgabe: ein OBDD P und eine Variablenordnung π mit
    OBDD-size(P, π) ≤ OBDD-size(P₀, π₀) */
    P = P₀; π = π₀;
    Für alle i ∈ {1, ... , n} {
            1.(a) /* Bewege Variable xᵢ durch die Ordnung */
                optsize = OBDD-size(P, π);
                optpos = curpos = startpos = π⁻¹[i];
                For j = startpos − 1, ... , 1 (absteigend) {
                    curpos = j;
                    swapπ(P, xπ[j], xπ[j+1]);
                    If OBDD-size(P, π) < optsize {
                        optsize = OBDD-size(P, π);
                        optpos = j;
                    }
                    Else If OBDD-size(P, π) > MaxGrowth * optsize {
                        Exit(Schritt 1.(a));
                    }
                }
            1.(b) For j = curpos + 1, ... , n {
                    curpos = j;
                    swapπ(P, xπ[j−1], xπ[j]);
                    If OBDD-size(P, π) < optsize {
                        optsize = OBDD-size(P, π);
                        optpos = j;
                    }
                    Else If OBDD-size(P, π) > MaxGrowth * optsize {
                        Exit(Schritt 1.(b));
                    }
                }
        2. /* Bringe Variable xᵢ an die beste in Schritt 1 gefundene Position */
            If curpos > optpos {
                For j = curpos − 1, ... , optpos (absteigend) {
                    swapπ(P, xπ[j], xπ[j+1]);
                }
            }
            Else {
                For j = curpos + 1, ... , optpos {
                    swapπ(P, xπ[j−1], xπ[j]);
                }
            }
    }
}
```

Abb. 9.11. Grundvariante des Sifting-Algorithmus

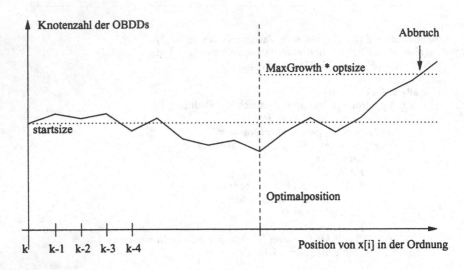

Abb. 9.12. Beispiel für eine Größenveränderung beim Verschieben der Variablen x_i in der Ordnung. Die Startposition von x_i ist k. Während des Suchprozesses wird ein neues Minimum gefunden. Übersteigt das Größenwachstum den Faktor *MaxGrowth*, dann wird die weitere Verschiebung von x_i in die aktuelle Richtung abgebrochen

Der Pseudocode für eine Grundvariante des Sifting-Algorithmus ist in Abb. 9.11 angegeben. OBDD-size(P, π) bezeichnet die Größe des (Shared) OBDD P bezüglich der Variablenordnung π. Für $1 \leq i \leq n$ bezeichnet $\pi[i]$ den Index der Variablen an Position i in der Ordnung und $\pi^{-1}[j]$ die Position der Variablen x_j in der Ordnung. Der Algorithmus benutzt die Unterroutine $swap_\pi(P, x_i, x_j)$, die die Variablen x_i und x_j in der Ordnung vertauscht und den OBDD P sowie die Felder $\pi[\ ]$ und $\pi^{-1}[\ ]$ aktualisiert.

Die Effektivität des Sifting-Algorithmus beruht auf der Fähigkeit, eine Variable schnell über eine große Distanz in der Ordnung bewegen zu können. Es passiert durchaus häufig, daß die OBDD-Größe zunächst anwächst und erst später unter den Startwert fällt (siehe Abb. 9.12). Insbesondere ermöglicht diese Eigenschaft, aus einem lokalen Größenmaximum innerhalb des Optimierungsraumes wieder herauszukommen. Die Position, auf die die aktuelle Variable gesetzt wird, hängt nur von dem gefundenen Minimum ab und ist unabhängig von den eventuell durchlaufenen Zwischenmaxima.

Die Sifting-Idee hat sich als der bisher beste Ansatz zur Konstruktion guter Variablenordnungen in praktischen Anwendungen herausgestellt. Aus diesem Grund wurden neben algorithmischen Verfeinerungen, auf die wir im nachfolgenden Abschn. 9.2.5 eingehen, vor allem auch *effiziente Implementierungen* Sifting-basierter Verfahren untersucht. Hierbei geht es nicht um Verbesserungen des generellen asymptotischen Laufzeitverhaltens, sondern um Verbesserungen der CPU-Zeiten für praktische Anwendungen. Es hat sich gezeigt, daß beispielsweise die Berücksichtigung der folgenden Ideen zu deutlichen Zeitgewinnen führen kann.

Faktor MaxGrowth. Ein naheliegendes Implementierungsdetail betrifft die Frage der geeigneten Wahl des Abbruchfaktors *MaxGrowth*. In der ursprünglichen Arbeit von Rudell wurde die Benutzung des Faktors $MaxGrowth = 2$ vorgeschlagen. Experimentelle Studien haben jedoch ergeben, daß der striktere Faktor $MaxGrowth = 1.2$ in der Regel zu einem großen Zeitgewinn führt, ohne dabei viel von der Optimierungsqualität einzubüßen.

Reihenfolge der Variablenbetrachtung. Bereits die Reihenfolge, in der die Variablen nacheinander betrachtet werden, hat natürlich einen Einfluß auf den Optimierungsverlauf. Eine nützliche Heuristik besteht darin, die Variablen zunächst gemäß absteigender Knotenhäufigkeiten zu sortieren. Es wird also diejenige Variable zuerst untersucht, die am häufigsten als Knotenmarkierung auftritt und demzufolge das größte Optimierungspotential besitzt.

Reihenfolge der Bewegungsrichtung. In der dargestellten Grundvariante wird die aktuelle Variable zuerst nach oben im OBDD (also absteigend in der Ordnung) bewegt, und dann nach unten. Wie Abb. 9.13 zeigt, ist diese Methode für weit hinten in der Ordnung stehende Variablen ungünstig. Beispielsweise muß die vorletzte Variable dann nämlich zweimal durch die gesamte Ordnung bewegt werden, bevor feststeht, wo sich das Optimum für die Variable befindet. Als typische Heuristik wird daher eine Variable zunächst in Richtung desjenigen Endes bewegt, das näher ist.

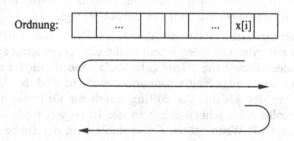

Abb. 9.13. Beim „Siften" der vorletzten Variablen in der Ordnung ist es günstig, die Variable zuerst an das hintere Ende der Ordnung zu bewegen

Interaktionsmatrix. Die Interaktionsmatrix ist ein nützliches Hilfsmittel, um eine hohe Geschwindigkeit des Sifting-Algorithmus zu garantieren. Vor Beginn der Sifting-Hauptschleife wird diese Boolesche $n \times n$-Matrix aufgebaut, wobei n die Anzahl der Variablen bezeichnet. Der Eintrag (i, j) der Matrix erhält genau dann eine Eins, wenn es unter den durch den Shared OBDD repräsentierten Funktionen $f_1, \ldots, f_m$ eine Funktion f_i gibt, die wesentlich von x_i und wesentlich von x_j abhängt. Mit anderen Worten: Der Eintrag (i, j)

erhält genau dann eine Eins, wenn es eine Wurzel innerhalb des OBDDs gibt, von der aus man sowohl x_i-Knoten als auch x_j-Knoten erreichen kann. Wenn zwei benachbarte Variablen x_i und x_j in diesem Sinne nicht interagieren, dann gibt es insbesondere keine Kante, die von einem mit x_i markierten Knoten zu einem mit x_j markierten Knoten führt. Folglich beschränken sich alle notwendigen Aktualisierungen bei der Realisierung eines Variablenswaps von x_i und x_j auf die Beschreibung der Ordnung. Im eigentlichen Shared OBDD selbst müssen überhaupt keine Änderungen vorgenommen werden. Im Fall zweier nicht interagierender Variablen kann ein Variablenswap daher sogar in konstanter Zeit ausgeführt werden – unabhängig von der Anzahl der Knoten, die mit x_i oder x_j markiert sind.

Untere Schranken. Durch solche wie die bereits bei der exakten Minimierung in Abschn. 9.2.2 erläuterten unteren Schranken kann der Suchschritt im Sifting-Algorithmus gegebenenfalls vorzeitig abgebrochen werden. Beim Verschieben der Variablen x_i wird auf jeder durchlaufenen Position mittels einfacher unterer Schranken geprüft, ob durch weiteres Verschieben von x_i in der aktuellen Richtung das Minimum überhaupt noch unterboten werden kann. Ist dies nicht der Fall, kann das Verschieben von x_i in der aktuellen Richtung sofort beendet werden.

9.2.5 Block-Sifting und symmetrisches Sifting

Natürlich gibt es auch für den Sifting-Algorithmus Problemfälle. Ein kritischer Punkt ist, daß die absolute Position einer Variablen das Hauptoptimierungskriterium ist. Die relativen Positionen innerhalb bestimmter Variablenmengen werden dagegen nur indirekt berücksichtigt.

Zur Illustration der damit zusammenhängenden Problematik betrachten wir eine Funktion mit zwei Variablen a und b, die eine gegenseitig starke Anziehung in folgendem Sinne haben: Jede gute Variablenordnung für die Funktion erfordert, daß a und b nicht weit voneinander entfernt sind. Nachdem die Variable a während des Ablaufs von Sifting durch die Ordnung bewegt wird, wird sie mit großer Wahrscheinlichkeit in der Nähe von b plaziert, da b die Variable a „anzieht". Wenn später die Variable b an der Reihe ist, wird sie ebenfalls wieder nahe bei a plaziert. Nichtsdestotrotz kann die Position für die Variablengruppe $\{a, b\}$ immer noch weit entfernt von einer wirklich guten Position für diese Gruppe sein. Diesen Effekt der Anziehung bezeichnet man auch als *Gummiband-Effekt*.

Variablengruppen, bezüglich derer die Funktion partiell symmetrisch ist, haben die beschriebene Eigenschaft der gegenseitigen Anziehung. Tatsächlich findet der beschriebene Sifting-Algorithmus für solche Gruppen von symmetrischen Variablen oft nicht die optimale Position.

Beispiel 9.5. Die Intervallfunktion $I_{2,2}(x_3, \ldots, x_6)$ liefert eine 1, wenn genau zwei der vier Eingabebits 1 sind. Die Funktion

$$f(x_1,\dots,x_6) = (x_1 \oplus x_2) \cdot I_{2,2}(x_3,\dots,x_6)$$

ist daher symmetrisch im Variablenpaar $\{x_1, x_2\}$ und in der Variablenmenge $\{x_1, x_2, x_3, x_4\}$. Der beschriebene Gummiband-Effekt läßt sich gut erkennen, wenn man von der Variablenordnung $x_1, \dots, x_6$ ausgeht und beobachtet, was passiert, wenn die Variable x_2 nach unten im OBDD verschoben wird. Abbildung 9.14 zeigt sowohl die Ausgangssituation als auch die Situation, bei der sich x_2 an der vierten Position der Ordnung befindet. Da bis zum Auftreten der Variablen x_2 im OBDD der Wert der Variablen x_1 verfügbar gehalten werden muß, ist die Größe des OBDDs um so größer, je weiter die Variablen voneinander getrennt sind.   ◇

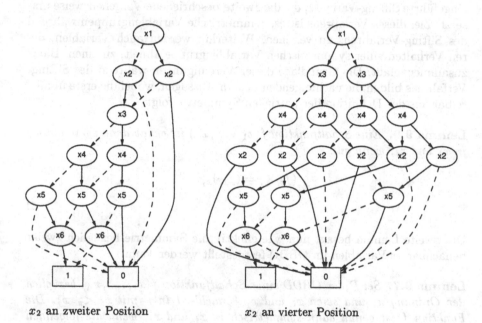

x_2 an zweiter Position x_2 an vierter Position

Abb. 9.14. Der Gummiband-Effekt

Eine Möglichkeit, Abhilfe für diese Problem zu schaffen, ist es, die sich gegenseitig anziehenden Variablen in einer Gruppe zu vereinen und anstelle der einzelnen Variablen die gesamte Gruppe durch die Ordnung zu bewegen. Zur Definition der Gruppen bieten sich die folgenden beiden Vorgehensweisen an:

- Die Gruppen werden vom Benutzer aufgrund dessen Wissens über die Anwendung a priori definiert.
- Die Gruppen werden während des Sifting-Verfahrens automatisch bestimmt.

Bei der ersten Möglichkeit spricht man von **Block-Sifting**. Beschreibt beispielsweise eine Funktion ein System, das aus mehreren Modulen besteht, so kann es zweckmäßig sein, die Variablen jedes Moduls von vornherein zu einem Block zusammenzufassen. Nach der Definition der Blöcke stehen zwei verschiedene Möglichkeiten der Sifting-basierten Variablenumordnung zur Verfügung:

1. Die einzelnen Blöcke werden mit einer Sifting-Strategie umgeordnet.

2. Die Variablen innerhalb jedes Blockes werden mit einer Sifting-Strategie umgeordnet.

Unter **symmetrischem Sifting** versteht man eine von Panda und Somenzi eingeführte Sifting-Variante, die die zweite beschriebene Vorgehensweise umsetzt. Ziel dieses Verfahrens ist es, symmetrische Variablengruppen während des Sifting-Verfahrens zu vereinen. Weiterhin werden auch Variablen, deren Verhalten einer symmetrischen Variablengruppe ähnelt, zu einem Block zusammengefaßt. Die Grundlage dieser Vereinigungen während des Sifting-Verfahrens bilden die nachfolgenden beiden Aussagen, wobei die erste unmittelbar aus der Definition der partiellen Symmetrie folgt.

Lemma 9.6. *Eine Schaltfunktion $f(x_1, \dots , x_n)$ ist genau dann symmetrisch in x_i und x_j, wenn gilt:*

$$(f_{x_i})_{\overline{x_j}} = (f_{\overline{x_i}})_{x_j}.$$

□

Das zweite Lemma besagt nun, wie effektiv die Symmetrie bezüglich zweier benachbarter Variablen im OBDD festgestellt werden kann.

Lemma 9.7. *Sei P der OBDD einer Schaltfunktion $f(x_1, \dots , x_n)$ bezüglich der Ordnung π, und seien x_i und x_j benachbart in π mit $x_i <_\pi x_j$. Die Funktion f ist genau dann symmetrisch in x_i und x_j, wenn die folgenden beiden Aussagen gelten.*

1. *Für alle von mit x_i markierten Knoten repräsentierten Funktionen g gilt:*

$$(g_{x_i})_{\overline{x_j}} = (g_{\overline{x_i}})_{x_j}.$$

2. *Alle Kanten, die zu Knoten mit der Markierung x_j führen, kommen von Knoten mit der Markierung x_i.*

Beweis. Ist f symmetrisch in x_i und x_j, dann gilt die Bedingung von Lemma 9.6. Diese Eigenschaft überträgt sich auf alle Unterfunktionen von f, insbesondere auf die von den mit x_i markierten Knoten repräsentierten Funktionen. Der Nachweis der zweiten zu beweisenden Eigenschaft erfolgt durch

Widerspruch: Angenommen, es gebe eine Kante, die zu einem Knoten mit der Markierung x_j führt, die nicht von einem Knoten mit der Markierung x_i kommt. Dann gibt es eine Unterfunktion h von f mit $h_{x_i} = h_{\overline{x_i}}$, die wesentlich von x_j abhängt, also

$$(h_{\overline{x_i}})_{x_j} \neq (h_{\overline{x_i}})_{\overline{x_j}}.$$

Es folgt

$$(h_{x_i})_{\overline{x_j}} = (h_{\overline{x_i}})_{\overline{x_j}} \neq (h_{\overline{x_i}})_{x_j}$$

im Widerspruch zur Symmetrievoraussetzung.

Die umgekehrte Richtung läßt sich analog zeigen.   □

Mit diesen Kriterien kann während des Sifting-Verfahrens effizient geprüft werden, ob zwei Variable symmetrisch sind.

In der Implementierung des symmetrischen Sifting im CUDD-Paket werden Variablen auch dann vereint, wenn die Bedingungen aus Lemma 9.7 für einen geringen Prozentsatz der Knoten und Kanten verletzt sind. Ferner werden auch sogenannte negative Symmetrien betrachtet. Diese unterscheiden sich dadurch, daß nicht Gleichungen der Form

$$(f_{x_i})_{\overline{x_j}} = (f_{\overline{x_i}})_{x_j},$$

sondern Gleichungen der Form

$$(f_{x_i})_{x_j} = (f_{\overline{x_i}})_{\overline{x_j}}$$

erfüllt sind.

9.3 Quantitative Aussagen

In diesem Abschnitt soll die Optimierungsqualität der vorgestellten Ordnungsstrategien anhand einiger experimenteller Resultate verglichen werden. Wir betrachten zu diesem Zweck die Schaltkreise aus dem sogenannten IS-CAS '85 Benchmark-Satz. Dieser Satz von 10 kombinatorischen Schaltkreisen wurde im Jahr 1985 auf dem International Symposium on Circuits and Systems (ISCAS) veröffentlicht und war dazu gedacht, Resultate im Bereich des Testens von Schaltkreisen untereinander vergleichbar zu machen. Die Schaltkreise werden jedoch wegen ihrer allgemeinen Verbreitung auch in anderen Gebieten als Benchmarks eingesetzt. Wir möchten an dieser Stelle darauf hinweisen, daß derartige Benchmark-Sätze in vielen Bereichen notwendig sind, um das experimentelle Verhalten verschiedener Algorithmen vergleichen zu können. Man sollte sich jedoch stets vor Augen halten, daß *kein* Satz von

Name	In	Out	Gatter	Erfolge	Space Out	Time Out	Größe	Zeit
C432	36	7	160	10	0	0	490533	130.93
C499	41	32	202	10	0	0	840317	91.69
C880	60	26	383	10	0	0	776463	71.20
C1355	41	32	546	9	1	0	886374	198.09
C1908	33	25	880	10	0	0	68095	28.31
C2670	233	140	1193	0	9	1	–	–
C3540	50	22	1669	1	9	0	659838	258.66
C5315	178	32	2307	0	9	1	–	–
C7552	207	108	3512	0	9	1	–	–

Abb. 9.15. Experimentelle Ergebnisse für zufällige Ordnungen

Benchmarks die Menge der praktisch wichtigen Funktionen *vollständig* repräsentieren kann. Nichtsdestotrotz ist der ISCAS '85-Satz für unsere Zwecke geeignet, um einige typische Effekte zu illustrieren.

Die 10 Schaltkreise vertreten typische Funktionalitäten aus den folgenden Bereichen:

- arithmetisch-logische Einheiten
- Kontrolleinheiten
- Auswahlbausteine
- Prioritätsdecodierung
- fehlerkorrigierende Schaltkreise

Einer der 10 Schaltkreise ist ein 16-Bit-Multiplizierer. Wegen der in Abschn. 8.2 bewiesenen exponentiellen unteren Schranke für Multiplizierer ist dieser Schaltkreis nicht mit vernünftigem Speicherbedarf durch einen OBDD darstellbar. Wir werden uns daher im folgenden auf die verbleibenden 9 Schaltkreise beschränken.

Die Schaltkreise sind in Form von Gatternetzlisten gegeben. In dem nachstehenden Vergleich möchten wir die Fan-in-Heuristik, den Fenster-Permutationsalgorithmus, den Sifting-Algorithmus sowie den symmetrischen Sifting-Algorithmus miteinander vergleichen. Wir betrachten hierzu die Rechenzeiten und den Speicherbedarf, die für eine symbolische Simulation benötigt werden. Die angegebenen Zeiten beziehen sich auf einen Sun Sparc 10-Computer. Wenn der Speicherbedarf 100 MB überschreitet oder die symbolische Simulation mehr als 20000 Sekunden benötigt, wird das Verfahren abgebrochen (Memory Out bzw. Time Out).

Als Ausgangspunkt betrachten wir zunächst den Fall einer zufälligen Variablenordnung. Für jeden der 9 betrachteten Schaltkreise werden 10 zufällige Variablenordnungen bestimmt. Die Tabelle in Abb. 9.15 zeigt den Zeit- und Speicherbedarf der am Ende jeder symbolischen Simulation gebildeten

Name	In	Out	Fan-in	Window3	Window4	Sift	symm.
C432	36	7	131178	1228	1226	1210	1210
C499	41	32	53866	39405	26541	26624	26624
C880	60	26	550302	14514	8388	10440	10440
C1355	41	32	53866	37470	26541	29562	29562
C1908	33	25	17758	21863	21587	6395	6395
C2670	233	140	Mem Out	Mem Out	Mem Out	4007	4007
C3540	50	22	Mem Out	471235	328242	23950	23950
C5315	178	32	Mem Out	Mem Out	Mem Out	1844	1844
C7552	207	108	Mem Out	Mem Out	Mem Out	8241	7895

Abb. 9.16. Knotenzahl der OBDDs nach der symbolischen Simulation

OBDDs. Die ersten 4 Spalten enthalten den Namen des Schaltkreises, die Zahl der Ein- und Ausgangsvariablen sowie die Anzahl der Gatter des Schaltkreises. Die Spalten 5 bis 7 geben die Zahl der erfolgreichen Berechnungen, die Zahl der Speicher- sowie der Zeitüberschreitungen an. In den letzten beiden Spalten sind die durchschnittlichen Knotenzahlen der am Ende erhaltenen OBDDs und die durchschnittliche Rechenzeit notiert. Die Durchschnittswerte sind hierbei auf die Anzahl der erfolgreichen Läufe bezogen.

Nur 4 der 9 Schaltkreise können also für jede der 10 zufällig gewählten Ordnungen symbolisch simuliert werden. Die erhaltenen Knotenzahlen liegen mit Ausnahme des C1908 im Bereich über einer halben Million Knoten.

Abbildung 9.16 zeigt in einer Tabelle den Speicherbedarf der erhaltenen OBDDs bei der Anwendung verschiedener Algorithmen zur Konstruktion guter Variablenordnungen. Es sei noch einmal daran erinnert, daß unterschiedliche Knotenzahlen für den gleichen Schaltkreis *allein* darauf zurückgehen, daß die betreffenden Algorithmen zu unterschiedlichen Variablenordnungen und damit zu unterschiedlichen OBDD-Repräsentationen führen. Die erste Spalte in der Tabelle enthält den Namen des Schaltkreises, die zweite und dritte Spalte die Zahl der Ein- und Ausgänge. In den weiteren Spalten folgen die erhaltenen Knotenzahlen für die Fan-in-Heuristik, den Fenster-Permutationsalgorithmus mit Fenstergröße 3 (Window3), den Fenster-Permutationsalgorithmus mit Fenstergröße 4 (Window4), den Sifting-Algorithmus und den symmetrischen Sifting-Algorithmus. Abbildung 9.17 zeigt in gleicher Art die benötigten Rechenzeiten.

Die genauen Zahlen der einzelnen Verfahren hängen natürlich auch von Implementationsdetails ab, wichtiger sind jedoch die Tendenzen. Unsere Zahlen wurde mit Hilfe des CUDD-Paketes gewonnen, die Einstellungen folgen den Standardeinstellungen. Beispielsweise werden die dynamischen Umordnungsalgorithmen immer dann aufgerufen, wenn sich die Größe eines OBDDs seit dem letzten Reordering-Schritt verdoppelt hat.

Zunächst einmal läßt sich im Vergleich der Tabellen in Abb. 9.15 und 9.16 erkennen, daß die behandelten Optimierungsalgorithmen tatsächlich in ei-

Name	In	Out	Fan-in	Window3	Window4	Sift	symm.
C432	36	7	10	1	2	2	2
C499	41	32	5	14	30	77	74
C880	60	26	107	11	21	40	39
C1355	41	32	11	43	100	338	311
C1908	33	25	5	22	66	27	26
C2670	233	140	Mem Out	Mem Out	Mem Out	42	42
C3540	50	22	Mem Out	710	2408	175	175
C5315	178	32	Mem Out	Mem Out	Mem Out	17	17
C7552	207	108	Mem Out	Mem Out	Mem Out	105	106

Abb. 9.17. Rechenzeiten der symbolischen Simulation

ner Reihe von Fällen diese Situation deutlich verbessern. Die resultierenden
OBDDs sind oft erheblich kleiner. Dieser Effekt wird im allgemeinen natürlich
noch um so extremer, je größer und komplexer die darzustellenden Funktionen werden.

An den beiden Tabellen in Abb. 9.16 und 9.17 sieht man, daß die dynamischen Umordnungsalgorithmen der Fan-in-Heuristik klar überlegen sind. Die
Darstellungen werden deutlich kleiner, und es gibt weniger Schaltkreise, deren
OBDD-Berechnung wegen einer Überschreitung des Speicherlimits abgebrochen werden. Allerdings sieht man beispielsweise an den Schaltkreisen C1355
und C1908 auch, daß dynamische Umordnungsalgorithmen viel Rechenzeit
kosten.

Weiterhin läßt sich an den Tabellen ablesen, daß der Fenster-Permutationsalgorithmus mit Fenstergröße 4 die Darstellungen in der Regel besser optimiert als der Algorithmus mit Fenstergröße 3. Der benötigte Zeitbedarf ist
bei Fenstergröße 4 allerdings erheblich höher.

Im Vergleich zu den anderen Verfahren sind der Sifting-Algorithmus sowie
die Variante des symmetrischen Siftings sichtlich überlegen. Nur mit ihnen
gelingt es, alle 9 Schaltkreise in eine OBDD-Repräsentation zu überführen.
Die resultierenden OBDD-Größen sind in keinem Fall nennenswert schlechter als bei anderen Verfahren, sind aber gerade bei größeren Schaltkreisen
klar besser. Obwohl der Aufwand zur einmaligen Anwendung des Sifting-
Algorithmus generell größer ist als zur einmaligen Anwendung des Fenster-
Permutationsalgorithmus, benötigt Sifting beispielsweise für den Schaltkreis
C3540 deutlich weniger Zeit. Grund dafür ist, daß durch die bessere Optimierung die ganze Zeit mit viel kleineren Darstellungen gearbeitet werden
kann.

In den genannten Beispielen liefert der symmetrische Sifting-Algorithmus nur
in einem einzigen Fall ein besseres Ergebnis als der Sifting-Algorithmus. Dies
liegt daran, daß bei keinem der vorliegenden Schaltkreise der in Abschn. 9.2.5
beschriebene Gummiband-Effekt in extremer Weise auftritt. Es gibt jedoch
andere reale Schaltkreise, bei denen dies der Fall ist. Im allgemeinen arbei-

tet deshalb der symmetrische Sifting-Algorithmus stabiler als der Sifting-Algorithmus.

9.4 Ausblick

Obwohl die beschriebenen Techniken in vielen Anwendungen sehr wirkungsvoll arbeiten, bleibt der Entwurf guter Algorithmen zur Optimierung der Variablenordnung auch weiterhin ein aktives Forschungsgebiet. Eines der immer noch ungelösten Probleme beim Einsatz von dynamischem Reordering geht aus folgender Beobachtung hervor: Die vorgestellten Verfahren wie etwa der Sifting-Algorithmus benötigen extrem viel Rechenzeit, wenn sehr große OBDDs mit mehr als einer Million Knoten optimiert werden. Falls die erzielte Größenreduktion der maßgebliche Faktor für das Gelingen einer Berechnung ist, dann ist der Benutzer in der Regel bereit, diese Rechenzeit zu investieren. Es kann jedoch durchaus vorkommen, daß am Ende eines langwierigen Sifting-Prozesses beispielsweise ausgegeben wird: „Es wurden genau 5 Knoten gewonnen."

Ein Lösungsansatz für dieses Problem beruht auf der Entwicklung von Kriterien, die anhand der Struktur des OBDDs den Sifting-Prozeß auf geeignete Teilbereiche des OBDDs einschränken. Teilbereiche, in denen keine starke Größenreduktion zu erwarten ist, sollten von vornherein ausgeklammert werden, um die Rechenzeit für einen wenig erfolgversprechenden Suchprozeß einsparen zu können.

Ein erster Schritt in dieser Richtung wurde in jüngster Zeit von Meinel und Slobodová unternommen. Beim sogenannten **Block-restricted-Sifting** wird die vom Nachweis unterer Schranken bekannte Kommunikationskomplexität eingesetzt, um die aussichtsreichen Teilbereiche des OBDDs zu bestimmen. Für jedes $1 \leq i \leq n$ wird die Zahl $sf[i]$ der Unterfunktionen bestimmt, die durch Konstantsetzen der ersten $i - 1$ Variablen in der Ordnung π hervorgehen. Die Zahlen $sf[i]$ können als Funktion $sf : \{1, \ldots, n\} \to \mathbb{N}_0$ aufgefaßt werden, welche als **Subfunktionsprofil** bezeichnet wird. Ein lokales Minimum an einer Stelle i_0 des Subfunktionsprofils deutet einen schwachen Informationsfluß zwischen dem über der i-ten Variablen liegenden Teil und dem darunter liegenden Teil des OBDDs an. Es erscheint daher nicht sinnvoll, Variablen aus einem dieser Teile in den anderen zu verschieben. Die Idee von Block-restricted-Sifting ist es, hinreichend stark ausgeprägte lokale Minima in dem Profil sf der Subfunktionen zu bestimmen. Anschließend wird der Sifting-Algorithmus für jeden zwischen zwei benachbarten Minima liegenden Variablenbereich aufgerufen. Dadurch, daß während dieser Sifting-Prozesse keine Variable über das Blockende hinwegbewegt wird, kann viel Rechenzeit eingespart werden, und die Optimierungsqualität von Block-restricted-Sifting ist nur geringfügig schlechter als die des ursprünglichen Sifting-Algorithmus.

9.5 Referenzen

Die Fan-in-Heuristik wurde in der Arbeit [MWBS88] eingeführt, die Gewichts-Heuristik in [MIY90]. Die erste Arbeit, in der die effiziente Implementierung des Variablenswaps beschrieben wird, ist [FMK91]. Der Algorithmus zur exakten Minimierung geht auf [FS90] zurück, ihre Anpassung in das Rahmenwerk effizienter Variablenswaps auf [ISY91]. Ebenfalls in [ISY91] wurde der Fenster-Permutationsalgorithmus vorgestellt. Rudell schlug im Jahr 1993 den Sifting-Algorithmus vor [Rud93], die symmetrische Variante geht auf Panda und Somenzi zurück [PS95].

Schließlich wurde Block-restricted-Sifting in der Arbeit [MS97] beschrieben.

Teil III

Anwendungen und Erweiterungen

10. Analyse sequentieller Systeme

Cause célèbre [ein aufsehenerregender Prozeß].
François Gayot de Pitaval (1673–1743)

Der Entwurf immer komplexerer Systeme macht die Überprüfung der Korrektheit des entworfenen Systems zunehmend schwieriger. Gleichzeitig ist es immer wichtiger, daß die Systeme tatsächlich korrekt arbeiten, hängen doch vielfach auch Menschenleben, z.B. im Verkehr oder im Gesundheitswesen, von diesen Systemen ab. Welch dramatische wirtschaftliche Ausmaße Inkorrektheiten im Schaltkreisentwurf haben können, zeigt das Beispiel des Intel Pentium Prozessors aus dem Jahr 1994: Eine Tabelle des seit vielen Jahren bekannten SRT-Divisionsschaltkreises (benannt nach den Initialen der drei Erfinder) enthielt im Fall der Pentium-Implementation inkorrekte Einträge, und der Prozessor war dadurch – zumindest in einigen sehr speziellen Fällen – nicht mehr in der Lage, richtig zu rechnen. Obwohl Intel längere Zeit nicht ganz zu unrecht argumentierte, dieser Fehler würde in der Praxis keine ernsthaften Konsequenzen haben, erzeugte die mit dem Bekanntwerden des Fehlers einhergehende Verunsicherung der PC-Benutzer einen solchen öffentlichen Druck, daß eine Rückrufaktion für Intel unvermeidbar wurde. Die Kosten dieses Austausches beliefen sich auf etwa 475 Millionen Dollar. Die Lehre aus diesem Debakel hat das Gebiet der *Hardwareverifikation* zu einer sehr viel stärker beachteten und ernstgenommenen Komponente innerhalb des Schaltkreisentwurfsprozesses werden lassen.

Eine hervorgehobene Bedeutung kommt dabei der Verifikation sequentieller Systeme zu, kann doch jede Schaltung (einschließlich der kombinatorischen) auf der Logikebene als Finite-State-Maschine beschrieben werden. Auch der erwähnte SRT-Divisionsschaltkreis ist nichts anderes als ein solcher endlicher Automat. In diesem Kapitel behandeln wir nun Werkzeuge zur effizienten Analyse und Verifikation sequentieller Systeme. Insbesondere erweist sich die in Abschn. 5.3 vorgestellte paradigmatische Anwendung des Äquivalenztests für Finite-State-Maschinen als zentrales Kernproblem in den verschiedenartigsten Fragestellungen. Wir erläutern deshalb die einzelnen Techniken und ihr Zusammenspiel im Kontext dieser Anwendung.

10.1 Formale Verifikation

Wir betrachten das folgende **allgemeine Verifikationsproblem**:

Gegeben: Zwei sequentielle Systeme, genauer zwei durch Gatternetzlisten gegebene Finite-State-Maschinen M_1 und M_2 mit gleich vielen Eingabe- und Ausgabebits.

Frage: Besitzen M_1 und M_2 das gleiche Ein-/Ausgabeverhalten, d.h., produzieren M_1 und M_2 für jede Eingabefolge die gleiche Ausgabefolge ?

Die Kernidee der OBDD-basierten Lösungsmethode ist es, die Verifikation globaler Eigenschaften auf die Verifikation lokaler Eigenschaften zurückzuführen, welche für alle vom Startzustand aus erreichbaren Zustände gelten. Wir betrachten dazu zunächst ein vermeintlich deutlich einfacheres **eingeschränktes Verifikationsproblem**:

Gegeben: Eine durch eine Gatternetzliste gegebene Finite-State-Maschine M mit einem Ausgang $\lambda(x, e)$ über dem Ausgabealphabet $\{0, 1\}$.

Frage: Erzeugt M für jede mögliche Eingabefolge stets den Ausgabewert 1 ?

Das eingeschränkte Verifikationsproblem kann durch eine Erreichbarkeitsanalyse auf die Verifikation lokaler Eigenschaften zurückgeführt werden. Unter einer **Erreichbarkeitsanalyse** versteht man dabei die Berechnung und kompakte Repräsentation aller vom Startzustand aus erreichbaren Zustände. Die charakteristische Funktion χ_R dieser Menge $R \subset \mathbb{B}^n$ ist eine Schaltfunktion und kann als solche durch einen OBDD dargestellt werden (vgl. Kap. 5).

Hat man die charakteristische Funktion χ_R der Menge der erreichbaren Zustände berechnet, so kann das eingeschränkte Verifikationsproblem durch Überprüfung der folgenden einfachen Booleschen Gleichung gelöst werden:

$$(\chi_R(x_1, \dots, x_n) \Rightarrow \lambda(x_1, \dots, x_n, e_1, \dots, e_p)) = 1 \,.$$

Diese Gleichung läßt sich umformulieren zu:

$$\overline{\chi_R(x_1, \dots, x_n)} + \lambda(x_1, \dots, x_n, e_1, \dots, e_p) = 1 \,.$$

Durch die Konstruktion der sogenannten *Produktmaschine* läßt sich nun die Lösung des allgemeinen Verifikationsproblems, also der Äquivalenztest für zwei Finite-State-Maschinen, auf das eingeschränkte Verifikationsproblem bezüglich einer einzigen Maschine zurückführen.

Definition 10.1. *Seien* $M_1 = (Q_1, I, O, \delta_1, \lambda_1, q_1)$ *und* $M_2 = (Q_2, I, O, \delta_2, \lambda_2, q_2)$ *zwei Finite-State-Maschinen mit p Eingabebits und m Ausgabebits. Die* **Produktmaschine** $M = (Q, I, O, \delta, \lambda, q_0)$ *von* M_1 *und* M_2 *ist definiert durch*

- $Q = Q_1 \times Q_2$,
- $\delta((x_1, x_2), e) = (\delta_1(x_1, e), \delta_2(x_2, e))$,
- $\lambda((x_1, x_2), e) = (\lambda_{1,1}(x_1, e) \equiv \lambda_{2,1}(x_2, e)) \cdot \ldots \cdot (\lambda_{1,m}(x_1, e) \equiv \lambda_{2,m}(x_2, e))$,
- $q_0 = (q_1, q_2)$.

Die in Abb. 10.1 dargestellte Produktmaschine simuliert das Verhalten von M_1 und M_2 und gibt in jedem Schritt genau dann eine 1 aus, wenn die beiden Ausgaben von M_1 und M_2 übereinstimmen.

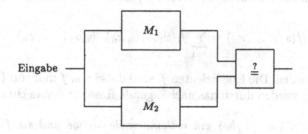

Abb. 10.1. Schematische Darstellung einer Produktmaschine

Folglich kommt der Erreichbarkeitsanalyse eine zentrale Rolle im Prozeß der formalen Verifikation zu. Im nächsten Abschnitt behandeln wir zunächst mehrere Operatoren, die sich in diesem Kontext als sehr zweckdienlich erweisen. In den sich anschließenden Kapiteln zeigen wir dann, wie diese Werkzeuge zur effizienten Realisierung der OBDD-basierten Erreichbarkeitsanalyse eingesetzt werden.

10.2 Grundlegende Operatoren

10.2.1 Verallgemeinerte Cofaktoren

Die effiziente Berechnung von Cofaktoren bildet ein Schlüsselkonzept für die Ausführung vieler Operationen auf OBDDs. Hierbei wird eine Funktion f vermittels der Shannon-Entwicklung *bezüglich der Literale x_i und $\overline{x_i}$* in $f = x_i f_{x_i} + \overline{x_i} f_{\overline{x_i}}$ zerlegt. Die Literale x_i und $\overline{x_i}$ sind dabei sehr spezielle Funktionen, und es erhebt sich die Frage, inwiefern Cofaktoren auch hinsichtlich allgemeinerer Funktionen definiert werden können. Wie sich herausstellen wird, bildet das resultierende Konzept einen zentralen Bestandteil der Bildberechnung.

Definition 10.2. *Eine Menge von Schaltfunktionen* $\{b_1, \ldots, b_r\}$, $b_i \in \mathbb{B}_n$, *heißt* **orthonormal**, *falls*

- $\sum_{i=1}^{r} b_i = 1$ *und*
- $b_i \cdot b_j = 0$ *für* $1 \leq i, j \leq r$ *und* $i \neq j$.

Beispiel 10.3. (1) Für jede Variable x_i bildet die Menge $\{x_i, \overline{x_i}\}$ eine orthonormale Menge.

(2) Für jede Funktion $f \in \mathbb{B}_n$ ist die Menge $\{f, \overline{f}\}$ orthonormal.   ◇

Für jede orthonormale Menge $\{b_1, \ldots, b_r\}$ kann eine Funktion f in der Form

$$f(x_1, \ldots, x_n) = \sum_{i=1}^{r} f_i(x_1, \ldots, x_n) \cdot b_i(x_1, \ldots, x_n)$$

dargestellt werden. Die Koeffizienten f_i sind dabei von f und von $\{b_1, \ldots, b_r\}$ abhängig und werden durch das nachfolgende Resultat genau charakterisiert.

Satz 10.4. *Sei* $\{b_1, \ldots, b_r\}$ *ein orthonormale Menge und sei* $f \in \mathbb{B}_n$. *Die Zerlegung*

$$f = \sum_{i=1}^{r} f_i b_i$$

gilt genau dann, wenn für die Funktionen f_i *gilt*

$$f \cdot b_i = f_i \cdot b_i \quad \text{für alle} \quad 1 \leq i \leq r.$$

Beweis. Sei zunächst $f \cdot b_i = f_i \cdot b_i$ für alle $1 \leq i \leq r$. Dann gilt

$$\sum_{i=1}^{r} f_i \cdot b_i = \sum_{i=1}^{r} f \cdot b_i = f \cdot \sum_{i=1}^{r} b_i = f.$$

Falls umgekehrt $f = \sum_{j=1}^{r} f_j b_j$ gilt, dann folgt

$$f \cdot b_i = (\sum_{j=1}^{r} f_j \cdot b_j) \cdot b_i = f_i \cdot b_i$$

aufgrund der zweiten Grundeigenschaft der orthonormalen Funktionen.   □

In der Zerlegung nach Satz 10.4 sind die Koeffizienten f_i im allgemeinen nicht eindeutig bestimmt. Statt dessen erfüllt für ein Element b_i der orthonormalen Menge jeder Koeffizient f_i mit $f \cdot b_i \leq f_i \leq f + \overline{b_i}$ die Bedingung $f \cdot b_i = f_i \cdot b_i$. Dies folgt aus

$$f_i = f \cdot b_i \implies f_i \cdot b_i = f \cdot b_i \cdot b_i = f \cdot b_i,$$
$$f_i = f + \overline{b_i} \implies f_i \cdot b_i = (f + \overline{b_i}) \cdot b_i = f \cdot b_i + \overline{b_i} \cdot b_i = f \cdot b_i.$$

Die Beobachtung kann so interpretiert werden, daß f_i mit f zumindest an den Stellen übereinstimmen muß, für die $b_i = 1$ gilt. Für die Stellen mit $b_i = 0$ kann f_i beliebig gewählt werden. Bei der späteren Diskussion der Bildberechnung wird diese Freiheit dazu ausgenutzt, um kompaktere Darstellungen für die beteiligten Funktionen zu erhalten. Aus dem nächsten Satz folgt, daß viele Eigenschaften für gewöhnliche Cofaktoren auch in dem allgemeineren Zusammenhang gelten.

Satz 10.5. *Für eine orthonormale Menge $\{b_1, \dots, b_r\}$ und zwei Schaltfunktionen $f = \sum_{i=1}^{r} f_i b_i$, $g = \sum_{i=1}^{r} g_i b_i$ gilt*

$$f + g = \sum_{i=1}^{r} (f_i + g_i) b_i,$$

$$f \cdot g = \sum_{i=1}^{r} (f_i \cdot g_i) b_i,$$

$$\overline{f} = \sum_{i=1}^{r} \overline{f_i} b_i.$$

Beweis. Der Beweis der ersten Aussage folgt unmittelbar aus der Distributivitätseigenschaft. Die zweite Aussage folgt aus $b_i \cdot b_j = 0$ für $i \neq j$. Der Beweis der dritten Aussage basiert auf der bereits in Satz 3.5 angesprochenen vollständigen Charakterisierung des Komplements durch

$$f \cdot \overline{f} = 0 \quad \text{und} \quad f + \overline{f} = 1.$$

Substituiert man die Ausdrücke für f und $\overline{f}$, so ergibt sich

$$f \cdot \overline{f} = (\sum_{i=1}^{r} f_i b_i) \cdot (\sum_{i=1}^{r} \overline{f_i} b_i) = \sum_{i=1}^{r} (f_i \cdot \overline{f_i}) b_i = 0$$

und

$$f + \overline{f} = (\sum_{i=1}^{r} f_i b_i) + (\sum_{i=1}^{r} \overline{f_i} b_i) = \sum_{i=1}^{r} (f_i + \overline{f_i}) b_i = \sum_{i=1}^{r} b_i = 1.$$

$\square$

Betrachtet man die Zerlegung einer Funktion bezüglich der orthonormalen Menge $\{g, \overline{g}\}$ für ein $g \in \mathbb{B}_n$, dann legt die Analogie zur Shannon-Zerlegung dieser Funktion den Begriff des *verallgemeinerten Cofaktors* nahe.

Definition 10.6. *Seien* $f, g \in \mathbb{B}_n$, *und sei*

$$f = g \cdot f_g + \overline{g} \cdot f_{\overline{g}}$$

eine Zerlegung von f *bezüglich der orthonormalen Menge* $\{g, \overline{g}\}$. *Dann heißt der Koeffizient* f_g **positiver verallgemeinerter Cofaktor** *von* f *bezüglich* g, *und der Koeffizient* $f_{\overline{g}}$ **negativer verallgemeinerter Cofaktor** *von* f *bezüglich* g.

Lemma 10.7. *Seien* $f, g \in \mathbb{B}_n$ *mit* $f \cdot g = 0$, *und sei* $f_{\overline{g}}$ *ein negativer verallgemeinerter Cofaktor bezüglich* g. *Dann gilt*

$$f \leq f_{\overline{g}} \leq f + g.$$

Beweis. Wegen $f \cdot g = 0$ gilt $f = \overline{g} \cdot f_{\overline{g}}$. Die Behauptung folgt aus

$$f = \overline{g} f_{\overline{g}} \leq f_{\overline{g}},$$
$$f + g = \overline{g} f_{\overline{g}} + g \cdot (f_{\overline{g}} + \overline{f_{\overline{g}}}) = f_{\overline{g}} + g \cdot \overline{f_{\overline{g}}} \geq f_{\overline{g}}.$$

$\square$

10.2.2 Der Constrain-Operator

Wie schon erwähnt sind die verallgemeinerten Cofaktoren einer Funktion f bezüglich einer Funktion g im allgemeinen nicht eindeutig bestimmt. Aus diesem Grund gibt es die Chance, bestmögliche Cofaktoren bezüglich eines vorgegebenen Optimierungskriteriums zu finden. Das typische Kriterium in unserem Kontext ist dabei die OBDD-Größe des Cofaktors.

Im vergangenen Abschnitt haben wir festgestellt, daß die Werte der Koeffizienten f_g bzw. $f_{\overline{g}}$ in der verallgemeinerten Cofaktor-Entwicklung

$$f = g \, f_g + \overline{g} \, f_{\overline{g}}$$

für die Stellen $(x_1, \ldots, x_n)$ mit $g(x_1, \ldots, x_n) = 1$ bzw. mit $\overline{g}(x_1, \ldots, x_n) = 1$ fixiert sind. Für die Stellen $(x_1, \ldots, x_n)$ mit $g(x_1, \ldots, x_n) = 0$ bzw. $\overline{g}(x_1, \ldots, x_n) = 0$ besteht jedoch eine Wahlmöglichkeit.

Der nachfolgend beschriebene *Constrain-Operator* dient zur Berechnung kompakter Cofaktoren. Wir beschränken uns auf die Betrachtung des positiven Cofaktors, die Ergebnisse können unmittelbar auf negative Cofaktoren übertragen werden. Jeder Minterm in der off-Menge von g wird dabei auf einen Minterm in der on-Menge von g abgebildet. Diese Abbildung wird dazu verwendet, um die Werte von f_g für die Stellen $(x_1, \ldots, x_n)$ mit $g(x_1, \ldots, x_n) = 0$ festzulegen. Die Abbildung beruht auf der folgenden Definition des *Abstands* zweier Eingabevektoren.

```
constrain(f, g) {
/* Eingabe: OBDDs für f, g ∈ 𝔹ₙ */
/* Ausgabe: OBDD für f ↓ g */
    Sei xᵢ die führende Variable in {f, g};
    If (g = 1 oder f = 0 oder f = 1) Return f;
    Else If (f = g) Return 1;
    Else If (f = ḡ) Return 0;
    Else If (g = 0) Return 0;
    Else If (g_{x̄ᵢ} = 0) Return constrain(f_{x̄ᵢ}, g_{x̄ᵢ});
    Else If (g_{x̄ᵢ} = 0) Return constrain(f_{xᵢ}, g_{xᵢ});
    Else Return ITE(xᵢ, constrain(f_{xᵢ}, g_{xᵢ}), constrain(f_{x̄ᵢ}, g_{x̄ᵢ}));
}
```

Abb. 10.2. Constrain-Algorithmus

Definition 10.8. *Seien die Variablen* $x_1, \ldots, x_n$ *in der Ordnung* π *gemäß* $x_{j_1} < x_{j_2} < \ldots < x_{j_n}$ *geordnet. Seien* $r = (r_1, \ldots, r_n)$, $s = (s_1, \ldots, s_n) \in \mathbb{B}^n$. *Der* **Abstand** $\|r - s\|$ *von* r *und* s *bezüglich der Ordnung* π *ist definiert durch*

$$\|r - s\| = \sum_{i=1}^{n} |r_{j_i} - s_{j_i}| \, 2^{n-i}.$$

Definition 10.9. *Für* $f, g \in \mathbb{B}_n$ *ist der* **Constrain-Operator** $f \downarrow g$ *definiert durch*

$$(f \downarrow g)(r) = \begin{cases} f(r) & \text{falls } g(r) = 1, \\ f(s) & \text{falls } g(r) = 0, \ g(s) = 1 \ \text{und } \|r - s\| \ \text{minimal}, \\ 0 & \text{falls } g = 0. \end{cases}$$

Da an allen Stellen $(x_1, \ldots, x_n)$ mit $g(x_1, \ldots, x_n) = 1$ die Funktion $f \downarrow g$ mit f übereinstimmt, ist $f \downarrow g$ ein positiver verallgemeinerter Cofaktor für f bezüglich g.

Abbildung 10.2 enthält einen Pseudocode für die Berechnung des Constrain-Operators. Der Algorithmus kann mit den aus Kap. 7 bekannten Caching-Techniken effizient umgesetzt werden. Der Beweis, daß der angegebene Algorithmus den Constrain-Operator berechnet, beruht auf folgendem Satz.

Satz 10.10. *Seien* $f, g, h \in \mathbb{B}_n$ *und gelte*

$$\tilde{f}_g = h \cdot (f_h)_{g_h} + \bar{h} \cdot (f_{\bar{h}})_{g_{\bar{h}}} \quad \text{und} \quad \tilde{f}_{\bar{g}} = h \cdot (f_h)_{\bar{g}_h} + \bar{h} \cdot (f_{\bar{h}})_{\bar{g}_{\bar{h}}}.$$

Dann ist

$$f = g \cdot \tilde{f}_g + \bar{g}\tilde{f}_{\bar{g}}.$$

Beweis. Wir zeigen, daß die Bedingung aus Satz 10.4 für die beiden Funktionen $\tilde{f}_g$ und $\tilde{f}_{\overline{g}}$ erfüllt ist. Für $\tilde{f}_g$ gilt

$$
\begin{aligned}
\tilde{f}_g \cdot g &= g \cdot h \cdot (f_h)_{g_h} + g \cdot \overline{h} \cdot (f_{\overline{h}})_{g_{\overline{h}}} \\
&= h \cdot g_h \cdot (f_h)_{g_h} + \overline{h} \cdot g_{\overline{h}} \cdot (f_{\overline{h}})_{g_{\overline{h}}} \\
&= h \cdot g_h \cdot f_h + \overline{h} \cdot g_{\overline{h}} \cdot f_{\overline{h}} \\
&= h \cdot g_h \cdot f + \overline{h} \cdot g_{\overline{h}} \cdot f \\
&= f \cdot (h \cdot g + \overline{h} \cdot g) = f \cdot g.
\end{aligned}
$$

Analog wird $\tilde{f}_{\overline{g}} \cdot \overline{g} = f \cdot \overline{g}$ bewiesen, und es folgt die Behauptung.   □

Satz 10.11. *Der Algorithmus aus Abb. 10.2 berechnet den Constrain-Operator* $f \downarrow g$.

Beweis. Der Beweis der Aussagen folgt durch Fallunterscheidung. Zur Vereinfachung der Notation wird angenommen, daß π die natürliche Variablenordnung $x_1 < x_2 < \ldots < x_n$ ist. Die Terminalfälle sind

$g = 1$: In diesem Fall gilt $f \downarrow g = f$ in Übereinstimmung mit dem Algorithmus.

f konstant: Es gilt $f \downarrow g = f$ in Übereinstimmung mit dem Algorithmus.

$f = g$: Für alle s mit $g(s) = 1$ gilt $f(s) = 1$. Folglich ist $f \downarrow g = 1$.

$f = \overline{g}$: Für alle s mit $g(s) = 1$ gilt $f(s) = 0$. Es folgt $f \downarrow g = 0$.

$g = 0$: Nach Definition des Constrain-Operators gilt $f \downarrow g = 0$.

Die rekursiven Fälle sind

$g_{x_i} = 0$: Sei $c \in \mathbb{B}^p$ der Teilvektor der bereits festgelegten Variablen $x_1, \ldots,$ x_p. Gesucht wird der Vektor s mit $g(s) = 1$, der minimalen Abstand zu $(c, 1, \sqcap\_\sqcap) = (c_1, \ldots, c_p, 1, \sqcap\_\sqcap)$ hat, wobei $\sqcap\_\sqcap$ ein Platzhalter für die noch unspezifizierten Variablen ist.

Zunächst bemerken wir, daß dieser Vektor in der durch $(c, 0, \sqcap\_\sqcap)$ definierten Menge enthalten sein muß. Dies gilt, da die Gewichte in der Definition des Abstands exponentiell von der Wurzel zu den Senken abnehmen. Folglich ist jeder Vektor aus $(c, 0, \sqcap\_\sqcap)$ näher zu den Vektoren aus $(c, 1, \sqcap\_\sqcap)$ als jeder andere in Frage kommende Vektor.

Wir betrachten nun einen Vektor $r = (c, 1, t)$ aus der Menge $(c, 1, \sqcap\_\sqcap)$. Gilt für $\tilde{r} = (c, 0, t)$, daß $g(\tilde{r}) = 1$, dann ist $s = \tilde{r}$. Im anderen Fall ist s derjenige Vektor aus $\mathbb{B}^n$ mit $g(s) = 1$, der den kleinsten Abstand von $\tilde{r}$ hat. Genau dies wird durch den Algorithmus berechnet.

$g_{\overline{x_i}} = 0$: Analog zum Fall $g_{x_i} = 0$.

Sonst: In diesem Fall erfolgt eine rekursive Zerlegung gemäß Satz 10.10.   □

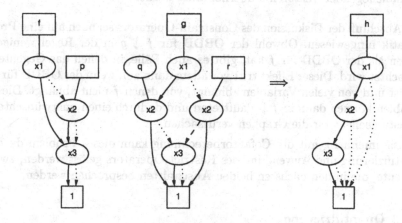

x_1 x_2 x_3	f	g	$h = f \downarrow g$
0 0 0	0	1	0
0 0 1	1	0	
0 1 0	1	0	0
0 1 1	0	0	
1 0 0	0	1	0
1 0 1	1	0	
1 1 0	0	1	0
1 1 1	1	1	1

Abb. 10.3. OBDD-Darstellungen und Wertetabelle für die Funktionen f, g und $h = f \downarrow g$

Beispiel 10.12. Ein Beispiel für die Anwendung des Constrain-Operators ist in Abb. 10.3 dargestellt. Es ist $f(x) = x_1 x_3 + \overline{x_1}(x_2 \oplus x_3)$ und $g(x) = x_1 x_2 + \overline{x_2}\,\overline{x_3}$. Da der Algorithmus Gebrauch macht von der Eigenschaft, daß bei der Benutzung komplementierter Kanten die Bedingung $f = \overline{g}$ in konstanter Zeit geprüft werden kann, benutzen die dargestellten OBDDs komplementierte Kanten. Für $h = f \downarrow g$ gilt

$$
\begin{aligned}
h \; &= \; f \downarrow g = x_1 \cdot (f_{x_1} \downarrow g_{x_1}) + \overline{x_1} \cdot (f_{\overline{x_1}} \downarrow g_{\overline{x_1}}) \\
&= \; x_1 \cdot (x_3 \downarrow q) + \overline{x_1} \cdot (\overline{p} \downarrow \overline{r}) \\
&= \; x_1 \cdot (x_2 \cdot (x_3 \downarrow 1) + \overline{x_2} \cdot (x_3 \downarrow \overline{x_3})) + \overline{x_1} \cdot (x_3 \downarrow \overline{x_3}) \\
&= \; x_1 \cdot (x_2 \cdot x_3 + \overline{x_2} \cdot 0) + \overline{x_1} \cdot 0 \\
&= \; x_1 x_2 x_3.
\end{aligned}
$$

Die Wertetabelle für f, g und $f \downarrow g$ in Abb. 10.3 verdeutlicht die Minimierungsidee des Constrain-Operators. Für Eingabevektoren $r \in \mathbb{B}^n$ mit $g(r) = 0$

wird versucht, den OBDD zu minimieren, indem in diesen Fällen die Werte $f(s)$ naheliegender Vektoren s übernommen werden.   ◇

Zum Abschluß der Diskussion des Constrain-Operators sei noch auf eine Problematik hingewiesen. Obwohl der OBDD für $f \downarrow g$ in der Regel weniger Knoten als der OBDD für f hat, gibt es auch Fälle, in denen das Gegenteil beobachtet wird. Dieser Effekt tritt vor allem dann auf, wenn der OBDD für g groß ist und von vielen Variablen abhängt, von denen f nicht abhängt. Diese Variablen können dann in $f \downarrow g$ auftreten und dadurch einen unerwünschten Wachstumseffekt für die Graphen verursachen.

In Zusammenhang mit der Cofaktorberechnung kann dieses Problem durch Quantifizierung und Anwendung des Restrict-Operators gelöst werden, zwei Konzepte, die in den nächsten beiden Abschnitten besprochen werden.

10.2.3 Quantifizierung

Zwei Boolesche Operatoren, die sich in Zusammenhang mit der sequentiellen Analyse als sehr wesentlich erweisen, sind der *Boolesche Existenzquantor* und der *Boolesche Allquantor*.

Definition 10.13. *Für* $f \in \mathbb{B}_n$ *ist die* **existentielle Quantifizierung** *bezüglich der Variablen* x_i *durch*

$$\exists_{x_i} f = f_{x_i} + f_{\overline{x_i}}$$

definiert. Die **universelle Quantifizierung** *ist durch*

$$\forall_{x_i} f = f_{x_i} f_{\overline{x_i}}$$

definiert.

Sowohl $\exists_{x_i} f$ als auch $\forall_{x_i} f$ bezeichnen Schaltfunktionen, die nicht mehr von der Variablen x_i abhängen. Der Begriff der Quantifizierung kommt natürlich daher, daß gilt

$$(\exists_{x_i} f)(x_1, \dots, x_{i-1}, x_{i+1}, \dots, x_n) = 1 \iff \exists_{x_i} (f(x_1, \dots, x_n) = 1),$$
$$(\forall_{x_i} f)(x_1, \dots, x_{i-1}, x_{i+1}, \dots, x_n) = 1 \iff \forall_{x_i} (f(x_1, \dots, x_n) = 1),$$

wobei $\forall$ und $\exists$ auf den rechten Seiten beider Äquivalenzen die üblichen prädikatenlogischen Quantoren bezeichnen.

Beispiel 10.14. Sei $f(x_1, x_2, x_3) = \overline{x_1}\,\overline{x_2}x_3 + x_1\overline{x_3} + x_1x_2$. Dann sind die beiden Cofaktoren bezüglich x_3

$$f_{x_3} = \overline{x_1}\,\overline{x_2} + x_1x_2 \quad \text{und} \quad f_{\overline{x_3}} = x_1 + x_1x_2 = x_1$$

und damit

$$\exists_{x_3} f = x_1 + \overline{x_2} \quad und \quad \forall_{x_3} f = x_1 x_2.$$

◇

Betrachtet man $\exists_{x_i} f$ und $\forall_{x_i} f$ weiterhin als Funktionen aus $\mathbb{B}_n$, dann gilt: $\exists_{x_i}$ ist die kleinste von x_i unabhängige Funktion, deren on-Menge die on-Menge von f umfaßt. $\forall_{x_i}$ ist die größte von x_i unabhängige Funktion, deren on-Menge in der on-Menge von f enthalten ist.

Lemma 10.15. *Für $f, g \in \mathbb{B}_n$ gelten die folgenden Eigenschaften der Quantifizierungsfunktionen:*

Monotonie:

$$f \le g \Longrightarrow \exists_{x_i} f \le \exists_{x_i} g \quad und \quad \forall_{x_i} f \le \forall_{x_i} g.$$

Kommutativität:

$$\exists_{x_i} \exists_{x_j} f = \exists_{x_j} \exists_{x_i} f \quad und \quad \forall_{x_i} \forall_{x_j} f = \forall_{x_j} \forall_{x_i} f.$$

Distributivität:

$$\exists_{x_i} (f + g) = \exists_{x_i} f + \exists_{x_i} g \quad und \quad \forall_{x_i} (f \cdot g) = \forall_{x_i} f \cdot \forall_{x_i} g$$

Distributivitätsungleichungen:

$$\exists_{x_i} (f \cdot g) \le \exists_{x_i} f \cdot \exists_{x_i} g \quad und \quad \forall_{x_i} (f + g) \ge \forall_{x_i} f + \forall_{x_i} g$$

Komplementierung:

$$\exists_{x_i} (\overline{f}) = \overline{(\exists_{x_i} f)} \quad und \quad \forall_{x_i} (\overline{f}) = \overline{(\forall_{x_i} f)}$$

□

Der Beweis erfolgt durch Nachrechnen der Gleichungen. Aufgrund der Kommutativität können wir anstelle $\exists_{x_1} \exists_{x_2} \cdots \exists_{x_n} f$ auch kurz $\exists_{x_1, x_2, \ldots, x_n}$ oder $\exists_x$ schreiben.

10.2.4 Der Restrict-Operator

Lemma 10.16. *Seien f, g und h Schaltfunktionen mit $h \ge g$. Dann gilt*

$$g \cdot f_g = g \cdot f_h.$$

Mit anderen Worten: Ein positiver verallgemeinerter Cofaktor bezüglich h ist auch ein positiver verallgemeinerter Cofaktor bezüglich g.

```
restrict(f, g) {
/* Eingabe: OBDDs für f, g ∈ 𝔹ₙ */
/* Ausgabe: OBDD für f ⇓ g */
    Sei xᵢ die führende Variable in {f, g};
    If (g = 1 oder f = 0 oder f = 1) Return f;
    Else If (f = g) Return 1;
    Else If (f = ḡ) Return 0;
    Else If (g = 0) Return 0;
    Else If (g_{xᵢ} = 0) Return restrict(f_{x̄ᵢ}, g_{x̄ᵢ});
    Else If (g_{x̄ᵢ} = 0) Return restrict(f_{xᵢ}, g_{xᵢ});
    Else If (xᵢ ist nicht die führende Variable von f) {
        Return restrict(f, ITE(g_{xᵢ}, 1, g_{x̄ᵢ}));
    }
    Else Return ITE(xᵢ, restrict(f_{xᵢ}, g_{xᵢ}), restrict(f_{x̄ᵢ}, g_{x̄ᵢ}));
}
```

Abb. 10.4. Restrict-Algorithmus

Beweis. Ein positiver verallgemeinerter Cofaktor für f bezüglich g muß immer dann mit f übereinstimmen, wenn $g(x) = 1$. Diese Übereinstimmung trifft auch auf f_h zu, da $g(x) = 1$ auch $h(x) = 1$ impliziert.   □

Das Lemma kann insbesondere auf den Constrain-Operator aus Abschn. 10.2.2 und auf $h = \exists_{x_i} g$ angewendet werden. Auf diese Weise können die Variablen von g, die nicht in f auftreten und bei der Berechnung des Constrain-Operators ein unerwünschtes Größenwachstum verursachen können, vor der Berechnung von $f \downarrow g$ ausquantifiziert werden. Bezeichnet h das Ergebnis dieser Quantifizierung, dann ist $f \downarrow h$ ebenfalls ein Cofaktor von f bezüglich g.

Die Quantifizierung kann in die Berechnung des Constrain-Operators integriert werden. Der durch diesen Algorithmus berechnete Operator wird **Restrict-Operator** genannt und durch $f \Downarrow g$ bezeichnet. Immer dann, wenn die führende Variable x_i von g einen kleineren Index besitzt als die führende Variable von f, dann liefert die Funktion das Ergebnis

$$f \Downarrow (\exists_{x_i} g)$$

zurück. Der Algorithmus zur Berechnung des Restrict-Operators ist in Abb. 10.4 dargestellt. Er geht durch eine entsprechende Modifikation aus dem Constrain-Algorithmus in Abb. 10.2 hervor.

Besonders in Fällen, bei denen der OBDD für g groß ist und von vielen Variablen abhängt, ist der Restrict-Operator dem Constrain-Operator bei der Berechnung verallgemeinerter Cofaktoren überlegen, die erzeugten OBDDs sind dann in der Regel deutlich kompakter.

10.3 Erreichbarkeitsanalyse

Definition 10.17. *Sei* $M = (Q, I, O, \delta, \lambda, q_0)$ *eine Finite-State-Maschine. Ein Zustand* $s \in \mathbb{B}^n$ *heißt* **in genau** k **Schritten vom Zustand** r **erreichbar**, *wenn es eine Eingabefolge* $e_0, \ldots, e_k$ *und eine Zustandsfolge* $s_0, \ldots, s_k$ *gibt, so daß* $s_0 = r$, $s_k = s$ *und*

$$\delta(s_i, e_i) = s_{i+1}, \qquad 0 \le i \le k.$$

s *heißt vom Zustand* r **erreichbar**, *wenn es eine Zahl* $k \ge 0$ *gibt, so daß* s *von* r *in genau* k *Schritten erreichbar ist.*

Unter einer Erreichbarkeitsanalyse einer Finite-State-Maschine M versteht man die Berechnung und kompakte Darstellung aller vom Startzustand aus erreichbaren Zustände. In unserem Kontext werden die auftretenden Zustandsmengen über ihre charakteristischen Funktionen als OBDDs dargestellt.

Für eine Finite-State-Maschine M mit p Eingabebits, n Zustandsbits und der Übergangsfunktion $\delta : \mathbb{B}^{n+p} \to \mathbb{B}^n$ bezeichne $\chi_j(x_1, \ldots, x_n) : \mathbb{B}^n \to \mathbb{B}$ die charakteristische Funktion der in maximal j Schritten erreichbaren Zustände.

Definition 10.18. *Sei* $f : \mathbb{B}^n \to \mathbb{B}^m$. *Das* **Bild** $Im(f)$ *der Funktion* f *wird definiert durch*

$$Im(f) = \{v \in \mathbb{B}^m : \text{es existiert ein } x \in \mathbb{B}^n \text{ mit } f(x) = v\}.$$

Für eine Teilmenge C *von* $\mathbb{B}^n$ *wird* **das Bild von** f **bezüglich** C *definiert durch*

$$Im(f, C) = \{v \in \mathbb{B}^m : \text{es existiert ein } x \in C \text{ mit } f(x) = v\}.$$

Die Grundstruktur für den Algorithmus zur Berechnung der Menge *Reached* der erreichbaren Zustände von M ist in Abb. 10.5 dargestellt. Der Algorithmus beruht auf einer Breitentraversierung. Zunächst wird die Menge *To* aller Nachfolgezustände der Startmenge S_0 berechnet. Um die bei der Bildoperation auftretenden OBDDs klein zu halten, wird die Teilmenge *New* $\subset$ *To* berechnet, welche die bereits in der Startmenge enthaltenen Zustände wieder herausfiltert. Die Menge *From*, von der aus die nächste Bildberechnung startet, wird auf *New* gesetzt und die Menge *Reached* aller bisher erreichten Zustände aktualisiert. Dann beginnt die nächste Iteration.

Die Iteration kann abgebrochen werden, wenn in einem Schritt keine neuen Zustände mehr hinzugekommen. Die Vereinigung und die Bildung der Differenzmenge wird vermöge der entsprechenden Booleschen Operationen auf den OBDDs der charakteristischen Funktionen ausgeführt. Die Zahl der

```
traverse(δ, q₀) {
/* Eingabe: Übergangsfunktion δ, Startmenge S₀ */
/* Ausgabe: Menge der erreichbaren Zustände */
    Reached = From = S₀;
    Do {
        To = Im(δ, From);
        New = To \ Reached;
        From = New;
        Reached = Reached ∪ New;
    } While (New ≠ ∅);
    Return Reached;
}
```

Abb. 10.5. Grundalgorithmus zur Erreichbarkeitsanalyse mittels Breitentraversierung

auszuführenden Iterationen entspricht der **sequentiellen Tiefe** der Finite-State-Maschine. Hierunter versteht man die kleinste Zahl k, so daß jeder Zustand vom Startzustand in höchstens k Schritten erreicht werden kann.

Die Berechnung des Bildoperators ist eine aufwendigere Operation, für die wir im nächsten Abschn. 10.4 mehrere Algorithmen angeben werden. Unabhängig von der Wahl des speziellen Algorithmus ist es sinnvoll und notwendig, bei der Berechnung von $Im(δ, From)$ den OBDD der Eingabemenge $From$ so einfach wie möglich zu halten. Aus diesem Grund haben wir bei der Grundvariante der Traversierung $From = New$ gefordert, die zuletzt berechneten Zustände bilden also den Ausgangspunkt für die neue Berechnung.

Offensichtlich läßt sich anstelle von $From = New$ aber auch jede andere Menge $From$ mit der Eigenschaft

$$New \subset From \subset Reached \cup New$$

verwenden. Nach Lemma 10.7 erfüllt jeder verallgemeinerte Cofaktor $(New)_{\overline{Reached}}$ diese Eigenschaft

$$New \subset (New)_{\overline{Reached}} \subset Reached \cup New.$$

Geschickter ist es daher, anstelle von $From = New$ den in Abschn. 10.2.4 eingeführten Restrict-Operator zur Berechnung eines geeigneten $From$ zu benutzen. Dieser berechnet nämlich einen verallgemeinerten Cofaktor, dessen OBDD-Größe möglichst klein ist. Wir wählen deshalb als Ausgangspunkt für die neue Berechnung

$$From = New \Downarrow \overline{Reached}.$$

An dieser Stelle sei noch einmal darauf hingewiesen, daß bei einer expliziten Repräsentation der Zustände natürlich jeder einzelne Zustand explizit angefaßt werden muß. Bei der impliziten Repräsentation vermittels der charakteristischen Funktion kann das Bild dagegen durch die Ausführung eines einzigen Operators, des Bildoperators, berechnet werden. Man spricht daher von einer **symbolischer Breitentraversierung**. Die Schwierigkeit der Handhabung hoher Anzahlen von Zuständen wird auch hier in die Größe der zu verwendenden Darstellung verlagert.

Der Bildoperator stellt allerdings eine weitaus komplexere Operation dar als die bisher eingeführten Operationen. In den nächsten Abschnitten werden wir uns daher eingehend mit guten Algorithmen zur Berechnung dieses wichtigen Operators befassen. An dieser Stelle sei jedoch bereits darauf hingewiesen, daß die in Kap. 9 besprochenen Algorithmen zur dynamischen Variablenumordnung in der sequentiellen Analyse von zentraler Bedeutung sind. Obwohl heuristische Methoden durchaus in der Lage sind, gute Ordnungen für die ersten Schritte einer Iteration zur Erreichbarkeitsanalyse zu konstruieren, kann dem dynamischen Verhalten des Iterationsprozesses im allgemeinen damit nicht entsprochen werden. Dynamische Umordnungsalgorithmen erlauben es dagegen, die Ordnung an die sich verändernden Zustandsmengen fortlaufend anzupassen. Dadurch wird ein nicht unbeträchtlicher Anteil der Rechenzeit in die Konstruktion guter Ordnungen investiert. Diese Zeit ist jedoch gut angelegt, da hierbei entschieden wird, ob ein Verifikationsprozeß gelingt oder nicht.

10.4 Effiziente Bildberechnung

Die zentrale Operation für die Erreichbarkeitsanalyse ist die **Bildberechnung** bezüglich einer Teilmenge C. Die Berechnung des Bildoperators ist im allgemeinen deutlich komplexer als etwa die Berechnung binärer Boolescher Operationen. Wird während der Ausführung einer Bildberechnung die Variablenordnung konstant gehalten, so ist die OBDD-Größe des Bildes natürlich unabhängig von dem zur Berechnung verwendeten Algorithmus. Für alle bekannten Algorithmen zur Bildberechnung kann jedoch der in Abb. 10.6 illustrierte Effekt eintreten. Obwohl die Ausgangsmenge C und das Bild $\mathrm{Im}(f, C)$ eine moderate OBDD-Größe besitzen, explodieren die Größen der zu durchlaufenden Zwischenergebnisse. Gute Algorithmen zur Bildberechnung zielen daher vor allem darauf ab, mögliche Zwischenergebnisse klein zu halten.

Im folgenden werden alle Mengen durch ihre charakteristischen Funktionen dargestellt. Das zu lösende Problem für den Fall der **eingeschränkten Bildberechnung** lautet damit:

Gegeben: Zwei OBDDs für die Schaltfunktion $f(x_1, \ldots, x_n)$ und die charakteristische Funktion χ_C einer Teilmenge $C \subset \{0, 1\}^n$.

Gesucht: der OBDD für die charakteristische Funktion von $\mathrm{Im}(f, C)$.

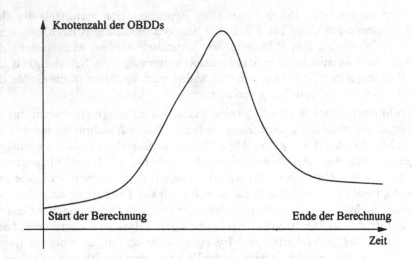

Abb. 10.6. Explosion des Speicherbedarfs bei der Bildberechnung

In der Regel drücken wir die charakteristische Funktion von $\mathrm{Im}(f, C)$ in den Variablen $y_1, \ldots, y_m$ aus.

10.4.1 Input-Splitting

Sei $f : \mathbb{B}^n \to \mathbb{B}^m$. Die erste, als **Input-Splitting** bezeichnete Methode zur Berechnung des uneingeschränkten Bildes $\mathrm{Im}(f)$ beruht auf der Beobachtung, daß die Bildberechnung rekursiv nach den Eingabevariablen aufgeteilt werden kann:

$$\mathrm{Im}(f) = \mathrm{Im}(f)_{x_i} + \mathrm{Im}(f)_{\overline{x_i}}.$$

Wenn wir annehmen, daß die charakteristische Funktion der Bildmenge in den Variablen $y_1, \ldots, y_m$ ausgedrückt wird, dann gilt beispielsweise für den Terminalfall einer in allen Komponenten konstanten Funktion $f = (f_1, \ldots, f_m)$, $f_i \in \{0, 1\}$:

$$\mathrm{Im}(f) = y_1^{f_1} \cdot \ldots \cdot y_m^{f_m}.$$

Die Effizienz dieses Ansatzes läßt sich durch die Ausnutzung von Heuristiken und schärferen Abbruchbedingungen verbessern.

Dekomposition in Richtung disjunkter Träger. Sei $f = (f_1, f_2) : \mathbb{B}^n \to \mathbb{B}^2$, wobei f_1 und f_2 von disjunkten Variablenmengen abhängen. Dann gilt

$$\text{Im}(f) = \text{Im}(f_1) \times \text{Im}(f_2).$$

Diese Aussage läßt sich natürlich auf Funktionen $f = (f_1, \ldots, f_m)$ verallgemeinern, die sich in Blöcke mit disjunkten Variablenmengen unterteilen lassen. Die Auswahl der Dekompositionsvariablen bei der rekursiven Aufteilung erfolgt nun mit dem Ziel, möglichst schnell Blöcke mit disjunkten Trägermengen zu erhalten.

Identische und komplementäre Komponenten. Sei $f = (f_1, f_2)$: $\mathbb{B}^n \to \mathbb{B}^2$ eine nichtkonstante Funktion mit $f_1 = f_2$ oder $f_1 = \overline{f_2}$. Dann gilt

$$\text{Im}(f) = y_1 \equiv y_2 \quad \text{oder} \quad \text{Im}(f) = y_1 \oplus y_2.$$

Auch diese Aussage läßt sich auf Funktionen $f = (f_1, \ldots, f_m)$ verallgemeinern. Ein Kriterium für die Auswahl der Dekompositionsvariablen ist die möglichst schnelle Reduktion auf ein Problem mit identischen oder komplementären Komponenten. Diese können nämlich bis auf eine gestrichen werden, und es verbleibt lediglich die Lösung eines vereinfachten Problems. Die gestrichenen Komponenten werden später durch Terme der Form $y_i \equiv y_j$ oder $y_i \oplus y_j$ wieder hinzugefügt.

Identische Teilprobleme. Wie im Fall der Berechnung binärer Operationen wird eine Computed-Tabelle mit den Ergebnissen der bereits gelösten Teilprobleme angelegt.

Beispiel 10.19. Sei $f = (f_1, f_2, f_3)$ definiert durch

$$f_1 = x_1(x_2 + x_3),$$
$$f_2 = x_2(x_1 + x_3),$$
$$f_3 = x_3(x_1 + x_2).$$

Für die positiven Cofaktoren $(f_i)_{x_1}$ gilt

$$(f_1)_{x_1} = x_2 + x_3, \qquad (f_2)_{x_1} = x_2, \qquad (f_3)_{x_1} = x_3.$$

Dies sind noch keine Terminalfälle. Eine weitere Dekomposition bezüglich x_2 liefert

$$(f_1)_{x_1 x_2} = 1, \qquad (f_2)_{x_1 x_2} = 1, \qquad (f_3)_{x_1 x_2} = x_3.$$

Damit folgt $\text{Im}(f)_{x_1 x_2} = y_1 y_2$. Für die negativen Cofaktoren bezüglich x_2 gilt

$$(f_1)_{x_1 \overline{x_2}} = x_3, \qquad (f_2)_{x_1 \overline{x_2}} = 0, \qquad (f_3)_{x_1 \overline{x_2}} = x_3.$$

Hieraus folgt $\text{Im}(f)_{x_1 \overline{x_2}} = (y_1 y_3 + \overline{y_1}\ \overline{y_3}) \overline{y_2}$ und damit

$$\mathrm{Im}(f)_{x_1} = y_1 y_2 + y_1 \overline{y_2} y_3 + \overline{y_1}\, \overline{y_2}\, \overline{y_3}$$
$$= y_1 y_2 + y_1 y_3 + \overline{y_1}\, \overline{y_2}\, \overline{y_3}.$$

Für die Berechnung von $\mathrm{Im}(f)_{\overline{x_1}}$ gilt

$$(f_1)_{\overline{x_1}} = 0, \qquad (f_2)_{\overline{x_1}} = (f_3)_{\overline{x_1}} = x_2 x_3.$$

Durch Entfernen des identischen Problems ergibt sich unmittelbar

$$\mathrm{Im}(f)_{\overline{x_1}} = \overline{y_1}(y_2 y_3 + \overline{y_2}\, \overline{y_3}).$$

Schließlich liefert die disjunktive Verknüpfung der beiden Teilergebnisse

$$\mathrm{Im}(f) = \mathrm{Im}(f)_{x_1} + \mathrm{Im}(f)_{\overline{x_1}}$$
$$= y_1 y_2 + y_1 y_3 + y_2 y_3 + \overline{y_1}\, \overline{y_2}\, \overline{y_3}.$$

$\diamond$

Für die Berechnung eines eingeschränkten Bildes $\mathrm{Im}(f, C)$ bezüglich einer Teilmenge $C \subset \mathbb{B}^n$ läßt sich erneut der Constrain-Operator verwenden. Durch diesen kann die Funktion f zu einer Funktion f' modifiziert werden, so daß die Berechnung von $\mathrm{Im}(f, C)$ auf eine uneingeschränkte Bildberechnung von $\mathrm{Im}(f')$ zurückgeführt wird.

Lemma 10.20. *Sei $f : \mathbb{B}^n \to \mathbb{B}^m$, und $\chi_C \in \mathbb{B}_n$ die charakteristische Funktion einer Menge $C \subset \mathbb{B}^n$. Dann gilt*

$$Im(f, C) = Im(f \downarrow \chi_C) = Im(f_1 \downarrow \chi_C, \dots, f_n \downarrow \chi_C).$$

Beweis. Da für $C = \emptyset$ die Behauptung offensichtlich erfüllt ist, können wir $C \neq \emptyset$ voraussetzen. Für jedes $x \in C$ gilt $(f \downarrow \chi_C)(x) = f(x)$. Folglich gilt $\mathrm{Im}(f, C) \subset \mathrm{Im}(f \downarrow \chi_C)$. Für jedes $x \notin C$ gilt andererseits für ein $s \in C$

$$(f \downarrow \chi_C)(x) = (f_1 \downarrow \chi_C(x), \dots, f_m \downarrow \chi_C(x)) \qquad (10.1)$$
$$= (f_1 \downarrow \chi_C(s), \dots, f_m \downarrow \chi_C(s)) \qquad (10.2)$$
$$= (f \downarrow \chi_C)(s)$$
$$= f(s).$$

Folglich gilt $\mathrm{Im}(f \downarrow \chi_C) \subset \mathrm{Im}(f, C)$. Es sei darauf hingewiesen, daß die Umformung von (10.1) nach (10.2) für Funktionen f mit mehreren Ausgängen nur gilt, weil die Koordinatenverschiebung des Constrain-Operators $f \downarrow g$ lediglich von g abhängt. $\qquad \square$

Jeder Operator $\circ$, der die Eigenschaft $\mathrm{Im}(f, C) = \mathrm{Im}(f \circ \chi_C)$ erfüllt, heißt **Image Restrictor**.

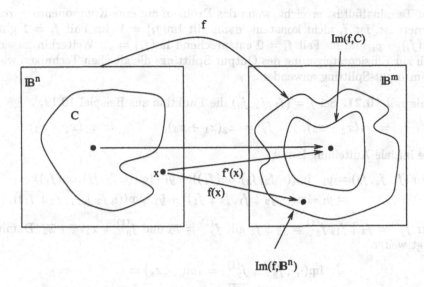

Abb. 10.7. Funktionsweise eines Image Restrictors

Die Funktionsweise eines Image Restrictors ist in Abb. 10.7 illustriert. Durch die Modifikation der Funktion wird x nicht auf $f(x)$, sondern auf $f'(x) \in \mathrm{Im}(f, C)$ abgebildet.

Im Gegensatz zum Constrain-Operator $\downarrow$ ist der Restrict-Operator $f \Downarrow g$ kein Image Restrictor, weil die Koordinatenverschiebung des Restrict-Operators auch von der Funktion f selbst abhängt.

10.4.2 Output-Splitting

Bei der Bildberechnung kann nicht nur bezüglich der Eingabevariablen x_1, $\ldots, x_n$, sondern alternativ auch bezüglich der Ausgabevariablen $y_1, \ldots, y_m$ entwickelt werden:

$$\mathrm{Im}(f) = y_i \cdot \mathrm{Im}((f_1, \ldots, f_{i-1}, \cdot, f_{i+1}, \ldots, f_m), \mathrm{on}(f_i)) \qquad (10.3)$$
$$+ \overline{y_i} \cdot \mathrm{Im}((f_1, \ldots, f_{i-1}, \cdot, f_{i+1}, \ldots, f_m), \mathrm{on}(\overline{f_i})),$$

eine Methode, die als **Output-Splitting** bezeichnet wird. Der Punkt dient dabei als Platzhalter für die nun fehlende i-te Komponente. Durch Entwicklung nach (10.3) wird das Bild von f aufgeteilt in die Elemente mit $f_i = 1$ und in die Elemente mit $f_i = 0$. Auf diese Weise wird eine uneingeschränkte Bildberechnung auf die Berechnung zweier eingeschränkter Bilder $\mathrm{Im}(f, C)$ kleinerer Dimension zurückgeführt. Diese Bilder können mit Hilfe des Constrain-Operators und der im vorangegangenen Kapitel vorgestellten Technik wieder auf uneingeschränkte Bilder zurückgeführt werden.

Ein Terminalfall ist erreicht, wenn das Problem auf eine Komponente f_i reduziert ist. Ist f_i nicht konstant, dann gilt $\mathrm{Im}(f_i) = 1$. Im Fall $f_i = 1$ gilt $\mathrm{Im}(f_i) = y_i$ und im Fall $f_i = 0$ entsprechend $\mathrm{Im}(f_i) = \overline{y_i}$. Weiterhin lassen sich zur Effizienzsteigerung des Output-Splittings die gleichen Techniken wie beim Input-Splitting anwenden.

Beispiel 10.21. Sei $f = (f_1, f_2, f_3)$ die Funktion aus Beispiel 10.19,

$$f_1 = x_1(x_2 + x_3), \qquad f_2 = x_2(x_1 + x_3), \qquad f_3 = x_3(x_1 + x_2).$$

Die initiale Aufteilung lautet

$$\begin{aligned}
\mathrm{Im}(f_1, f_2, f_3) &= y_1 \cdot \mathrm{Im}((\cdot, f_2, f_3), \mathrm{on}(f_1)) + \overline{y_1} \cdot \mathrm{Im}((\cdot, f_2, f_3), \mathrm{on}(\overline{f_1})) \\
&= y_1 \cdot \mathrm{Im}((\cdot, f_2 \downarrow f_1, f_3 \downarrow f_1)) + \overline{y_1} \cdot \mathrm{Im}((\cdot, f_2 \downarrow \overline{f_1}, f_3 \downarrow \overline{f_1})).
\end{aligned}$$

Für $f_2^{(1)} = f_2 \downarrow f_1$, $f_3^{(1)} = f_3 \downarrow f_1$ gilt $f_2^{(1)} = \overline{x_2}$ und $f_3^{(1)} = x_2\overline{x_3} + \overline{x_2}$. Damit folgt weiter

$$\mathrm{Im}(\cdot, \cdot, f_3^{(1)} \downarrow f_2^{(1)}) = \mathrm{Im}(\cdot, \cdot, x_3) = 1,$$

$$\mathrm{Im}(\cdot, \cdot, f_3^{(1)} \downarrow \overline{f_2^{(1)}}) = \mathrm{Im}(\cdot, \cdot, 1) = y_3$$

und

$$\begin{aligned}
\mathrm{Im}((\cdot, f_2, f_3), \mathrm{on}(f_1)) &= y_2 \cdot \mathrm{Im}(\cdot, \cdot, f_3^{(1)} \downarrow f_2^{(1)}) + \overline{y_2} \cdot \mathrm{Im}(\cdot, \cdot, f_3^{(1)} \downarrow \overline{f_2^{(1)}}) \\
&= y_2 + \overline{y_2}y_3 = y_2 + y_3.
\end{aligned}$$

Wegen $f_2 \downarrow \overline{f_1} = f_3 \downarrow \overline{f_1} = \overline{x_1}x_2x_3$ werden bei der Berechnung von $\mathrm{Im}((\cdot, f_2, f_3), \mathrm{on}(\overline{f_1}))$ identische Subprobleme erkannt. Es ergibt sich

$$\mathrm{Im}((\cdot, f_2, f_3), \mathrm{on}(\overline{f_1})) = y_2y_3 + \overline{y_2}\,\overline{y_3}.$$

Schließlich kann durch disjunktive Verknüpfung das Gesamtergebnis ermittelt werden.

$$\begin{aligned}
\mathrm{Im}(f_1, f_2, f_3) &= y_1 \cdot \mathrm{Im}((\cdot, f_2, f_3), \mathrm{on}(f_1)) + \overline{y_1} \cdot \mathrm{Im}((\cdot, f_2, f_3), \mathrm{on}(\overline{f_1})) \\
&= y_1(y_2 + y_3) + \overline{y_1}(y_2y_3 + \overline{y_2}\,\overline{y_3}) \\
&= y_1y_2 + y_1y_3 + y_2y_3 + \overline{y_1}\,\overline{y_2}\,\overline{y_3}.
\end{aligned}$$

Das Ergebnis ist natürlich das gleiche wie in Beispiel 10.19.   ◇

10.4.3 Die Transitionsrelation

Die Verfahren des Input- und des Output-Splittings beruhen darauf, aus der funktionalen Beschreibung der Funktion $f = (f_1, \ldots, f_m)$ direkt das Bild abzuleiten. Ein anderer Weg besteht darin, das Übergangsverhalten der Finite-State-Maschine M zunächst vermittels der charakteristischen Funktion einer geeigneten Relation darzustellen. Diese Relation beschreibt alle Zustandspaare, die im Übergangsgraphen von M durch eine Kante verbunden sind.

Definition 10.22. *Sei* $M = (Q, I, O, \delta, \lambda, q_0)$ *eine Finite-State-Maschine mit* n *Zustandsbits und* p *Eingabebits. Die* **Transitionsrelation** *bzw.* **Übergangsrelation** $T_M : \mathbb{B}^{2n+p} \to \mathbb{B}^n$ *von* M *ist definiert durch*

$$T_M(x, y, e) = T_M(x_1, \dots, x_n, y_1, \dots, y_n, e_1, \dots, e_p)$$
$$= \prod_{i=1}^{n} (y_i \equiv \delta_i(x, e)).$$

Die Variablen $x_1, \dots, x_n$ *heißen* **aktuelle Zustandsvariablen** *und die Variablen* $y_1, \dots, y_n$ **nachfolgende Zustandsvariablen**.

Satz 10.23. *Sei* $M = (Q, I, O, \delta, \lambda, q_0)$ *eine Finite-State-Maschine mit* n *Zustandsbits und* p *Eingabebits, und sei* $C \subset \mathbb{B}^n$. *Für die Menge* C' *aller Zustände, die von* C *aus in einem Schritt erreicht werden, gilt*

$$\chi_{C'}(y) = \exists_{x_1, \dots, x_n} \exists_{e_1, \dots, e_p} (T_M(x, y, e) \cdot \chi_C(x)). \tag{10.4}$$

Beweis. Für ein Tripel $(x, y, e) \in \mathbb{B}^{2n+p}$ gilt genau dann $T_M(x, y, e) = 1$, wenn man in M vom Zustand x mit der Eingabe e den Zustand y erreichen kann. Folglich liegt ein Vektor $y \in \mathbb{B}^n$ genau dann in der durch (10.4) beschriebenen Menge, wenn es einen Vektor $x \in C$ gibt, von dem aus man mit einer Eingabe $e \in \mathbb{B}^p$ den Zustand y erreichen kann. □

Die Übergangsfunktion δ einer Finite-State-Maschine M ist eine Funktion $\mathbb{B}^{n+p} \to \mathbb{B}^n$. Um für die Bildberechnung die Bezeichnungsweise aus dem vorhergehenden Abschnitt übernehmen zu können, fassen wir die Eingabe und die aktuellen Zustände zusammen und betrachten von nun an wiederum eine Funktion

$$f : \mathbb{B}^n \to \mathbb{B}^m$$

(wobei das Symbol n nun die Anzahl der Eingabe- oder Zustandsbits bezeichnet und m die Anzahl der Zustandsbits). Die zur Funktion f zugehörige Transitionsrelation $T_f(x, y)$ stammt aus der Menge $\mathbb{B}_{n+m}$. Nach Satz 10.23 gilt damit

$$\mathrm{Im}(f, C) = \exists_{x_1, \dots, x_n} (T_f(x, y) \cdot \chi_C(x)). \tag{10.5}$$

Zunächst einmal soll für die **Bildberechnung vermöge der Transitionsrelation**, oft kurz auch als **transitionale Bildberechnung** bezeichnet, untersucht werden, inwieweit auch hier verallgemeinerte Cofaktoren zur Effizienzsteigerung beitragen können.

Lemma 10.24. *Seien* $h \in \mathbb{B}_{n+m}$, $g \in \mathbb{B}_n$ *und* $x = (x_1, \dots, x_n)$, $y = (y_1, \dots, y_m)$. *Weiter sei* ∇ *ein positiver verallgemeinerter Cofaktor mit*

$$\exists_x (h(x, y) \nabla g(x)) \leq \exists_x (h(x, y) \cdot g(x)). \tag{10.6}$$

Dann gilt

$$\exists_x(h(x,y) \cdot g(x)) = \exists_x(h(x,y)\nabla g(x)).$$

Beweis. Nach Satz 10.4 und Definition 10.6 ist $h\nabla g$ genau dann ein positiver verallgemeinerter Cofaktor von h bezüglich g, wenn $(h\nabla g) \cdot g = h \cdot g$. Es folgt $(h \cdot g) \leq h\nabla g$ und wegen der Monotonie der existentiellen Quantifizierung

$$\exists_x(h(x,y) \cdot g(x)) \leq \exists_x(h(x,y)\nabla g(x)).$$

Die noch zu beweisende umgekehrte Ungleichung entspricht genau der Bedingung (10.6) der Voraussetzung.   □

Die Frage, ob der Constrain-Operator und der Restrict-Operator die Eigenschaft (10.6) erfüllen, läßt sich positiv beantworten. Wir beweisen die Aussage zunächst für den Constrain-Operator.

Satz 10.25. *Seien* $h \in \mathbb{B}_{n+m}$, $g \in \mathbb{B}_n$ *und* $x = (x_1,\ldots,x_n)$, $y = (y_1,\ldots,y_m)$. *Dann gilt*

$$\exists_x(h(x,y) \cdot g(x)) = \exists_x(h(x,y) \downarrow g(x)).$$

Beweis. Sei o.B.d.A. $h \neq 0$, und seien $x \in \mathbb{B}_n$, $y \in \mathbb{B}_m$. Dann gilt nach Definition des Constrain-Operators

$$h(x,y) \downarrow g(x) = h(s_1,s_2)$$

für ein $s_1 \in \mathbb{B}^n, s_2 \in \mathbb{B}^m$ mit $g(s_1) = 1$ und $\|(x,y) - (s_1,s_2)\|$ minimal. Da die gewählten s_1, s_2 nur von g und nicht von h abhängen, gilt wegen der Minimalität des Abstands $s_2 = y$. Mit dieser Hilfsüberlegung können wir nun Bedingung (10.6) von Lemma 10.24 nachweisen.

Sei $y \in \mathbb{B}^m$, für das die Aussage $\exists_x(h(x,y) \downarrow g(x))$ erfüllt ist. Dann gibt es aufgrund der obigen Hilfsüberlegung ein $s \in \mathbb{B}^n$ mit

$$h(s,y) \cdot g(s) = 1.$$

Diese Tatsache heißt aber nichts anderes als

$$\exists_s(h(s,y) \cdot g(s)) = 1,$$

womit Bedingung (10.6) gezeigt ist.   □

Das nächste Lemma und der nächste Satz zeigen, daß auch der Restrict-Operator zur Vereinfachung der Bildberechnung mittels der Transitionsrelation genutzt werden kann.

Lemma 10.26. *Seien $h \in \mathbb{B}_{n+m}$, $g \in \mathbb{B}_n$ und $r \in \mathbb{B}^n$, $s \in \mathbb{B}^m$. Ferner sei $\tilde{g} \in \mathbb{B}_n$, so daß*

$$h \Downarrow g = h \downarrow \tilde{g}.$$

Ist $\tilde{g}(r) > g(r)$, dann existiert ein $b \in \mathbb{B}^n$ mit

$$\tilde{g}(b) = g(b) = 1 \quad und \quad h(r,s) = h(b,s).$$

Beweis. Da $\tilde{g}$ aus g durch existentielle Quantifizierung einiger Cofaktoren hervorgeht, impliziert $\tilde{g}(r) > g(r)$, daß auf dem Berechnungspfad von r eine Teilmenge der Variablen ausquantifiziert wird. Sei diese Teilmenge $J = \{x_{j_1}, \ldots, x_{j_p}\}$. h und $\tilde{g}$ hängen nicht von den Variablen in J ab. Für h gilt dies, weil eine Quantifizierung nur ausgeführt wird, wenn der aktuelle Cofaktor von h nicht von der aktuell führenden Variablen in der Ordnung abhängt. Für $\tilde{g}$ gilt dies aufgrund der ausgeführten Quantifizierungen.

Weiterhin gibt es eine Eingabe x mit $x_i = r_i$ für alle $x_i \notin J$, für die $g(x) = 1$ ist. Andererseits wäre $\tilde{g}(r) = g(r) = 0$ im Widerspruch zur Voraussetzung. Da h nicht von den Variablen in J abhängt, gibt es ein $b \in \mathbb{B}^n$ mit $h(b,s) = h(r,s)$ und $g(b) = 1$.   □

Satz 10.27. *Seien $h \in \mathbb{B}_{m+n}$, $g \in \mathbb{B}_n$ und $x = (x_1, \ldots, x_n)$, $y = (y_1, \ldots, y_m)$. Dann gilt*

$$\exists_x (h(x,y) \cdot g(x)) = \exists_x (h(x,y) \Downarrow g(x)).$$

Beweis. Analog zum Beweis von Satz 10.25 zeigen wir, daß Bedingung (10.6) von Lemma 10.24 erfüllt ist. $\tilde{g}$ sei die Funktion, für die $(h \Downarrow g)(x,y) = (h \downarrow \tilde{g})(x,y)$ gilt.

Sei $y \in \mathbb{B}^m$, für das die Aussage $\exists_x (h(x,y) \downarrow \tilde{g}(x))$ wahr ist. Dann gibt es ein $s \in \mathbb{B}^n$ mit

$$h(s,y) \cdot \tilde{g}(s) = 1.$$

Ist $g(s) = 1$, dann gilt

$$h(s,y) \cdot g(s) = 1 \cdot 1 = 1. \tag{10.7}$$

Ist $g(s) = 0$, dann gibt es nach Lemma 10.26 ein $b \in \mathbb{B}^n$ mit $\tilde{g}(b) = g(b) = 1$ und $h(b,y) = h(s,y) = 1$. Folglich gilt

$$h(b,y) \cdot g(b) = 1 \cdot 1 = 1. \tag{10.8}$$

Aus den beiden Aussagen (10.7) und (10.8) folgt unmittelbar Bedingung (10.6).   □

Ein Vorteil des Constrain-Operators liegt in der im nächsten Lemma bewiesenen Distributivitätseigenschaft.

Lemma 10.28. *Seien* $h \in \mathbb{B}_m$, $f : \mathbb{B}^n \to \mathbb{B}^m$, $g \in \mathbb{B}_n$. *Dann gilt*

$$h(f(x)) \downarrow g(x) = h((f \downarrow g)(x)).$$

Beweis. Sei $x = (x_1, \ldots, x_n)$ und gemäß der Definition des Constrain-Operators

$$h(f(x)) \downarrow g(x) = h(f(s))$$

für ein $s \in \mathbb{B}^n$ mit $g(s) = 1$. Da das gewählte s nur von g und nicht von h oder f abhängt, gilt für das gleiche s ebenso

$$h((f \downarrow g)(x)) = h(f(s)).$$

$\square$

Für die Wahl $h = x_1 \cdot x_2$, $f = (f_1, f_2)$ ergibt sich aus Lemma 10.28 ein Distributivgesetz bezüglich Konjunktion und Constrain-Operator,

$$(f_1 \cdot f_2)(x) \downarrow g(x) = (f_1 \downarrow g)(x) \cdot (f_2 \downarrow g)(x).$$

Bei der transitionalen Bildberechnung kann folglich der Constrain-Operator auf jeden Faktor der Übergangsrelation angewendet werden,

$$\exists_x \left(\left(\prod_{i=1}^{m} (y_i \equiv f_i(x_1, \ldots, x_n)) \right) \downarrow g(x_1, \ldots, x_n) \right)$$

$$= \exists_x \left(\prod_{i=1}^{m} ((y_i \equiv f_i(x_1, \ldots, x_n)) \downarrow g(x_1, \ldots, x_n)) \right).$$

Diese Distributivitätseigenschaft gilt für den Restrict-Operator nicht.

10.4.4 Partitionierung der Übergangsrelation

Das Hauptproblem bei der Bildberechnung vermittels der Transitionsrelation ist der Aufbau des OBDDs für die Übergangsrelation gemäß Definition 10.22 bzw. Gleichung (10.5). Selbst wenn die OBDDs der einzelnen Funktionen f_i klein sind, kann der OBDD der Transitionsrelation sehr groß werden. Dies trifft insbesondere dann zu, wenn jede der Funktionen f_i nur von wenigen Variablen abhängt, die Vereinigung all dieser Variablen jedoch groß ist. Durch die Quantifizierung werden die aktuellen Zustandsvariablen entfernt, und der OBDD wird im Laufe dieses Prozesses in der Regel deutlich kleiner.

Eine Strategie zur Vermeidung dieses Spitzenwertes für den Speicherverbrauch beruht auf der nachfolgenden Beobachtung, die unmittelbar aus der Definition des Booleschen Existenzquantors folgt.

Lemma 10.29. *Sei* $f \in \mathbb{B}_{n+m}$ *eine Funktion in den Variablen* $x_1, \ldots, x_n$, $y_1, \ldots, y_m$, *und sei* $g \in \mathbb{B}_{m+n-i+1}$ *eine Funktion in den Variablen* $x_i, \ldots, x_n$, $y_1, \ldots, y_m$, $1 \le i \le n$. *Dann gilt*

$$\exists_{x_1,\ldots,x_n}(f \cdot g) = \exists_{x_i,\ldots,x_n}\left(\exists_{x_1,\ldots,x_{i-1}}(f) \cdot g\right).$$

$\square$

Das Lemma legt nahe, die Transitionsrelation in mehrere Blöcke zu partitionieren. Die Bildberechnung kann dann iterativ erfolgen, wobei nach jeder Multiplikation eventuell bereits einige der Variablen frühzeitig ausquantifiziert werden können.

Sei im folgenden $f : \mathbb{B}^n \to \mathbb{B}^m$. Weiter sei $P_1, \ldots, P_q$ eine Partition der Menge $\{1, \ldots, m\}$, die eine Partition der Komponenten $f_1, \ldots, f_m$ von f reflektiert. Die Mengen $P_1, \ldots, P_q$ induzieren eine Zerlegung der Transitionsrelation in Faktoren $T_1, \ldots, T_q$ vermittels

$$T_i(x, y) = \prod_{i \in P_i} (y_i \equiv f_i(x)), \qquad 1 \le i \le q.$$

Offensichtlich gilt für die Transitionsrelation T_f von f

$$T_f(x, y) = \prod_{i=1}^{q} T_i(x, y).$$

Sei $\pi = \pi(1), \ldots, \pi(q)$ eine Anordnung der Partitionsmengen $\{P_1, ..., P_q\}$. Mit V_i bezeichnen wir die Menge der Variablen, von denen die Funktionen aus P_i wesentlich abhängen, und mit W_i die Menge

$$W_i = V_{\pi(i)} - \bigcup_{j=i+1}^{q} V_{\pi(j)}, \qquad 1 \le i \le q.$$

W_i enthält alle Variablen von $V_{\pi(i)}$, die in keiner der Funktionen aus $P_{\pi(j)}$ mit $j > i$ wesentlich sind.

Mit Hilfe dieser Notationen kann nun die iterative Berechung der Menge $\text{Im}(f, C)$ durch frühzeitige Quantifizierung explizit angegeben werden.

$$\chi_0(x, y) = \chi_C(x),$$
$$\chi_1(x, y) = \exists_{x_i : i \in W_1} (T_{\pi(1)}(x, y) \cdot \chi_0(x, y)),$$
$$\chi_2(x, y) = \exists_{x_i : i \in W_2} (T_{\pi(2)}(x, y) \cdot \chi_1(x, y)),$$
$$\vdots$$
$$\chi_q(x, y) = \exists_{x_i : i \in W_q} (T_{\pi(q)}(x, y) \cdot \chi_{q-1}(x, y)).$$

Da in der Menge $\chi_q(x,y)$ schließlich alle Variablen $x_1, \ldots, x_n$ ausquantifiziert sind, gilt $\chi_q(x,y) = \chi_q(y) = \text{Im}(\delta, C)$.

Die Wahl der Partition $P_1, \ldots, P_q$ und die Reihenfolge π, in der die Partition abgearbeitet wird, haben einen sehr starken Einfluß auf die Effizienz der Bildberechnung. Wie im Fall der Variablenordnung ist die Berechnung einer optimalen Partitionierung nicht praktikabel. Statt dessen gibt es einige recht effektive Heuristiken.

Zur Bestimmung der einzelnen Blöcke T_i werden in der Regel entweder a-priori-Kenntnisse über den verwendeten Schaltkreis oder eine „Greedy"-Strategie angewendet. Bei der Greedy-Strategie werden solange Faktoren zu einem partiellen Produkt hinzugefügt, bis eine vorgegebene OBDD-Größe überschritten wird. Dann wird ein neuer Block begonnen.

Eine der meistbenutzten Heuristiken zur Anordnung der Partitionsmengen geht auf Geist und Beer zurück. Die Idee ist es hier, so viele Variablen wie möglich so früh wie möglich ausquantifizierbar zu machen, um die OBDD-Größe während der gesamten iterativen Bildberechnung klein zu halten. Bei der Heuristik werden nacheinander $\pi(1), \pi(2), \ldots$ bestimmt. Eine Variable x_i wird innerhalb dieses Bestimmungsprozesses *eindeutig bezüglich* der Partition P_j genannt, falls von den noch verbliebenen Partitionen nur P_j von x_i abhängt. Der Block mit der größten Anzahl eindeutiger Variablen wird an den Anfang der Ordnung gesetzt. Im Falle eines Gleichstands unter mehreren Blöcken wird der Block gewählt, der maximal viele Variablen besitzt, die auch in anderen Blöcken auftreten. Unter den verbleibenden Blöcken wird das Verfahren solange rekursiv angewendet, bis die Ordnung π vollständig bestimmt ist.

Im praktischen Einsatz ist die transitionale Bildberechnung den beiden Verfahren des Input- und Output-Splitting überlegen. Zur Begründung dieser Beobachtung lassen sich vor allem zwei Gründe anführen. Von der praktischen Seite läßt sich das Optimierungspotential der Blockbildung und der Quantifizierung bei der transitionalen Methode sehr effektiv umsetzen. Vom theoretischen Standpunkt gilt: Die beiden Splitting-Verfahren führen prinzipiell exponentiell viele Zerlegungen aus, die Beschleunigung beruht allein auf Implementationstechniken wie etwa der Benutzung der Computed-Tabelle. Bei der transitionalen Methode ist nur die Ausführung einer linearen Anzahl relativ gut verstandener Operationen auf OBDDs notwendig.

10.5 Referenzen

Die Analyse sequentieller Systeme mit symbolischen OBDD-Techniken wurde maßgeblich von Coudert, Berthet und Madre sowie Burch, Clarke, Long, McMillan und Dill begründet [CBM89, BCL+94]. Auch der Constrain- und der Restrict-Operator gehen auf Coudert, Berthet und Madre zurück. Ein Übersichtsartikel über implizite Mengenrepräsentationen findet sich in [CM95].

Die Partionierungstechnik zur transitionalen Bildberechnung geht auf [BCL+94] zurück. Die beschriebene Heuristik zur Anordnung der Partitionen wurde von Geist und Beer vorgeschlagen [GB94].

Unsere Darstellung der Erreichbarkeitsanalyse folgt der Darstellung in [Som96a].

11. Symbolisches Model Checking

Corriger la fortune [das Glück verbessern].
Gotthold Ephraim Lessing (1729–1781)

Bei den in Kap. 10 behandelten Verifikationsmethoden stand das Modell der Finite-State-Maschine im Mittelpunkt. Darauf aufbauend betrachten wir nun das allgemeinere Verifikationskonzept des Model Checking. Dieses orientiert sich nicht nur am Modell der Finite-State-Maschine, sondern ist auch geeignet, mit logikbasierten Spezifikationen umzugehen.

Wir beginnen mit einer Erläuterung des Begriffs. Ziel des **Model Checking** ist es festzustellen, ob eine Implementation eine durch eine logische Formel vorgegebene Spezifikation erfüllt. Durch die Formulierung der Spezifikation innerhalb einer formalen Logik werden Eigenschaften eines Systems vollkommen unabhängig von konkreten Implementierungsdetails beschrieben. Beispiele für derartige Eigenschaften sind Invarianten, Lebendigkeits- oder Fairneßeigenschaften.

Die Idee, Model Checking Algorithmen auf der Basis der OBDD-Datenstruktur zu entwerfen, wurde von mehreren Forschungsgruppen unabhängig entwickelt. Aufgrund des symbolischen Charakters der OBDD-basierten Berechnungen spricht man hierbei auch vom **symbolischen Model Checking**.

Im nächsten Abschnitt besprechen wir zunächst das dem Model Checking zugrunde liegende Rahmenwerk der temporalen Logik CTL. Die Bedeutung dieser Logik ergibt sich aus den beiden Tatsachen, daß zum einen Formeln dieser Logik recht gut zur Spezifikation wichtiger Eigenschaften sequentieller Systeme geeignet sind, und zum anderen, daß Manipulationen innerhalb dieser Logik recht gut mit OBDDs ausgeführt werden können. Im Anschluß erläutern wir im Detail, wie das Model Checking effizient mit Hilfe OBDD-basierter Methoden realisiert werden kann. Dabei kommen insbesondere auch die grundlegenden im letzten Kapitel vorgestellten Techniken zum Einsatz. Zum Abschluß des Kapitels gehen wir auf einige existierende Model Checker ein.

11.1 Computation Tree Logic

Da sequentielle Systeme ein in der Zeit veränderliches Verhalten aufweisen, ist es nicht möglich, ihre Eigenschaften vollständig im Rahmen gewöhnlicher aussagenlogischer Formeln zu beschreiben. In einer **temporalen Logik** stehen zusätzlich modale Operatoren zur Verfügung, durch die zeitliche Abhängigkeiten ausgedrückt werden können.

In Hinblick auf die Modellierung der Zeit lassen sich insbesondere zwei verschiedene Typen temporaler Logiken unterscheiden: Bei den **Linearzeit-Logiken (linear time temporal logic)** stellt man sich die Zeit als Faktor vor, der in einer festen Richtung linear abläuft und mit Hilfe der reellen bzw. der natürlichen Zahlen quantifizierbar ist. Würde man das Verhalten von Finite-State-Maschinen in einer Linearzeit-Logik beschreiben, so könnten sich Operatoren stets auf nur eine einzige Zustandsfolge beziehen.

Bei den **Verzweigungszeit-Logiken (branching time temporal logic)** stellt man sich die Zeit gemäß Abb. 11.1 baumartig verzweigend und ablaufend vor, wobei die Verzweigungspunkte den meßbaren diskreten Zeitpunkten entsprechen. Die Vergangenheit jedes Ereignisses ist eindeutig bestimmt, die Zukunft jedoch nicht. Dies korrespondiert genau zum dynamischen Verhalten von Finite-State-Maschinen: Zu jedem Zeitpunkt ist die bereits durchlaufene Zustandsfolge eindeutig bestimmt. Da die zukünftigen Eingabewerte noch nicht feststehen, gibt es für jeden Schritt in der Zukunft mehrere Alternativen.

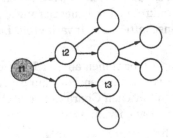

Abb. 11.1. Illustration des Modells der Verzweigungszeit. Der Zeitpunkt t_1 wird vor den Zeitpunkten t_2 und t_3 erreicht. Die Zeitpunkte t_2 und t_3 stehen jedoch in keiner zeitlichen Relation

Die **Computation Tree Logic (CTL)** ist eine temporale Logik, die auf dem Modell der Verzweigungszeit beruht. Die Formeln der Logik beschreiben Eigenschaften von Berechnungspfaden. Dabei ist ein **Berechnungspfad** eine unendliche Folge von Zuständen, die während der Ausführung traversiert werden.

Zusätzlich zu den logischen Verknüpfungen AND, OR und NOT hat CTL vier Operatoren, mit deren Hilfe zeitliche Beziehungen ausgedrückt werden können: den **Next-time Operator X**, den **Global Operator G**, den **Future Operator F** und den **Until Operator U**. Diese Operatoren sind zunächst für einen festen Berechnungspfad P definiert und haben dort die folgende semantische Bedeutung:

Next-time Operator X f: Im nächsten Schritt gilt auf dem Berechnungspfad P die Formel f.

Global Operator G f: f gilt global in allen Zuständen des Berechnungspfades P.

Future Operator F f: f gilt irgendwann in der Zukunft auf dem Berechnungspfad P.

Until Operator f **U** g: Es gibt einen Zustand s auf dem Berechnungspfad P, in dem g gilt, und bis zum Erreichen von s gilt f.

Im allgemeinen beginnen in einem vorgegebenen Zustand mehrere Berechnungspfade. In CTL wird jedem Operator daher ein sogenannter **Pfadquantor** vorangestellt. Es gibt zwei Pfadquantoren: den *universellen* Pfadquantor **A** und den *existentiellen* Pfadquantor **E**.

Universeller Pfadquantor A: Die Eigenschaft gilt auf allen Berechnungspfaden, die in dem aktuellen Zustand beginnen.

Existentieller Pfadquantor E: Auf einem der im aktuellen Zustand beginnenden Berechnungspfade ist die Eigenschaft erfüllt.

Da jedem der temporalen Operatoren ein Pfadquantor vorangestellt ist, hängt der Wahrheitsgehalt einer Formel nur vom aktuellen Zustand ab und nicht von einem speziellen Berechnungspfad P.

Beispiel 11.1. Gegeben seien die in Abb. 11.2 dargestellten Zustandsfolgen. Die Markierung eines Zustands mit der Formel f bedeutet, daß in diesem Zustand die Formel f erfüllt ist. In der linken Darstellung gilt für den markierten Zustand q_0, daß auf jedem in q_0 beginnenden Berechnungspfad irgendwann die Formel f erfüllt ist. Folglich gilt **AF** f im Zustand q_0.

In der rechten Darstellung gibt es einen in s_0 beginnenden Berechnungspfad, auf dem global die Formel f erfüllt ist. Folglich gilt **EF** f.   ◇

Tatsächlich genügen bereits die Operatoren **EX**, **E(U)** und **EG**, um die gesamte Logik zu beschreiben, da alle anderen Operatoren aus diesen drei Operatoren abgeleitet werden können.

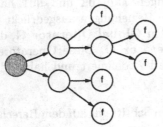
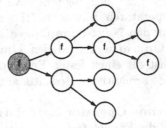

AF f gilt im markierten Zustand   EG f gilt im markierten Zustand

Abb. 11.2. Pfadquantoren

Lemma 11.2. *Es gelten die folgenden Beziehungen:*

$$\mathbf{EF}\ g = \mathbf{E}(\text{TRUE } \mathbf{U}\ g),$$
$$\mathbf{AX}\ f = \neg\mathbf{EX}\ (\neg f),$$
$$\mathbf{AG}\ f = \neg\mathbf{EF}\ (\neg f),$$
$$\mathbf{A}(f\ \mathbf{U}\ g) = \neg(\mathbf{E}(\neg g\ \mathbf{U}\ \neg f \wedge \neg g) \vee \mathbf{EG}\ \neg g), \tag{11.1}$$
$$\mathbf{AF}\ g = \mathbf{A}(\text{TRUE } \mathbf{U}\ g). \tag{11.2}$$

wobei $\neg$ die Negation einer Formel bezeichnet.

Mit Hilfe von Aussage (11.1) kann Aussage (11.2) auch auf die drei obigen Operatoren zurückgeführt werden.

Beweis. Wir beweisen exemplarisch Aussage (11.1). Das Gegenteil der Aussage $\mathbf{A}(f\ \mathbf{U}\ g)$ lautet: Es gibt einen Berechnungspfad, auf dem g niemals eintritt ($\mathbf{EG}\ \neg g$), oder es gibt einen Berechnungspfad, auf dem in einem Zustand q weder f noch g gelten und bis zum Erreichen von q niemals g gilt. Das ist genau Aussage (11.1). □

Beispiel 11.3. An dieser Stelle sollen einige typische CTL-Formeln zusammengestellt werden, welche zum Nachweis der Korrektheit sequentieller Systeme nützlich sind.

$\mathbf{AG}\ (req \rightarrow \mathbf{AF}\ ack)$: Jede Anfrage (request) wird irgendwann bestätigt (acknowledge).

$\mathbf{AG}\ \neg(f\ \text{AND}\ g)$: Diese Eigenschaft sichert einen wechselseitigen Ausschluß zu. Die Eigenschaften f und g sind nie gleichzeitig erfüllt.

$\mathbf{AG}\ (req \rightarrow \mathbf{A}\ (req\ \mathbf{U}\ ack))$: Jede Anfrage (request) wird solange gespeichert, bis eine Bestätigung (acknowledgment) erfolgt ist.

$\mathbf{AG}\ \mathbf{EF}\ q_0$: Zu jeder Zeit kann mittels einer geeigneten Zustandsfolge wieder zum Ausgangszustand q_0 zurückgekehrt werden. Eine solche Eigenschaft sichert zu, daß das System niemals in einen Deadlock gerät, bei dem das System aufgrund eines nicht aufhebbaren Wartezustands stillsteht.   ◇

11.2 CTL-Model Checking

Bereits seit Mitte der 80er Jahre sind Entscheidungsverfahren bekannt, mit denen überprüft werden kann, ob eine vorgegebene CTL-Formel für ein sequentielles System gilt. Die besondere Bedeutung von CTL unter den temporalen Logiken rührt daher, daß die Entscheidungsverfahren für CTL im komplexitätstheoretischen Sinne effizient ausführbar sind.

Bei den ursprünglichen Verfahren wurde der Zustandsraum enumerativ durch Tiefensuche traversiert. Mit Einzug der OBDD-Technologie konnte die im letzten Kapitel beschriebene symbolische Breitentraversierung im Rahmen des Model Checking eingesetzt werden. Die grundlegende Vorgehensweise beim Model Checking beruht auf der Berechnung von Zustandsmengen mit bestimmten zeitlich-logischen Eigenschaften. Wir erläutern nun ein OBDD-basiertes Verfahren, das entscheidet, ob eine gegebene Formel f in einem Zustand s eines sequentiellen Systems erfüllt ist.

Die Transitionsrelation des Systems sei mit T bezeichnet und wird durch einen OBDD repräsentiert: $T(s_0, s_1)$ sei genau dann 1, wenn s_1 ein Nachfolgezustand von s_0 ist. Die Tatsache, daß wir die Eingaben nicht in der Transitionsrelation berücksichtigen, drückt aus, daß die zu verifizierende Formel unabhängig von der Eingabe gelten soll. Formal geht die Transitionsrelation T deshalb aus Definition 10.22 durch existentielle Quantifizierung über alle primären Eingaben hervor.

Der Algorithmus beruht auf einer Funktion Check mit der folgenden Spezifikation:

Eingabe: Die Übergangsrelation T eines sequentiellen Systems und eine CTL-Formel f.

Ausgabe: Die Menge der Zustände des sequentiellen Systems, die die Formel f erfüllen.

Die Darstellung der Zustandsmenge erfolgt natürlich wiederum als OBDD.

Die Funktion Check wird induktiv über die Struktur der CTL-Formeln definiert. Gemäß Lemma 11.2 sind nur drei CTL-Operatoren zu betrachten. Die induktiven Schritte der CTL-Formel $\mathbf{EX}\ f$, $\mathbf{E}(f\ \mathbf{U}\ g)$ und $\mathbf{EG}\ f$ werden mit den Hilfsfunktionen CheckEX, CheckEU, CheckEG berechnet:

$$\text{Check}(\mathbf{EX}\ f, T) = \text{CheckEX}(\text{Check}(f, T)),$$
$$\text{Check}(\mathbf{E}(f\ \mathbf{U}\ g), T) = \text{CheckEU}(\text{Check}(f), \text{Check}(g), T),$$
$$\text{Check}(\mathbf{EG}\ f, T) = \text{CheckEG}(\text{Check}(f), T).$$

Man beachte, daß die Argumente der Hilfsprozeduren CheckEX, CheckEU und CheckEG aussagenlogische Formeln sind, während als Argument von Check die allgemeineren CTL-Formeln möglich sind. Ist das Argument von

Check eine zeitunabhängige aussagenlogische Formel, dann werden die auftretenden Booleschen Operatoren wie bei der symbolischen Simulation behandelt.

Die Formel **EX** f ist in einem Zustand x genau dann wahr, wenn ein Nachfolgezustand von x existiert, der f erfüllt. In Boolescher Schreibweise bedeutet das

$$\text{CheckEX}(f, T)(x) = \exists s_1 \, (T(x, s_1) \cdot \text{CheckEX}(f, T)(s_1)).$$

In der symbolischen Mengendarstellung als OBDD werden natürlich alle Zustände mit dieser Eigenschaft auf einmal abgehandelt.

Die Definition von CheckEX hat bis auf einen Unterschied die gleiche Struktur wie die transitionale Bildberechnung. Bei der Bildberechnung werden alle Zustände bestimmt, die von einem Zustand s_0 in einem Schritt erreicht werden können, hier dagegen werden alle Zustände berechnet, von denen aus man in den Zustand s_1 gelangt. Es muß deshalb eine **inverse Bildberechnung** bzw. ein sogenannter **Rückwärtsschritt** ausgeführt werden. Die in Kap. 10 beschriebenen Techniken zur effizienten Bildberechnung können jedoch an die inverse Bildberechnung angepaßt werden.

Die Formel **E**(f **U** g) bedeutet, daß auf einem Berechnungspfad ein Zustand x mit der Eigenschaft g existiert, bis zu dessen Erreichen die Eigenschaft f gilt. Rekursiv läßt sich diese Tatsache wie folgt ausdrücken:

- g ist im aktuellen Zustand wahr, oder
- f ist wahr, und es gibt zudem einen Nachfolgezustand, in dem **E**(f **U** g) erfüllt ist.

Diese Beziehung läßt sich analog zur Erreichbarkeitsanalyse mittels einer Fixpunktberechnung umsetzen:

$$\text{CheckEU}_0(f, g, T)(x) = g(x),$$
$$\text{CheckEU}_{i+1}(f, g, T)(x) = \text{CheckEU}_i(f, g, T)(x) + $$
$$(f(x) \cdot \text{CheckEX}(\text{CheckEU}_i(f, g, T)(x))).$$

Die Anzahl der durch CheckEU beschriebenen Zustände wächst monoton. Da die Zustandsmenge endlich ist, muß es ein k geben mit $\text{CheckEU}_{k+1} = \text{CheckEU}_k$. An dieser Stelle kann die Iteration abgebrochen werden, und es gilt

$$\text{CheckEU}(f, g, T)(x) = \text{CheckEU}_k(f, g, T)(x).$$

Die Formel **EG** f ist in einem Zustand x genau dann wahr, wenn es einen in x beginnenden Berechnungsweg gibt, auf dem f stets wahr ist. Das bedeutet, daß f im aktuellen Zustand erfüllt ist und **EG** f in einem der Nachfolgezustände gilt. Auch der Operator **EG** läßt sich damit durch eine Fixpunktberechnung ausdrücken.

$$\text{CheckEG}_0(f,T)(x) = f(x),$$
$$\text{CheckEG}_{i+1}(f,T)(x) = \text{CheckEG}_i(f,T)(x) \cdot$$
$$(f(x) \cdot \text{CheckEX}(\text{CheckEG}_i(f,T)(x))).$$

In dieser Folge monoton kleiner werdender Zustandsmengen muß es ein k geben mit $\text{CheckEG}_{k+1} = \text{CheckEG}_k$. Die Iteration kann an dieser Stelle abgebrochen werden, und es gilt

$$\text{CheckEG}(f,T)(x) = \text{CheckEG}_k(f,T)(x).$$

Für ein gegebenes sequentielles System und eine zu verifizierende Formel f werden auf diese Weise alle Zustände ermittelt, in denen die Eigenschaft f erfüllt ist. Wenn f für den Startzustand des Systems erfüllt ist, dann erfüllt das System die Formel. Durch die Darstellung als OBDD können die auftretenden Zustandsmengen kompakt dargestellt werden.

Beispiel 11.4. Gegeben sei eine Finite-State-Maschine M mit zwei Zustandsbits, einem Eingabebit und Startzustand q_0. Die Übergangsfunktion $\delta = (\delta_1, \delta_2)$ sei gegeben durch

$$\delta_1((x_1, x_2), e) = \overline{x_1}\,\overline{x_2}\,e + x_1\overline{x_2}e + x_1x_2,$$
$$\delta_2((x_1, x_2), e) = x_1\overline{x_2}e$$

und den Startzustand $q_0 = 00$. Der Übergangsgraph von M ist in Abb. 11.3 dargestellt. Zustand 01 kann nicht vom Startzustand aus erreicht werden und ist deshalb nicht in der Abbildung eingezeichnet.

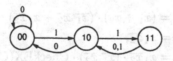

Abb. 11.3. Übergangsgraph einer Finite-State-Maschine M

Es soll nun geprüft werden, ob von jedem erreichbaren Zustand des Systems wieder zum Startzustand q_0 zurückgekehrt werden kann. Die Menge S der drei Zustände läßt sich durch die charakteristische Funktion χ_S,

$$\chi_S(x) = \chi_S(x_1, x_2) = x_1 + \overline{x_2},$$

beschreiben. Die charakteristische Funktion (der einelementigen Menge) des Zustands q_0 sei mit χ_0 bezeichnet und lautet

$$\chi_0(x) = \overline{x_1}\,\overline{x_2}.$$

Jeder Zustand, von dem aus der Startzustand q_0 erreichbar ist, wird durch $\mathbf{AF}\ (\overline{x_1}\ \overline{x_2})$ charakterisiert. Von jedem Zustand aus kann zum Startzustand zurückgekehrt werden, wenn das Prädikat

$$\chi_S(x) \to \mathbf{AF}\ (\chi_0(x)) \tag{11.3}$$

eine Tautologie ist.

Gemäß Lemma 11.2 läßt sich diese Aussage umformen zu

$$\chi_S(x) \to \mathbf{A}(\text{TRUE } \mathbf{U}\ \chi_0(x))$$
$$\iff \chi_S(x) \to \neg(\mathbf{E}(\overline{\chi_0(x)}\ \mathbf{U}\ (\text{FALSE} \wedge \overline{\chi_0(x)})) \vee \mathbf{EG}\ \overline{\chi_0(x)})$$
$$\iff \chi_S(x) \to \neg(\text{FALSE} \vee \mathbf{EG}\ \overline{\chi_0(x)})$$
$$\iff \chi_S(x) \to \neg(\mathbf{EG}\ \overline{\chi_0(x)}). \tag{11.4}$$

Für den existentiellen Global Operator $\mathbf{EG}$ steht ein Fixpunktverfahren zur Verführung. Die Iteration für $(\mathbf{EG}\ \overline{\chi_0(x)})$ liefert

$$\text{CheckEG}_0(\overline{\chi_0}, T)(x) = \overline{\chi_0(x)},$$
$$\text{CheckEG}_1(\overline{\chi_0}, T)(x) = \overline{\chi_0(x)} \cdot (\overline{\chi_0(x)} \cdot \text{CheckEX}(\text{CheckEG}_0(\overline{\chi_0}, T)(x)))$$
$$= \overline{\chi_0(x)} \cdot \text{CheckEX}(\overline{\chi_0(x)}).$$

Für die Berechnung des inversen Bildes ergibt sich

$$\text{CheckEX}(\overline{\chi_0(x)}) = \text{CheckEX}(x_1 + x_2)$$
$$= \overline{x_1}\ \overline{x_2} + x_1\overline{x_2}.$$

Für das iterative Verfahren gilt damit weiter

$$\text{CheckEG}_1(\overline{\chi_0}, T)(x) = (x_1 + x_2) \cdot (\overline{x_1}\ \overline{x_2} + x_1\overline{x_2})$$
$$= x_1\overline{x_2},$$
$$\text{CheckEG}_2(\overline{\chi_0}, T)(x) = x_1\overline{x_2} \cdot (\overline{x_1}\ \overline{x_2}) \cdot \text{CheckEX}(\text{CheckEG}_1(\overline{\chi_0}, T)(x)))$$
$$= 0.$$

Daraus folgt $\text{CheckEG}_3(\overline{\chi_0}, T) = \text{CheckEG}_2(\overline{\chi_0}, T) = 0$, und das Prädikat $(\mathbf{EG}\ \overline{\chi_0(x)})$ ist eine Kontradiktion. Eine weitere Umformung von (11.4) liefert

$$\chi_S(x) \to \neg(\text{FALSE})$$
$$\iff \chi_S(x) \to \text{TRUE}.$$

Damit ist gezeigt, daß das zu prüfende Prädikat (11.3) eine Tautologie ist. Folglich ist formal nachgewiesen, daß von jedem erreichbaren Zustand aus zum Startzustand zurückgekehrt werden kann. Alle durchgeführten Schritte lassen sich mit Hilfe der genannten Algorithmen auch vollkommen automatisch ausführen.   ◇

11.3 Implementierungen

Auf der Grundlage der beschriebenen Techniken wurden bereits mehrere OBDD-basierte Model Checker implementiert und im industriellen Designzyklus eingesetzt. Hervorzuheben ist vor allem der von McMillan an der Carnegie Mellon University entwickelte symbolische Model Checker *SMV*, der auch in zahlreichen anderen Systemen verwendet wird. Das hauptsächlich an der University of California at Berkeley entwickelte *VIS*-System vereint die erwähnten Verifikationstechniken für Finite-State-Maschinen und Techniken zur Synthese von VLSI-Schaltkreisen. Mittlerweile sind auch kommerzielle Systeme vorhanden, z.B. das von Siemens entwickelte CVE (Circuit Verification Environment) oder das auf SMV aufsetzende System RuleBase von IBM.

In den nächsten beiden Abschnitten werden die Pioniersysteme SMV und VIS näher erläutert.

11.3.1 Das SMV-System

SMV steht für **Symbolic Model Verifier**. Dieses von Ken McMillan entwickelte Programmsystem hat in mehrfacher Hinsicht die Einsatz- und Leistungsfähigkeit OBDD-basierter Verifikationstools verdeutlicht. Zum einen konnten mit diesem System Pipeline-basierte arithmetisch-logische Einheiten mit mehr als 10^{100} (!) Zuständen verifiziert werden. Zum anderen konnte mit Hilfe von SMV das Cache-Kohärenzprotokoll des IEEE (Institute of Electrical and Electronical Engineers) Futurebus+ Standards 896.1-1991 verifiziert werden, ein Protokoll, durch das die Konsistenz der lokalen Cache-Speicher in Mehrprozessorarchitekturen gewährleistet wird. Dabei wurden mehrere vorher noch unbekannte Fehler im Design des Protokolls entdeckt. Dies war übrigens das erste Mal, daß ein automatisches Verifikationstool Fehler in einem IEEE-Standard gefunden hat.

Mit Hilfe der in Abschn. 11.2 erläuterten OBDD-basierten Algorithmen ist SMV in der Lage, sequentielle Systeme gegen Spezifikationen in der temporalen Logik CTL zu prüfen. Die Eingabesprache von SMV erlaubt es, die zu analysierenden Systeme auf unterschiedlichen Abstraktionsstufen zu definieren.

Zur Illustration der Eingabeschnittstelle und der Arbeitsweise von SMV betrachten wir das Demonstrationsprogramm aus Abb. 11.4. Die Eingabedatei umfaßt sowohl die Beschreibung des sequentiellen Systems als auch ihre logische Spezifikation. Die Zustände der Finite-State-Maschine werden durch Programmvariablen dargestellt. Dabei sind nicht nur binäre, sondern auch mehrwertige Variablen erlaubt. Intern werden alle Variablen jedoch binär codiert. Im Beispiel besteht der Zustand des Systems aus zwei Komponenten

```
MODULE main
VAR
  request : boolean;
  state : {ready,busy};
ASSIGN
  init(state) := ready;
  next(state) := case
                      state = ready & request : busy;
                      1 : {ready,busy};
                 esac;
SPEC
  AG(request -> AF state = busy)
```

Abb. 11.4. Eingabesprache von SMV

request und **state**. Die Komponente **request** kann die beiden Wahrheitswerte TRUE oder FALSE annehmen, die möglichen Werte für die Komponente **state** sind **ready** und **busy**.

In dem dargestellten Programm wird der Startwert der Variablen **state** auf **ready** gesetzt. Der Nachfolgewert von **state** ist vom aktuellen Zustand des Systems abhängig. Der Wert eines **case**-Ausdrucks wird durch die rechte Seite der ersten Zeile bestimmt, für die die Bedingung auf der linken Seite zutrifft. Wenn **state** den Wert **ready** hat und **request** wahr ist, wird **state** der Wert **busy** zugewiesen. Wenn diese Bedingung nicht erfüllt ist, nimmt **state** einen der beiden Werte **ready** oder **busy** an. Diese Unbestimmtheit charakterisiert beispielsweise das Verhalten unter verschiedenen Eingaben in das System. Man beobachtet weiterhin, daß der Wert der Variablen **request** nie explizit im Programm gesetzt wird. Die Variable entspricht deshalb einer primären Eingabevariablen.

Die Spezifikation dieses kleinen Systems verlangt, daß jede Anfrage (**request**) irgendwann den Wert **busy** für die Variable **state** impliziert. Der SMV Model Checker überprüft, ob alle möglichen Anfangszustände diese Spezifikation erfüllen.

11.3.2 Das VIS-System

VIS (Verification Interacting with Synthesis) ist ein OBDD-basiertes Softwaresystem, das Verifikation, Simulation und Synthese von Finite-State-Maschinen vereint. Es wurde an der University of California at Berkeley und an der University of Colorado at Boulder entwickelt und Ende 1996 der Öffentlichkeit vorgestellt und zugänglich gemacht.

Abbildung 11.5 zeigt die Architektur des VIS-Systems. Es gibt vier wesentliche Bestandteile: das Front End, den Verifikationskern, den Synthesekern und das zugrunde liegende OBDD-Paket.

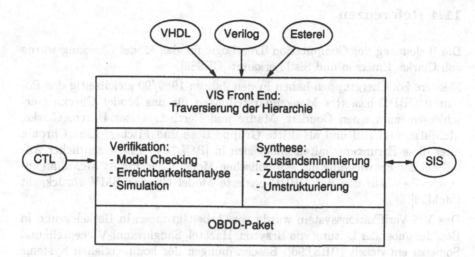

Abb. 11.5. Architektur des VIS-Systems

Das Front End stellt Routinen zur Verfügung, um verschiedene verbreitete Eingabeformate in die interne hierarchische Netzwerkbeschreibung zu überführen. Auch High-Level-Beschreibungen, wie etwa die im industriellen Einsatz gebräuchliche Sprache Verilog, können in das interne Format überführt werden.

Um die auftretenden Schaltfunktionen zu repräsentieren, arbeitet VIS mit OBDDs als interner Datenstruktur. Alle Zugriffe auf die Schicht der Booleschen Manipulation werden über einheitliche Schnittstellen ausgeführt, die genau den in früheren Kapiteln besprochenen Operatoren und Funktionen entsprechen. Durch die klare Trennung von Boolescher Manipulation und den darauf aufbauenden Algorithmen ist es möglich, das OBDD-Paket unter mehreren zur Verfügung stehenden OBDD-Paketen auszuwählen. Insbesondere werden das in Abschn. 7.2.2 beschriebene Paket von Long und das in Abschn. 7.2.3 erläuterte CUDD-Paket unterstützt.

Der Verifikationskern stellt die beschriebenen Algorithmen zur Erreichbarkeitsanalyse, für den Äquivalenztest und zum Model Checking zur Verfügung. Zusätzlich zum CTL-basierten Model Checking könnnen auch Fairnessbedingungen berücksichtigt werden, die sich nicht in CTL ausdrücken lassen.

Der Synthesekern besteht zum einen aus speziell für dieses Paket geschriebenen Algorithmen zur Synthese von Schaltkreisen und zum anderen aus gut ausgebildeten Schnittstellen zum Programmpaket SIS (Sequential Interactive Synthesis). Dieses ebenfalls OBDD-basierte Programmpaket wurde in Berkeley entwickelt und stellt zahlreiche Werkzeuge zur Synthese und Optimierung sequentieller Schaltkreise zur Verfügung.

11.4 Referenzen

Die Bedeutung der Computation Tree Logic für das Model Checking wurde von Clarke, Emerson und Sistla erkannt [CES86].

Mehrere Forschergruppen haben in den Jahren 1989/90 gleichzeitig das Potential OBDD-basierter Mengendarstellungen für das Model Checking erschlossen: zum einen Coudert, Madre und Berthet, weiter Burch, Clarke, McMillan und Dill und als dritte Gruppe Bose und Fischer. Eine Chronik über diese Errungenschaften findet sich in [BCL$^+$94]. Ein wesentlicher Anteil bei der Entwicklung des symbolischen Model Checking ist McMillan zuzuschreiben, auf den der OBDD-basierte Model Checker SMV zurückgeht [McM93].

Das VIS-Verifikationssystem wurde von Arbeitsgruppen in Berkeley und in Boulder unter der Leitung von Brayton, Hachtel, Sangiovanni-Vincentelli und Somenzi entwickelt [BHS$^+$96]. Beschreibungen der kommerziellen Systeme CVE und RuleBase finden sich in [BLPV95] und [BBEL96].

12. Varianten und Erweiterungen von OBDDs

Zur weiteren Effizienzsteigerung der Datenstrukturen der OBDDs wurden zahlreiche Varianten und Erweiterungen vorgeschlagen, die den spezifischen Bedürfnissen spezieller Anwendungsfelder besser angepaßt sind als die „klassischen" OBDDs. Wir möchten einige besonders interessante und wichtige Entwicklungen in diesem Bereich näher vorstellen, obwohl die einschlägigen Forschungsarbeiten noch nicht abgeschlossen sind. Man ist auch weiterhin auf der Suche nach noch kompakteren Darstellungen für Schaltfunktionen, die die positiven Eigenschaften von OBDDs erhalten.

12.1 Lockerung der Ordnungsrestriktion

Wichtige Funktionen wie die Multiplikation von Binärzahlen oder der indirekte Speicherzugriff (wie z.B. die in Definition 8.9 eingeführte Hidden-Weighted-Bit-Funktion) haben nachweislich exponentiell große OBDD-Darstellungen bezüglich jeder Variablenordnung. Die Beweise dieser exponentiellen unteren Schranken wurden in Abschn. 8.2 geführt. Es soll nun untersucht werden, inwieweit diese Restriktion der festen linearen Ordnung auf der Variablenmenge in einem OBDD gelockert werden kann, ohne daß die guten algorithmischen Eigenschaften von OBDDs dabei eingeschränkt werden oder gar verloren gehen.

Läßt man die Ordnungsanforderung und die Read-once-Eigenschaft bei OBDDs vollständig fallen, dann gelangt man unmittelbar zu den bereits in Abschn. 4.4.2 eingeführten Branching-Programmen. Die Größe eines optimalen Branching-Programms für eine Schaltfunktion f ist natürlich höchstens so groß wie die Größe eines optimalen OBDDs, sie kann jedoch in vielen Fällen kleiner, manchmal sogar exponentiell kleiner sein. Diese Kompaktheit macht es jedoch oft schwer oder gar unmöglich, die grundlegenden Aufgaben der Booleschen Manipulation zu erfüllen: In Korollar 4.33 wurde beispielsweise gezeigt, daß der Test, ob zwei Branching-Programme die gleiche Funktion repräsentieren, **co-NP**-vollständig ist.

Die Schwierigkeit, den Äquivalenztest für beliebige Branching-Programme auszuführen, liegt darin, daß eine Variable auf einem Pfad mehrfach auftreten kann. Um diesem Problem aus dem Weg zu gehen, wurden in Abschn. 4.4.3 die Read-once-Branching-Programme betrachtet, bei denen jede Variable auf jedem Pfad nur einmal getestet wird. Tatsächlich kann der Äquivalenztest hier zumindest probabilistisch effizient ausgeführt werden. Allerdings taucht nun eine neue Schwierigkeit auf: Wie in Satz 4.38 bewiesen wurde, ist das Ausführen binärer Boolescher Operationen für Read-once-Branching-Programme **NP**-hart. Der Grund für diese Schwierigkeit liegt darin, daß die Variablen auf verschiedenen Wegen in unterschiedlicher Reihenfolge auftreten können.

Die Problematik, eine Boolesche Operation auf zwei *beliebigen* Read-once-Programmen auszuführen, taucht aber nicht nur hier auf. Aus Satz 8.16 ist bekannt, daß die Berechnung binärer Boolescher Operationen für zwei OBDDs mit unterschiedlichen Variablenordnungen ebenfalls ein **NP**-hartes Problem ist. Erst durch die Einschränkung, daß beide OBDDs der gleichen Ordnung genügen, wird das Problem in Polynomialzeit lösbar.

Unser Ziel ist es deshalb, den Begriff des *vollständigen Typs* für ein Branching-Programm zu definieren, der den linearen Ordnungsbegriff bei OBDDs in einer Weise verallgemeinert, daß die folgenden beiden Eigenschaften erfüllt sind:

- Bezüglich eines vorgegebenen vollständigen Typs τ bilden Read-once-Branching-Programme eine kanonische Darstellung für Schaltfunktionen.

- Für zwei Read-once-Branching-Programme, die vom gleichen Typ τ sind, können binäre Boolesche Operationen effizient ausgeführt werden.

Da dieses Konzept eine Verallgemeinerung der OBDDs liefert, werden Read-once-Branching-Programme in unserem Kontext häufig als **FBDDs (Free Binary Decision Diagrams)** bezeichnet. Der Begriff „frei" macht dabei deutlich, daß aufgrund der Read-once-Eigenschaft beim Test einer Variablen diese Variable noch vollkommen ungebunden ist.

Definition 12.1. *(1) Ein* **Typ** σ *über der Variablenmenge* $\{x_1, \ldots, x_n\}$ *ist definiert wie ein OBDD, aber folgenden zwei Ausnahmen:*

1. Es gibt nur eine Senke.

2. Es existiert keine gemeinsame Variablenordnung für die einzelnen Berechnungspfade.

Wie bei OBDDs darf jede Variable auf jedem Pfad von der Wurzel zur Senke höchstens einmal auftreten.

(2) Ein Typ σ heißt **vollständig**, *wenn jede Variable auf jedem Pfad von der Wurzel zur Senke genau einmal auftritt.*

(3) Sei P ein FBDD. Durch Verschmelzen der beiden Senken von P erhält man einen Typ, der mit typ(P) bezeichnet wird.

Wir bemerken zunächst, daß lineare Ordnungen als sehr einfach strukturierte Spezialfälle eines vollständigen Typs aufgefaßt werden können, siehe Abb. 12.1. Die Abbildung zeigt außerdem ein interessanteres Beispiel für einen vollständigen Typ mit vier Variablen.

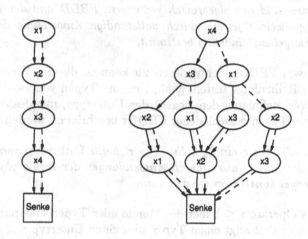

Abb. 12.1. Zwei vollständige Typen

In Definition 6.8 wurden die Eliminations- und die Isomorphieregel zur Reduktion von OBDDs eingeführt, deren Anwendung die dargestellte Funktion selbst nicht beeinflussen. Man beobachtet, daß die beiden Reduktionsregeln die Reihenfolge, in der ein OBDD die Variablen liest, völlig unverändert läßt. Dies ist der Grund, warum beide Regeln auch für FBDDs mit ihren durch Typen beschriebenen verallgemeinerten Ordnungen eingesetzt werden können.

Definition 12.2. *Wir definieren zwei Reduktionsregeln auf FBDDs und auf Typen:*

Eliminationsregel: *Wenn die 1- und die 0-Kante eines Knotens v auf den gleichen Knoten u zeigen, dann eliminiere v, und lenke alle in v eingehenden Kanten auf u um.*

Isomorphieregel: *Wenn die inneren Knoten u und v mit der gleichen Variablen markiert sind und sowohl ihre 1-Kanten als auch ihre 0-Kanten jeweils zum gleichen Nachfolger führen, dann eliminiere einen der beiden Knoten u, v, und lenke alle in diesen Knoten eingehenden Kanten auf den verbliebenen anderen Knoten um.*

Definition 12.3. *(1) Ein FBDD P heißt* **reduziert**, *wenn keine der beiden Reduktionsregeln angewendet werden kann.*

(2) Ein Typ τ oder ein FBDD P heißen **algebraisch reduziert**, *wenn die Isomorphieregel auf τ bzw. P nicht angewendet werden kann.*

In analoger Weise zu den Eindeutigkeitsaussagen für OBDDs läßt sich nun der folgende Satz beweisen.

Satz 12.4. *Der reduzierte FBDD, der aus einem FBDD P durch vollständige Anwendung der beiden Reduktionsregeln hervorgeht, ist eindeutig bestimmt. Ebenso sind der algebraisch reduzierte FBDD und der algebraisch reduzierte Typ, welche jeweils durch vollständige Anwendung der Isomorphieregel hervorgehen, eindeutig bestimmt.* □

Um Klassen von FBDDs identifizieren zu können, die die Variablen in einer ähnlichen Reihenfolge testen, genügt es, die Typen von zwei FBDDs zu vergleichen. Wir definieren den Begriff des Untertyps, mit dessen Hilfe die Konsistenz von Typen verschiedener FBDDs beschrieben werden kann.

Definition 12.5. *Sei τ ein Typ. Ein Typ τ' heißt* **Untertyp** *von τ, τ' ≤ τ, falls τ = τ' oder falls τ' aus τ durch Anwendungen der Isomorphie- und der Eliminationsregel konstruiert werden kann.*

Bezüglich des Operators ≤ bildet die Menge aller Typen eine partielle Ordnung. Abbildung 12.2 zeigt einen Typ τ und einen Untertyp τ'.

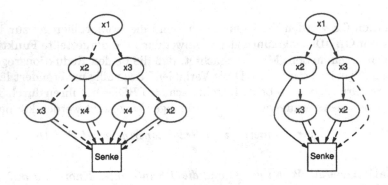

Abb. 12.2. Ein Typ τ und ein Untertyp τ', τ' ≤ τ

Definition 12.6. *Sei τ ein vollständiger Typ. Ein FBDD P ist vom* **Typ** *τ, wenn es einen Typ τ' mit typ(P) ≤ τ' gibt, so daß τ und τ' nach der algebraischen Reduktion übereinstimmen.*

Aufgrund dieser Definition ist es sinnvoll, nur mit vollständigen Typen zu arbeiten, die bereits algebraisch reduziert sind.

Man sieht, daß im Sinne der Definition ein FBDD zu mehreren Typen gehören kann. In jedem Fall ist klar, daß ein beliebiger FBDD und der aus ihm hervorgehende reduzierte FBDD stets vom gleichen Typ sind.

Ausgerüstet mit diesen begrifflichen Werkzeugen kann nun bewiesen werden, daß reduzierte FBDDs bezüglich eines vorgegebenen vollständigen Typs eine kanonische Darstellung für Schaltfunktionen bilden. Wir beginnen zunächst mit einer Beobachtung: Für jede Eingabevariable x_i gibt es einen Entscheidungsgraphen, der aus einem mit x_i markierten Knoten besteht, dessen 1-Kante und 0-Kante zur 1-Senke bzw. zur 0-Senke führen. Diesen Entscheidungsgraphen (der sogar geordnet ist) nennen wir die **Standardrepräsentation** von x_i.

Lemma 12.7. *Sei τ ein vollständiger Typ über der Variablenmenge $\{x_1, \ldots, x_n\}$, und sei $x_i \in \{x_1, \ldots, x_n\}$. Die Standardrepräsentation von x_i ist vom Typ τ.*

Beweis. Da τ ein vollständiger Typ ist, tritt die Variable x_i auf jedem Pfad von der Wurzel zur Senke auf. Mit Hilfe der Eliminationsregel können wir, in der Senke von τ beginnend, alle Nachfolger des mit x_i markierten Knotens entfernen. Nach wiederholter Anwendung der Isomorphieregel erhalten wir einen Typ τ', dessen einziger mit x_i markierter Knoten der einzige Vorgänger der Senke ist. Schließlich können wir durch sukzessive Anwendung der Eliminationsregel, diesmal beginnend bei dem mit x_i markierten Knoten, aus τ' die Standardrepräsentation von x_i konstruieren. $\square$

Satz 12.8. *Sei τ ein vollständiger und algebraisch reduzierter Typ über der Variablenmenge $\{x_1, \ldots, x_n\}$, und sei $f \in \mathbb{B}_n$. Dann gibt es genau einen reduzierten FBDD vom Typ τ, der die Funktion f repräsentiert.*

Beweis. Zunächst ist klar, daß es einen vollständigen binären Entscheidungsbaum T gibt, der f darstellt und vom Typ τ ist. Aufgrund der Vollständigkeit von τ und T ist T eindeutig bestimmt. Der reduzierte FBDD P von T ist ebenfalls vom Typ τ und nach Satz 12.4 eindeutig bestimmt.

Sei nun P' ein beliebiger FBDD vom Typ τ, der f darstellt. Der aus P hervorgehende reduzierte FBDD P'' ist ebenfalls vom Typ τ und stellt f dar. Nach Satz 12.4 gilt folglich $P'' = P$. Folglich gibt es nur einen reduzierten FBDD vom Typ τ, der f repräsentiert. Dieser kann beispielsweise durch Reduktion von T konstruiert werden. $\square$

Diese Eindeutigkeitsaussage ist der Grund dafür, warum viele OBDD-basierte Algorithmen wie etwa die Algorithmen zur Ausführung binärer Operationen auch auf typgesteuerte FBDDs übertragen werden können. Wir fassen die entsprechenden Aussagen, die jeweils durch Verallgemeinerung der Aussagen für OBDDs hervorgehen, zusammen.

Satz 12.9. *Seien* $f, f_1, f_2 \in \mathbb{B}_n$, *und sei* τ *ein vollständiger algebraisch reduzierter Typ auf der Variablenmenge* $\{x_1, \ldots, x_n\}$.

Universalität der FBDD-Repräsentation: *Jede Schaltfunktion* $f \in \mathbb{B}_n$ *kann durch einen (reduzierten) FBDD vom Typ* τ *repräsentiert werden.*

Kanonizität der FBDD-Repräsentation: *Jede Schaltfunktion* $f \in \mathbb{B}_n$ *hat genau eine Darstellung als reduzierter FBDD vom Typ* τ.

Effiziente Synthese von FBDDs: *Seien* P_1, P_2 *zwei FBDD-Darstellungen von* f_1, f_2 *vom Typ* τ. *Dann kann für jede binäre Operation* $*$ *die reduzierte FBDD-Darstellung von* $f = f_1 * f_2$ *in der Zeit* $\mathcal{O}(size(\tau) \cdot size(P_1) \cdot size(P_2))$ *berechnet werden.*

Effizienter Äquivalenztest: *Seien* P_1 *und* P_2 *zwei FBDD-Darstellungen für* f_1, f_2 *vom Typ* τ. *Die Äquivalenz von* P_1 *und* P_2 *kann in linearer Zeit* $\mathcal{O}(size(P_1) + size(P_2))$ *entschieden werden. Im Falle einer streng kanonischen Darstellung benötigt man nur konstante Zeit.*   □

Gegenüber der eingeschränkteren Klasse der OBDDs vergrößert sich die Zeitkomplexität zur Berechnung binärer Operationen um einen zusätzlichen Faktor $size(\tau)$. In vielen Fällen können binäre Operationen jedoch auch im Fall von FBDDs nicht nur in kubischer, sondern bereits in quadratischer Zeit berechnet werden. Dies trifft beispielsweise dann zu, wenn der zugrunde liegende Typ eine beschränkte Breite hat.

Bei einem Vergleich von OBDDs und FBDDs sollte man sich stets vor Augen halten, daß OBDDs als Spezialfall der FBDDs betrachtet werden können. Aus diesem Grund sind (optimale) FBDD-Darstellungen für eine Funktion höchstens so groß wie die (optimalen) OBDD-Darstellungen. Die FBDD-Darstellungen können jedoch auch deutlich kleiner sein. Für die praktische Arbeit mit den Darstellungen sollte jedoch berücksichtigt werden, daß die lineare Ordnung von OBDDs oftmals leichter in den Griff zu bekommen ist. Dies trifft etwa auf die Konstruktion von Heuristiken, dynamischen Optimierungsalgorithmen oder auch auf komplexere Manipulationsalgorithmen wie z.B. die Quantifizierung zu. Im Einzelfall ist vor der praktischen Anwendung zu prüfen, ob das von den FBDDs gebotene zusätzliche Optimierungspotential in einem relevanten Verhältnis zu den Mehraufwendungen im algorithmischen Bereich steht.

Wir möchten ein konkretes Beispiel angeben, das für eine spezielle Funktion das zusätzliche Optimierungspotential von FBDDs verdeutlicht. Zu diesem Zweck betrachten wir wieder die in Definition 8.9 eingeführte Hidden-Weighted-Bit-Funktion $HWB(x)$, die einen indirekten Speicherzugriff beschreibt. Aus Satz 8.10 ist bekannt, daß die OBDD-Darstellung für $HWB(x)$ bezüglich jeder Ordnung exponentiell in der Eingabelänge n wächst.

Im Gegensatz dazu ist es möglich, die Hidden-Weighted-Bit-Funktion durch einen lediglich polynomial großen FBDD darzustellen. Die Grundidee der

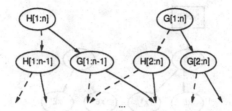

Abb. 12.3. Konstruktion des FBDDs für die Hidden-Weighted-Bit-Funktion

Konstruktion ist eine rekursive Zerlegung der Funktion $HWB(x) = HWB(x_1,$ $\ldots, x_n)$. Zur vereinfachten Notation bezeichne $x_{i:j}$ die Teilfolge $x_i, \ldots, x_j$ des Eingabevektors $(x_1, \ldots, x_n)$. Wir definieren die beiden Funktionen $H_{i,j}, G_{i,j}$:

$$H_{i,j}(x_{i:j}) = \begin{cases} x_{i+wt(x_{i:j})-1} & \text{falls} \quad wt(x_{i:j}) > 0, \\ 0 & \text{sonst,} \end{cases}$$

$$G_{i,j}(x_{i:j}) = \begin{cases} x_{i+wt(x_{i:j})} & \text{falls} \quad wt(x_{i:j}) < j - i + 1, \\ 1 & \text{sonst.} \end{cases}$$

Aus der Definition von $H_{i,j}$ folgt unmittelbar, daß

$$HWB(x_1, \ldots, x_n) = H_{1,n}(x_{1:n}).$$

Für die Funktionen $H_{i,j}$ und $G_{i,j}$, $i > j$, kann nun ein rekursives Bildungsgesetz angegeben werden, das auf der Shannon-Zerlegung beruht.

$$H_{i,j}(x_{i:j}) = \overline{x_j} H_{i,j-1}(x_{i:j-1}) + x_j G_{i,j-1}(x_{i:j-1}), \tag{12.1}$$
$$G_{i,j}(x_{i:j}) = \overline{x_i} H_{i+1,j}(x_{i+1:j}) + x_i G_{i+1,j}(x_{i+1:j}). \tag{12.2}$$

Für die Terminalfälle gilt

$$H_{i,i}(x_{i:i}) = G_{i,i}(x_{i:i}) = 1.$$

Die Idee der rekursiven Definition von $H_{i,j}$ und $G_{i,j}$ ist es, die Berechnung der Hidden-Weighted-Bit-Funktion auf Teilprobleme zurückzuführen, für die bereits Teilinformationen bekannt sind. Die simultane Berechnung dieser Teilprobleme unter verschiedenen Nebenbedingungen ermöglicht dann die Konstruktion eines polynomial großen FBDDs.

Die rekursive Konstruktion eines FBDDs für $HWB(x_1, \ldots, x_n)$ ist in Abb. 12.3 illustriert: Simultan werden die Funktionen $H_{i,j}$ und $G_{i,j}$ berechnet. Für jede Funktion $H_{i,j}(x_{i:j})$ oder $G_{i,j}(x_{i:j})$, die durch k Zerlegungen gemäß (12.1) oder (12.2) aus $H_{1,n}(x_1, \ldots, x_n) = HWB(x_1, \ldots, x_n)$ hervorgeht, gilt $j - i = n - k - 1$, $0 \leq k \leq n - 1$. Folglich kommen im $(n-k)$-ten

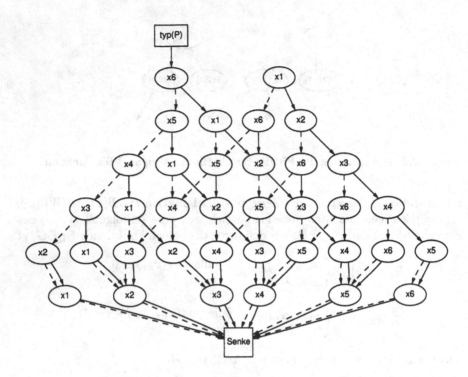

Abb. 12.4. Vollständiger Typ für den FBDD P der Hidden-Weighted-Bit-Funktion im Fall $n = 6$

Niveau des FBDDs lediglich Knoten für die Unterfunktionen $H_{i,i+k}(x_{i:i+k})$, $G_{i,i+k}(x_{i:i+k})$ vor, $0 \le k \le n-1$. Für jedes k sind dies höchstens $2n$ Knoten. Weiterhin beobachtet man, daß in dieser Konstruktion jede Variable auf jedem Pfad von der Wurzel zur Senke höchstens einmal gelesen wird. Folglich gilt:

Satz 12.10. *Es gibt eine FBDD-Darstellung für die Hidden-Weighted-Bit-Funktion $HWB(x) = HWB(x_1, \ldots, x_n)$, deren Knotenzahl polynomial, genauer durch $2n^2 + 2$ beschränkt ist.*   □

In Abb. 12.4 ist der dieser FBDD-Darstellung zugrunde liegende vollständige Typ für den Fall $n = 6$ dargestellt, ein Typ, der natürlich ganz speziell auf die Hidden-Weighted-Bit-Funktion zugeschnitten ist. Im allgemeinen ist es natürlich nicht praktikabel, für jeden konkreten Anwendungsfall den bestmöglichen Typ zu konstruieren. Da jedoch analog zur Variablenordnung von OBDDs die FBDD-Größe extrem stark von dem gewählten Typ abhängt, werden heuristische Verfahren zur automatischen Generierung von FBDD-Typen benötigt. Bern, Gergov, Meinel und Slobodová haben solche Heuristiken vorgestellt. Sie beruhen auf ähnlichen Ideen, auf denen die in Abschn. 9.1

dargestellten Heuristiken für die Konstruktion guter Variablenordnungen bei OBDDs basieren.

Im Falle der FBDD-Heuristiken wird jedoch noch eine zusätzliche Idee mit ins Spiel gebracht: Wenn beispielsweise die führende Variable x_i des zu konstruierenden Typs τ bereits bestimmt ist, wird die Konstruktion von τ für die beiden Situationen $x_i = 0$ und $x_i = 1$ *unabhängig* voneinander rekursiv fortgesetzt. Den Typ τ erhält man schließlich durch einfaches Zusammensetzen der unabhängig voneinander gefundenen Teiltypen.

12.2 Alternative Dekompositionstypen

Bezeichnet f die durch einen Knoten mit der Markierung x_i in einem OBDD repräsentierte Funktion, dann gilt die Shannon-Zerlegung

$$f = x_i f_0 + \overline{x_i} f_1$$

mit den Cofaktoren $f_0 = f(x_1, \ldots, x_{i-1}, 0, x_{i+1}, \ldots, x_n)$ und $f_1 = f(x_1, \ldots, x_{i-1}, 1, x_{i+1}, \ldots, x_n)$.

Bereits in Korollar 3.24 wurden auch andere Möglichkeiten vorgestellt, um eine Funktion bezüglich einer Variablen zu zerlegen. Wir werden nun weitere Zerlegungstypen einführen, nämlich die sogenannten *Reed-Muller-* oder *Davio-Zerlegungen.*

Satz 12.11. *Sei $f \in \mathbb{B}_n$ eine n-stellige Schaltfunktion. Für die durch*

$$f_0(x) = f(x_1, \ldots, x_{n-1}, 0),$$
$$f_1(x) = f(x_1, \ldots, x_{n-1}, 1),$$
$$f_2(x) = f_0(x) \oplus f_1(x)$$

definierten Funktionen gelten die beiden folgenden Zerlegungen:

Reed-Muller Zerlegung *oder* **positive Davio-Zerlegung:**

$$f = f_0 \oplus x_n f_2.$$

Negative Davio-Zerlegung:

$$f = f_1 \oplus \overline{x_n} f_2.$$

Diese Zerlegung gilt natürlich in analoger Weise bezüglich jeder Variablen x_i, $1 \leq i \leq n$.

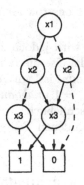

Abb. 12.5. Ein OFDD

Beweis. Es gilt aufgrund der Shannon-Zerlegung bezüglich der EX-OR-Operation $\oplus$ aus Korollar 3.24

$$f(x) = \overline{x_n} f_0(x) \oplus x_n f_1(x) \qquad\qquad (\overline{x_n} = 1 \oplus x_n)$$
$$= f_0(x) \oplus (x_n f_0(x) \oplus x_n f_1(x))$$
$$= f_0(x) \oplus x_n f_2(x).$$

Analog gilt

$$f(x) = x_n f_1(x) \oplus \overline{x_n} f_0(x) \qquad\qquad (x_n = 1 \oplus \overline{x_n})$$
$$= f_1(x) \oplus (\overline{x_n} f_1(x) \oplus \overline{x_n} f_0(x))$$
$$= f_1(x) \oplus \overline{x_n} f_2(x).$$

$\square$

Die von Kebschull, Schubert und Rosenstiel eingeführten *Ordered Functional Decision Diagrams* beruhen nicht wie OBDDs auf der Shannon-Zerlegung, sondern auf der Reed-Muller-Zerlegung.

Definition 12.12. *Ein* **Ordered Functional Decision Diagram**, *kurz* **OFDD**, *ist definiert wie ein OBDD. Die in einem Knoten v des Graphen berechnete Funktion f_v wird jedoch jetzt durch die folgenden induktiven Regeln bestimmt:*

1. *Falls v eine Senke mit Markierung 1 (0) ist, dann gilt $f_v = 1$ ($f_v = 0$).*
2. *Falls v ein mit x_i markierter Knoten ist, dessen 1- und 0-Nachfolgeknoten die Funktionen h und g repräsentieren, dann gilt*

$$f_v = g \oplus x_i h.$$

Beispiel 12.13. Interpretiert man den Graphen aus Abb. 12.5 als OBDD, so wird die Funktion $f^{OBDD}(x) = x_1 x_2 + x_1 \overline{x_2}\ \overline{x_3}$ dargestellt. Interpretiert man jedoch den Graphen als OFDD, dann stellen die beiden mit x_3 markierten Knoten die Funktionen

$$f_{x_3,1}(x) = 1 \oplus x_3 \cdot 0 = 1, \qquad f_{x_3,2}(x) = 0 \oplus x_3 \cdot 1 = x_3$$

dar, die beiden mit x_2 markierten Knoten die Funktionen

$$f_{x_2,1}(x) = 1 \oplus x_2 x_3, \qquad f_{x_2,2}(x) = 0 \oplus x_2 x_3 = x_2 x_3$$

und der Wurzelknoten die Funktion

$$f^{OFDD}(x) = x_2 x_3 \oplus x_1 (1 \oplus x_2 x_3) = x_2 x_3 \oplus x_1 \oplus x_1 x_2 x_3.$$

Die dargestellten Funktionen $f^{OBDD}(x)$ und $f^{OFDD}(x)$ sind grundverschieden. Beispielsweise gilt $0 = f^{OBDD}(1,0,1) \neq f^{OFDD}(1,0,1) = 1$.   ◇

Die Eliminationsregel für OBDDs erlaubt es, Knoten v mit identischen 1- und 0-Nachfolgern zu entfernen, ohne die dargestellte Funktion zu verändern. Die Reduktion ist genau dann möglich, wenn die in v repräsentierte Funktion nicht von der Variablen abhängt, mit der v markiert ist. Im Fall von OFDDs ist diese Reduktionsregel nicht ohne weiteres anwendbar, da auch im Fall zweier gleicher Nachfolger die in v repräsentierte Funktion von der Markierungsvariablen abhängen kann. Statt dessen sind diejenigen Knoten redundant, deren 1-Kante auf die 0-Senke zeigt, siehe Abb. 12.6.

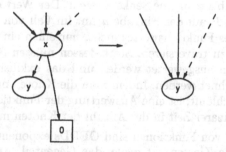

Abb. 12.6. Eliminationsregel für OFDDs

Definition 12.14. *Wir definieren zwei Reduktionsregeln auf OFDDs:*

Eliminationsregel: *Wenn die 1-Kante eines Knotens v auf die 0-Senke zeigt, dann eliminiere v, und lenke alle in v eingehenden Kanten auf den 0-Nachfolger von v um.*

Isomorphieregel: *Wenn die inneren Knoten u und v mit der gleichen Variablen markiert sind, ihre 1-Kanten zum gleichen Nachfolger führen und ihre 0-Kanten zum gleichen Nachfolger führen, dann eliminiere einen der beiden Knoten u, v, und lenke alle in diesen Knoten eingehenden Kanten auf den verbliebenen anderen Knoten um.*

Definition 12.15. *Ein OFDD P heißt* **reduziert**, *wenn keine der beiden Reduktionsregeln angewendet werden kann.*

Nun läßt sich in gleicher Weise wie für OBDDs auch für OFDDs eine Eindeutigkeitsaussage herleiten.

Korollar 12.16. *Bezüglich jeder Variablenordnung π gilt: Der reduzierte OFDD für eine Schaltfunktion f bezüglich der Ordnung π ist (bis auf Isomorphie) eindeutig bestimmt.* □

OFDDs haben nicht nur die Eigenschaft der Kanonizität, sondern auch noch viele andere Eigenschaften mit OBDDs gemeinsam. Es gibt jedoch einige wichtige Unterschiede. Der erste betrifft die Ausführung binärer Operationen. Nach Satz 6.16 können alle binären Operationen auf OBDDs in Polynomialzeit berechnet werden. Im Fall von OFDDs gilt dies beispielsweise auch für die EX-OR-Operation $\oplus$. Die Berechnung einer Konjunktion oder Disjunktion von zwei OFDDs kann allerdings nachweislich zu einem exponentiellen Größenwachstum führen.

Die Auswertung des Funktionswertes für einen vorgegebenen OBDD P und einen vorgegebenen Eingabevektor $a = (a_1, \ldots, a_n) \in \mathbb{B}^n$ läßt sich sehr einfach vornehmen: In jedem Knoten mit Markierung x_i folgt man der mit a_i markierten Kante, bis man eine Senke erreicht. Der Wert der Senke gibt den Funktionswert von P auf der Eingabe a an. Im Fall von OFDDs genügt es zur Auswertung des Funktionswertes nicht, nur einen einzigen Pfad von der Wurzel zur Senke zu traversieren. Statt dessen müssen für jeden Knoten v *beide* Untergraphen ausgewertet werden und das exklusive Oder (EX-OR) beider Werte berechnet werden. Indem man die Knoten niveauweise von unten nach oben durchläuft, ist eine Auswertung der Funktion jedoch ebenfalls in asymptotisch linearer Zeit in der Anzahl der Knoten möglich.

Für einige Klassen von Funktionen sind OFDDs exponentiell kompakter als OBDDs, für andere Klassen gilt genau das Gegenteil. Aufgrund dieser Beobachtung haben Drechsler, Sarabi, Theobald et. al. eine Möglichkeit vorgeschlagen, die Vorteile beider Klassen zu vereinen. Sie haben gezeigt, daß die verschiedenen Zerlegungstypen unter Beibehaltung guter algorithmischer Eigenschaften sogar innerhalb des gleichen Graphen kombiniert werden können. In dieser hybriden Darstellungsform mit dem Namen **Ordered Kronecker Functional Decision Diagrams (OKFDDs)** wird jeder Variablen x_i ein **Dekompositionstyp** $d_i \in \{S, pD, nD\}$ mit folgender Bedeutung zugewiesen:

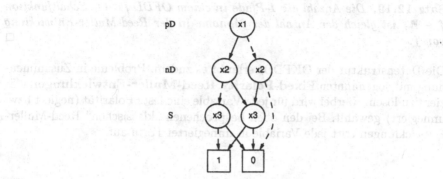

Abb. 12.7. Ein OKFDD mit den Dekompositionstypen $d_1 = pD$, $d_2 = nD$, $d_3 = S$

- S: Shannon-Zerlegung,
- pD: positive Davio-Zerlegung,
- nD: negative Davio-Zerlegung.

In jedem Knoten mit Markierung x_i wird die durch d_i definierte Zerlegung ausgeführt.

Beispiel 12.17. Abbildung 12.7 zeigt noch einmal den Graphen aus Abbildung 12.5, diesmal ist jeder Variablen x_i jedoch zusätzlich ein Dekompositionstyp S, pD oder nD zugewiesen. In dem dadurch definierten OKFDD repräsentieren die beiden mit x_3 markierten Knoten die Funktionen

$$f_{x_3,1}(x) = \overline{x_3}, \qquad f_{x_3,2}(x) = x_3,$$

die beiden mit x_2 markierten Knoten die Funktionen

$$f_{x_2,1}(x) = \overline{x_3} \oplus \overline{x_2}x_3, \qquad f_{x_2,2}(x) = 0 \oplus \overline{x_2}x_3 = \overline{x_2}x_3$$

und der Wurzelknoten die Funktion

$$f^{OKFDD}(x) = \overline{x_2}x_3 \oplus x_1(\overline{x_3} \oplus \overline{x_2}x_3).$$

◇

Die Klassen der OFDDs und OKFDDs eignen sich besonders gut als Datenstrukturen in Zusammenhang mit den in Abschn. 4.2 beschriebenen Reed-Muller-Entwicklungen.

Definition 12.18. *Ein Pfad von der Wurzel eines OFDDs zur 1-Senke wird als* **1-Pfad** *bezeichnet.*

Aus der Definitionsgleichung der positiven Davio-Zerlegung folgt unmittelbar, daß ein OFDD im wesentlichen eine in kompakter Graphenform aufgeschriebene Reed-Muller-Entwicklung ist. Es gilt deshalb:

Satz 12.19. *Die Anzahl der 1-Pfade in einem OFDD für die Schaltfunktion* $f \in \mathbb{B}_n$ *ist gleich der Anzahl der Monome in der Reed-Muller-Entwicklung von* f.   □

Die Datenstruktur der OKFDDs erlaubt es zudem, Probleme in Zusammenhang mit sogenannten **Fixed-Polarity Reed-Muller-Entwicklungen** effizient zu lösen. Hierbei wird für jede Variable eine feste Polarität (negiert bzw. unnegiert) gewählt. Bei den oben besprochenen „klassischen" Reed-Muller-Entwicklungen tritt jede Variable in unnegierter Form auf.

12.3 Zero-suppressed BDDs

Auch kombinatorische Probleme können auf die Manipulation von Schaltfunktionen zurückgeführt werden. Hierbei müssen sehr häufig Mengen von Elementkombinationen repräsentiert werden.

Eine **Kombination** von n Elementen in der sogenannten Bitvektordarstellung kann durch einen n-Bit-Vektor $(x_1, \ldots, x_n) \in \mathbb{B}^n$ dargestellt werden, wobei das i-te Bit x_i anzeigt, ob das i-te Element in der Kombination enthalten ist oder nicht.

Eine Menge von Kombinationen kann daher durch eine Schaltfunktion f : $\mathbb{B}^n \to \mathbb{B}$ dargestellt werden. Die durch den Eingabevektor $(a_1, \ldots, a_n)$ beschriebene Kombination ist genau dann in der Menge enthalten, wenn $f(a_1, \ldots, a_n) = 1$.

Beispiel 12.20. Wir betrachten die drei Elemente $\{1, 2, 3\}$, die durch die Variablen x_1, x_2, x_3 repräsentiert werden. Sei t_1 die Kombination, in der das erste und zweite Element nicht enthalten ist, wohl aber das dritte, d.h. $t_1 = (0, 0, 1)$. Auf gleiche Weise seien die Kombinationen $t_2 = (0, 1, 0)$, $t_3 = (1, 0, 0)$, $t_4 = (1, 0, 1)$ definiert. Die zugehörige Boolesche Funktion, die die Menge $\{t_1, t_2, t_3, t_4\}$ repräsentiert, lautet

$$f(x) = \overline{x_1}\,\overline{x_2}x_3 + \overline{x_1}x_2\overline{x_3} + x_1\overline{x_2}\,\overline{x_3} + x_1\overline{x_2}x_3,$$

ein OBDD für f ist in Abb. 12.8 dargestellt.   ◇

Für viele Anwendungen mit kombinatorischen Fragestellungen sind die darzustellenden Bitvektoren in doppelter Hinsicht dünn besetzt:

- Zum einen enthält die zu repräsentierende Menge nur einen kleinen Bruchteil der 2^n möglichen Bitvektoren,

- zum anderen enthält jeder Bitvektor viele Nullelemente.

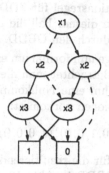

Abb. 12.8. Ein OBDD und ZDD für die Menge der Kombinationen $\{(0,0,1),$ $(0,1,0), (1,0,0), (1,0,1)\}$

Die Ursache hierfür ist, daß die zugrunde liegende Basismenge aller Elemente sehr groß sein kann. Die Zahl der eigentlich relevanten Kombinationen ist im Vergleich dazu jedoch oft sehr klein, und jede dieser Kombinationen besteht oft aus nur wenigen Elementen. Ausgehend von diesen Beobachtungen hat Minato eine BDD-basierte Darstellungsform eingeführt, die beide Formen der Dünnbesetztheit ausnutzt. Die sogenannten **Zero-suppressed BDDs (ZDDs)** sind wie OBDDs definiert, außer daß die Eliminationsregel nun speziell auf die Ausnutzung der Dünnbesetztheit zugeschnitten ist.

Definition 12.21. *Wir definieren zwei Reduktionsregeln auf ZDDs:*

Eliminationsregel: *Wenn die 1-Kante eines Knotens v auf die 0-Senke zeigt, dann eliminiere v, und lenke alle in v eingehenden Kanten auf den 0-Nachfolger von v um.*

Isomorphieregel: *Wenn die inneren Knoten u und v mit der gleichen Variablen markiert sind, ihre 1-Kanten zum gleichen Nachfolger führen und ihre 0-Kanten zum gleichen Nachfolger führen, dann eliminiere einen der beiden Knoten u, v, und lenke alle in diesen Knoten eingehenden Kanten auf den verbliebenen anderen Knoten um.*

Die Eliminationsregel für ZDDs hat damit die gleiche Form wie die Eliminationsregel für OFDDs, siehe Abb. 12.6.

Beispiel 12.22. Der Graph aus Beispiel 12.20 (Abb. 12.8) repräsentiert als OBDD die Menge der Kombinationen

$$\{(0,0,1), (0,1,0), (1,0,0), (1,0,1)\}.$$

Interpretiert man den Graphen als ZDD, dann fügt man auf der Kante von dem mit x_2 markierten Knoten zur 0-Senke in Gedanken einen mit x_3 markierten Knoten ein, dessen 1-Kante direkt zur 0-Senke führt. Dieser Knoten wurde aufgrund der Eliminationsregel für ZDDs reduziert. Man sieht dann leicht, daß durch den ZDD in diesem Fall die gleiche Menge von Kombinationen beschrieben wird wie durch den OBDD.

Wir erweitern die Grundmenge nun formal um ein viertes Element, das durch das Bit x_4 dargestellt wird. Betrachtet man die gleiche Menge wie zuvor, so müssen alle Kombinationen um eine Nullkomponente erweitert werden, da x_4 in keiner dieser Kombinationen vorkommt:

$$\{(0,0,1,0),(0,1,0,0),(1,0,0,0),(1,0,1,0)\}.$$

In Abb. 12.9 ist der OBDD für die resultierende Boolesche Funktion dargestellt. Ausgehend von dem OBDD in Abb. 12.8 muß nun zusätzlich geprüft werden, daß für die Kombinationen in der Menge die Eigenschaft $x_4 = 0$ gewährleistet ist.

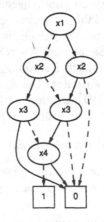

Abb. 12.9. Ein OBDD für die Menge der Kombinationen $\{(0,0,1,0),(0,1,0,0),$ $(1,0,0,0),(1,0,1,0)\}$

Wie sieht nun der ZDD für die neue Menge von Kombinationen aus? Er ist mit dem ZDD aus Abb. 12.8 identisch! Die formale Hinzunahme des vierten Elementes zur Grundmenge macht sich überhaupt nicht bemerkbar, da die entstehenden Knoten in dem ZDD mit Hilfe der Eliminationsregel entfernt werden.

Das Beispiel zeigt, daß ZDDs nicht nur unabhängig von möglichen Erweiterungen der Grundmenge sind, sondern auch, daß ZDDs dann besonders kompakt sind, wenn nur ein kleiner Bereich der Grundmenge repräsentiert wird.   ◇

Analog zu OBDDs bilden ZDDs eine kanonische Repräsentation für Schaltfunktionen. Wir möchten jedoch auf einige wichtige Unterschiede zu OBDDs hinweisen. Im Fall von OBDDs kann allein aus jedem Graph eindeutig die Funktion rekonstruiert werden. Im Fall von ZDDs benötigt man zudem jedoch Information über die zugrunde liegende Grundmenge der Variablen. Aufgrund der Reduktionsregel für ZDDs kann ein nur aus der 1-Senke bestehender Graph die Funktionen 1, $\overline{x_1}$, $\overline{x_1}\,x_2$, $\overline{x_1}\,\overline{x_2}\,x_3$, usw. repräsentieren. Welche Funktion im Einzelfall dargestellt wird, hängt von der Grundmenge der Variablen ab.

Im Fall reduzierter ZDDs ist es möglich, daß 1- und 0-Kante eines Knotens auf den gleichen Nachfolger zeigen. Solche Knoten können nur im Fall von OBDDs reduziert werden. Die Eliminationsregel definiert für beide Graphentypen, wie der Graph im Fall des Nichtauftretens einer Variablen x_i zu interpretieren ist. Diese Situation bedeutet

- im Fall von OBDDs: die dargestellte Funktion ist unabhängig von x_i;
- im Fall von ZDDs: $x_i = 1$ impliziert unmittelbar den Funktionswert 0.

Mit der Datenstruktur der Zero-suppressed BDDs werden bisher vor allem kombinatorische Probleme aus den Bereichen der zwei- und mehrstufigen Logikminimierung gelöst. Ein Beispiel aus einem ganz anderen Bereich illustriert die grundsätzliche Bedeutung von ZDDs: Löbbing und Wegener berichten über erfolgreiche ZDD-Experimente zur Lösung schwieriger kombinatorischer Probleme, die bei der Analyse von Springerbewegungen auf einem Schachbrett auftreten.

Der nachstehende Satz besagt, daß bei der Verwendung von ZDDs anstelle von OBDDs die resultierenden Graphen höchstens um einen Faktor n verkleinert werden können. Diese relativ geringe Reduktion kann in praktischen Anwendungen jedoch groß genug sein, um über die erfolgreiche Ausführung einer Berechnung zu entscheiden.

Satz 12.23. *Sei* $f \in \mathbb{B}_n$ *und* π *eine Variablenordnung auf* $\{x_1, \ldots, x_n\}$. *Für den reduzierten OBDD* P_O *und den reduzierten ZDD* P_Z *für* f *bezüglich* π *gilt*

$$size(P_O) \leq n \cdot size(P_Z + 2).$$

Beweis. Ausgehend vom reduzierten ZDD P_Z fügen wir die Knoten wieder hinzu, die aufgrund der Eliminationsregel nicht vorhanden sind. Bei diesem Hinzufügen verändern wir die dargestellte Funktion nicht.

O.B.d.A. können wir die natürliche Variablenordnung $x_1, \ldots, x_n$ voraussetzen. Zur einfacheren Bezeichnung nehmen wir an, daß die beiden Senken mit einer Hilfsvariablen x_{n+1} markiert sind. Für jeden Knoten mit der Markierung x_j, $1 \leq j \leq n + 1$ fügen wir $j - 1$ Knoten $v_1, \ldots, v_{j-1}$ mit den Markierungen $x_1, \ldots, x_{j-1}$ zum ZDD hinzu, siehe Abb. 12.10. Die 0-Kante des Knotens v_k führt zum Knoten v_{k+1}, wobei $v_j := v$. Die 1-Kante des Knotens v_k führt zu dem für die 0-Senke erzeugten Knoten v_{k+1}. Schließlich wird

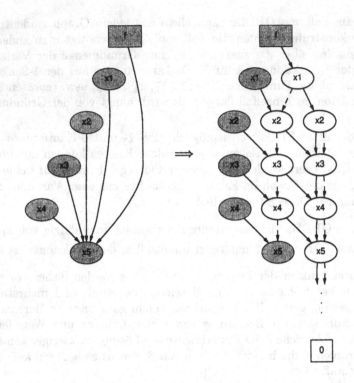

Abb. 12.10. Konstruktion eines OBDDs aus einem ZDD. Die Abbildung zeigt die Ersetzung aller möglichen Kantentypen in einen Knoten mit Markierung x_5

jede Kante eines mit x_i, $i < j - 1$, markierten Knotens w zum Knoten v durch eine Kante zum Knoten v_{i+1} ersetzt. Jede Kante, die auf die Wurzel des ZDDs zeigt, wird dabei als eine Kante betrachtet, die von einem mit der Hilfsvariablen x_0 markierten Knoten stammt.

Auf diese Weise zeigen die ausgehenden Kanten jedes Knotens mit Markierung x_i auf einen Knoten mit Markierung x_{i+1}. In dem resultierenden Graphen sind keine Knoten mehr mit Hilfe der Reduktionsregel für ZDDs entfernt. Der Graph ist daher auch ein OBDD für die Funktion f. □

12.4 Mehrwertige Funktionen

Aufbauend auf den mit der Datenstruktur der OBDDs erzielten Erfolge wurden und werden zum einen noch kompaktere Darstellungen für Schaltfunktionen gesucht. Zum anderen gibt es eine Reihe von Konzepten, die effizienten OBDD-basierten Algorithmen auch für Anwendungen mit nicht-zweiwertigen Funktionen zu erschließen. Hierbei spielt der Bereich der ganzen Zahlen eine besondere Rolle. In den nun vorgestellten Varianten von OBDDs werden die zu testenden Variablen jedoch weiterhin zweiwertig gehalten, um eine ähnliche Verzweigungsstruktur wie bei OBDDs aufbauen zu können.

12.4.1 Zusätzliche Senken

Eine naheliegende Methode zur Darstellung mehrwertiger Funktionen durch Entscheidungsgraphen besteht darin, weitere Senken hinzuzunehmen. Diese Senken können mit beliebigen Werten beschriftet werden. Soll beispielsweise eine Funktion $f : \mathbb{B}^n \to \{0, \dots, n\}$ dargestellt werden, so tragen die $n + 1$ Senken die Bezeichnungen 0 bis n. Bei dieser Darstellungsweise spricht man von **multiterminalen BDDs (MTBDDs)** bzw. **algebraischen Entscheidungsgraphen (ADDs)**.

Die Auswertung eines MTBDDs für eine gegebene Belegung der Variablen verläuft ganz analog zur Auswertung in einem OBDD: Man verfolgt den durch die Eingabe bestimmten eindeutigen Pfad von der Wurzel zu einer Senke. Der Wert der erreichten Senke liefert den gesuchten Funktionswert.

Beispiel 12.24. Abbildung 12.11 illustriert eine MTBDD-Darstellung für die Funktion $x_0 + 2x_1 + 4x_2$ bezüglich der Variablenordnung x_2, x_1, x_0. Diese Funktion interpretiert die drei Eingabebits x_2, x_1, x_0 als Binärdarstellung und liefert als Ergebnis die zugehörige natürliche Zahl. Beispielsweise gibt die Eingabe $x_2 = 1, x_1 = 0, x_0 = 1$ den Wert 5. ◇

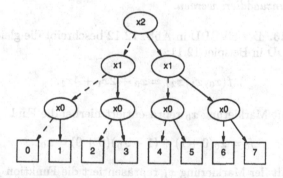

Abb. 12.11. MTBDD-Darstellung zur Umwandlung einer Binärzahl in die entsprechende natürliche Zahl

Das Beispiel verdeutlicht, daß MTBDDs bei der Darstellung von Funktionen mit einem großen Wertebereich sehr ineffizient sind. Sind z.B. alle Zahlen als Funktionswert möglich, deren Binärdarstellung höchstens die Länge n hat, dann gibt es 2^n verschiedene Funktionswerte. Folglich hat jede MTDDD Darstellung eine exponentielle Anzahl von Terminalknoten. Oft ist jedoch die

Zahl möglicher Funktionswerte klein genug, so daß diese prinzipielle Problematik nicht allzu negativ zu Buche schlägt. In solchen Anwendungen macht die Einfachheit der Darstellung und die Ähnlichkeit zu OBDDs die Klasse der MTBDDs zu einer attraktiven Datenstruktur.

12.4.2 Kantenbewertungen

Für Anwendungen, bei denen die Zahl der zulässigen Funktionswerte groß ist, sind MTBDDs in der Regel nicht geeignet. Eine Möglichkeit, auch in diesen Fällen zu einer geeigneten OBDD-basierten Darstellung zu gelangen, ergibt sich durch die zusätzliche Einführung von Kantengewichten. Mit diesen Gewichten kann die gemeinsame Nutzung von Untergraphen gefördert werden.

Definition 12.25. *Ein* **kantenbewerteter Entscheidungsgraph** *(*Edge-valued BDD, EVBDD*) ist definiert wie ein OBDD, wobei jede Kante zusätzlich mit einem ganzzahligen Gewicht g versehen wird.*

Jeder Knoten v mit Markierung x_i berechnet eine Funktion $f_v : \mathbb{B}^n \to \mathbb{Z}$,

$$f_v = x(g_1 + f_1) + (1 - x)(g_0 + f_0),$$

wobei f_1, f_0 die durch die 1- und 0-Nachfolger von v definierten Funktionen sind und g_1, g_0 die zugehörigen Kantengewichte.

Zu der am Wurzelknoten berechneten Funktion f kann zudem noch eine feste Konstante c hinzuaddiert werden.

Beispiel 12.26. Der EVBDD in Abb. 12.12 beschreibt die gleiche Funktion wie der MTBDD in Beispiel 12.11:

$$f(x_0, x_1, x_2) = x_0 + 2x_1 + 4x_2.$$

Der Knoten mit Markierung x_0 repräsentiert hierbei die Funktion f_0,

$$f_0 = x_0(0 + 1) + (1 - x_0)(0 + 0) = x_0.$$

Der Knoten mit der Markierung x_1 repräsentiert die Funktion f_1,

$$f_1 = x_1(2 + x_0) + (1 - x_1)(0 + x_0) = 2x_1 + x_0x_1 + x_0 - x_1x_0 = 2x_1 + x_0.$$

Während die Größe der MTBDD-Darstellung für diese Funktion zur Umwandlung eines n-Bit-Strings in die zugehörige natürliche Zahl exponentiell in n wächst, bleibt das Größenwachstum der EVBDD-Darstellung linear beschränkt.   ◇

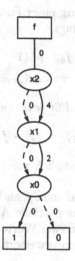

Abb. 12.12. EVBDD-Darstellung zur Umwandlung einer Binärzahldarstellung in die entsprechende natürliche Zahl

Durch Einschränkung der Wahl der Kantengewichte können auch EVBDDs in eine kanonische Form überführt werden. Eine Möglichkeit ist es, das Gewicht jeder 0-Kante auf 0 zu fixieren. Diese Eigenschaft ist in Abb. 12.12 bereits erfüllt.

Eine interessante Anwendung der Datenstruktur der EVBDDs bieten die Problemstellungen, die wesentlich das Lösen ganzzahliger Optimierungsprobleme beinhalten.

12.4.3 Momentbasierte Zerlegungen

Wir beschreiben nun eine Darstellungsform, die insbesondere für arithmetische Funktionen des Typs $f : \{0,1\}^n \to \mathbb{Z}$ geeignet ist.

Interpretiert man Schaltfunktionen als numerische Funktionen mit Wertebereich $\{0,1\}$, so läßt sich die Shannon-Entwicklung

$$f = x_i \cdot f_{x_i} + \overline{x_i} \cdot f_{\overline{x_i}}$$

auch in der Form

$$f = x_i \cdot f_{x_i} + (1 - x_i) \cdot f_{\overline{x_i}}$$

notieren. Hierbei stellen $+$, $-$ und $\cdot$ nun die gewöhnlichen Operationen über den ganzen Zahlen dar. Diese Zerlegung beruht natürlich auf der Voraussetzung, daß die Variable x_i nur die Werte 0 und 1 annehmen kann.

Die **momentbasierte Zerlegung** einer Funktion erhält man durch Umordnen der Terme in obiger Zerlegung:

$$f = x_i \cdot f_{x_i} + (1 - x_i) \cdot f_{\overline{x_i}}$$
$$= f_{\overline{x_i}} + x_i \cdot (f_{x_i} - f_{\overline{x_i}})$$

Definition 12.27. *Sei* $f \in \mathbb{B}_n$. *Für jede Variable* x_i *von* f *heißt*

$$f_{\delta x_i} = f_{x_i} - f_{\overline{x_i}}$$

das **lineare Moment** *von* f *bezüglich* x_i.

Die Terminologie rührt daher, daß man f als lineare Funktion in seinen Variablen betrachtet. $f_{\delta x_i}$ ist dann die partielle Ableitung von f bezüglich x_i. Da der Funktionswert von f nur für zwei Werte von x_i definiert ist, können wir f stets zu einer linearen Funktion erweitern. Die momentbasierte Zerlegung lautet damit

$$f = f_{\overline{x_i}} + x_i \cdot f_{\delta x_i}.$$

Definition 12.28. *Ein* **binärer Momentengraph** *(binary moment diagram, BMD) ist wie ein OBDD definiert. Die durch einen BMD dargestellte Funktion* $f : \mathbb{B}^n \to \mathbb{Z}$ *berechnet sich jedoch dadurch, daß in jedem Knoten die Funktion gemäß der momentbasierten Zerlegung berechnet wird: Jeder Knoten* v *mit Markierung* x_i *berechnet eine Funktion* $f_v : \mathbb{B}^n \to \mathbb{Z}$,

$$f_v = f_0 + x_i f_1,$$

wobei f_1, f_0 *die durch die 1- und 0-Nachfolger von* v *definierten Funktionen sind.*

Beispiel 12.29. Wir betrachten wieder die Umwandlung einer binären Zahl in die entsprechende natürliche Zahl aus Beispiel 12.11 und 12.12. Ein BMD für diese Funktion ist in Abb. 12.13 (a) dargestellt.

Der mit x_0 markierte Knoten repräsentiert dabei die Funktion f_0,

$$f_0 = 0 + x_0 \cdot 1 = x_0,$$

und der mit x_1 markierte Knoten die Funktion f_1,

$$f_1 = x_0 + x_1 \cdot 2 = x_0 + 2x_1.$$

Das lineare Moment der Beispielfunktion bezüglich einer Variablen x_i ist genau 2^i. Die Funktion wird also gemäß der einzelnen Bitwertigkeiten zerlegt. Aufgrund dieser Eigenschaft sind BMDs besonders zur Darstellung arithmetischer Funktionen geeignet.   ◇

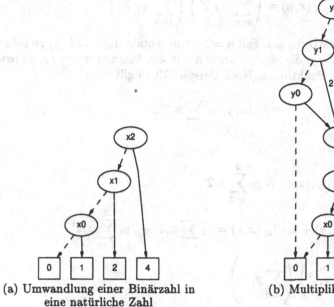

(a) Umwandlung einer Binärzahl in   (b) Multiplikationsfunktion
    eine natürliche Zahl

Abb. 12.13. BMDs und multiplikative BMDs

BMDs bilden genauso wie MTBDDs eine kanonische Darstellung. Manche der auszuführenden Operationen implizieren im ungünstigsten Fall allerdings exponentielle Laufzeiten. Obwohl BMDs in praktischen Anwendungen in der Regel recht effizient sind, sollte stets geprüft werden, ob sich durch ihre Verwendung der benötigte Speicher auf den relevanten Funktionen tatsächlich signifikant reduzieren läßt.

Eine besonders interessante Erweiterung von BMDs sind die sogenannten **multiplikativen BMDs (*BMDs)**, bei denen zusätzlich Kantengewichte erlaubt sind, welche als Faktor für die am Endpunkt der Kante repräsentierte Funktion dienen. Durch geeignete Einschränkungen bei der Wahl der Kantengewichte können auch *BMDs in eine kanonische Form überführt werden. Mit Hilfe von *BMDs gelingt es, einen n-Bit-Multiplizierer $\{0,1\}^n \times \{0,1\}^n \mapsto \mathbb{Z}$ mit nur *linearem* Platz darzustellen. An dieser Stelle sei daran erinnert, daß Multiplizierer nach Satz 8.8 auf der Bitebene zu zwingend exponentiellen OBDDs führt und damit in der Praxis ernsthafte Probleme bereiten.

Beispiel 12.30. Sei $f : \{0,1\}^n \times \{0,1\}^n \mapsto \mathbb{Z}$ die Funktion, die als Eingabe zwei Bitvektoren $x = (x_{n-1}, \ldots, x_0)$ und $y = (y_{n-1}, \ldots, y_0)$ erhält und die natürliche Zahl ihres Produkts

$$f(x,y) = \left(\sum_{i=0}^{n-1} x_i\, 2^i\right) \left(\sum_{j=0}^{n-1} y_j\, 2^j\right)$$

berechnet. Ein *BMD für den Fall $n = 3$ ist in Abbildung 12.13 (b) zu sehen. Seien f_{x_2}, f_{y_0} und f_{y_1} die an den Knoten mit den Markierungen x_2, y_0 bzw. y_1 repräsentierten Funktionen. Nach Beispiel 12.29 gilt

$$f_{x_2}(x,y) = \sum_{i=0}^{2} x_i 2^i.$$

Damit folgt weiter

$$f_{y_0}(x,y) = 0 + y_0 f_{x_2}(x,y) = y_0 \sum_{i=0}^{2} x_i 2^i,$$

$$f_{y_1}(x,y) = f_{y_0}(x,y) + 2y_1 f_{x_2}(x,y) = y_0 \sum_{i=0}^{2} x_i 2^i + 2y_1 \sum_{i=0}^{2} x_i 2^i$$

$$= \left(\sum_{i=0}^{2} x_i 2^i\right)\left(\sum_{j=0}^{1} y_j 2^j\right),$$

$$f(x,y) = f_{y_1}(x,y) + 4y_2 f_{x_2}(x,y) = \left(\sum_{i=0}^{2} x_i 2^i\right)\left(\sum_{j=0}^{1} y_j 2^j\right) + 4y_2 \sum_{i=0}^{2} x_i 2^i$$

$$= \left(\sum_{i=0}^{2} x_i 2^i\right)\left(\sum_{j=0}^{2} y_j 2^j\right).$$

Für größere n läßt sich die Konstruktion in analoger Weise fortsetzen.

Wenn der zu repräsentierende Schaltkreis die Multiplikationsfunktion korrekt berechnet, bleibt die Darstellung als *BMD folglich nachweislich klein. Im industriellen Einsatz der Verifikationswerkzeuge beobachtet man allerdings einen sehr unerwünschten Effekt, dessen Vermeidung zur Zeit Gegenstand aktueller Forschungen ist: Falls ein Schaltkreis C die Multiplikationsfunktion nicht korrekt berechnet, sondern ganz geringfügig davon abweicht, dann kann es passieren, daß die Größe der *BMD-Darstellung von C explodiert. Mit anderen Worten: *BMDs eignen sich hervorragend für die Darstellung von Multiplizierern, sind aber gegenüber kleinen Störungen in der Funktion sehr anfällig.

12.5 Referenzen

Das Modell der FBDDs wurde von Gergov und Meinel [GM94a] sowie unabhängig davon von Sieling und Wegener [SW95b] als Datenstruktur für die

Boolesche Manipulation eingeführt. OFDDs wurden von Kebschull, Schubert und Rosenstiel vorgeschlagen, die Kombination verschiedener Zerlegungstypen von Drechsler, Sarabi, Theobald et. al. [DST$^+$94]. Die Variante der Zero-suppressed BDDs geht auf Minato zurück [Min93, Min96], die Aussage über die Größenbeziehung von OBDDs und ZDDs auf Schröer und Wegener[SW95a]. Erfolreiche Anwendungen von ZDDs im Bereich der Logiksynthese werden in dem Übersichtsartikel [Cou94] dargestellt.

In den beiden Arbeiten [CMZ$^+$93, BFG$^+$93] werden die multiterminalen BDDs eingeführt, in der Arbeit [LPV94] die kantenbewerteten Entscheidungsgraphen. Die momentbasierte Zerlegung schließlich wurde von Bryant und Chen vorgeschlagen [BC95].

13. Transformationstechniken zur Optimierung

In diesem Kapitel führen wir Transformationstechniken zur weiteren Optimierung von OBDD-Darstellungen ein. Der Optimierungsraum in diesem Rahmenwerk geht weit über den durch die Optimierung der Variablenordnung zur Verfügung stehenden Raum hinaus.

Bereichstransformationen bilden ein klassisches Konzept in Mathematik, Physik und den Ingenieurwissenschaften. Durch die Überführung einer Funktion in einen Raum, in dem diese Funktion eine leicht zu handhabende Darstellung hat, können Anwendungen beschleunigt und vereinfacht werden. Beispiele klassischer Transformationskonzepte sind etwa die Fourier-Transformation, die Laplace-Transformation oder die Z-Transformation. In diesem Kapitel erläutern wir, wie derartige Transformationstechniken auch im Fall der OBDD-basierten Booleschen Manipulation erfolgreich angewendet werden können.

Im Unterschied zu den in Kap. 12 vorgestellten OBDD-Varianten benötigt man beim Einsatz von Bereichstransformationen kein separates Programmpaket. Es kann weiterhin mit den gebräuchlichen OBDD-Paketen gearbeitet werden, lediglich die semantische Interpretation der konstruierten OBDDs ändert sich.

13.1 Transformierte OBDDs

Im Mittelpunkt der nachfolgend beschriebenen Transformationstechniken steht das Konzept der *Cube-Transformationen*. Diese beschreiben eine Umpositionierung der Ecken des Booleschen Würfels, also eine Transformation auf dem Argumentbereich der darzustellenden Schaltfunktion.

Definition 13.1. *Eine* **Cube-Transformation** τ *ist eine bijektive Abbildung* $\tau : \mathbb{B}^n \to \mathbb{B}^n$.

Eine Cube-Transformation τ definiert durch

$$\phi_\tau(f)(a) = f(\tau(a))$$

für alle $a = (a_1, \ldots, a_n) \in \mathbb{B}^n$ eine Abbildung $\phi_\tau : \mathbb{B}_n \to \mathbb{B}_n$ auf der Booleschen Algebra $\mathbb{B}_n$ aller Schaltfunktionen in n Variablen. ϕ_τ heißt die von τ **induzierte Abbildung**. Das nachstehende Lemma läßt sich unmittelbar aus der Definition der Cube-Transformation ableiten.

Lemma 13.2. *Für jede Cube-Transformation $\tau : \mathbb{B}^n \to \mathbb{B}^n$ definiert ϕ_τ einen Automorphismus auf $\mathbb{B}_n$, d.h., für alle Funktionen $f, g \in \mathbb{B}_n$ gilt:*

1. *$f = g$ genau dann, wenn $\phi_\tau(f) = \phi_\tau(g)$.*
2. *Für jede Boolesche Operation $*$ auf $\mathbb{B}_n$ gilt $\phi_\tau(f * g) = \phi_\tau(f) * \phi_\tau(g)$.* $\square$

In anderen Worten: Die zweite Eigenschaft besagt, daß es belanglos ist, ob man zunächst die Boolesche Operation auf die Funktionen f und g anwendet und dann die entstandene Funktion transformiert oder ob man die Funktionen f und g zuerst transformiert und dann die Boolesche Operation ausführt. In beiden Fällen kommt man zum gleichen Ergebnis. Wird die Operation OBDD-basiert ausgeführt, dann ist die polynomiale Komplexität auch beim Umgang mit den transformierten Funktionen gesichert. Geht es andererseits um den Test der Äquivalenz zweier Funktionsdarstellungen, und sind lediglich die transformierten Darstellungen verfügbar, so besagt die erste Aussage des Lemmas, daß es in dieser Situation nicht notwendig ist, die Funktionen zurückzutransformieren. Wegen der Bijektivität von ϕ_τ ist die Entscheidung auch auf den transformierten Darstellungen möglich.

Bei den OBDDs für transformierte Schaltfunktionen spricht man im Sinne der nachstehenden Definition von *TBDDs*.

Definition 13.3. *Sei $f \in \mathbb{B}_n$ und τ eine Cube-Transformation $\tau : \mathbb{B}^n \to \mathbb{B}^n$. Eine τ-**TBDD**-Darstellung von f ist eine OBDD-Darstellung von $\phi_\tau(f)$.*

Gelingt es also, solche Transformationen τ zu finden und zu konstruieren, daß die τ-TBDDs der zu bearbeitenden Schaltfunktionen klein sind, so können die OBDD-basierten Algorithmen durch Einsatz auf den transformierten Schaltfunktionen wesentlich beschleunigt werden.

Beispiel 13.4. Sei $f(x_1, x_2, x_3) = \overline{x_1} x_2 + x_1 x_3$. Abbildung 13.1 zeigt in expliziter Darstellung eine Transformation $(y_1, y_2, y_3) = \tau(x_1, x_2, x_3)$. Auf der rechten Seite von Abb. 13.1 sind die OBDDs für die beiden Funktionen f und $\phi_\tau(f)$ dargestellt. Die Funktion f liefert für eine Eingabe (x_1, x_2, x_3) genau dann eine 1, falls

$$(x_1, x_2, x_3) \in \{(0, 1, 0), (0, 1, 1), (1, 0, 1), (1, 1, 1)\}.$$

(x_1, x_2, x_3)	$\tau(x_1, x_2, x_3) = (y_1, y_2, y_3)$
(0,0,0)	(0,0,0)
(0,0,1)	(0,0,1)
(0,1,0)	(0,1,0)
(0,1,1)	(0,1,1)
(1,0,0)	(1,0,0)
(1,0,1)	(1,1,0)
(1,1,0)	(1,0,1)
(1,1,1)	(1,1,1)

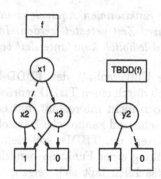

Abb. 13.1. Beispiel für eine TBDD-Darstellung

Gemäß der Transformation τ liefert $\phi_\tau(f)$ für eine Eingabe $(y_1, y_2, y_3) = \tau(x_1, x_2, x_3)$ genau dann eine 1, falls

$$(y_1, y_2, y_3) \in \{(0,1,0), (0,1,1), (1,1,0), (1,1,1)\}.$$

Folglich gilt $\tau(f) = y_2$. Obwohl die Größe der on-Menge bei Anwendung einer Cube-Transformation invariant bleibt, läßt sich doch eine Reduktion des Speicherplatzbedarfs für OBDDs erzielen. In unserem Beispiel hat der OBDD für f drei innere Knoten, der OBDD für $\phi_\tau(f)$ hingegen lediglich noch einen.   ◇

Die bekannten Eigenschaften von OBDDs zusammen mit der in Lemma 13.2 genannten Tatsache, daß Cube-Transformationen Automorphismen auf $\mathbb{B}_n$ induzieren, implizieren sofort die nachstehenden Eigenschaften von TBDDs.

Satz 13.5. *Seien $f, f_1, f_2 \in \mathbb{B}_n$ Schaltfunktionen, und sei $\tau : \mathbb{B}^n \to \mathbb{B}^n$ eine Cube-Transformation. Ferner sei π eine Ordnung auf der Variablenmenge $\{x_1, \ldots, x_n\}$.*

Universalität der TBDD-Repräsentation: *Jede Schaltfunktion $f \in \mathbb{B}_n$ kann durch einen (reduzierten) τ-TBDD bezüglich der Ordnung π repräsentiert werden.*

Kanonizität der TBDD-Repräsentation: *Jede Schaltfunktion $f \in \mathbb{B}_n$ hat genau eine Darstellung als reduzierter τ-TBDD bezüglich der Ordnung π.*

Effiziente Synthese von TBDDs: *Seien T_1, T_2 zwei τ-TBDD-Darstellungen von f_1 und f_2 bezüglich π. Für jede binäre Boolesche Operation $*$ kann die (reduzierte) τ-TBDD-Darstellung für $f = f_1 * f_2$ bezüglich π in der Zeit $\mathcal{O}(size(T_1) \cdot size(T_2))$ berechnet werden.*

Effizienter Äquivalenztest: *Seien T_1 und T_2 die reduzierten τ-TBDDs für f_1, f_2 bezüglich π. Die Äquivalenz der Funktionen f_1 und f_2 korrespondiert* *zur funktionalen Äquivalenz ihrer Darstellungen T_1 und T_2 und kann in linearer Zeit getestet werden. Im Falle einer streng kanonischen Darstellung wird lediglich konstante Zeit benötigt.*   □

Die Universalität der TBDD-Darstellung besagt, daß jede Schaltfunktion auch durch einen TBDD repräsentiert werden kann. Das allein macht TBDDs jedoch nicht interessant, hatten wir doch bereits mit den OBDDs eine universelle und kanonische Darstellung für Schaltfunktionen gefunden. Mit dem Konzept der TBDDs soll vielmehr in der Sprache der OBDDs der zur Darstellung einer Funktion benötigte Speicherplatz drastisch reduziert werden. Tatsächlich läßt sich zeigen, daß es zu jeder Schaltfunktion f eine Cube-Transformation τ gibt, so daß f eine sehr kleine τ-TBDD-Darstellung hat.

Satz 13.6. *Für jede Schaltfunktion $f \in \mathbb{B}_n$ gibt es eine τ-TBDD-Darstellung der Größe n.*

Beweis. Sei $k = |\text{on}(f)|$. Wir betrachten die Eingaben $a = (a_1, \ldots, a_n) \in \mathbb{B}^n$ als binäre Repräsentationen der Zahlen $0, \ldots, 2^n - 1$. Sei τ die Bijektion, die die Zeichenketten, welche die Zahlen $0, \ldots, k - 1$ repräsentieren, auf die Elemente von $\text{on}(f)$ abbildet. Dann kann $\phi_\tau(f)$ durch einen OBDD mit natürlicher Variablenordnung dargestellt werden, der testet, ob die Eingabe als Dualzahl interpretiert kleiner als k ist (in diesem Fall wird die 1-Senke erreicht) oder nicht (in diesem Fall wird die 0-Senke erreicht). Dieser Test kann durch einen OBDD ausgeführt werden, der für jede Variable x_i höchstens einen mit x_i markierten Knoten besitzt.   □

Bevor dieses Resultat euphorisch als die Lösung auf alle Darstellungsfragen gefeiert wird, sollte man sich bewußt machen, daß zunächst noch einige Probleme zu bewältigen sind. Insbesondere kann es sehr schwer und aufwendig sein, die angegebene Transformation zu speichern und zu manipulieren.

Zum Abschluß dieses einführenden Abschnitts über TBDDs möchten wir beschreiben, wie eine kombinatorische Schaltkreisverifikation mit Hilfe von TBDDs realisiert werden kann. Ausgehend von zwei Netzlistenbeschreibungen für die Schaltkreise C und C' soll geprüft werden, ob C und C' die gleichen Funktionen berechnen. Bei Anwendung der OBDD-basierten Methode starten wir mit den (trivialen) OBDD-Darstellungen der primären Eingabevariablen $x_1, \ldots, x_n$ und konstruieren sukzessive die OBDDs für jedes Gatter aus den OBDDs der Vorgängergatter. Nach dieser symbolischen Simulation der beiden Schaltkreise, kann durch einen Vergleich der beiden entstandenen OBDDs – zu realisieren als einfacher Zeigervergleich – festgestellt werden, ob die beiden Netzlisten funktional äquivalent sind. Für sehr komplexe Schaltkreise kann es jedoch passieren, daß beim Aufbau der OBDDs der verfügbare Speicher überschritten wird und deshalb die OBDD-Darstellung für beide Schaltkreise gar nicht aufgebaut werden kann.

Das TBDD-Konzept erlaubt es nun, anstatt mit der originalen Funktion besser mit geeigneten transformatierten Funktionen zu arbeiten. Um zu prüfen, ob zwei Schaltkreise C und C' äquivalent sind, genügt es zu zeigen, daß zwei reduzierte TBDD-Darstellungen T_C und T'_C von C und C' gleich sind. Da die durch die Cube-Transformation τ induzierte Abbildung auf $\mathbb{B}_n$ ein Automorphismus ist, kann die gewünschte TBDD-Darstellung exakt in der gleichen Weise wie im Fall der OBDDs aufgebaut werden: Man erzeugt zunächst die τ-TBDD-Darstellung für die Variablen $x_1, \ldots, x_n$ und berechnet (nun im Rahmen einer gewöhnlichen OBDD-Umgebung) die τ-TBDDs von C und C' durch symbolische Simulation. Mit Ausnahme der Konstruktion der TBDDs für die Variablen $x_1, \ldots, x_n$ können alle Schritte mit einem gewöhnlichen OBDD-Paket ausgeführt werden.

Die Hauptaufgabe bei der Optimierung von OBDDs mittels Cube-Transformationen besteht darin, unter der gigantisch großen Zahl von $(2^n)!$ verschiedenen Cube-Transformationen in n Variablen solche Klassen von Cube-Transformationen zu charakterisieren, mit denen man auch in praktischen Anwendungen arbeiten kann. Diese Klassen müssen vor allem zwei Anforderungen erfüllen:

- Die Transformationen τ müssen einfach zu speichern sein.
- Die τ-TBDD-Darstellung muß für die primären Eingangsvariablen einfach zu berechnen sein.

Wir behandeln im folgenden zwei Klassen, die diese beiden Eigenschaften erfüllen, nämlich typbasierte Transformationen und lineare Transformationen.

13.2 Typbasierte Transformationen

13.2.1 Definition

Eine Möglichkeit, leicht handhabbare und trotzdem leistungsstarke Cube-Transformation zu erzeugen, besteht in der Anwendung der in Definition 12.1 eingeführten vollständigen Typen.

Mit Hilfe solcher vollständiger Typen können nämlich Cube-Transformationen folgendermaßen definiert werden: Sei im folgenden σ ein fest gewählter vollständiger Typ. Dann definiert jede Belegung $a = (a_1, \ldots, a_n) \in \mathbb{B}^n$ einen eindeutig bestimmten Pfad $p(a)$ von der Wurzel zur Senke von σ. $a^{[i]}$ bezeichnet den Index der Variablen, die in der i-ten Position von $p(a)$ getestet wird. Die Cube-Transformation $\tau_\sigma : \mathbb{B}^n \to \mathbb{B}^n$ für den vollständigen Typ σ wird nun durch

$$\tau_\sigma(a_1, \ldots, a_n) = (a_{a^{[1]}}, \ldots, a_{a^{[n]}})$$

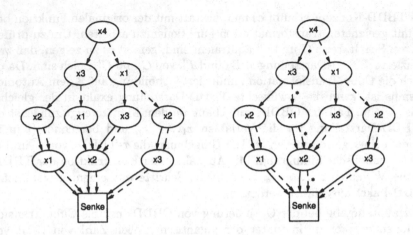

Abb. 13.2. Die linke Seite zeigt einen vollständigen Typ für die Variablen x_1, x_2, x_3, x_4. In der rechten Darstellung ist zusätzlich der Pfad für die Eingabe (1,0,0,0) markiert

definiert. Bevor wir nachweisen, daß τ_σ tatsächlich bijektiv und damit eine Cube-Transformation ist, betrachten wir zunächst ein Beispiel.

Beispiel 13.7. Für den vollständigen Typ aus Abb. 13.2 betrachten wir die Eingabe $a = (a_1, a_2, a_3, a_4) = (1, 0, 0, 0)$. Der durch die Eingabe induzierte Pfad ist in der rechten Hälfte von Abb. 13.2 markiert. Auf diesem Pfad werden die Variablen in der Reihenfolge x_4, x_3, x_1, x_2 durchlaufen. Folglich gilt

$$\tau_\sigma(1,0,0,0) = (a_4, a_3, a_1, a_2) = (0,0,1,0).$$

◇

Satz 13.8. *Sei σ ein vollständiger Typ über der Variablenmenge $\{x_1, \ldots, x_n\}$. Dann definiert τ_σ eine Cube-Transformation auf $\mathbb{B}^n$.*

Beweis. Da σ ein vollständiger Typ ist, und deshalb jede Variable auf jedem Pfad von der Wurzel zur Senke vorkommt, ist die Abbildung τ_σ vollständig definiert. Um zu zeigen, daß τ_σ eine Cube-Transformation ist, genügt es also zu zeigen, daß τ_σ injektiv ist. Seien $a, b \in \mathbb{B}^n$ mit $\tau_\sigma(a) = \tau_\sigma(b)$. Dann gilt nach Definition von τ_σ für den vollständigen Typ σ:

$$a_{a[i]} = b_{b[i]}, \quad 1 \leq i \leq n.$$

Wir zeigen zunächst, daß $a^{[i]} = b^{[i]}$ für alle $1 \leq i \leq n$ ist. Da nach Definition $c^{[1]} = d^{[1]}$ für alle $c, d \in \mathbb{B}^n$, folgt aus $a_{a[1]} = b_{b[1]}$ auch $a^{[2]} = b^{[2]}$. Aus $a_{a[2]} = b_{b[2]}$ folgt analog $a^{[3]} = b^{[3]}$ und induktiv $a_{a[i]} = b_{b[i]}$ für alle $1 \leq i \leq n$.

Sei nun $j \in \{1, \ldots, n\}$. Aufgrund der Read-once-Eigenschaft eines vollständigen Typs gibt es genau ein $i \in \{1, \ldots, n\}$ mit $a^{[i]} = j$. Es folgt

$$a_j = a_{a^{[i]}} = b_{b^{[i]}} = b_{a^{[i]}} = b_j.$$

Da diese Aussage für alle j gilt, folgt $a = b$ und damit die Injektivität.   □

Man beachte, daß lineare Ordnungen lediglich die Menge der Variablen, also die Indizes in den Argumenten, permutieren. Der Raum der durch lineare Ordnungen induzierten Cube-Transformationen korrespondiert folglich genau mit dem Optimierungsraum, der durch die Wahl einer möglichen Variablenordnung aufgespannt wird. Mit Hilfe vollständiger Typen können jedoch weitaus komplexere Cube-Transformationen definiert werden. Hier können die Indizes in den Argumenten in Abhängigkeit von diesen permutiert werden.

13.2.2 Schaltkreisverifikation

Das Schema zum Einsatz von typbasierten TBDDs als Werkzeug zur kombinatorischen Schaltkreisverifikation wurde bereits im vorhergehenden Abschnitt beschrieben. Es beruhte auf der symbolischen Simulation, wobei im ersten Schritt die transformierten Funktionen der Eingangsvariablen berechnet werden müssen. Wir beschreiben nun die Ausführung dieses ersten Schrittes für die Klasse der typbasierten Transformationen.

Sei C ein Schaltkreis, und sei σ ein vollständiger Typ über der Variablenmenge $\{x_1, \ldots, x_n\}$, der der TBDD-Repräsentation von C zugrunde liegen soll. Die Idee hinter der Konstruktion des reduzierten τ_σ-TBDDs P_i für die Variablen x_i, also des reduzierten OBDDs für die durch die Transformation τ_σ aus der Variablen x_i hervorgehenden Schaltfunktion, ist die folgende: Wir betrachten ein festes $i \in \{1, \ldots, n\}$. Für jede Eingabe $(b_1, \ldots, b_n) \in \mathbb{B}^n$ muß der OBDD P_i genau dann eine 1 liefern, wenn $a_i = 1$ für $a = \tau_\sigma^{-1}(b)$ gilt.

Ausgehend vom Typ σ entfernen wir alle Knoten unterhalb der mit x_i markierten Knoten. Die 1-Kante jedes mit x_i markierten Knotens verbinden wir mit einer neu eingeführten 1-Senke, und die 0-Kante mit einer neu eingeführten 0-Senke. Dann ändern wir die Beschriftungen der Variablen. Die Wurzel erhält die Markierung y_1, alle Nachfolger der Wurzel die Markierung y_2 usw.

Sei nun $b = (b_1, \ldots, b_n) \in \mathbb{B}^n$ eine Eingabe, und gelte $a = (a_1, \ldots, a_n) = \tau_\sigma^{-1}(b) \in \mathbb{B}^n$. Sei j die Position des durch b in P_i induzierten Pfades, an der die Variable y_i auftritt. Die Eingabe b liefert genau dann eine 1, wenn $b^{[j]} = 1$. Wegen $b = \tau_\sigma(a)$ ist dies genau dann der Fall, wenn $a_{a^{[j]}} = 1$. Nach Definition von j gilt $a^{[j]} = i$. b liefert folglich genau dann eine 1 in P_i, wenn für $a = \tau_\sigma^{-1}(b)$ gilt, daß $a_i = 1$.

Der konstruierte OBDD P_i kann schließlich noch reduziert werden. Abbildung 13.3 zeigt einen Pseudocode, der diese Idee umsetzt. Auch bei diesem Algorithmus braucht jeder Knoten nur einmal betrachtet werden, wenn

---

```
transform_variables(σ, i) {
/* Eingabe: ein vollständiger Typ σ und eine ganze Zahl i ∈ {1, . . . , n} */
/* Ausgabe: Ein τσ-OBDD für xi über der (transformierten) Variablenmenge
              {y1, . . . , yn} */
    transform_step(i, 1, {x1, . . . , xn}, σ);
    clear_mark_below(σ);
}


transform_step(σ, i, M, t) {
    If M = ∅ Return Undefined;
    If marked(t) {
        Return result(t);
    }
    set_mark(t);
    Sei der Knoten t beschrieben durch das Tripel (x, t1, t0);
    If xi ∈ M \ {x}
        f1 = transform_step(i, r + 1, M{x}, t1);
        f0 = transform_step(i, r + 1, M{x}, t0);
        reduce_and_return(yr, f1, f0);
    Else {
        If xi ≠ x Then Return Undefined;
        Else reduce_and_return(yr, 1, 0);
    }
}
```

Abb. 13.3. Algorithmus zur Konstruktion der OBDDs der transformierten Variablen

bereits berechnete Teilprobleme tabelliert werden. Im Algorithmus ist dies durch die Funktion *set_mark* angedeutet.

Beispiel 13.9. Wir illustrieren den Algorithmus aus Abb. 13.3 am Beispiel der Variablen x_3 des vollständigen Typs σ aus Abb. 13.2. Alle Knoten unterhalb der mit x_3 markierten Knoten werden gelöscht und die beiden ausgehenden Kanten der mit x_3 markierten Knoten mit den neu eingeführten Senken verbunden. Abbildung 13.4 zeigt diesen Zwischenschritt und den τ_σ-OBDD der Variablen x_3 in den transformierten Variablen $y_1, \ldots, y_4$ in der reduzierten Form.   ◇

Eine Komplexitätsanalyse des Algorithmus liefert die folgende Abschätzung:

Satz 13.10. *Sei σ ein vollständiger Typ über der Variablenmenge $\{x_1, \ldots, x_n\}$, und seien P_i, $1 \leq i \leq n$, die reduzierten τ_σ-TBDDs der Variablen x_i. Jedes P_i hat höchstens so viele Knoten wie σ und kann folglich in linearer Zeit mit linearem Platz bezogen auf die Größe von σ berechnet werden.*   □

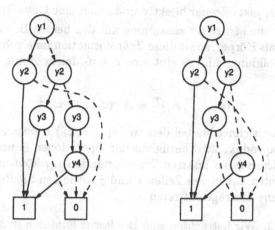

Abb. 13.4. Zwischenschritt und reduzierter τ_σ-TBDD für die Variable x_3

Zur praktischen Umsetzung dieses Konzepts werden neben diesen Grundalgorithmen natürlich auch Heuristiken benötigt, die aus der gegebenen Problemstruktur automatisch gute Typen ableiten. Für den Fall einer symbolischen Simulation haben Bern, Meinel und Slobodová Heuristiken vorgestellt, um beispielsweise ausgehend von einer Schaltkreisstruktur gute Cube-Transformationen zu konstruieren. Im Vergleich dieser TBDD-Heuristiken mit den bekannten Heuristiken zur Konstruktion guter Variablenordnungen von OBDDs ergeben sich für die TBDDs signifikant kleinere Darstellungen. In einigen Fällen gelingt mit dem TBDD-basierten Ansatz sogar die symbolische Simulation für Schaltkreise, bei denen die „klassischen" OBDDs den verfügbaren Speicher überschreiten.

13.3 Lineare Transformationen

13.3.1 Definition

In diesem Abschnitt soll nun auf ein Transformationskonzept eingegangen werden, das auch dynamisch anwendbar ist und damit ein interessantes Gegenstück zu den dynamischen Variablenumordnungsalgorithmen bildet. Es beruht auf linearen Transformationen.

Definition 13.11. *Eine* **elementare lineare Transformation** $\tau_{i,j} : \mathbb{B}^n \to \mathbb{B}^n$, $1 \le i, j \le n$, $i \ne j$ *wird durch folgende Abbildung definiert:*

$$\tau_{i,j}(x_1, \ldots, x_n) = (q_1, \ldots, q_{i-1}, q_i \oplus q_j, q_{i+1}, \ldots, q_n).$$

Wir schreiben für die Abbildung kurz $x_i \mapsto x_i \oplus x_j$.

Die Abbildung $\tau_{i,j}$ ist offenbar bijektiv und damit eine Cube-Transformation. Betrachtet man die Menge $\mathbb{B}^n$ zusammen mit den beiden Booleschen Operationen $\oplus$ und $\cdot$ als Körper, so ist diese Transformation im algebraischen Sinne eine lineare Abbildung, d.h., es gibt eine $n \times n$-Matrix A mit Einträgen aus $\mathbb{B}$, so daß

$$\tau_{i,j}(x_1, \ldots, x_n)^T = A \cdot (x_1, \ldots, x_n)^T.$$

$(x_1, \ldots, x_n)^T$ bezeichnet hierbei den zu $(x_1, \ldots, x_n)$ transponierten Vektor, und das Matrixprodukt wird bezüglich der Operationen $\oplus$ und $\cdot$ berechnet. Im Falle der elementaren linearen Transformation $\tau_{i,j}$ können außer in den Diagonalelementen nur in den Zeilen i und j sowie den Spalten i und j von Null verschiedene Einträge auftreten.

Beispiel 13.12. Wir betrachten eine Boolesche Funktion in 3 Variablen x_1, x_2 und x_3. Durch die lineare Transformation $x_2 \mapsto x_2 \oplus x_3$ wird der Eingabevektor $(0, 1, 1)$ auf die Eingabe $(0, 0, 1)$ abgebildet. Die zu dieser Transformation gehörende Matrix A hat die Gestalt

$$A = \begin{pmatrix} 1 & 0 & 0 \\ 0 & 1 & 1 \\ 0 & 0 & 1 \end{pmatrix}.$$

$\diamond$

Jede elementare lineare Transformation $x_i \mapsto x_i \oplus x_j$ kann natürlich durch folgende Wertetabelle für die Variablen x_i und x_j beschrieben werden, was gegenüber der Matrixdarstellung bei großen n zu erheblichen Einsparungen führt.

(x_i, x_j)	$(x_i \oplus x_j, x_j)$
0 0	0 0
0 1	1 1
1 0	1 0
1 1	0 1

Aus der linearen Algebra ist bekannt, daß die Menge der elementaren linearen Transformationen ein Erzeugendensystem für die Menge aller linearen Transformationen bildet. Das bedeutet, daß jede beliebige lineare Transformation durch eine Folge elementarer linearer Transformationen erzeugt werden kann. Das nachfolgende Lemma deutet bereits an, daß der durch lineare Transformationen induzierte Optimierungsraum gut für die Minimierung von OBDD-Darstellungen geeignet ist: Der Raum ist deutlich größer als der Optimierungsraum der verschiedenen Variablenordnungen. Er ist jedoch noch deutlich kleiner als die Zahl aller Cube-Transformationen, so daß es denkbar scheint, die Klasse der linearen Transformationen gut in den Griff zu bekommen.

Lemma 13.13. *(1) Die Anzahl $t(n)$ der linearen Transformationen auf $\mathbb{B}^n$ beträgt*

$$t(n) = \prod_{i=0}^{n-1} (2^n - 2^i).$$

(2) Der Quotient von $t(n)$ und der Zahl $(2^n)!$ aller Cube-Transformationen auf $\mathbb{B}^n$ konvergiert gegen 0, falls n gegen unendlich strebt.

(3) Der Quotient aus der Anzahl $n!$ aller möglichen Variablenordnungen für n Variable und $t(n)$ konvergiert gegen Null, falls n gegen unendlich strebt.

Beweis. (1) Die Anzahl der linearen Transformationen auf $\mathbb{B}^n$ entspricht genau der Anzahl der regulären $n \times n$-Matrizen über dem Körper $\mathbb{Z}_2$. Die Zahl dieser Matrizen kann wie folgt bestimmt werden: Die erste Zeile b_1 kann beliebig aus der Menge $\mathbb{Z}_2^n \setminus \{0\}$ gewählt werden. Der i-te Zeilenvektor b_i, $2 \le i \le n$, kann beliebig aus der Menge der nicht von $\{b_1, \ldots, b_{i-1}\}$ linear abhängigen Vektoren über $\mathbb{Z}_2^n$ gewählt werden,

$$b_i \in \mathbb{Z}_2^n \setminus \Big\{ \sum_{j=1}^{i-1} \lambda_j b_j : \lambda_1, \ldots, \lambda_{i-1} \in \mathbb{Z}_2 \Big\}.$$

Für die Wahl des Vektors b_i gibt es folglich $2^n - 2^{i-1}$ Möglichkeiten, womit die Behauptung bewiesen ist.

(2) Es gilt

$$\frac{t(n)}{(2^n)!} \le \frac{2^{n^2}}{(2^n)!} \le \frac{(n^2)!}{(2^n)!} \to 0 \text{ für } n \to \infty.$$

(3) Es gilt

$$\frac{(2n)!}{t(n)} = \frac{2n(2n-1)}{2^n - 2^0} \cdot \frac{(2n-2)(2n-3)}{2^n - 2^1} \cdots \frac{2 \cdot 1}{2^n - 2^{n-1}} \to 0 \text{ für } n \to \infty.$$

□

13.3.2 Effiziente Implementierung

Bevor wir erläutern, wie lineare Transformationen in effizienter Weise zur Optimierung von OBDD-basierten Datenstrukturen verwendet werden können, erinnern wir uns zunächst an die in Kap. 9 besprochene Vertauschung benachbarter Variablen in der Ordnung eines OBDDs. Unsere Sichtweise ist diesmal jedoch eine etwas andere und dient zur Überleitung auf die linearen Transformationen. Auch die Vertauschung zweier benachbarter Variablen in der Ordnung kann als Cube-Transformation interpretiert werden. Wir nehmen an, daß die Variable x_i in der Ordnung unmittelbar vor der Variablen x_j auftritt. Der Effekt, den ein Variablenswap auf die mit x_i markierten Knoten hat, kann anhand der Shannon-Zerlegung

$$f = x_i x_j f_{11} + x_i \overline{x_j} f_{10} + \overline{x_i} x_j f_{01} + \overline{x_i}\,\overline{x_j} f_{00} \qquad (13.1)$$

eingesehen werden. Wir betrachten nun die Cube-Transformation τ, die die beiden Variablen x_i und x_j gegenseitig aufeinander abbildet,

$$\tau(x_1, \dots, x_n) = (x_1, \dots, x_{i-1}, x_j, x_{i+1}, \dots, x_{j-1}, x_i, x_{j+1}, \dots, x_n).$$

Die durch diese Cube-Transformation induzierte Funktion $\phi_1(f) = \phi_\tau(f)$ hat den gleichen Effekt auf den OBDD wie das Vertauschen der Variablen x_i und x_j in der Ordnung. Sortiert man die einzelnen Terme in $\phi_1(f)$, so daß in jedem Produkt x_i vor x_j auftritt, erhält man

$$\phi_1(f) = x_i x_j f_{11} + x_i \overline{x_j} f_{01} + \overline{x_i} x_j f_{10} + \overline{x_i}\,\overline{x_j} f_{00}. \qquad (13.2)$$

Mit anderen Worten: Der Effekt, den ein Swap verursacht, ist die Vertauschung von f_{10} und f_{01}. Abbildung 13.5 illustriert diesen Effekt.

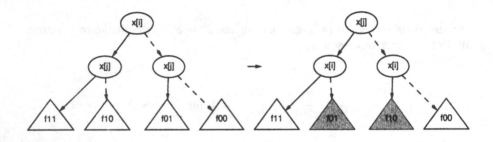

Abb. 13.5. Vertauschen zweier benachbarter Variablen x_i, x_j

Wenn der gleiche Prozeß für die Anwendung einer linearen Transformation $x_i \mapsto x_i \oplus x_j$ ausgeführt wird, so lautet die entstehende Funktion $\phi_2(f)$:

$$\phi_2(f) = x_i x_j f_{01} + x_i \overline{x_j} f_{10} + \overline{x_i} x_j f_{11} + \overline{x_i}\,\overline{x_j} f_{00}. \qquad (13.3)$$

Ein Vergleich der beiden Gleichungen (13.2) und (13.3) zeigt, daß es nur einen einzigen Unterschied gibt: Nicht f_{10} und f_{01} werden bei der linearen Transformation miteinander vertauscht, sondern f_{11} und f_{01}. Infolge dieser Tatsache können die grundlegenden Techniken zur effizienten Implementierung eines Variablenswaps zweier Variablen auch für deren lineare Verknüpfung eingesetzt werden. Abbildung 13.6 illustriert die beschriebene elementare lineare Transformation.

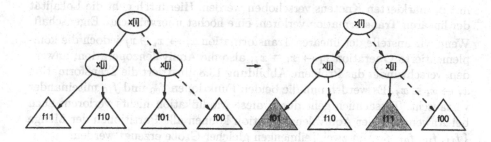

Abb. 13.6. $x_i \mapsto x_i \oplus x_j$ für zwei benachbarte Variable x_i, x_j

Eine weitere Inspektion der Gleichungen (13.1) bis (13.3) zeigt: Mit Hilfe der Variablenvertauschung, der linearen Transformation und des Ausgangszustands können alle Partitionen der Menge $\{f_{11}, f_{10}, f_{01}, f_{00}\}$ in zwei Teilmengen gleicher Größe erzeugt werden. Durch die Kombination von Variablenvertauschung und linearer Transformation ist es möglich, die Größe des OBDDs in weitaus mehr Fällen zu reduzieren als lediglich durch eine Variablenvertauschung.

Im Fall komplementierter Kanten muß noch eine weitere Schwierigkeit berücksichtigt werden. Wir betrachten hierzu den OBDD mit komplementierten Kanten aus Abb. 13.7. Die 0-Kante des mit x_i markierten Knotens ist komplementiert und zeigt auf einen Unter-OBDD g, dessen Wurzel nicht mit x_j markiert ist. Die lineare Transformation $x_i \mapsto x_i \oplus x_j$ bewirkt nun, daß die 1-Kante des linken Nachfolgers von x_j komplementiert wird, was durch eine dick gezeichnete Kante angedeutet ist. Um die Kanonizität der Darstellung wiederherzustellen, muß das Komplementbit auf eine Position oberhalb des

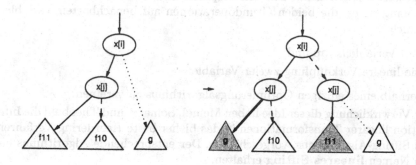

Abb. 13.7. Im Falle komplementierter Kanten geht die Lokalität der Transformation $x_i \mapsto x_i \oplus x_j$ verloren

mit x_i markierten Knotens verschoben werden. Hierdurch geht die Lokalität der linearen Transformation verloren, eine höchst unerwünschte Eigenschaft. Wenn wir anstelle der linearen Transformation $x_i \mapsto x_i \oplus x_j$ jedoch die komplementierte Operation $x_i \mapsto x_i \equiv x_j$, also die Äquivalenzoperation, anwenden, verschwindet das Problem. Abbildung 13.8 illustriert die Transformation $x_i \mapsto x_i \equiv x_j$. Es werden nun die beiden Funktionen f_{00} und f_{10} miteinander vertauscht. Tatsächlich geht durch diese Modifikation nichts verloren; auch bei Anwendung der Äquivalenzoperation können alle Partitionen der Menge $\{f_{11}, f_{10}, f_{01}, f_{00}\}$ in zwei Teilmengen gleicher Größe erzeugt werden.

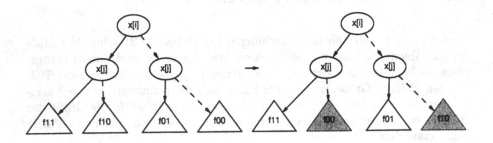

Abb. 13.8. Transformation $x_i \mapsto x_i \equiv x_j$ für zwei benachbarte Variable x_i, x_j

13.3.3 Lineares Sifting

Mit den effizient implementierbaren linearen Transformationen auf benachbarten Variablen steht ein Werkzeug zur Verfügung, das ein zusätzliches Optimierungspotential bei der Minimierung von OBDDs bietet. Erneut stellt sich jedoch die Frage, wie dieses Grundkonzept in ein automatisches Verfahren umgesetzt werden kann. Ein vielversprechender Ansatz in diesem Zusammenhang ist es, die beiden Grundoperationen auf benachbarten Variablen, nämlich

- den Variablenswap und
- die lineare Verknüpfung zweier Variablen,

innerhalb eines einzigen Optimierungsalgorithmus zu vereinen.

Zur Verwirklichung dieser Idee haben Meinel, Somenzi und Theobald die Integration linearer Transformationen in das bisher beste Reordering-Verfahren, den Sifting-Algorithmus, vorgeschlagen. Der entsprechende Algorithmus hat den Namen **lineares Sifting** erhalten.

Wie im Sifting-Verfahren wird beim linearen Sifting jede Variable einmal durch die gesamte Ordnung bewegt. Sei x_i die aktuell betrachtete Variable und x_j die ihr in der Ordnung nachfolgende Variable. Der Grundschritt des Sifting-Algorithmus besteht einfach darin, die beiden Variablen in der Ordnung zu vertauschen. Der Grundschritt des linearen Sifting-Algorithmus hingegen besteht aus den folgenden drei Phasen:

1. Die Variablen x_i und x_j werden in der Ordnung vertauscht. Sei s_1 die Größe des OBDDs nach dieser Vertauschung.

2. Die lineare Transformation $x_i \mapsto x_i \equiv x_j$ wird angewendet. Sei s_2 die Größe des resultierenden OBDDs.

3. Falls $s_1 \leq s_2$, dann wird die lineare Transformation wieder zurückgenommen. Dies wird durch eine erneute Anwendung der Transformation selbst erreicht, da diese selbstinvers ist.

In jedem Grundschritt wird die Variable x_i eine Position weiterbewegt und möglicherweise mit der Variablen x_j linear verknüpft.

Ein Algorithmus, der die Variablen eines OBDDs umordnet, muß natürlich Buch darüber führen, welche Permutation erzeugt wird. In gleicher Weise muß der lineare Sifting-Algorithmus über die erzeugte lineare Transformation Buch führen. Der zweckmäßigste Weg hierfür ist, die Transformation selbst auch innerhalb des Shared OBDDs zu speichern. Bei der Anwendung einer linearen Transformation auf einen OBDD werden natürlich auch die OBDDs der ursprünglichen Literale x_i transformiert. Auf diese Weise wird automatisch die verwendete lineare Transformation mitgeführt.

Um das Laufzeitverhalten des linearen Sifting-Algorithmus konkurrenzfähig zum Sifting-Algorithmus zu machen, müssen auch die in Abschn. 9.2.4 vorgestellten Ideen zur Effizienzsteigerungen berücksichtigt werden. Ein zentraler Bestandteil einer effizienten Sifting-Realisierung ist die Interaktionsmatrix, die besagt, ob es in dem Shared OBDD eine Funktion gibt, die gleichzeitig von zwei vorgegebenen Variablen x_i und x_j abhängt. Wenn zwei Variable nicht interagieren, kann ihre Vertauschung in konstanter Zeit ausgeführt werden. Die Interaktionsmatrix ist auch effektiv im Fall von linearem Sifting. Auf der einen Seite erlaubt sie auch hier die sehr schnelle Vertauschung zweier nicht interagierender Variablen. Auf der anderen Seite kann sie darüber hinaus genutzt werden, um lineare Verknüpfungen nicht interagierender Variablen von vornherein auszuschließen. Im Gegensatz zur ausschließlichen Anwendung der Swapoperation kann sich die Interaktionsmatrix bei der linearen Verknüpfung zweier Variablen ändern.

Beispiel 13.14. Wir betrachten den Fall zweier Funktionen in drei Variablen:

$$f = x \oplus y,$$
$$g = y \equiv z.$$

Die Variablen x und z interagieren nicht, da weder f noch g gleichzeitig von beiden Variablen abhängen. Die Transformation $y \mapsto x \equiv y$ erzeugt jedoch die transformierten Funktionen

$$\phi(f) = \overline{y},$$
$$\phi(g) = x \oplus y \oplus z.$$

Alle drei Variablen interagieren nun miteinander.   ◇

Wenn während der Ausführung des linearen Sifting-Algorithmus zwei Variable miteinander verknüpft werden, wird die Interaktionsmatrix entsprechend aktualisiert.

Durch die zusätzlichen Kosten für die linearen Transformationen innerhalb eines Grundschrittes ist der Zeitbedarf des linearen Siftings um einen Faktor zwei bis drei größer als der Zeitbedarf von Sifting. Experimentelle Untersuchungen in bezug auf die Größe der erhaltenen Graphen haben gezeigt, daß die Verwendung von linearem Sifting gegenüber dem klassischen Sifting-Algorithmus in vielen Fällen zu deutlich kleineren Darstellungen führt. In Extremfällen wie etwa bei den Schaltkreisen C499 und C1355 aus Abschn. 9.3 kann die Größe der durch Variablenumordnung optimierten OBDDs durch Verwendung von linearem Sifting um über 90% reduziert werden.

13.4 Codierungstransformationen

Ein zentrales Element der in Abschn. 2.7 eingeführten Finite-State-Maschinen ist die Zustandsmenge Q. Bevor das System jedoch mit Hilfe Boolescher Manipulationstechniken bearbeitet werden oder in einen digitalen Schaltkreis umgesetzt werden kann, muß jeder Zustand mit einer binären Bitfolge identifiziert werden. Dieser Vorgang wird **Zustandscodierung** genannt. Ein Beispiel ist in Abb. 13.9 zu sehen.

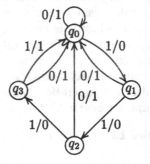

symbolischer Zustand	Codierung
q_0	00
q_1	01
q_2	10
q_3	11

Abb. 13.9. Zustandscodierung

Auf das eigentliche Eingabe- und Ausgabeverhalten des Systems hat die Wahl der konkreten Codierung keinen Einfluß. Im Gegensatz dazu kann die Codierung jedoch die Komplexität der Manipulation des Systems stark beeinflussen. In Zusammenhang mit der Darstellung und Analyse sequentieller Systeme kann die Zustandscodierung demzufolge als weiterer Optimierungsparameter eingesetzt werden. Um zu demonstrieren, wie stark die Größe einer OBDD-Darstellung von der Wahl der Zustandscodierung abhängt, betrachten wir Finite-State-Maschinen mit einer sehr einfachen Struktur.

Definition 13.15. *Ein* **autonomer Zähler** *mit 2^n Zuständen $q_0, \ldots, q_{2^n-1}$ ist eine autonome (d.h. eingabeunabhängige) Finite-State-Maschine mit $\delta(q_i) = q_{i+1}$, $0 \le i < 2^n - 1$, $\delta(q_{2^n-1}) = q_0$.*

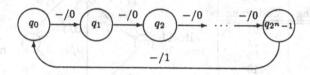

Abb. 13.10. Autonomer Zähler

Ein solcher Zähler tritt – zumindest als Teilmodul – in vielen sequentiellen Systemen auf. Abbildung 13.10 illustriert die Struktur des autonomen Zählers. Der nachfolgende Satz zeigt, daß fast alle Codierungen für den autonomen Zähler zu Darstellungen einer exponentiellen OBDD-Größe führen, selbst bei optimaler Ordnung.

Satz 13.16. *Sei $G(n)$ die Zahl der n-Bit-Codierungen für den autonomen Zähler mit 2^n Zuständen, die eine (Shared) OBDD-Größe von höchstens $2^n/n$ bezüglich ihrer optimalen Ordnung haben. Sei ferner $N(n) = (2^n)!$ die Zahl aller möglichen n-Bit-Zählercodierungen. Dann konvergiert der Quotient $G(n)/N(n)$ gegen 0, wenn n gegen unendlich strebt.*

Beweis. Sei $k = \lfloor 2^n/n \rfloor$. Wie im Beweis von Satz 8.3 zeigt man, daß höchstens

$$n! \binom{n+k}{k} ((k+1)!)^2 = (k+1)(k+1)!(k+n)!$$

viele Shared OBDDs mit höchstens k Knoten bezüglich ihrer optimalen Ordnung existieren. Wegen der zyklischen Symmetrie der Zähler folgt

$$G(n) \le 2^n \, n! \, (n+k)! \, ((k+1)!)^2$$
$$\le 2^n \, (2n + 3k + 2)!$$
$$\le 2^n \, (2n + 3 \cdot 2^n/n + 2)!$$
$$\le 2^n \, (4 \cdot 2^n/n)! \quad \text{für hinreichend große } n$$

und damit

$$\frac{G(n)}{N(n)} \to 0 \quad \text{für} \quad n \to \infty.$$

□

Definition 13.17. *Eine* **Codierungstransformation** *oder* **Umcodierung** *ist eine bijektive Funktion* $\varrho : \mathbb{B}^n \to \mathbb{B}^n$, *die eine gegebene Zustandscodierung in eine neue Codierung überführt. Ist ein Zustand s durch eine Bitfolge $c \in \mathbb{B}^n$ codiert, dann lautet seine neue Codierung $\varrho(c)$.*

	alte Codierung	neue Codierung
q_0	00	01
q_1	01	11
q_2	10	00
q_3	11	10

Abb. 13.11. Umcodierung der symbolischen Zustände $q_0, \dots, q_3$

Ein Beispiel einer Umcodierung ist in Abb. 13.11 zu sehen. Die Änderung der internen Zustandscodierung ändert das Eingabe-/Ausgabeverhalten des sequentiellen Systems nicht. Das System mit der neuen Codierung sei durch $M' = (Q', I, O, \delta', \lambda', q_0')$ bezeichnet. Die codierte Übergangsfunktion, Ausgabefunktion und der codierte Startzustand von M' können wie folgt berechnet werden:

$$\begin{aligned}
\delta'(s,e) &= \varrho(\delta(\varrho^{-1}(s),e)), \\
\lambda'(s,e) &= \lambda(\varrho^{-1}(s),e), \\
q_0' &= \varrho(q_0),
\end{aligned} \tag{13.4}$$

wobei $\delta, \delta' : \mathbb{B}^n \times \mathbb{B}^p \to \mathbb{B}^n$, $\lambda, \lambda' : \mathbb{B}^n \times \mathbb{B}^p \to \mathbb{B}^m$, und $q_0, q_0' \in \mathbb{B}^n$.

Die Transitionsrelation der umcodierten Maschine M' kann aus der Transitionsrelation von M abgeleitet werden:

Lemma 13.18. *Sei $T(x,y,e)$ die charakteristische Funktion der Transitionsrelation von M. Die charakteristische Funktion $T'(x,y,e)$ der Transitionsrelation von M' lautet*

$$\prod_{i=1}^{n} \left(\varrho_i^{-1}(y) \equiv \delta_i(\varrho^{-1}(x)) \right).$$

*Demzufolge kann $T'(x, y, e)$ aus $T(x, y, e)$ durch die Substitutionen $y_i \mapsto$
$\varrho_i^{-1}(y)$ und $x_i \mapsto \varrho_i^{-1}(x)$, $1 \leq i \leq n$, erhalten werden.*

Beweis. Die Behauptung folgt aus den nachstehenden Äquivalenzen:

$$
\begin{aligned}
T'(x, y, e) = 1 &\iff y_i = \varrho_i(\delta(\varrho^{-1}(x))) \text{ für alle } i \\
&\iff y = \varrho(\delta(\varrho^{-1}(x))) \\
&\iff \varrho^{-1}(y) = \delta(\varrho^{-1}(x)) \\
&\iff \prod_{i=1}^{n} \left(\varrho_i^{-1}(y) \equiv \delta_i(\varrho^{-1}(x)) \right) = 1.
\end{aligned}
$$

□

Das Optimierungspotential von Codierungstransformationen kann nun anschaulich am Beispiel des autonomen Zählers demonstriert werden. Wir zeigen zunächst, daß Codierungen existieren, für die die Transitionsrelation sehr
klein wird, selbst wenn die Variablenordnung auf $x_1, y_1, \ldots, x_n, y_n$ fixiert
wird. Wir betrachten die **Standardcodierung** des Zählers, bei der die Codierung des Zustands q_i die binäre Darstellung von i ist (siehe Abb. 13.12).
Sei M_{2^n} der autonome Zähler mit n Zuständen unter dieser Codierung.

Zustand	Codierung
q_0	$00 \ldots 000$
q_1	$00 \ldots 001$
q_2	$00 \ldots 010$
$\vdots$	$\vdots$
q_{2^n-1}	$11 \ldots 111$

Abb. 13.12. Standardcodierung

Lemma 13.19. *Für $n \geq 2$ besteht der reduzierte OBDD für die Transitionsrelation von M_{2^n} bezüglich der Variablenordnung $x_1, y_1, \ldots, x_n, y_n$ aus genau
$5n - 1$ Knoten.*

Beweis. Die Idee beruht darauf, den OBDD für die Transitionsrelation von
$M_{2^{n-1}}$ zu benutzen, um den OBDD für die Transitionsrelation von M_{2^n} zu
konstruieren. Formal führt dies auf einen Induktionsbeweis. Wir zeigen: Der
reduzierte OBDD hat die in Abb. 13.13 (a) dargestellte Form (im Sinne, daß
die dargestellten Knoten existieren und nicht paarweise isomorph sind) mit
den Unter-OBDDs A und B und besitzt genau $5n - 1$ Knoten. Der Fall $n = 2$
kann leicht überprüft werden.

Induktionsschritt: Der OBDD für die $n-1$ Bits $x_2, \ldots, x_n$ hat die Form wie in
Abb. 13.13 (b). Sei $|x|$ die Binärzahl, die durch eine Bitfolge x positiver Länge

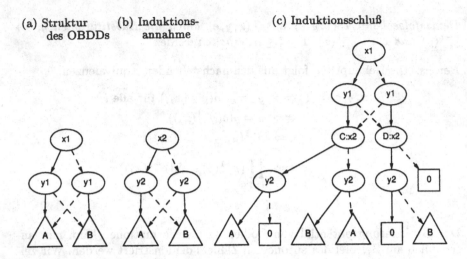

(a) Struktur   (b) Induktions-   (c) Induktionsschluß
    des OBDDs   annahme

Abb. 13.13. Induktive Konstruktion des OBDDs für die Transitionsrelation des autonomen Zählers

definiert wird. Mit dieser Darstellung gilt für die Wurzeln der Unter-OBDDs A, B:

A: führt genau dann zur 1-Senke, wenn $|y_3 \ldots y_n| = |x_3 \ldots x_n| + 1$, $x_3 \ldots x_n \neq 11 \ldots 1$.

B: führt genau dann zur 1-Senke, wenn $x_3 = \ldots = x_n = 1$, $y_3 = \ldots = y_n = 0$.

Wir konstruieren den reduzierten OBDD für die Transitionsrelation von M_{2^n} wie in Abb. 13.13 (c). Für die Wurzeln der Unter-OBDD C und D gilt:

C: führt genau dann zur 1-Senke, wenn $|y_2 \ldots y_n| = |x_2 \ldots x_n| + 1$, $x_2 \ldots x_n \neq 11 \ldots 1$.

D: führt genau dann zur 1-Senke, wenn $x_2 = \ldots = x_n = 1$, $y_2 = \ldots = y_n = 0$.

Es kann leicht überprüft werden, daß alle durch die neu eingeführten Knoten repräsentierten Unterfunktionen paarweise verschieden sind. Damit folgt

$$size(M_{2^n}) = size(M_{2^{n-1}}) - 3 + 8 = size(M_{2^{n-1}}) + 5.$$

□

Folglich existiert für jede Codierung eines autonomen Zählers eine Umcodierung, die auf einen OBDD linearer Größe führt. Da nach Satz 13.16 die meisten Codierungen auf OBDDs exponentieller Größe führen, ist der Gewinn beim Übergang von dem ursprünglichen OBDD zu diesem OBDD durch Anwendung einer geeigneten Umcodierung zumeist exponentiell groß. Das Ziel ist es nun, solche Umcodierungen zu *finden*, deren Ergebnis kleine OBDDs sind.

Ebenso wie bei der dynamischen Verbesserung der Variablenordnungen oder beim linearen Sifting ist es auch beim Umcodieren aussichtsreich, schnell ausführbare, lokale Operationen geeignet zu kombinieren. Insbesondere bieten sich auch hier wieder die in Abschn. 13.3.3 eingeführten elementaren linearen Transformationen an. Wird beispielsweise jeder Zustand durch eine Bitfolge $(q_1, \ldots, q_n)$ beschrieben, dann definiert die elementare lineare Transformation $q_i \mapsto q_i \oplus q_j$ die folgende Umcodierung:

$$(q_1, \ldots, q_n) \mapsto (q_1, \ldots, q_{i-1}, q_i \oplus q_j, q_{i+1}, \ldots, q_n).$$

Beispiel 13.20. Abbildung 13.14 zeigt die Wirkung einer Codierungstransformation $q_1 \mapsto q_1 \oplus q_2$. ◇

ursprüngliche Codierung		neue Codierung	
q_1	q_2	q_1^{neu}	q_2^{neu}
0	0	0	0
0	1	1	1
1	0	1	0
1	1	0	1

Abb. 13.14. Die elementare lineare Transformation $q_1 \mapsto q_1 \oplus q_2$ auf dem Zustandsraum

13.5 Referenzen

Das Konzept der transformierten Entscheidungsgraphen sowie die Nutzung typbasierter Cube-Transformationen geht auf Bern, Meinel und Slobodová zurück [BMS95]. Der Einsatz von linearen Transformationen zur Optimierung wurde von Meinel und Theobald vorgeschlagen [MT96], die Umsetzung mittels des linearen Sifting-Algorithmus von Meinel, Somenzi und Theobald [MST97]. Schließlich geht die Optimierung von OBDDs mittels Codierungstransformationen auf die Arbeiten [MT96, MT97] zurück.

Literaturverzeichnis

[Aig94]   AIGNER, M.: *Diskrete Mathematik.* Vieweg, 1994.

[BBEL96]   BEER, I., S. BEN-DAVID, C. EISNER und A. LANDVER: *RuleBase: An industry-oriented formal verification tool.* In: *Proc. 33rd ACM/IEEE Design Automation Conference (Las Vegas, NV),* S. 655–660, 1996.

[BC95]   BRYANT, R. E. und Y.-A. CHEN: *Verification of arithmetic circuits with binary moment diagrams.* In: *Proc. 32nd ACM/IEEE Design Automation Conference (San Francisco, CA),* S. 535–541, 1995.

[BCL+94]   BURCH, J. R., E. M. CLARKE, D. E. LONG, K. L. MCMILLAN und D. L. DILL: *Symbolic model checking for sequential circuit verification.* IEEE Transactions on Computer-Aided Design of Integrated Circuits, 13:401–424, 1994.

[BFG+93]   BAHAR, R. I., E. A. FROHM, C. M. GAONA, G. D. HACHTEL, E. MACII, A. PARDO und F. SOMENZI: *Algebraic decision diagrams and their applications.* In: *Proc. IEEE International Conference on Computer-Aided Design (Santa Clara, CA),* S. 188–191, 1993.

[BHMS84]   BRAYTON, R. K., G. HACHTEL, C. MCMULLEN und A. SANGIOVANNI-VINCENTELLI: *Logic Minimization Algorithms for VLSI Synthesis.* Kluwer Academic Publishers, Boston, MA, 1984.

[BHS+96]   BRAYTON, R. K., G. D. HACHTEL, A. SANGIOVANNI-VINCENTELLI, F. SOMENZI und OTHERS: *VIS: A system for verification and synthesis.* In: *Proc. Computer-Aided Verification '96,* Band 1102 der Reihe *Lecture Notes in Computer Science,* S. 428–432. Springer, 1996.

[BLPV95]   BORMANN, J., J. LOHSE, M. PAYER und G. VENZL: *Model checking in industrial hardware design.* In: *Proc. 32nd ACM/IEEE Design Automation Conference (San Francisco, CA),* S. 298–303, 1995.

[Blu84]   BLUM, N.: *A Boolean function requiring 3n network size.* Theoretical Computer Science, 28:337–345, 1984.

[BMS95]   BERN, J., CH. MEINEL und A. SLOBODOVÁ: *OBDD-Based Boolean manipulation in CAD beyond current limits.* In: *Proc. 32nd ACM/IEEE Design Automation Conference (San Francisco, CA),* S. 408–413, 1995.

[Boo54]   BOOLE, G.: *An Investigation of the Laws of Thought.* Walton, London, 1854. Reprinted by Dover Books, New York, 1954.

[BRB90]   BRACE, K. S., R. L. RUDELL und R. E. BRYANT: *Efficient implementation of a BDD package.* In: *Proc. 27th ACM/IEEE Design Automation Conference (Orlando, FL),* S. 40–45, 1990.

[Bro90]   BROWN, F. M.: *Boolean Reasoning.* Kluwer Academic Publishers, 1990.

[BRSW87]   BRAYTON, R. K., R. RUDELL, A. SANGIOVANNI-VINCENTELLI und A. R. WANG: *MIS: A multiple-level interactive logic optimization sy-*

stem. IEEE Transactions on Computer-Aided Design of Integrated Circuits and Systems, 6:1062–1081, 1987.

[Bry86]   BRYANT, R. E.: *Graph-based algorithms for Boolean function manipulation.* IEEE Transactions on Computers, C–35:677–691, 1986.

[Bry91]   BRYANT, R. E.: *On the complexity of VLSI implementations and graph representations of Boolean functions with application to integer multiplication.* IEEE Transactions on Computers, C–40:205–213, 1991.

[Bry92]   BRYANT, R. E.: *Symbolic Boolean manipulation with ordered binary decision diagrams.* ACM Computing Surveys, 24(3):293–318, 1992.

[BW96]   BOLLIG, B. und I. WEGENER: *Improving the variable ordering of OBDDs is NP-complete.* IEEE Transactions on Computers, 45:993–1002, 1996.

[CBM89]   COUDERT, O., C. BERTHET und J. C. MADRE: *Verification of synchronous sequential machines using symbolic execution.* In: *Proc. Workshop on Automatic Verification Methods for Finite State Machines*, Band 407 der Reihe *Lecture Notes in Computer Science*, S. 365–373. Springer, 1989.

[CES86]   CLARKE, E. M., E. A. EMERSON und A. P. SISTLA: *Automatic verification of finite-state concurrent systems using temporal logic specifications.* ACM Transactions on Programming Languages and Systems, 8:244–263, 1986.

[CM95]   COUDERT, O. und J. C. MADRE: *The implicit set paradigm: A new approach to finite state system verification.* Formal Methods in System Design, 6(2):133–145, 1995.

[CMZ+93]   CLARKE, E. M., K. L. MCMILLAN, X. ZHAO, M. FUJITA und J. C.-Y. YANG: *Spectral transforms for large Boolean functions with application to technology mapping.* In: *Proc. 30th ACM/IEEE Design Automation Conference (Dallas, TX)*, S. 54–60, 1993.

[Cob66]   COBHAM, A.: *The recognition problem for the set of perfect squares.* In: *7th SWAT*, 1966.

[Cou94]   COUDERT, O.: *Two-level logic minimization: An overview.* INTEGRATION, the VLSI journal, 17:97–140, 1994.

[DST+94]   DRECHSLER, R., A. SARABI, M. THEOBALD, B. BECKER und M. A. PERKOWSKI: *Efficient representation and manipulation of switching functions based on ordered Kronecker functional decision diagrams.* In: *Proc. 31st ACM/IEEE Design Automation Conference (San Diego, CA)*, S. 415–419, 1994.

[Ehr10]   EHRENFEST, P.: *Review of L. Couturat, 'The Algebra of Logic'.* Journal Russian Physical & Chemical Society, 42:382, 1910.

[FHS78]   FORTUNE, S., J. HOPCROFT und E. M. SCHMIDT: *The complexity of equivalence and containment for free single variable program schemes.* In: *Proc. International Colloquium on Automata, Languages and Programming*, Band 62 der Reihe *Lecture Notes in Computer Science*, S. 227–240. Springer, 1978.

[FMK91]   FUJITA, M., Y. MATSUNAGA und T. KAKUDA: *On variable ordering of binary decision diagrams for the application of multi-level logic synthesis.* In: *Proc. European Design Automation Conference (Amsterdam)*, S. 50–54, 1991.

[FS90]   FRIEDMAN, S. J. und K. J. SUPOWIT: *Finding the optimal variable ordering for binary decision diagrams.* IEEE Transactions on Computers, 39:710–713, 1990.

[GB94]   GEIST, D. und I. BEER: *Efficient model checking by automated ordering of transition relation partitions.* In: *Proc. Computer-Aided Verification*, Band 818, S. 299–310, 1994.

[GJ78]   GAREY, M. R. und M. JOHNSON: *Computers and Intractibility: A Guide to the Theory of NP-Completeness.* W. H. Freeman, 1978.

[GM94a]   GERGOV, J. und CH. MEINEL: *Efficient analysis and manipulation of OBDDs can be extended to FBDDs.* IEEE Transactions on Computers, 43(10):1197–1209, 1994.

[GM94b]   GERGOV, J. und CH. MEINEL: *On the complexity of analysis and manipulation of Boolean functions in terms of decision diagrams.* Information Processing Letters, 50:317–322, 1994.

[HCO74]   HONG, S., R. CAIN und D. OSTAPKO: *MINI: A heuristic approach for logic minimization.* IBM Journal of Research and Development, 18:443–458, 1974.

[HLJ+89]   HACHTEL, G., M. LIGHTNER, R. JACOBY, C. MORRISON, P. MOCEYUNAS und D. BOSTICK: *BOLD: The Boulder Optimal Logic Design System.* In: *Hawaii International Conference on System Sciences*, 1989.

[HS96]   HACHTEL, G. und F. SOMENZI: *Logic Synthesis and Verification Algorithms.* Kluwer Academic Publishers, 1996.

[HU90]   HOPCROFT, J. E. und J. D. ULLMAN: *Einführung in die Automatentheorie, formale Sprachen und Komplexitätstheorie.* Addison-Wesley, 1990.

[ISY91]   ISHIURA, N., H. SAWADA und S. YAJIMA: *Minimization of binary decision diagrams based on the exchanges of variables.* In: *Proc. IEEE International Conference on Computer-Aided Design (Santa Clara, CA)*, S. 472–475, 1991.

[Kar88]   KARPLUS, K.: *Representing Boolean functions with If-Then-Else DAGs.* Technischer Bericht UCSC-CRL-88-28, Computer Engineering, University of California at Santa Cruz, 1988.

[Lee59]   LEE, C. Y.: *Representation of switching circuits by binary decision programs.* Bell System Technical Journal, 38:985–999, 1959.

[Lon93]   LONG, D.: *Model Checking, Abstraction and Compositional Verification.* Dissertation, Carnegie Mellon University, 1993.

[LPV94]   LAI, Y.-T., M. PEDRAM und S. B. K. VRUDHULA: *EVBDD-based algorithms for integer linear programming, spectral transformation and function decomposition.* IEEE Transactions on Computer-Aided Design of Integrated Circuits and Systems, 13:959–975, 1994.

[Mas76]   MASEK, W.: *A fast algorithm for the string editing problem and decision graph complexity.* Master's thesis, MIT, 1976.

[MB88]   MADRE, J.-C. und J.-P. BILLON: *Proving circuit correctness using formal comparison between expected and extracted behaviour.* In: *Proc. 25th ACM/IEEE Design Automation Conference (Anaheim, CA)*, S. 205–210, 1988.

[McM93]   MCMILLAN, K. L.: *Symbolic Model Checking.* Kluwer Academic Publishers, 1993.

[Mei89]   MEINEL, CH.: *Modified Branching Programs and Their Computational Power*, Band 370 der Reihe *Lecture Notes in Computer Science*. Springer, 1989. Reprinted by World Publishing Corporation, Beijing, 1991.

[Mei91]   MEINEL, CH.: *Effiziente Algorithmen*. Fachbuchverlag Leipzig, 1991.

[Min93]   MINATO, S.: *Zero-suppressed BDDs for set manipulation in combinatorial problems*. In: *Proc. 30th ACM/IEEE Design Automation Conference (Dallas, TX)*, S. 272–277, 1993.

[Min96]   MINATO, S.: *Binary Decision Diagrams and Applications for VLSI CAD*. Kluwer Academic Publishers, 1996.

[MIY90]   MINATO, S., N. ISHIURA und S. YAJIMA: *Shared binary decision diagrams with attributed edges*. In: *Proc. 27th ACM/IEEE Design Automation Conference (Florida, FL)*, S. 52–57, 1990.

[Mor92]   MORET, B. M. E.: *Decision trees and diagrams*. ACM Computing Surveys, 14(4):593–623, 1992.

[MS94]   MEINEL, CH. und A. SLOBODOVÁ: *On the complexity of constructing optimal ordered binary decision diagrams*. In: *Proc. Mathematical Foundations in Computer Science*, Band 841 der Reihe *Lecture Notes in Computer Science*, S. 515–524, 1994.

[MS97]   MEINEL, CH. und A. SLOBODOVÁ: *Speeding up variable ordering of OBDDs*. In: *Proc. International Conference on Computer Design*, 1997.

[MST97]   MEINEL, CH., F. SOMENZI und T. THEOBALD: *Linear sifting of decision diagrams*. In: *Proc. 34th ACM/IEEE Design Automation Conference (Anaheim, CA)*, S. 202–207, 1997.

[MT96]   MEINEL, CH. und T. THEOBALD: *Local encoding transformations for optimizing OBDD-representations of finite state machines*. In: *Proc. International Conference on Formal Methods in Computer-Aided Design (Palo Alto, CA)*, Band 1166 der Reihe *Lecture Notes in Computer Science*, S. 404–418. Springer, 1996.

[MT97]   MEINEL, CH. und T. THEOBALD: *On the influence of the state encoding on OBDD-representations of finite state machines*. In: *Mathematical Foundations of Computer Science (Bratislava)*, Band 1295 der Reihe *Lecture Notes in Computer Science*, S. 408–417. Springer, 1997.

[MWBS88]   MALIK, S., A. WANG, R. K. BRAYTON und A. SANGIOVANNI-VINCENTELLI: *Logic verification using binary decision diagrams in a logic synthesis environment*. In: *Proc. IEEE International Conference on Computer-Aided Design (Santa Clara, CA)*, S. 6–9, 1988.

[OW96]   OTTMANN, T. und P. WIDMAYER: *Algorithmen und Datenstrukturen*. Spektrum Akademischer Verlag, 3. Auflage, 1996.

[Pon95]   PONZIO, S.: *Restricted Branching Programs and Hardware Verification*. Dissertation, MIT, 1995.

[PS95]   PANDA, S. und F. SOMENZI: *Who are the variables in your neighborhood*. In: *Proc. IEEE International Conference on Computer-Aided Design (San José, CA)*, S. 74–77, 1995.

[Rud93]   RUDELL, R.: *Dynamic variable ordering for ordered binary decision diagrams*. In: *Proc. IEEE International Conference on Computer-Aided Design (Santa Clara, CA)*, S. 42–47, 1993.

[Sch97]   SCHÖNING, U.: *Theoretische Informatik kurzgefaßt*. Spektrum Akademischer Verlag, 3. Auflage, 1997.

[Sha38]   SHANNON, C. E.: *A symbolic analysis of relay and switching circuits.* Transactions American Institute of Electrical Engineers, 57:713–723, 1938.

[Sha49]   SHANNON, C. E.: *The synthesis of two-terminal switching circuits.* Bell System Technical Journal, 28:59–98, 1949.

[Sie94]   SIELING, D.: *Algorithmen und untere Schranken für verallgemeinerte OBDDs.* Dissertation, Universität Dortmund, 1994.

[Som96a]   SOMENZI, F.: *Binary Decision Diagrams.* Lecture Notes (University of Colorado, Boulder), 1996.

[Som96b]   SOMENZI, F.: CUDD: Colorado University Decision Diagram Package. *ftp://vlsi.colorado.edu/pub/*, 1996.

[SSM+92]   SENTOVICH, E. M., K. J. SINGH, C. MOON, H. SAVOJ, R. K. BRAYTON und A. SANGIOVANNI-VINCENTELLI: *Sequential circuit design using synthesis and optimization.* In: *Proc. International Conference on Computer Design (Cambridge, MA)*, S. 328–333, 1992.

[SW93a]   SIELING, D. und I. WEGENER: *NC-algorithms for operations on binary decision diagrams.* Parallel Processing Letters, 3:3–12, 1993.

[SW93b]   SIELING, D. und I. WEGENER: *Reduction of OBDDs in linear time.* Information Processing Letters, 48:139–144, 1993.

[SW95a]   SCHRÖER, O. und I. WEGENER: *The theory of zero-suppressed BDDs and the number of knight's tours.* In: *Proc. Workshop on Applications of the Reed-Müller Expansion*, S. 38–45, 1995.

[SW95b]   SIELING, D. und I. WEGENER: *Graph driven BDDs – a new data structure for Boolean functions.* Theoretical Computer Science, 141:283–310, 1995.

[SW97]   SAVICKÝ, D. und I. WEGENER: *Efficient algorithms for the transformation between different types of binary decision diagrams.* Acta Informatica, 34:245–256, 1997.

[THY93]   TANI, S., K. HAMAGUCHI und S. YAJIMA: *The complexity of the optimal variable ordering problems of shared binary decision diagrams.* In: *Proc. International Symposium on Algorithms and Computation*, Band 762 der Reihe *Lecture Notes in Computer Science*, S. 389–398. Springer, 1993.

[TI94]   TANI, S. und H. IMAI: *A reordering operation for an ordered binary decision diagram and an extended framework for combinatorics of graphs.* In: *Proc. International Symposium on Algorithms and Computation*, Band 834 der Reihe *Lecture Notes in Computer Science*, S. 575–592. Springer, 1994.

[Weg87]   WEGENER, I.: *The Complexity of Boolean Functions.* John Wiley & Sons und Teubner-Verlag, 1987.

[Weg93]   WEGENER, I.: *Theoretische Informatik: Eine algorithmenorientierte Einführung.* Teubner, 1993.

Index

Springer
und
Umwelt

Als internationaler wissenschaftlicher
Verlag sind wir uns unserer besonderen
Verpflichtung der Umwelt gegenüber
bewußt und beziehen umweltorientierte
Grundsätze in Unternehmens-
entscheidungen mit ein. Von unseren
Geschäftspartnern (Druckereien,
Papierfabriken, Verpackungsherstellern
usw.) verlangen wir, daß sie sowohl
beim Herstellungsprozess selbst als
auch beim Einsatz der zur Verwendung
kommenden Materialien ökologische
Gesichtspunkte berücksichtigen.
Das für dieses Buch verwendete Papier
ist aus chlorfrei bzw. chlorarm
hergestelltem Zellstoff gefertigt und im
pH-Wert neutral.

Springer

Druck: Mercedesdruck, Berlin
Verarbeitung: Buchbinderei Lüderitz & Bauer, Berlin